苏小燕　余汝艺　著

基于遗产利用的文旅融合模式研究

Research on the Integration of
Culture and Tourism Model Based
on the Uses of Heritage

社会科学文献出版社
SOCIAL SCIENCES ACADEMIC PRESS (CHINA)

前　言

文旅融合是新时代文旅产业的发展趋势，也是实现文化繁荣昌盛和旅游业高质量发展的内在要求。2018 年 4 月，文化部和国家旅游局合并为"中华人民共和国文化和旅游部"（简称"文旅部"），其主要职责包括"统筹规划文化事业、文化产业和旅游业发展，拟订发展规划并组织实施，推进文化和旅游融合发展，推进文化和旅游体制机制改革"，"负责非物质文化遗产保护，推动非物质文化遗产的保护、传承、普及、弘扬和振兴"，"管理国家文物局"等。文旅部的成立为文化和旅游的融合发展提供了机构保障，自此以后，"文旅融合"成为指导我国文化事业、文化产业和旅游业发展的政策导向，也成为学界研究的热点。文旅融合有一定的理论基础和政策引导，这催发了实践层面的不少成功案例，有关文旅融合的实践路径与典型模式也成为学者、政府及市场经营者共同探析的对象。

遗产概念源自西欧，在国际上发生了诸多变化，经历了从"以物为本"到"以人为本"、从物质类遗产拓展到非物质类遗产的过程。我国对遗产的认识也发生了变化，在类别上更加广泛，在重视申报与保护的基础上逐渐重视遗产的传承与利用。截至 2024 年底，我国拥有 59 项世界遗产，其中文化遗产 40 项、自然遗产 15 项、自然与文化双遗产 4 项，总数位居全球第二。同时，我国还拥有世界非物质文化遗产 44 项，位居全球第一；全球重要农业文化遗产 22 项，位居全球第一。除此以外，我国还拥有众多的国家级、省级、市级等各级各类遗产。保护好、利用好、传承好这些遗产具有重大意义，既是对历史的尊重，也是对未来的承诺。然而，受西方权威化

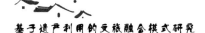

遗产保护理念的影响，我国的不少遗产处于无人问津的"僵化"状态，如何让文物、文化遗产"活起来"成为重要议题。

文旅融合是激活遗产价值、实现文化遗产传承的重要方式。从部门设置上看，文旅部的主要职责既有保护管理文物、传承弘扬非物质文化遗产，也有发展旅游业；从理论研究上看，文化遗产源自过去，价值认可于当代，本身就属于发展旅游的优质文化资源；从实践来看，众多世界遗产、重点文物保护单位、国家遗址公园、大遗址等遗产地本身就是广受欢迎的旅游景区，许多非物质文化遗产开发成为文旅纪念品、特色餐饮等，各地在文旅融合发展实践中充分挖掘、利用了当地的文化遗产。

在此背景下，笔者撰写了《基于遗产利用的文旅融合模式研究》，旨在为推动遗产保护和传承、推进文旅事业高质量发展提供理论指引和实践指导。本书的撰写还源于笔者翻译了思辨遗产研究学会创始人劳拉简·史密斯（Laurajane Smith）的国际思辨遗产研究理论专著《遗产利用》（*Uses of Heritage*）（科学出版社，2020年），对于遗产的本质特征及其利用方式有一定的理解。本书共十二章，分为三大板块，前三章为理论篇，在阐明文旅融合和遗产利用理论的基础上，构建出基于遗产利用的文旅融合基本框架；第四章至第十二章为实践篇，主要围绕不同类型文化遗产的文旅融合实践路径与典型模式展开探讨；最后是余论部分，总结了遗产地文旅融合的基本要求与目标、当前存在的主要问题以及未来发展的趋势。

本书是国家自然科学基金面上项目"历史遗址现代可视表征方式对访客地方感的影响：过程与机理研究"（编号：42071198）、"遗产活化与文旅融合"河南省高校科技创新团队（编号：23IRTSTHN017）、河南省高等教育教学改革研究与实践项目"文化遗产融入研究生'大思政'教育的路径研究与实践"（编号：2023SJGLX085Y）、河南省科技攻关项目"乡村旅游数字化影响居民福祉的综合评价技术及应用研究"（编号：242102321144）、洛阳师范学院课程思政教学改革研究与实践项目"黄河文化融入高校"大思政"教育的路径研究与实践"（编号：2023XJKS030）的阶段性成果。

　　此外，感谢洛阳师范学院地理与旅游学院王丽丽、曹莎老师，博士研究生史青，硕士研究生张艺培、韩婷、甘鹤松、邱亚鹏在资料整理中做出的贡献；感谢社会科学文献出版社的编辑为本书出版提供的支持和帮助！由于水平有限，书中难免存在不足，望广大读者批评指正！

目　录

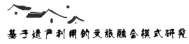

第一章
文旅融合概述

第一节　文化和旅游的概念分析

一　文化的定义与特征

（一）文化的词源

中西语言体系中的"文化"一词在起源之时拥有不同的含义，在中国强调精神、意识范畴的"以文教化"，有精神引导行为之意，而西方侧重于人类对物质世界的改造，后演化到人类的精神世界。

"文化"一词是中国语言系统中自古以来就存在的词语。关于文化意识的出现，最早要追溯到东周时期，如"周监于二代，郁郁乎文哉！吾从周"（《论语》），这里的"文"指的是礼乐制度，已经开始出现文化的意味。自西汉以后，"文"和"化"两个字组成一个词，如"圣人之治天下也，先文德而后武力。凡武之兴，为不服也。文化不改，然后加诛"（《说苑·指武》），"文化内辑，武功外悠"（《文选·补之诗》），在此处，"文化"为教化之意。由此可知，在中国汉语系统中，"文化"在起源之际就指"以文教化"，是对人的性情的陶冶、品德的教养，属于精神领域的范畴①。

在西方的语言系统中，"文化"一词为"culture"，它源于拉丁文"cul-

---

① 周永振：《旅游文化概论》，武汉大学出版社，2010，第11页。

tura",其原意为农业耕作、作物培养。人类开垦种植是对自然世界有目的的改造活动,代表着人类文明生活的开始与演变,此后古代西方人从对自然的认识转向对自身的认识,使得"culture"一词也引申出了培养、教育、发展之意。由此可知,西方世界中的"文化"是从人类的物质生产活动开始的,并逐步向人类的精神领域发展。

(二)文化的定义

"文化"是一个极其抽象和复杂的词语,它涉及人类社会发展的多个方面,如政治、经济、教育、艺术等,因此对于"文化"一词的概念也是比较难以界定的。许多学者立足于哲学、社会学、人类学、语言学以及其他学科领域,尝试探讨文化的概念,然而由于文化的抽象性和复杂性,迄今为止尚未达成共识,没有形成一个严格的、准确的、令人满意的定义。

古往今来,无数中外学者尝试界定文化的概念,其定义数不胜数,呈现出多样化的趋势。据考究,文化的定义有 200 种以上,比较权威的是美国著名文化人类学家克罗伯和克拉克洪的定义。两位学者发表的文章《文化:一个概念定义的考评》中汇总了 166 种文化的概念,并将其划分为描述性定义、历史性定义、规范性定义、心理性定义、结构性定义、遗传性定义等六组[①]。

(1)描述性定义:这类定义的代表性人物以英国著名人类学家泰勒(E. B. Tylor)为首。泰勒于 1871 年在《原始文化》中指出,"所谓文化或文明乃是包括知识、信仰、艺术、道德、法律、习俗,以及包括作为社会成员的个人而获得的其他任何能力、习惯在内的一种综合体"。[②]泰勒的文化定义影响力巨大,许多学者对其进行了深入、详细的研究,这类定义的特点是把文化作为一个整体来描述,并且列举了文化所涵盖的内容。

(2)历史性定义:这类定义的代表性人物是美国语言学家萨丕尔(E. Sapir),强调文化的社会传承性和传统性,认为文化是通过社会遗传下来的

---

① Kroeber A. L., Kluckhohn D., "Culture: A Critical Review of Concepts and Definitions", *Human Relations*, Vol. 7, No. 2, 1954;郭莲:《文化的定义与综述》,《中共中央党校学报》2002 年第 1 期。

② 〔英〕爱德华·泰勒:《原始文化》,连树声译,广西师范大学出版社,2005,第 43~67 页。

物质和精神内容。

（3）规范性定义：这类定义的代表性人物是美国人类学家威斯勒（C. Wissler），强调文化是人类社会的普遍性规则，影响人们的生活方式，包括所有标准化的社会行为，并强调文化中理想、价值与行为的关系和作用。

（4）心理性定义：这类定义的代表性人物以美国社会学家萨姆纳（W. G. Sumner）为首，强调文化的心理性特征和作用，认为文化是群体调整与解决问题的方式和手段，也是学习和适应社会习惯的过程，其中群体习惯通过"风俗"呈现，而个人习惯以心理及行为模式呈现。

（5）结构性定义：这类定义的代表性人物是奥格本和尼姆科夫（W. S. Ogbum and M. F. Nimkoff），强调文化的模式、结构、制度层面，认为文化是一个完整的抽象体系，社会制度位居体系的核心，与其他相互关联的结构性要素共同构成文化综合体。

（6）遗传性定义：这类定义强调文化是人类社会创造的产品总和，包括共同的信仰、态度、观念、符号以及组织机构、工具等，其具有社会遗传性，代代相传，认为观念是文化中最重要的因素，是文化的起源及发展的原因，物质只是其表象。

在166种文化定义的基础上，克罗伯和克拉克洪提出了一个文化的综合性定义：文化是存在于各种模式中借助符号的运用得以学习和传播并构成人类群体的特殊成就。这一定义强调了模式、符号、传承等，并使用"人类群体"和"特殊成就"肯定了文化在社会进步、群体成就中的作用，被当前许多西方学者所接受。

在我国，许多学者也从不同视角界定了文化的概念。《辞海》给出的定义是，"文化是人类社会的生存方式以及建立在此基础上的价值体系，是人类在社会发展过程中所创造的物质财富和精神财富的总和"[①]。《辞海》对文化的界定符合大多数学者对文化概念的理解，比较综合、宽泛，凡是体现人类社会发展、进步的物质和精神财富都涵盖在内。还有一些学者从主体

---

① 《辞海》编辑委员会：《辞海》，上海辞书出版社，2001，第6页。

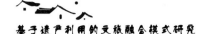

视角界定文化，如张岱年在《中国文化概论》中提出，"文化是人类主体通过社会实践活动，适应和利用改造自然界客体并逐步实现自身价值的过程"①。该定义强调主体心理及行为对自然的影响，在主体心理及行为方面与国外学者的心理性定义相似。

综上所述，文化的定义纷繁复杂。虽然不同的定义之间有一定的差异，但大多学者认为文化是人类社会精神和物质的综合体。一般而言，文化有广义和狭义之分，广义的文化是指人类社会在历史实践过程中所创造的物质财富和精神财富的总和，狭义的文化是指人类所创造的一切精神财富，包括意识形态、宗教信仰、理想信念、风俗习惯、行为方式、价值观念、道德情操、学术思想、科学技术、制度法规等。

（三）文化的分类

基于不同的文化定义，文化分类也不尽相同，但常见的分类是物质和非物质两大类。这种分类所依据的是《辞海》给出的文化的定义，即将文化视为人类社会发展过程中所创造的物质财富和精神财富的总和。其中，物质文化是指人类社会发展过程中物质生产活动方式与产品的总和，是指具体存在的事物，如日常生活中衣食住行的各个方面。非物质文化包括制度文化、行为文化和心态文化三种。制度文化指人类在社会发展过程中建立的规范自身行为和调节人与人、群体与群体间相互关系的规则。行为文化是指人类在社会交往过程中约定俗成的一些习俗、民俗、习惯等。心态文化是指人类的社会心理和社会意识形态，如人们的价值观念、思维方式、审美情趣以及由此产生的艺术作品。

（四）文化的特征

尽管文化的定义及其分类方式多样，但都呈现出相似的特征。文化的特征体现了人们理解文化概念的方式与视角，主要包括可习得性、社会性、时代性、民族性、阶层性、地域性等②。

（1）可习得性。文化是在人类社会发展过程中创造出来的，并不是本

---

① 张岱年：《中国文化概论》，北京师范大学出版社，2004，第2页。
② 杨汉瑜、冯雪燕：《中国文化概论》，新华出版社，2015，第9页。

来就存在的自然形成物，如石头作为大自然的产物，其本身并不是文化，但被人类加工后用于审美或用作某种工具的石制品就有了"文化"的内容。文化不能通过人类先天的遗传特性获取，而是通过后天习得的经验和知识获取。换言之，文化所涵盖的各个方面都是通过后天的学习而获得的。

（2）社会性。文化的社会性也称为同一性，主要指文化的社会共创性、可接受性、进步性等。人类活动是在社会这个复杂的系统中进行的，文化是在社会发展过程中形成的，可以说文化是人类共同创造出来的社会性产物，是人类实践经验的积累和智慧的聚集，所以被人类社会共同接受的创造物才是文化，而不能被社会成员共同接受的事物不属于文化，这体现出文化的社会特征。

（3）时代性。文化的时代性主要指文化在时间方面的传承性、动态性、变迁性等特征。在人类社会发展过程中，下一代人继承上一代人流传下来的传统文化，并根据新的时代要求对文化进行与时俱进的创新，使文化能够顺应时代发展要求，这是基本规律。文化在不同的时代具有不同的表现形式，时代不同，人类社会所创造的文化产物也不同，因此文化是一个持续且充满变化的动态过程，具有明显的延续性、传承性等特征。

（4）民族性。民族性体现了文化的群体性特征。一般而言，同一民族的人生活在相同或相近的地方，他们使用共同的语言，遵守共同的道德约束和行为规则，拥有共同的社会风俗和生活习惯，在价值观念、传统信仰、城市建设形态、建筑风格、行为等方面都呈现出相似的特征。

（5）阶层性。古往今来，受经济收入、社会地位、受教育程度等因素的影响，社会分化出不同的阶层。不同阶层的人具有差异化的物质生活条件，其价值观、审美情趣、生活方式、消费习惯等都存在差异，因此形成了各阶层之间的文化差异，例如皇室阶层与平民阶层的审美差异。

（6）地域性。从某种程度上而言，人类社会的发展建立在改造自然或适应自然的基础上。地域空间相近则自然条件相似，生活在其中的人们在文化上往往呈现出一定的相似性或一致性，而地域空间较远则形成的文化差异也较大，因此有"地域文化"的说法，或者说文化具有明显的地域性特征。

除了上述特征之外，文化的政治性也是需要关注的重要特征。在欧洲，新型政体 Nation-state（民族国家）出现，其构成正体现了作为政体的 state（国家）是建立在文化一致的 nation（民族）基础上的。换言之，民族文化为政体国家的成立提供了合理性、合法性基础。我国是由 56 个民族构成的统一多民族国家，统称为中华民族，尽管不同民族拥有不同的风俗习惯，但在历史长河中各族人民共同创造出中华文化。中华文化在不同时代有不同的界定和特征，例如中华优秀传统文化是中华文化的根源，而中华文化在当代的最新发展是中国特色社会主义文化。

二　旅游的定义与特征

（一）旅游的词源

一般认为，英语的"tourism"与汉语中的"旅游"对应，然而，英语中的"tourism"是由词根"tour"加上了后缀"-ism"组成的。tour 一词出现的时间要早于 tourism，其本义为"圆运动""环形运动"等，源自古英语 turian，古法语 torner，拉丁语 tornare，古希腊语 tornos，其中古希腊语 tornos 有"转动的车床"的含义，后演化为具有"out and home again"（离家并再回来的旅途）行为特征的"旅游"之意。由 tour 转化而成的 tourism 由于后缀"-ism"的介入，其含义范围大大拓展，不再仅指日常用语的"旅游"，同时也指"旅游者活动""旅游业""旅游学"等学科或行业用语[①]。因此，汉语的"旅游"与英语的"tourism"是近义词，但在词语性质、用法、使用范畴等方面仍有不少区别。

汉语的"旅游"概念经历了由"游"至"旅遊"再到现在普遍使用的"旅游"的变化，且受到了英语"tourism"翻译的强势影响[②]。《现代汉语词典》中对"旅游"的解释是"旅行游览"[③]，基本对应"旅"和"游"

---

① 刘德谦：《"旅游"与"Tourism"的概念探问——旅游者活动？旅游业？旅游学？》，《旅游学刊》2017 年第 9 期。
② 廖平：《中文"旅游"的语义渊源与流变》，《旅游学刊》2020 年第 8 期。
③ 中国社会科学院语言研究所词典编辑室：《现代汉语词典》，商务印书馆，1978，第 233 页。

两个词素。在我国，最早研究旅游的是《周易》，六十四卦中第五十六卦即为旅卦，这是人们认识旅游现象的最早的经验总结，是关于人在旅途的哲理以及行事规律①。而最早使用"旅游"一词的是南北朝时期诗人沈约，在《悲哉行》中他写出"旅游媚年春，年春媚游人"的诗句。同时期的其他诗词中也谈及了"行旅"类和"游览"类的诗词，主要描绘当时人们的旅游活动及感想、体验等②。可见，汉语中的旅游可以理解为"旅"和"游"的结合，即旅行加游览，一方面强调旅途、旅行、行走等，另一方面强调参观、观赏、游览等，所谓的"快旅慢游"指的就是随着交通工具的发展，游客花在旅途中的时间越来越短，而在景区中体验的时间越来越长。

综上，汉语的"旅游"二字是"旅"和"游"的结合，其形成既受我国历史传统的影响，又受英语翻译的影响，同时该词既属于日常用语，也用于较为严肃的学科、行业，而英语单词"tour""tourism"则有日常用语与专业学术用语之分。

（二）旅游的定义

旅游作为一种现象已存在几千年，然而将其作为一种研究对象，只有几十年的历史。中西方学者对旅游的界定都经历了从简单到复杂的过程，西方学者的界定更偏重其经济特征，关注产业、环境、服务等要素，中国学者对旅游定义的研究起步较晚，且受西方影响，但更关注其文化、审美等特征③。随着中外学者对旅游研究的关注，旅游学科理论体系不断完善，正在经历从多学科研究迈向跨学科研究的过程。遗憾的是，迄今为止，学者们对于什么是"旅游"的争论尚未达成共识，具有典型性和代表性的定义有以下几种。

（1）艾斯特定义。该定义最初由瑞士学者亨泽克尔和克雷夫于1942年在其合著的《普通旅游学纲要》一书中提出，并于20世纪70年代被旅游

---

① 喻学才：《中国古代"旅游"的定义》，《无锡商业职业技术学院学报》2018年第4期。

② 刘德谦：《"旅游"与"Tourism"的概念探问——旅游者活动？旅游业？旅游学？》，《旅游学刊》2017年第9期。

③ 高璟、吴必虎、李咪咪：《比较视野下旅游定义及其内涵的再思考》，《地域研究与开发》2018年第1期。

科学专家国际联合会（Association International d'Experts Scientifiques du Tourisme，AIEST）所采纳，其内容为："旅游是非定居者的旅行和暂时居留而引起的现象和各种关系的总和。这些人不会长期定居，并且不从事任何赚钱活动。"尽管该定义只是一种描述性界定，但由于其提出时间早、易于理解以及 AIEST 组织的权威性，该定义广为流传，在旅游领域影响很大。但是对于该定义，一些学者提出质疑，甚至指出该定义造成了旅游研究中基础理论匮乏、核心概念非核心化、研究视角任意化、研究领域泛化等后果，呼吁放弃艾斯特定义①。

（2）世界旅游组织的旅游定义。除了艾斯特定义，世界旅游组织（World Tourism Organization，WTO）于 1991 年也对旅游作出了界定，指出旅游就是一个人到其惯常居住环境以外的地方旅行并逗留不超过一定限度的时间的活动，这种旅行的主要目的是在到访地从事某种不获得报酬的活动。可以看出，该定义强调"活动"，不像艾斯特定义强调的"现象和各种关系的总和"之说，但在时间界定和非赚钱目的方面与艾斯特定义具有一定的相似性。类似的还有英国学者伯卡特和梅特利克（A. J. Burkart & S. Medlik）给出的定义：除了为了进行有偿工作以外的任何原因而离开正常居住地作短期外出访问（或离开家短期逗留别处）的现象。尽管世界旅游组织给出的旅游定义具有符合经济统计规律、内涵及外延清晰等特点，但不少学者指出其是"旅行"的定义而非"旅游"的定义，统计出的数据无法客观反映旅游业与旅游现象的实际情况，且由于其影响面广，教科书中普遍采用该定义，阻碍了旅游基础理论的形成与发展②。

（3）我国学者们的旅游定义。我国学者对旅游的定义也进行了诸多探索和讨论，主要从主体、时间、空间和活动四个方面界定旅游的概念。从主体视角对旅游进行界定的主要是以谢彦君为代表的旅游体验论者，谢彦君认为旅游是以前往异地寻求愉悦为主要目的而度过的一种具有社会、休

---

① 王敬武：《对旅游艾斯特定义的质疑》，《北京工商大学学报》（社会科学版）2010 年第 1 期；王敬武：《对旅游理论不成熟性的探讨与研究》，《北京工商大学学报》（社会科学版）2002 年第 3 期。
② 徐菊凤：《论旅游的边界与层次》，《旅游学刊》2016 年第 8 期。

闲和消费属性的短暂经历，其中审美与愉悦是居于内核的本质属性[1]。从时间、空间和活动方面对旅游概念进行界定的中国学者较多，其主要观点类似于艾斯特定义和世界旅游组织综合性视角下的旅游定义，如马勇指出，旅游就是人们出于主观审美、娱乐和社会交往等非就业性目的，暂时离开自己的常住地到旅游目的地进行一年以内的短期外出访问所引起的一切现象和关系的总和[2]。类似的界定者还有苏勤，他认为旅游是人们出于和平的目的，离开常住地到异国他乡访问的旅行和暂时居留所引起的现象和关系的总和[3]。可以看出，人们认识旅游的一般范畴是主体、时间、空间和活动[4]，这也是认识其他社会现象的基本范畴，其中活动是关涉主体的活动。

综上，学者们对旅游的界定方式较多，尽管视角不同，但一般认为旅游是人们出于非就业目的而暂时离开常居地前往旅游目的地所引起的现象和关系的总和；同时，为方便统计，外出时间一般规定为一年以内。可以看出，上述定义是从供给视角、宏观层面对旅游进行理解和认识，这是出于管理的方便，而且不易引起歧义，毕竟只要人们有"短暂外出""非就业"行为就属于旅游。可以看出，供给视角下的旅游定义将个体需求简单化为"非就业目的"，这是一种排除法。但若从需求视角来定义旅游，供给视角对旅游目的的排除法就显得简单且不够精准，例如人们可以为了审美、休闲、娱乐、社交、探亲、信仰、教育、愉悦体验等各种非就业目的而短暂外出。然而，从需求视角来定义旅游也有天然的缺陷：一方面不便统计管理；另一方面"需求""目的"属于主体的意识，有时连主体自身都无法清晰界定自己短暂外出的目的，例如随便走走、逃避压力等目的。

（三）旅游的分类

由于旅游的综合性，其分类方法较多，一般是依据供给视角下的定义进行分类。本部分从地理范围、人数、出游动机等常见的旅游统计方式对

---

① 谢彦君：《基础旅游学》，中国旅游出版社，2004，第 33 页；谢春山、沙春蕾：《试论旅游的本质与特征》，《旅游论坛》2012 年第 2 期。

② 马勇：《旅游学概论》，旅游教育出版社，2004，第 15 页。

③ 苏勤：《旅游学概论》，高等教育出版社，2001，第 7 页。

④ 王中华：《"旅游"定义研究的逻辑反思及其内涵的再认识》，《旅游论坛》2014 年第 5 期。

旅游进行分类。

1. 按地理范围分类

按旅游者流动的地理范围进行划分，旅游活动可以分为国际旅游和国内旅游。国内旅游又可划分为省际游和省内游，当然也可以从更小的空间尺度进行划分，如省内跨市游、跨县区游等。国际旅游是跨越国界的旅游活动，又可分为入境游和出境游。需要指出的是，国内旅游既包括本国公民在国内进行的旅游活动，也指在一国长期居住、工作的外国人在该国内进行的旅游活动。基于地理范围的旅游分类方式较为常见，在目的地管理中可用于统计游客来源占比，如根据文化和旅游部数据中心的调查数据，2021 年五一小长假期间我国国内旅游出游合计 2.3 亿人次，游客选择省内跨市游比重为 47%，跨省游为 30.7%[①]。

2. 按人数分类

按照组织方式或参加一次旅游活动的人数划分，旅游活动可分为团队旅游和散客旅游。团队旅游往往由旅行社或其他旅游中介机构将购买同一旅游路线或旅游项目的游客组成团队进行集体活动，人数在 10 人及以上，一般以同一价格出售，团队游的特点是价格相对便宜、出游方便，缺点是游客的自由度小，且往往行程较为紧凑。散客旅游是由旅行社或其他旅游中介机构为游客提供一项或多项旅游服务，如通过携程、美团、飞猪等平台购买景区门票、酒店、机票等旅游服务，其特点是预订期短，规模小，要求多，变化大，自由度高，但对比团队旅游，散客旅游费用较高。随着游客需求升级，尤其是 2020 年新冠疫情暴发以来，参加团队旅游的人数越来越少，自驾游、自助游占比越来越高。文化和旅游部官网数据显示，2021 年五一小长假期间，游客选择自驾的比重为 54.7%[②]。

3. 按出游动机分类

按人们出游目的或动机划分，旅游活动可分为六大类：观光类、休闲/

---

① 《中国旅游研究院：中国旅游研究院主要负责同志解读 2021 年假日旅游市场报告》，搜狐网，https://www.sohu.com/a/468410820_120537428。

② 《中国旅游研究院：中国旅游研究院主要负责同志解读 2021 年假日旅游市场报告》，搜狐网，https://www.sohu.com/a/468410820_120537428。

娱乐/度假类、探亲访友类、商务/专业访问类、健康养生类、宗教朝圣类。观光类旅游活动主要包括出于欣赏美景或奇异景观等动机而进行的外出活动，这属于最常见的旅游动机。休闲/娱乐/度假类旅游活动也较为普遍，尤其是随着人们工作压力的加大，"暂时逃避"成为现代社会许多人的心声。探亲访友类旅游活动出于社交动机，而商务/专业访问类旅游活动往往与工作相关，包括商务旅游、公务旅游、会议旅游、修学旅游、考察旅游、专项旅游等，还包括对工作中表现突出的员工的奖励旅游。健康养生类旅游活动与宗教朝圣类旅游活动同属人们为了身心健康而进行的旅游活动，前者包括体育旅游、保健旅游、生态旅游等，后者包括以朝圣、传经布道为主要目的的旅游活动。旅游动机是推动一个人进行旅游活动的心理动因或内部动力，对于旅游行为的产生及研究其规律具有重要作用，因此也常作为目的地管理及旅游统计的重要指标进行调查，由于牵涉游客的心理及内在需求，往往采用抽样调查的方式进行统计。

（四）旅游的特征

通过以上对旅游定义的分析可以看出，尽管学者们对旅游的定义有不同的认知，甚至还有争议，但这些定义仍具有一些共同的特征。

1. 空间流动性

流动性是当代社会科学研究的重要概念，是现代性或后现代性的重要特征之一[①]。社会流动指群体或个体社会阶层及社会地位的变化，而空间流动性指人、物、信息等的空间位移和流动所引起的现象与关系的特征。旅游关涉人的空间流动，无论是较为宏观、综合的艾斯特定义和世界旅游组织的旅游定义，还是服务于旅游企业的旅游体验及动机类定义，都非常认可旅游的空间流动性特征，认为旅游的必要条件是人们离开常住地前往目的地（异地），因而旅游是人的空间流动与移动。旅游活动具有明显的跨越空间及地域的特征，而这种空间流动会带来一系列有趣的社会研究议题，如因发展旅游而引发目的地社区文化"舞台化"变迁，居民与游客的"双

---

① 林晓珊:《流动性:社会理论的新转向》,《国外理论动态》2014 年第 2 期。

向凝视"及其权力问题等①。

2. 短期性

旅游的短期性特点与旅游轨迹相关,因为旅游活动是人们"离家—返回"的短期出游行为,在目的地做短暂停留后还会返回其常住地。英语"tourism"的词根"tour"即为"journey out and home again"(离家并再回来的旅途)之意,具有"circular movement"(环状运动)的行为特点。一般而言,旅游活动的时间为一年以内。世界旅游组织将旅游时间在 24 小时以内且不过夜的旅游者称为"短期旅游者"(Excursionists)。旅游的短期性特征会影响游客的行为规律,游客在心理上放松、放下戒备,道德感、规矩意识、安全意识降低,行为上与平时日常生活表现有差异,易产生不文明行为,甚至发生旅游犯罪行为②。

3. 特殊体验性

旅游活动发生在特殊的时空情境下,与游客的惯常环境有较大差异,往往会使游客产生特殊的体验,因此不少学者认为旅游具有特殊体验性特征。例如,于光远指出旅游具有文化享受性特点,其本身便是一种超越基本生存、与精神层面相关联的文化生活③;谢彦君认为旅游是一种身心一体的愉悦体验、畅爽感受④;曹诗图等指出旅游是一种异地情境下身心的自由体验⑤;樊友猛等认为旅游体验研究要回归旅游者主体,强调其主观性、动态性、具身性特点,倡导旅游体验研究的整体观⑥。可以看出,体验是一种主观感受,其强调的"身心一体"是具身性的表现,而旅游行为是一种流

---

① Maoz D. , "The Mutual Gaze", *Annals of Tourism Research* , Vol. 1, No. 33, 2006; Cheong S. , Miller M. L. , "Power and Tourism: A Foucauldian Observation", *Annals of Tourism Research* , Vol. 2, No. 27, 2000.

② 苏小燕:《中国游客出国不文明行为的教育学思考》,《中国成人教育》2016 年第 10 期;龚胜生、熊琳:《旅游犯罪学:定义、领域、方法与意义》,《旅游学刊》2002 年第 2 期;王金伟、高科:《国外旅游犯罪研究综述》,《旅游科学》2009 年第 4 期。

③ 于光远:《旅游与文化》,《瞭望周刊》1986 年第 14 期。

④ 谢彦君:《基础旅游学》(第三版),中国旅游出版社,2011,第 242 页。

⑤ 曹诗图、曹国新、邓苏:《对旅游本质的哲学辨析》,《旅游科学》2011 年第 1 期。

⑥ 樊友猛、谢彦君:《"体验"的内涵与旅游体验属性新探》,《旅游科学》2017 年第 11 期。

动的身体实践，因此这种体验是动态变化、求新求异的。尽管有些学者提出不能将体验性作为旅游概念的本质属性，因为许多游客是为了体验不一样的情境、风景和生活而选择外出旅游的，然而不可否认的是，体验是生命的常态，是时时刻刻都在进行着的，不通过旅游也可以体验不一样的生活，例如散步时我们在体验慢节奏的行走，跑步时我们在体验身体快速前进的感觉，老年人可以体验学生生活，小学生可以体验当一天教师。因此，说体验性是旅游的本质属性可能较为勉强，但特殊体验性是旅游的重要特征，这一点是无可厚非的。

4. 社会性

旅游活动具有典型的社会性特征。第一，从社会学视角来看，旅游是一种现代社会现象，其不仅体现了现代性场域中人们对过去的"怀旧"特点，而且体现了现代性的"好恶交织"特点，属于超脱于日常生活的社会"离轨"现象①。第二，从人类学视角来看，游客与目的地居民（作为东道主）之间的接触属于一种结构性行为，会引发目的地文化"舞台化"变迁，尤其是当目的地为传统社区或少数民族地区时，若引导不当，这种变迁会因为旅游发展而导致目的地过度商业化②；该过程本身就体现了现代性的悖论，即游客为了体验"原汁原味"的传统文化而到传统社区或少数民族地区旅游，最终却导致传统文化的"变味"③。第三，从社会经济学角度而言，旅游具有缩小贫富差距的社会意义，尤其是乡村旅游，经济条件较好的城市游客前往乡村目的地旅游或度假，通过有效的制度设计能够带动贫困乡村走上致富之路④。

---

① 王宁：《旅游、现代性与"好恶交织"——旅游社会学的理论探索》，《社会学研究》1999年第6期；董培海、李伟：《旅游、现代性与怀旧——旅游社会学的理论探索》，《旅游学刊》2013年第4期。

② 张晓萍：《西方旅游人类学中的"舞台真实"理论》，《思想战线》2003年第4期；廖杨：《旅游工艺品开发与民族文化商品化》，《贵州民族研究》2005年第3期。

③ 彭兆荣：《"东道主"与"游客"：一种现代性悖论的危险——旅游人类学的一种诠释》，《思想战线》2002年第6期。

④ 苏小燕：《乡村旅游精准扶贫的创新路径——基于社会保障理论的思考》，《地域研究与开发》2017年第2期。

第二节 多重视角下文化与旅游的关系分析

通过上述对文化和旅游定义的分析可知，文化的定义和旅游的定义都较多，且均无统一的、固定的定义，因此两者的关系是多视角、多层面的。当谈及两者的关系时，需要先确定是从哪个视角、哪个层面来做分析。若从哲学层面探究，文化和旅游分属于人类社会不同的行为及存在方式，均有其特定的发展轨迹，两者不存在必然的因果关系和依存关系，因此其融合并无必然性①。而在理论层面及实践层面，尽管文化和旅游关联性强，但两者并不必然有关联或产生交集，在一定的领域和范畴内，两者没有关系或者无法实现融合。当然，当旅游作为一种社会现象进入学者们的研究视野时，其与文化的关系就成为他们关注的对象，例如文化是发展旅游的基础和资源，文化是旅游的灵魂，旅游是传播文化以及宣传文化的载体，旅游是文化产品②，形成了常见的文化与旅游关系说、"灵魂载体说"、"资源产品说"、"诗和远方说"，等等。与此同时，当文化通过旅游发展呈现出过度商业化的倾向时，便产生庸俗化、虚假化等负面效应，甚至导致目的地社区陷入文化迷失、道德败坏等风险中。

文化与旅游的关系千丝万缕，无论是自然景观的游览还是人文景观的体验，都离不开主体的文化感知。旅游活动从本质上来讲也是一种文化活动，旅游主体"游客"关联了旅游与文化。同时，作为客体的文化具有旅游功能，可广泛运用于旅游形象及场景塑造、旅游项目及活动策划、旅游景区及纪念品开发、旅游服务等各个方面，可融于旅游的方方面面。旅游作为最广泛、最普遍的交流方式，是展示文化、传播文化、交流文化、发展文化的重要载体。基于文化和旅游定义多样、关系复杂等特点，以下从

---

① 傅才武：《论文化和旅游融合的内在逻辑》，《武汉大学学报》（哲学社会科学版）2020年第2期。

② 周盼、李明德：《旅游文化是旅游理论研究的重要课题——旅游文化座谈会纪要》，《旅游学刊》1991年第1期；章采烈：《论旅游文化是旅游业发展的灵魂》，《上海大学学报》（社会科学版）1994年第1期。

身份认同视角、幸福视角、空间视角、产业视角、行政管理视角及属性视角分析文化与旅游的关系。

一　身份认同视角下文化与旅游的关系

文化存在一种内生吸引力，以满足人们对身份认同的需求，影响着人们的旅游决策。张朝枝认为，身份认同架起文化与旅游之间的桥梁，文化与旅游的关系源于旅游主体（旅游者个体或者民族、国家集体）寻找身份认同，而文化具有表征身份认同的意义和作用，二者关系的进一步发展和强化是由于文化演变成旅游者的身份符号①。然而，文化如何成为游客的身份符号和认同呢？张朝枝等认为，以身份认同为桥梁和纽带，面向游客开展文化的可参观性生产，实现从资源到产品的转换；同时，面向游客延展文化展示的产业链，实现从产品到产业的转换②。其中，可参观性生产的方式包括四种：以博物馆为主要载体的物质文化遗产展示，以传统节庆及艺术表演为主要载体的非物质文化遗产展示，以历史街区和城镇为文化空间载体的综合展示，以技术手段和文化主体空间为载体的创造性展示。可以看出，上述过程实际上是文化或文化遗产的旅游商品化过程，或旅游驱动下的文化或文化遗产商品化过程。

以身份认同视角审视文化与旅游关系的学者还有傅才武，通过剖析文化身份认同概念以及旅游消费的主客互动过程，他认为，文化身份认同是"处于不同族群中的社会成员对于某种文化共同体的一种肯定性心态和一种稳定的心理结构"，当人们对共同体文化达成共识并认可这种文化时，这种文化就会对人们的思维准则、价值取向和行为产生支配作用，而这种认同不会自然而然地存在，需要共同体有意识地建构和培养③。旅游正是建构、加强文化身份认同的重要路径，人们在旅游消费中会通过体验旅游吸引物

---

① 张朝枝：《文化与旅游何以融合：基于身份认同的视角》，《南京社会科学》2018 年第 12 期。
② 张朝枝、朱敏敏：《文化和旅游融合：多层次关系内涵、挑战与践行路径》，《旅游学刊》2020 年第 3 期。
③ 傅才武：《论文化和旅游融合的内在逻辑》，《武汉大学学报》（哲学社会科学版）2020 年第 2 期。

的符号意义及象征意义而主动寻找个人与族群的联系，进而完成自我文化身份的建构①。换言之，旅游消费是一种符号性消费而非功能性消费，其关联于社会身份地位及角色定位的符号意义要高于其功能意义②。

综上，基于身份认同视角分析文化和旅游关系不仅揭示了文化和旅游产生关联的起源，而且通过探究游客消费的符号互动过程分析了旅游消费超越经济意义之外的社会文化意义。若从共同体身份认同视角分析新时代文化和旅游融合发展的意义，文旅融合的实质是通过旅游实现增强中华文化认同、坚定文化自信的目标。

二　幸福视角下文化与旅游的关系

学者徐金海基于幸福视角分析文化与旅游的关系，并认为，文化与旅游关系的本源是追寻人生幸福，两者的关系变迁于体验文化幸福，而归于实现社会幸福的目标③。幸福视角下对文化与旅游关系的认识主要基于两种路径：一方面探讨旅游与幸福感的关系，另一方面探讨社会文化环境对人们幸福观或幸福感的影响。旅游幸福论认为，幸福是人类一切活动的终极价值与终极目标，旅游作为"一切活动"中的一种，其最终目标是追求幸福。审美体验、愉悦体验等旅游体验或"行走"体验均是实现幸福目标的过程和方式④。实际上，人生活于特定的社会文化环境中，幸福看似只是个人层面的体验，实则具有很强的社会文化性，无论是幸福观还是幸福感的形成都有其客观的社会文化性前提，受制于特定的文化⑤。例如，由经济条件提升带来的经济幸福和由文化自信提升带来的文化幸福在不同的社会条件

---

① 傅才武、申念衢：《新时代文化和旅游融合的内涵建构与模式创新——以甘肃河西走廊为中心的考察》，《福建论坛》（人文社会科学版）2019 年第 8 期。

② 刘丹萍、保继刚：《旅游者"符号性消费"行为之思考——由"雅虎中国"的一项调查说起》，《旅游科学》2006 年第 1 期。

③ 徐金海：《文化和旅游关系刍论：幸福的视角》，《旅游学刊》2019 年第 4 期。

④ 尢雄、马耀峰：《旅游如何成为人的幸福——兼论幸福的旅游何以可能》，《哲学动态》2010 年第 5 期。

⑤ 丛晓波：《何以幸福：论幸福感的社会文化性前提》，《东北师大学报》（哲学社会科学版）2014 年第 2 期。

下有不同的呈现方式。

英国著名作家阿兰·德波顿（Alain de Botton）在其《旅行的意义》中将旅行视为一种哲学层面的精神体验，他指出："如果生活的要义在于追求幸福，那么，除却旅行，很少有别的行为能呈现这一追求过程中的热情和矛盾。不论是多么的不清晰，旅行仍能表达出紧张工作和辛苦谋生之外的另一种生活意义。"① 追求幸福是人类的共同目标，旅游作为追求幸福的重要方式与路径，能够促成该目标的实现，因此越来越多的人认识到旅游是一种幸福产业。不少实证研究探讨了旅游者通过旅游体验作用于主观幸福感的机制，指出旅游中的感官及功能体验、认知体验、情感体验能够提高老年游客的生活满意度，进而提升老年游客的主观幸福感②。携程发布的《中国旅游者点评与幸福指数报告2017》也显示，中国游客从旅游中获得强烈的幸福感，且中国游客的幸福指数处于持续上升趋势③。然而，当旅游发展与幸福目标的"手段—目的"关系出现错位时，如过分强调消费及商品化而使旅游发展出现异化，则会导致"幸福悖论"④。

综上，幸福视角下的文化与旅游关系的研究不仅关注了哲学层面两者的关联本源，强调两者共同的精神意义，而且关注了宏观的社会文化环境对幸福观的影响以及个体层面旅游体验对幸福感的作用机制。可以看出，当国家宏观政策及社会文化环境强调旅游的精神价值而非仅仅关注其经济价值时，文化与旅游便以幸福为纽带产生更紧密的关联。

三 空间视角下文化与旅游的关系

20世纪中后期以来，西方学术界出现跨学科研究的趋势，"空间"是地

---

① 〔英〕阿兰·德波顿：《旅行的意义》，南治国、彭俊豪、何世原译，上海译文出版社，2012，第7页。
② 罗栋、李兵：《旅游让老年人更幸福了吗》，《湘潭大学学报》（哲学社会科学版）2021年第1期；李雪峰：《安度晚年还是欢度晚年：老年人的旅游与主观幸福感研究》，《旅游论坛》2019年第6期。
③ 《打造幸福产业是旅游业的使命》，迈点网，https://www.meadin.com/zl/183030.html。
④ 朱运海、曹诗图：《论旅游发展幸福悖论的内涵及伦理价值指引》，《华中师范大学学报》（自然科学版）2021年第2期。

理学与社会学共同关注下新文化地理学的重要概念。新文化地理学视野中的"空间"不仅包括物理空间，还包括社会空间、感知空间、消费空间等，强调物理空间的符号和象征意义①。空间视角下文化与旅游发生关联主要表现在三个方面：第一，从大尺度的区域及其联动层面而言，旅游的空间流动性特征为文化的跨区域互动和变迁提供重要渠道，区域协作为文化和旅游的健康可持续发展提供了机制保障②；第二，从小尺度的文旅场域及物理空间生产而言，博物馆、纪念馆、文化馆等物理空间的生产和拓展为旅游活动提供载体，融入文化符号的旅游公厕、交通、风景道、餐饮等旅游公共设施提升了本地居民日常生活的便利性③；第三，从微观层面的空间主体情感互动而言，空间访客对旅游客体的情感与感知构成其"感知空间"，是旅游活动产生精神意义与文化意义的桥梁④，也是空间访客通过文化体验提升其自身"文化资本"的重要方式。

列斐伏尔（Lefebvre）的巨著《空间的生产》（*The Production of Space*）构筑了一个系统的空间理论，为文化和旅游领域的空间研究提供了重要工具和视角⑤。在空间理论下，空间不仅是社会关系及权力关系发生的地方，而且其本身是社会关系及权力关系的产物，经历着由科学家、规划师、城市学家、政府等决策者和普通大众、本地居民等参与者共同作用的"空间实践"。旅游吸引物、目的地形象等均由旅游规划师、文化专家、政府等空间决策者构想而出，当地居民、游客等大众作为空间感知者参与空间的生产，空间决策者与感知者存在着权力与知识结构的差异，因此其形塑空间的作用也存在差异，然而，无论是"构想"还是"感知"，都呈现着不同主

① 梁璐、李九全、胡文婷等：《新文化地理学视野下的消费空间研究进展》，《人文地理》2017 年第 1 期。
② 马勇、童昀：《从区域到场域：文化和旅游关系的再认识》，《旅游学刊》2019 年第 4 期。
③ 陈怡宁、李刚：《空间生产视角下的文化和旅游关系探讨——以英国博物馆为例》，《旅游学刊》2019 年第 4 期。
④ 朱竑、高权：《西方地理学"情感转向"与情感地理学研究述评》，《地理研究》2015 年第 7 期。
⑤ Lefebvre H., *The Production of Space*, Oxford UK & Cambridge USA: Blackwell, 1991, pp. 368-398.

体精神层面的文化生产与物质旅游空间的交互作用，体现了文化与旅游在空间层面的关联。

综上，地理学与社会学交叉融合下的空间概念及其相关理论为理解文化与旅游的关系提供了重要视角。在物质空间层面，旅游景区、旅游设施、旅游交通需要注入文化符号，体现地方性与文化特色。在构想及感知空间层面，一方面，主体的文化素养及相关知识为设计、感知、体验空间提供了文化基础；另一方面，旅游吸引物可否成为真正的"吸引物"，关键在于是否符合游客预期和审美，"吸引"的过程即呈现不同空间主体的文化碰撞。

四　产业视角下文化与旅游的关系

产业是生产力发展及社会分工的产物，产业发展一般要经历从资源到产品，再到产业的过程，而相关产业紧密关联则形成产业链。旅游的经济性和产业性是学者们较早关注到的旅游的特点，也是各国政府出台旅游相关支持政策的主要动因，而文化的社会及政治功能更受重视，其产业性特征近些年才受到关注。就产业层面而言，旅游与文化有其各自的惯常称谓——"旅游业"和"文化产业"。"旅游业"的称谓体现了旅游活动牵涉到"吃、住、行、游、购、娱"等六要素的综合性特点，对应英文表述为"Tourism Industry"；"文化产业"则含有从功能角度、生产形态角度、本土文化资源角度、逻辑演绎角度等不同界定方式，常用的是从文化的精神消费功能及其牵涉到的生产、流通、服务等生产过程进行的界定①。

文化产业与旅游业的共同特点在于都是满足人们精神生活需要的产业，两者具有较强的关联性。学者们高度关注两者的关系，国家统计局也从官方统计角度对文化产业与旅游业进行了分类。在学术研究领域，我国学者于光远早在1986年就指出，"旅游本身就是一种文化生活"，具有文化享受性的特点，并做出"旅游业是带有很强文化性的经济事业，也是带有很强

---

① 李岫：《文化产业的概念、特征与层次》，《科学社会主义》2014年第2期。

经济性的文化事业"的论断①。基于产业视角探讨文化与旅游关系的研究议题主要聚焦文化产业与旅游业的互动及融合理论构建、动力、路径、模式等，实证研究关注区域、省域、地市、旅游演艺个案等不同空间尺度下文化产业与旅游业的融合度、测评及其两者间的关系和机理等②。在产业细分方面，国家统计局在参考《国民经济行业分类》、国务院相关文件、国际分类标准的基础上，分别发布了《国家旅游及相关产业统计分类（2018）》和《文化及相关产业分类（2018）》，这是我国对文化产业和旅游业在官方统计层面的进一步界定和分类，是理解文化产业和旅游业实践方面的重要参考。

综上，产业视角侧重量化统计，文化产业和旅游业的概念为其量化统计提供支撑，无论在学术研究领域还是统计方面，旅游业强调"吃、住、行、游、购、娱"六要素的产业支撑，文化产业强调创作、生产、传播等文化服务的产业支撑，这些为理解文化和旅游的关系提供了与实践相衔接的桥梁。

五 行政管理视角下文化与旅游的关系

国家行政管理体系对于理解文化和旅游的关系具有重要意义，也是我们认识文化和旅游领域涵盖内容的指向标。2018 年 3 月，国务院机构改革方案提出组建文化和旅游部，不再保留文化部、国家旅游局。文化和旅游部的主要职责共 12 项，其中第 1 项为"贯彻落实党的文化工作方针政策，研究拟订文化和旅游政策措施，起草文化和旅游法律法规草案"，第 2 项为

---

① 于光远：《旅游与文化》，《瞭望周刊》1986 年第 14 期。

② 卢璐、孙根年：《基于产业差异和价值错位视角的文旅融合可行范式研究》，《企业经济》2021 年第 3 期；许春晓、胡婷：《大湘西地区文化与旅游融合潜力及其空间分异》，《经济地理》2018 年第 5 期；洪学婷、黄震方、于逢荷等：《长三角城市文化资源与旅游产业耦合协调及补偿机制》，《经济地理》2020 年第 9 期；黄蕊、侯丹：《东北三省文化与旅游产业融合的动力机制与发展路径》，《当代经济研究》2017 年第 10 期；张琰飞、朱海英：《文化产业与旅游产业耦合发展的区域差异分析——基于省际面板数据的实证研究》，《华东经济管理》2012 年第 10 期；程晓丽、祝亚雯：《安徽省旅游产业与文化产业融合发展研究》，《经济地理》2012 年第 9 期；李蕾蕾、张晗、卢嘉杰等：《旅游表演的文化产业生产模式：深圳华侨城主题公园个案研究》，《旅游科学》2005 年第 6 期。

"统筹规划文化事业、文化产业和旅游业发展,拟订发展规划并组织实施,推进文化和旅游融合发展,推进文化和旅游体制机制改革"①。可以看出,文化和旅游部的组建中,文化是核心,起到主导、引领旅游发展的作用,旅游是支撑,起到促进文化繁荣的作用。同时,文化和旅游部机构设置除了办公厅、人事司、财务司等综合部门外,还有政策法规司、艺术司、公共服务司、科技教育司、非物质文化遗产司、产业发展司、资源开发司、市场管理司、文化市场综合执法监督局、国际交流与合作局(港澳台办公室)等业务部门,其中艺术司、非物质文化遗产司、文化市场综合执法监督局的主要职责仅涉及文化领域,不涉及旅游领域,而其余七个司的主要职责均涉及文化和旅游领域②。国家层面的文旅机构设置影响到省级、地市级对应的机构设置,也影响到政府层面的文旅活动安排以及对文旅市场的规制等,形成相应的领域或阵地,如文化领域、旅游领域、文化和旅游领域等。

国家统计局印发的《国民经济行业分类》《国家旅游及相关产业统计分类(2018)》《文化及相关产业分类(2018)》等为人们认识文化和旅游细分领域提供了基于官方统计的途径。《国家旅游及相关产业统计分类(2018)》在参考国务院有关文件(如《国务院关于促进旅游业改革发展的若干意见》)、《国民经济行业分类》(GB/T 4754—2017)和国际标准(联合国世界旅游组织编制的《2008年国际旅游统计建议》)的基础上,将旅游分为旅游业和旅游相关产业两部分。其中,旅游业包括旅游出行、旅游住宿、旅游餐饮、旅游游览、旅游购物、旅游娱乐、旅游综合服务等七个大类,旅游相关产业包括旅游辅助服务和政府旅游管理服务两个大类③。《文化及相关产业分类(2018)》在参考《国民经济行业分类》的基础上,兼顾文化管理需要和

---

① 《文化和旅游部主要职责》,文化和旅游部官网,https://www.mct.gov.cn/gywhb/zyzz/201705/t20170502_493564.htm。

② 《文化和旅游部部机关介绍》,文化和旅游部官网,https://www.mct.gov.cn/gywhb/jgsz/bjg_jgsz/。

③ 《国家旅游及相关产业统计分类(2018)》,国家统计局官网,https://www.stats.gov.cn/xxgk/tjbzhzd/gjtjbz/201805/t20180530_1758926.html。

可操作性，并与国际分类标准相衔接（借鉴《2009 年联合国教科文组织文化统计框架》分类方法），将文化分为文化核心领域和文化相关领域两部分。其中，文化核心领域指创作、制造、传播、展示文化产品的生产活动，包括新闻信息服务、内容创作生产、创意设计服务、文化传播渠道、文化投资运营、文化娱乐休闲服务等六个大类；文化相关领域包括文化辅助生产和中介服务、文化装备生产、文化消费终端生产等三个大类[1]。

在上述的统计分类中，文化领域与旅游领域有诸多关联之处，如文化核心领域的内容创作生产、创意设计服务等大类所生产、设计的文化类产品可广泛应用于旅游业的旅游吸引物和旅游纪念品。其中，文化核心领域的文化娱乐休闲服务大类含景区游览服务、休闲观光游览服务中类，与旅游业的旅游游览大类更是有诸多交叉、重叠之处；文化核心领域的"内容创作生产（大类）——内容保存服务（中类）"含有的"文物及非物质文化遗产保护""博物馆""烈士陵园、纪念馆"等小类为旅游业发展提供资源及吸引物支撑。由此可知，从官方统计方面而言，文化领域和旅游领域的部分内容存在天然的重合之处，文化与旅游的关系密不可分，而文化部和国家旅游局的合并为文化和旅游关系的进一步发展、融合提供了体制基础。

六　属性视角下文化与旅游的关系

在属性视角下探讨文化与旅游的关系，主要是关注旅游的文化属性以及文化对旅游的影响和支撑作用。方志远认为，文化对旅游发展影响很大，文化是旅游的本质特征，是旅游业保持特色及提高竞争力的决定因素，文化在旅游领域的应用能够充分发挥其经济潜能[2]。旅游活动以满足人们精神和文化需求为基础，文化存在于旅游活动的各个方面，文化是旅游者进行旅游活动的出发点和落脚点，也是旅游景观、旅游目的地对旅游者产生吸引力的根源。一方面，国家、地方的文化特色既是本地人独特的

---

[1]　《文化及相关产业分类（2018）》，国家统计局官网，https://www.stats.gov.cn/xw/tjxw/tzgg/202302/P020230202402013296807.doc。

[2]　方志远：《旅游文化概论》，华南理工大学出版社，2008，第 34 页。

精神支撑，体现本土文化底蕴，也是避免同质化、提升旅游吸引力的制胜法宝，无论是自然旅游资源还是人文旅游资源都需要有独特的文化内涵，才能激发旅游动机，吸引游客前往。另一方面，从本质上讲，旅游者的旅游行为是一种文化消费行为，旅游管理者的经营水平、旅游从业者的文化素质会直接影响到旅游资源开发利用方式、旅游服务质量、旅游品牌打造、游客在场体验和感知等。可以说，文化是旅游活动及旅游消费的核心。

长期以来，人们对旅游的经济性认知较多而忽略了旅游的文化属性。实际上，旅游主体存在精神文化需求；旅游客体要成为核心吸引物，必须具有文化性；旅游活动本身就是文化交流和文化传播的方式。

不同于日常生活，旅游不是为了满足人们的生存需求，而是带有精神满足的文化享受性活动。旅游主体在基本物质生活满足后就会产生精神文化需求，他们受到异地独特文化的吸引，产生好奇心，而旅游活动恰恰可以丰富其阅历、增长其知识。

作为旅游客体的旅游资源具有文化性，其主要由人文旅游资源和自然旅游资源组成。人文旅游资源以文化为核心吸引物，包括文物古迹、民族风情、社会风尚、生活习惯等，而自然旅游资源尽管是以自然景观为核心吸引物，但其命名、自然知识、讲解、游客审美体验等均离不开人类创造，因此也具有文化性。旅游主体的文化追求驱使旅游经营者提升旅游产品的文化品位，旅游产品成为文化产品，因此无论是自然景观、人文景观还是各种旅游服务，都具有浓厚的文化特色，这种文化特色是由旅游催发的，因此旅游既是文化的消费过程，也是文化的创造过程。实践证明，旅游产品所蕴含的文化底蕴越深厚，其本身的吸引力就越强；旅游发展越好的地方，其地方文化特色越突出，文化呈现力越强。

旅游活动本身就是一种重要的文化交流与文化传播方式，文化在很大程度上具有无形性、精神性特点，需要载体呈现才能被理解、被感知、被传承。旅游正是这样一种有效载体，它促进文化的生产、展示、传播。旅游经营者在进行旅游资源开发的过程中往往重视对其文化内涵的挖掘、诠

释，并据此进行再物质化而将旅游资源开发成为有文化品位的旅游产品，该过程可有效促进地域文化的传承和传播。除此之外，发展旅游还有助于当地人更好地认识、宣传本地文化，当地人参与旅游经营活动不仅在于"再生产"文化物品，而且其自身的文化素养得到提升，例如酒店不只是提供膳宿的地方，还是集膳宿、社交、娱乐等多功能于一体的综合性场所，所以酒店不仅要在餐饮、住宿、娱乐等方面体现地方文化特色与品位，还要有高素质的经营管理与服务人员，本地人的参与则有助于其更好地认知并传播地方文化。

第三节　我国文旅融合的理论探索与实践应用

一　文旅融合的理论研究内容

截至 2021 年 9 月 9 日，从知网数据库中能查到题目中含有"文旅融合"的论文共 2274 篇，其中学术期刊论文 1388 篇，学位论文 138 篇，会议论文 92 篇，报纸论文 249 篇。学位论文中博士论文 2 篇，分别为 2016 年山东大学厉建梅的《文旅融合下文化遗产与旅游品牌建设研究——以山东天上王城为个案》和 2020 年华东师范大学冯斐的《长江经济带文旅融合产业资源评价、利用效率及影响因素研究》，前者为个案研究，文旅融合属于研究背景，后者研究区域文旅融合产业发展，较前者更为深入。从发表年度来看，最早的是 2009 年的 2 篇；2017 年前年均在 40 篇以下，其中最多的是 2017 年 32 篇，其次是 2016 年 31 篇，再次为 2014 年和 2015 年，均为每年 11 篇，其余年份均在 10 篇以下；2018 年至 2020 年发文量大幅增长，2018 年为 157 篇，2019 年为 707 篇，2020 年为 1079 篇。从文章类型来看，2009 年的 2 篇和 2010 年的 9 篇文章中，仅 2010 年有 1 篇为期刊论文，其余均为报纸论文，2018 年前（2009~2017 年）的文章中报纸论文占了一半以上。可见，有关"文旅融合"的学术研究受 2018 年文化和旅游部的组建及文旅融合政策出台影响较大。尽管 2018 年前也有学者关注文旅融合，但仅是零星研究成果，2018 年后的成果无论是从数量上还是从期刊层次上来看均呈现出爆发式上升状态。

笔者针对中国知网篇名中含有"文旅融合"的学术期刊论文使用"主要主题分布"中的"共现矩阵分析"制作出图 1-1，其中含"文旅融合"与"图书馆"或"公共图书馆服务"的有 63 篇，含"文旅融合"与"博物馆"或"非物质文化遗产"或"传统村落"的有 71 篇，含"文旅融合"与"乡村振兴"或"乡村旅游"的有 63 篇，含"文旅融合"与"发展路径"的有 48 篇，含"文旅融合"与"文创产品"或"创新发展"或"创新研究"的有 33 篇，含"文旅融合"与"全域旅游"的有 20 篇，含有"文旅融合"与"红色旅游"的有 14 篇，含"文旅融合"与"文旅产业"或"产业融合"的有 10 篇。可见，我国学者主要关注文旅融合与公共文化服务、文旅融合与文化遗产、文旅融合与乡村旅游、文旅融合发展路径、文旅融合与文创发展等议题。据此，本部分从文化遗产与旅游融合、文化创意与旅游融合、文旅融合的影响研究等方面分析我国文旅融合的理论研究情况。

（一）文化遗产与旅游融合

根据徐翠蓉等对 1995 年至 2018 年发表在国内外主流核心期刊上的 87 篇文旅融合文献的梳理可知，有关文化遗产与旅游融合方面的研究文献占比最高，达 29.89%。这些研究主要聚焦于文化遗产与城市旅游的融合发展、文化遗产的活化与旅游开发、文化遗产的旅游营销价值等[1]。在文旅融合实践发展中，文化遗产与旅游的融合也是重点领域。文化遗产种类多样、内涵丰富，包括物质文化遗产与非物质文化遗产。物质文化遗产包括可移动文物和历史遗址、古建筑、古墓葬等不可移动文物，还包括历史街区、传统村落、考古遗址公园等"混合型"遗产载体，即保护程度达不到文物级别但仍需保护的遗产载体。文化遗产繁多的种类以及旅游的综合性、产业性特点决定了两者融合的内容、方式以及呈现的业态均较多。

1. 文化遗产活化与旅游开发

文化遗产活化与旅游开发的结合是文旅融合的重要路径，也是文旅融

---

[1]　徐翠蓉、赵玉宗、高洁：《国内外文旅融合研究进展与启示：一个文献综述》，《旅游学刊》2020 年第 8 期。

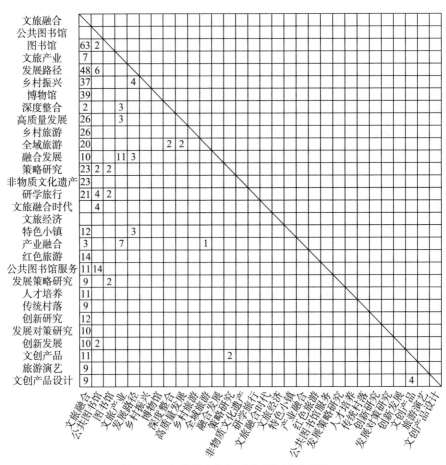

图 1-1 文旅融合篇名"共现矩阵分析"

资料来源：笔者自制。

合政策导向的重要体现。由于文化遗产属于过去留下的、对当前具有意义的载体或精神，其可视性、可感性往往会受到限制，对仅能从视觉、感官体验到表层元素的大众而言，许多遗产面临着难以理解、难以看懂的尴尬局面，充分的讲解、恰当的展示、活态的展演等"活化"举措成为大众理解文化遗产的必要条件，而旅游开发是实现这些活化方式的助推器[1]。实际

① 张朝枝、孙晓静、卢玉平：《"文化是旅游的灵魂"：误解与反思——武夷山案例研究》，《旅游科学》2010 年第 1 期。

上，文化遗产的活化与利用既可由政治因素、文化因素推动，也可由经济因素推动，旅游开发属于经济因素推动方式，而文旅融合的政策导向旨在通过对遗产的旅游利用达到服务于文化建设的目标，体现了政治因素、文化因素、经济因素共同推动遗产利用的宗旨。

2. 文化遗产与城市旅游融合发展

文化遗产作为区域或城市发展的重要资源，有利于提高所在区域的创新性、推进区域或城市的发展，在以旅游为导向的区域经济发展中占据着重要地位，日益受到地方政府的重视。朱国兴指出，以文化遗产为资源基础的文化产业集群或旅游产业集群对于提升区域竞争力有着重要作用，并且传统文化在旅游业发展过程中还可实现传承与创新①。同时，文化遗产也是旅游差异化、特色化特征的基础，不同地域文化形成的文化遗产对于形成文化休闲符号、创新旅游产品具有重要意义②。文化遗产融入城市发展不仅能够加强对传统文化资源的利用，还能够形成以文化旅游为主导的特色化城市发展模式，从而推动城市文化遗产管理、旅游发展、城市更新朝合作共生的良性方向发展。

3. 文化遗产与地方旅游形象

文化遗产因其植根于地方历史而具有较高的地方形象营销价值，以文化遗产为底蕴的地方文化为树立旅游形象提供了重要支撑，对于开展地方旅游营销具有重要意义。我国历史悠久，各地丰富的文化遗产资源在旅游营销中扮演着重要的角色，是提高地方识别度及提升旅游目的地竞争力的基底。从国家层面而言，非物质文化遗产营销可有效提升我国作为旅游目的地的文化内涵，提高旅游目的地吸引力③。对地方而言，基于文化遗产打造的特色文化品牌可增强旅游目的地的旅游竞争优势，避免旅游产品同质

---

① 朱国兴：《地域传统文化与旅游发展的理性思考——以徽州文化为例》，《人文地理》2002年第 3 期。

② 丁雨莲、陆林、黄亮：《文化休闲旅游符号的思考——以丽江大研古城和徽州古村落为例》，《旅游学刊》2006 年第 7 期。

③ 李永乐：《非物质文化遗产与中国目的地营销》，《旅游学刊》2009 年第 4 期。

化和品牌边缘化，有利于保持品牌的持久生命力，提高旅游目的地文化软实力①。

（二）文化创意与旅游融合

文化创意是以文化元素为基础、以创新为手段，通过整合多学科知识、利用多元载体采取多种方式呈现文化现象。文化创意通过文化的创造性转化和创新性发展而不断驱动旅游业的转型升级，有效提升旅游资源的文化价值，解决旅游同质化问题，促进旅游市场创新，助推了文化产业与旅游产业的融合发展②。文化创意能够丰富旅游产品的形式，打破传统的结构单一的旅游产品体系，文化创意与旅游融合已经成为旅游业发展的一大趋势。文化创意能够融入旅游业的各个环节，提升旅游的文化品位以及品牌影响力。当前的研究内容主要包括文化产业园区与旅游融合、影视业与旅游融合、文化演艺与旅游融合三种类型。

1. 文化产业园区与旅游融合

文化产业园区是依托文化创意、按照工业标准生产并销售系列文化产品的园区，主要形式有主题公园、动漫基地、艺术园区、节庆演出基地等。文化产业园与旅游的融合由来已久，清明上河园、宋城、深圳华侨城、方特等主题公园是典型的文化产业园与旅游融合的产物，也是知名的文化旅游景区。文化产业园是文化产业化的物质载体，而旅游是文化产业化的重要方式。文化产业园以旅游的方式向游客展示独特的文化，通过文化产业链与旅游产业链的衔接，形成独具特色的文化旅游产品③。

2. 影视业与旅游融合

影视业和旅游业都具有文化性的特征，这也使得影视业和旅游业能够融合发展，共同推进文化高质量发展。影视业与旅游融合的方式较多，电影小镇、影视基地等经过打造均可成为富有吸引力的旅游目的地，例如，

---

① 郭英之：《基于文化软实力的旅游目的地品牌文化营销》，《旅游学刊》2013 年第 1 期。

② 余召臣：《新时代文化创意旅游发展的内在逻辑与实践探索》，《四川师范大学学报》（社会科学版）2022 年第 2 期。

③ 何建伟：《深圳华侨城旅游文化特色探析》，《旅游学刊》1999 年第 5 期。

横店影视城在 2000 年荣获国家 4A 级旅游景区称号，现已成为全球规模最大的影视拍摄基地；以某影视作品元素为基础而建成的景区也吸引着诸多游客，例如方特以《熊出没》为元素吸引儿童游客群体；旅游景区也会因某影视作品的拍摄地而吸引更多游客前来参观，例如《三生三世十里桃花》拍摄地普者黑景区；部分影视类作品或节目中加入了旅游景区文化元素，例如河南卫视"七夕奇妙夜"系列《龙门金刚》就属于电视节目与旅游完美融合的文化作品。随着人们的文化需求标准日益提高，影视业与旅游业的融合也会朝多元化的方向发展。

3. 文化演艺与旅游融合

无论是国外的国际流行电影，还是中国特有的"印象系列""千古情系列"等旅游文化演艺节目，都为旅游开发提供了一条新的文化展示路径，并为旅游目的地文化产业和旅游业的融合发展注入了生机和活力。对旅游文化演艺来说，人才因素是旅游文化演艺的根本核心动力，技术因素是旅游文化演艺的持续推进力，资源因素和社会因素是协同性推动力，产业因素是强制性推动力[1]。

4. 文化创意产业与旅游融合

有关文化创意与旅游融合的研究多从产业视角出发探讨二者融合协调发展，主要集中在产业融合和产业协调两个方面。文化创意与旅游的产业融合主要探讨文化产业和旅游业融合发展的理论基础、融合类型、驱动因素、产业链构建、融合路径、融合业态及模型等[2]。产业协调研究多采用耦合函数法，以某一区域为研究对象来测度和评价文化产业与旅游业的耦合度和协调度[3]。基于产业视角的文旅融合也具有较强的现实意义，发展旅游是文化产业发展的重要方式，文化是旅游发展的导引和基础，文化与旅游

---

[1]　黄炜、孟霏、朱志敏等：《旅游演艺产业内生发展动力的实证研究——以张家界为例》，《旅游学刊》2018 年第 6 期。

[2]　程晓丽、祝亚雯：《安徽省旅游产业与文化产业融合发展研究》，《经济地理》2012 年第 9 期。

[3]　王兆峰：《民族文化产业与旅游业耦合发展研究——以湖南湘西为例》，《中央民族大学学报》（哲学社会科学版）2012 年第 6 期；侯兵、周晓倩：《长三角地区文化产业与旅游产业融合态势测度与评价》，《经济地理》2015 年第 11 期。

的产业化成为文旅融合的实践基础和外在表现形式。

（三）文旅融合的影响研究

不少学者关注文旅融合的影响研究，其实质是对文旅融合意义的分析与阐释，主要集中在文旅融合对传统文化、文化交流传播、旅游目的地发展的影响，以及在文化保护与传承中面临的挑战等方面①。

1. 文旅融合对传统文化的影响

一方面，传统文化与旅游的融合会赋予文化新的活力和生命力，且日益成为人民追求高质量生活的一种体现。旅游业的发展可以提升传统文化的旅游价值，丰富旅游目的地的文化景观，对传统文化的传承和保护具有一定的积极意义。郭山指出，传统文化当代传承的动力在于其有用性，且传承主体的"文化自觉"是其内源性动力，而文旅融合尤其是旅游开发对传统文化的利用提升了其有用性，使传承主体主动保护、传承传统文化②，政府的功能在于为文化遗产及传统文化的传承主体行动提供制度保障③。另一方面，文旅融合的过程中同样面临旅游开发对本土文化资源不当利用而导致的过度商业化等问题，这些势必会影响传统文化的原有特色的保留和自然变迁的进程，以致失去本土文化的独特性。

2. 文旅融合对文化交流传播的影响

游客在体验目的地文化过程中存在着"主客相互凝视"，即当地人与游客的文化互动、交流与影响④。从供给侧而言，旅游目的地的旅游文化演艺活动及节事活动是展示、传播当地文化的载体和途径，这些活动蕴含着当地丰富的、独特的文化要素；与此同时，游客往往会对旅游目的地的文化产生兴趣，在体验这些文化旅游产品时增进对当地文化的认可乃至认同，这种文化认同会影响其行为。换言之，文旅融合促进文化在目的地居

---

① 徐翠蓉、赵玉宗、高洁：《国内外文旅融合研究进展与启示：一个文献综述》，《旅游学刊》2020年第8期；肖洁、师小坤：《文旅融合对社会福祉的影响——以扬州为例》，《旅游学刊》2019年第7期。

② 郭山：《旅游开发对民族传统文化的本质性影响》，《旅游学刊》2007年第4期。

③ 张朝枝、郑艳芬：《文化遗产保护与利用关系的国际规则演变》，《旅游学刊》2011年第1期。

④ Maoz D., "The Mutual Gaze", *Annals of Tourism Research*, Vol. 1, No. 33, 2006.

民与游客之间"流动",游客的"移动"实质是文化的交流与互动①,游客对当地居民的影响表现为旅游文化的"来向传播",而当地居民对游客的影响表现为旅游文化的"归向传播"。

3. 文旅融合对目的地发展的影响

文旅融合背景下,在目的地旅游发展中注入更多文化元素有助于目的地的文化形象凸显,在旅游发展各个环节融入更多文化符号有助于营造目的地文化氛围,提升其文化品位。与此同时,产业层面的文化和旅游融合可延展文旅产业链条。随着旅游业和新兴文化产业的结合日益紧密,这些新兴文旅产业对旅游目的地逐渐产生了越来越重要的经济影响,如原属于文化事业的博物馆研发设计文创产品,演艺节目等既可提升旅游目的地的形象和吸引力,又能够提高文化事业领域的经济收入,助力目的地高质量发展②。需要警惕的是,在旅游开发的过程中要谨慎对待地方性新兴文化,若这些新兴文化无法对接、延续、传承中华优秀传统文化,则会导致文旅产品同质化。

综上,自 2018 年以来,文旅融合已经成为我国文化产业和旅游业发展的政策新导向。在此背景下,我国学者更加关注文化与旅游的关系,并尝试从理论视角探析两者的关系,以期指导文旅融合政策的实施。可以看出,文旅融合的研究具有鲜明的时代特征并具有本土特色,其理论研究从"灵魂载体说"到多元视角探讨、多学科研究,当前研究议题、研究方法逐渐增多,已从概念阐释、关系辨析拓展到实证研究,研究学理性逐渐增强③。

二　文旅融合的政策演进

文旅融合是新时代文旅产业发展的趋势,也是实现文化繁荣昌盛和旅

---

① 梁旺兵:《跨文化视角中的旅游客主交互与客地关系研究》,陕西师范大学博士学位论文,2006,第 32 页。

② 刘辉、朱晓云、李峰等:《"文旅融合下博物馆文创的探索与实践"学人笔谈》,《东南文化》2021 年第 6 期;卢冰:《洛阳市博物馆文创开发路径研究》,《时代报告》2021 年第12 期。

③ 徐翠蓉、赵玉宗、高洁:《国内外文旅融合研究进展与启示:一个文献综述》,《旅游学刊》2020 年第 8 期。

游业高质量发展的内在要求。文化与旅游的关系不仅是学者们一直探讨的课题，相关部门从政策角度也对其进行了不少的探索。如"灵魂载体说"，即文化是旅游的灵魂，旅游是文化的载体，在我国相关政策中也经常出现。例如，我国首份有关文旅融合的政策，即 2009 年《文化部、国家旅游局关于促进文化与旅游结合发展的指导意见》中就指出，文化是旅游的灵魂，旅游是文化的重要载体。2021 年 4 月，文旅部印发的《"十四五"文化和旅游发展规划》"序言"中指出，"十四五"时期，要"更好实现文化赋能、旅游带动"，在"基本原则"中指出要"以文塑旅、以旅彰文"。2021 年 12 月，国务院印发的《"十四五"旅游业发展规划》指出，"十三五"时期，旅游成为传承弘扬中华文化的重要载体，在传播中华优秀传统文化、革命文化和社会主义先进文化方面发挥了更大作用；"十四五"时期，要充分发挥旅游业在传播中国文化、展示现代化建设成就、培育社会主义核心价值观方面的重要作用，坚持旅游为民、旅游带动，发挥旅游业综合带动作用。自 2009 年至今，我国相继颁布了诸多助推文化与旅游融合的政策，根据这些政策及机构变化情况，可将文旅融合的发展历程划分为三个阶段：探索期（2009 年至 2012 年）、推动期（2013 年至 2017 年）、提升期（2018 年至今）①。

（一）文旅融合的探索期（2009 年至 2012 年）

2009 年，我国第一份有关文旅融合的政策《文化部、国家旅游局关于促进文化与旅游结合发展的指导意见》出台，指出要重视文化与旅游的深度融合，助推文化体制改革，推动文化产业和旅游产业发展与升级转型，推动中华文化的保护与传承，提升文化影响力与国家软实力。该政策指明了文化与旅游的关系以及如何推进文化与旅游的深度融合。2011 年发布的《国家旅游局关于进一步加快发展旅游业促进社会主义文化大发展大繁荣的指导意见》指出，旅游与文化密切相关，要明确旅游业的文化责任，自觉发挥其在促进社会主义文化大发展大繁荣中的作用，提出以旅游业大发展促进社会主义文化大发展大繁荣，以社会主义核心价值体系为统领大力培育健康、丰富、包容的旅游文化，以改革创新精神开创旅游产业与文化产

---

① 于帆、卢章平：《中国文旅融合政策分析与启示》，《中国发展》2020 年第 5 期。

业融合发展的新局面。此后，我国相继出台《文化部"十二五"时期文化产业倍增计划》和《文化部"十二五"时期文化改革发展规划》等政策，明确提出"十二五"期间我国文旅产业的发展目标、推进措施等。可以看出，探索期的文旅融合政策主要聚焦于相关概念内涵、文化与旅游的关系以及部分文旅融合推进措施，政策发布部门主要是文化部、国家旅游局。

（二）文旅融合的推动期（2013 年至 2017 年）

在这一时期，我国大力加快文旅产业建设进程，颁布的相关政策也由文化部、国家旅游局上升到国务院层面。2013 年，国务院印发《国民休闲旅游纲要（2013—2020 年）》，提出休闲旅游的开发要弘扬优秀传统文化，大力发展红色旅游，开发休闲观光、文化演艺、科普教育的旅游项目及产品。2014 年，国务院颁布《关于促进旅游业改革发展的若干意见》，指出旅游开发要更加注重文化传承创新，创新文化旅游产品，大力发展红色旅游，组织开展群众参与性强的文化旅游活动。2014 年国务院还出台了《关于推进文化创意和设计服务与相关产业融合发展的若干意见》，提出要提升旅游发展的文化内涵，加强对遗产的保护利用，大力发展红色旅游和具有特色的文化旅游，此外还提出要提高文化创意和设计水平，挖掘农村文化资源，提升乡村旅游和休闲旅游的发展水平。

2016 年，国务院办公厅转发文化部等部门颁布的《关于推动文化文物单位文化创意产品开发的若干意见》，多处提及文化和旅游的融合，指出要支持文化资源与创意设计、旅游等相关产业跨界融合，提升文化旅游产品和服务的设计水平，开发具有地域特色、民族风情、文化品位的旅游商品和纪念品。2017 年 3 月，国务院办公厅转发文化部等部门颁布的《中国传统工艺振兴计划》，也多处指出文化与旅游的融合，提出要推动传统工艺品的生产、设计等和发展乡村旅游有机结合；要推动传统工艺与旅游市场的结合；要在非物质文化遗产、旅游等相关节会上设立传统工艺专区；要将传统工艺展示、传习基础设施建设纳入"十三五"时期文化旅游提升工程。2017 年 5 月，中共中央办公厅、国务院办公厅印发《国家"十三五"时期文化发展改革规划纲要》，提出要发展文化旅游，扩大休闲娱乐消费，并部

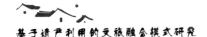
署开展红色旅游活动和文明旅游行动。

可以看出，该时期的文旅相关政策主要立足于文化或旅游领域提出文化产业与旅游业融合。除此之外，该时期无论是文化领域还是旅游领域都发布了加强监管和推进规范化发展的政策，如 2015 年国家旅游局颁布了《国家旅游局关于打击旅游活动中欺骗、强制购物行为的意见》，同年，文化部与公安部颁布了《文化部、公安部关于进一步加强游戏游艺场所监管促进行业健康发展的通知》，这些市场监管政策为文化产业与旅游业的健康发展提供了良好的政策支撑。

（三）文旅融合的提升期（2018 年至今）

2018 年党的十九届三中全会召开，根据会议通过的《中共中央关于深化党和国家机构改革的决定》和《深化党和国家机构改革方案》，2018 年 3 月，文化部和国家旅游局合并为"中华人民共和国文化和旅游部"（简称"文旅部"），其主要职责之一是统筹规划文化事业、文化产业和旅游业发展，拟订发展规划并组织实施，推进文化和旅游融合发展，推进文化和旅游体制机制改革。文旅部的成立为文化和旅游的融合发展提供了机构保障，"以文塑旅，以旅彰文"成为文旅融合发展政策的指导性用语，我国文旅融合发展进入全面提升期。该时期，无论是国务院、相关部委还是文旅部，都将文化和旅游的融合发展作为政策发布的重要内容，力图形成"文化赋能、旅游带动"的互促格局。

文旅部的成立以及文旅融合的提出不仅体现了国家对于文化和旅游融合发展的要求，而且彰显了对文化和旅游融合发展的重视。仅在文化和旅游部成立的 2018 年，国家层面就陆续出台不少相关政策支持文化和旅游的深度融合。2018 年 3 月，国务院办公厅印发的《关于促进全域旅游发展的指导意见》提出要"推动旅游与科技、教育、文化、卫生、体育融合发展"；同年 9 月中共中央、国务院印发的《乡村振兴战略规划（2018—2022年)》提出要发展乡村特色文化产业，推动文化、旅游与其他产业深度融合；同年 10 月，中共中央、国务院办公厅印发《关于加强文物保护利用改革的若干意见》提出，要"促进文物旅游融合发展，在文物领域开展研学旅游、体验旅游，开发文物休闲旅游项目和精品旅游线路"。2022 年 1 月，国务院印发《"十四五"旅游业发展规划》，提出要坚持以文塑旅、以旅彰文，要让旅游成为人们感悟中华文化、增强文化自信的过程；要坚持旅游为民、旅游带动，要发挥旅游业综合带动作用。

文旅部成立后，相继颁发不少政策支持文旅融合的发展。2019 年，文旅部相继颁布了《关于实施旅游服务质量提升计划的指导意见》《关于促进旅游演艺发展的指导意见》《文化和旅游规划管理办法》等，从文化消费环境营造、人才培养机制建立、资源开发及市场监管等多方面为文旅产业健康发展提供了支撑和保障。进入 2020 年，在新冠疫情的影响下，文旅产业的发展受到制约，文旅部出台了《旅游景区恢复开放疫情防控措施指南》《关于暂退部分旅游服务质量保证金支持旅行社应对经营困难的通知》《关于开展文化和旅游消费试点示范工作的通知》等政策；尤其在2020 年 10 月，为探索后疫情时代文化和旅游产业深度融合与高质量发展之策，文旅部发布《关于推动数字文化产业高质量发展的意见》，指出要"以数字化推动文化和旅游融合发展，实现更广范围、更深层次、更高水平融合"。2021 年 4 月，文旅部印发《"十四五"文化和旅游发展规划》，随后印发《"十四五"文化产业发展规划》《"十四五"文化和旅游市场发展规划》等 10 项专项规划。2023 年 2 月，文化和旅游部发布《关于推动非物质文化遗产与旅游深度融合发展的通知》和《文化和旅游标准化工作管理办法》；2024 年，文化和旅游部办公厅印发《文化和旅游标准化工作细则》。

除了文旅部之外，相关部委也高度重视文旅融合发展，联合出台相关支持政策。2019 年，科技部、中央宣传部、中央网信办财政部、文化和旅游部、广播电视总局等六部门联合发布《关于促进文化和科技深度融合的指导意见》；2020 年 11 月，文化和旅游部、国家发展改革委、教育部、工业和信息化部等十部委联合发布《关于深化"互联网+旅游"推动旅游业高质量发展的意见》，以期通过技术赋能实现文化和旅游业高质量发展。

三　文旅融合的实践路径

通过上述对文旅融合的理论探讨和政策梳理可知，文旅融合有一定的理论基础和政策引导，并有不少成功案例。有关文旅融合的实践路径也成为学者、政府及市场经营者共同探析的对象。2019 年全国文化和旅游厅局长会议提出文旅融合的路径有理念融合、职能融合、产业融合、市场融合、服务融合、交流融合等六种。然而，现实中文化和旅游既不可能也没必要完全融合，两者的融合既需探讨学理基础，符合基本规律，又要考虑市场因素、人民需求等现实情况。考虑到文化和旅游融合的边界问题，我国在政策层面提出"宜融则融，能融尽融"的原则，意即两者适合融合的地方就融合、能够融合的尽量融合。

不少学者对文旅融合的实践路径进行了探讨，如王秀伟从产品融合、业态融合、要素融合、市场融合、价值融合等五个维度提出"文旅融合的金字塔"，并指出五大维度之间的关系是由表及里[1]。学者们普遍认为文化和旅游在产业方面的融合是重点，如黄永林指出文旅融合的重点在于建构具有中国特色的文化旅游产业体系，其关键路径在于理念融合、资源融合、技术融合、区域融合、跨界融合等[2]；李凌雁、翁钢民从时空维度探讨了文化与旅游产业的融合机理，指出资源融合是基础、人才融合是支撑、市场融合是手段、机构融合是保障，并以此构建了文旅产业融合度评价体系[3]。

许多学者认为影响文旅融合实践路径的要素具有多维度、多层面特点，他们一方面探讨实现文旅融合的多重影响因素，另一方面探讨这些影响因素之间的内在关系。例如，李任总结了影响文旅融合的八种要素，即机构是保障、人才是支撑、资源是基础、市场是手段、服务是过程、技术是推手、产品是主体、产业是核心，并基于此提出文旅深度融合的实践路径有六条，即通过激发创意创新促进产品融合，通过整合资源要素促进产业融合，通过优化发展环境促进市场融合，通过科技赋能促进技术融合，通过

---

① 王秀伟：《从交互到共生：文旅融合的结构维度、演进逻辑和发展趋势》，《西南民族大学学报》（人文社会科学版）2021 年第 5 期。

② 黄永林：《文旅融合发展的文化阐释与旅游实践》，《人民论坛·学术前沿》2019 年第 11 期。

③ 李凌雁、翁钢民：《我国旅游与文化产业融合发展水平测度及时空差异分析》，《地理与地理信息科学》2015 年第 6 期。

完善基础设施促进服务融合，通过保护资源促进效益融合①。学者们在阐释文旅融合提出背景及重要意义的基础上，从学理上探讨了实现文旅融合的机构保障、体制改革、动力机制、边界范围、发展重点等。可以看出，理念融合属于认识、思想层面的融合，机构融合、体制改革、动力机制、人才融合等属于制度层面的保障，而产品融合、产业融合、业态融合、载体融合、技术融合、服务融合等属于实践层面的融合路径。

综合上述政策领域的融合路径，结合学者们对文化与旅游的概念及范围、特征以及多重视角下文化与旅游关系的理论探讨，本书认为，文旅融合的实践路径以理念融合为引领，以机构融合、职能融合、制度改革为保障，以文旅资源融合、空间载体融合、产品/产业/业态融合、市场主体融合、服务对象融合、对外交流融合为六大具体实践路径（见图1-2）。其中，理念融合主要是认识上、思想上的，就是认识到文化引导旅游、旅游传播文化、文化和旅游融合的重要意义，并以此指导两者在能融、宜融的范围内推进"文化的旅游化"和"旅游的文化化"，即在推进文化工作时融入发展旅游的思维，在推进旅游工作时融入文化导向的思维，以实现以文塑旅、以旅彰文、和合共生的理想图景。理念融合引领机构融合、职能融合、制度改革以及各具体实践路径。机构融合、职能融合、制度改革属于机构重整和体制机制设计与改革方面，具有引导文旅融合健康发展、规范其具体实施举措的作用，为文旅融合提供保障，但其本身并不属于严格意义上、现实层面的实践路径。文旅资源融合、产品/产业/业态融合、空间载体融合、市场主体融合、服务对象融合、对外交流融合具有现实层面的含义，是推进文旅融合的具体实践路径。

（一）文旅资源融合

资源是产品生产的基础，文旅资源是文化和旅游产品生产、产业及业态发展的基础。文旅资源融合指文化领域和旅游领域的资源互为融通、相互转化和灵活利用，通过将文化资源转化为旅游资源和将旅游资源转化为

---

① 李任：《深度融合与协同发展：文旅融合的理论逻辑与实践路径》，《理论月刊》2022年第1期。

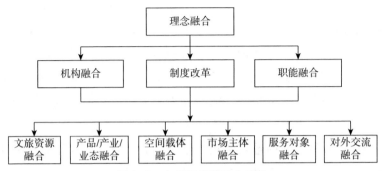

图 1-2　文化和旅游融合路径

资料来源：笔者自制。

文化资源提升文化的传播力、增强旅游的文化品位，为满足人民需求创造出更多优质产品。实际上，资源原本并无文化和旅游领域之分，例如一个地方的历史，在挖掘之际只需考察其真实性、广度和深度等，其既可以是文化资源，也可以是旅游资源，但在利用方式上不能仅限于文化领域或仅限于旅游领域，而需以融合理念统领资源的多途径利用。同时，人们在体验、消费这些产品时也并不会过多考虑其是用于本地人的文化产品还是用于外地人的旅游产品。

（二）产品/产业/业态融合

在实践层面，文化和旅游的融合主要体现在产品、产业、业态方面的融合，重点是寻找文化和旅游产业链条各个环节的最佳结合点，以充分发挥两大产业的优势，形成和合共生、共同增长的发展动力。具体而言，要依托文化创意将更多的文旅资源转化为具有文化内涵的产品，推进文化产品和旅游产品的融合，将传统技艺、传统表演融入旅游景区及度假区中，并依托景区开发诸如故宫文创、《龙门金刚》等具有文化特色的创意产品，注重将文化元素融入旅游产品、将创新思维融入传统文化的传承体系中，以满足本地人与游客对特色产品的新需求。同时，要以"旅游+""文化+"思维推进文化和旅游的产业融合及二者与其他产业的融合，如推进文化、旅游与高科技的融合，推进文化、旅游与工业、农业等的融合，重点促进红色旅游、旅游演艺、遗产旅游、主题公园、主题酒店等业态发展。

（三）空间载体融合

空间载体是文化和旅游发展的物质表征，大至地方环境，小至酒店易耗品等都是空间载体的组成部分。空间载体的融合主要通过将文化元素融入目的地环境营造、将服务思维融入文化建设中，全方位提升文旅发展的空间品质，打造全景观化、全服务化、全便利化的全域文旅空间。具体而言，一方面，要树立全域文旅思维，通过空间和载体的主题化打造高品质目的地，将文化建设意识融入目的地"吃、住、行、游、购、娱"等旅游环节的各类载体中，尤其要打造特色文化旅游功能区和长江国际黄金旅游带、黄河国际文化旅游带、长城文化旅游带等新型文化旅游功能区，践行以文化塑造旅游载体的路径；另一方面，要树立便利化服务意识，通过提升文化机构的创新服务水平，将旅游服务意识融入博物馆、文化馆、非遗馆、图书馆、剧院等文化载体中，提升目的地的服务水平，践行以旅游服务提升文化载体影响力的路径。

（四）市场主体融合

产业发展离不开市场的蓬勃发展，文化和旅游融合需要一个充满活力的市场作为基础。文化和旅游市场的融合既包括文化机构与旅游企业等市场主体的对接合作，也包含对文化市场与旅游市场的统一监管及治理。具体而言，一方面要优化营商环境，积极推进不同层次的文化机构与旅游企业合作，共同筹划、推进文旅项目，培育新的文旅消费热点，既要有富有影响力、竞争力的文旅领军企业，又要助推具有特色的小型企业、民营企业的融合发展，形成"百花齐放"的文旅市场；另一方面要树立高质量、可持续发展的意识，加强对两大产业融合过程中出现的一些新兴业态的关注、引导、监管，建立文旅企业的信用体系，组建文旅市场监管执法队伍，保障文化和旅游市场主体融合发展的可持续性。

（五）服务对象融合

对于一个区域而言，文化设施主要服务于本地居民，而旅游设施主要服务于外地游客，两者的服务对象有区别。随着全域旅游以及文旅融合的提出，"居游共享""主客共享"公共服务已成为主流导向，即服务对象融

合，其主要指公共文化服务设施与旅游公共服务设施建设要考虑到本地居民与外地游客的共享共用，包括配置公共文化服务与旅游公共服务资源的融合、服务本地居民与外地游客的基础设施在功能上的融合、本地居民与外地游客共享空间的融合等。具体而言，第一，在旅游景区、度假区等配置影院、书店等公共文化设施，在博物馆、文化馆等配置游客服务设施，做到公共服务资源配置融合；第二，在改建旅游公共服务设施时融入地方文化特色，发挥宣传本地文化的功能，在建设公共文化服务设施时考虑服务外地游客的功能，在城市书房、影院等地放置旅游纪念品、宣传册等；第三，做好居游空间融合，建设休闲文化街区、文化公园、主题公园、考古遗址公园等主客共享空间。

（六）对外交流融合

文化和旅游在国际层面都具有促进文明交流、传播文化、增进理解的功能，是树立国际形象、讲好中国故事、维持国际关系的重要载体。文化和旅游融合的重要路径之一是对外交流融合，包括对外进行文化交流互鉴、引导导游及游客讲好中国故事、传播中华优秀传统文化等方面的融合。具体而言，要依托海外文化和旅游机构，统筹安排文化和旅游融合项目，发挥博物馆、文化馆、旅游景区、主题酒店等载体的文化传播功能，引导导游、讲解员及广大游客成为中国故事的讲述者、传承者、传播者；同时，助推优秀文化产品和旅游产品走向世界，提升出境游客的责任意识，发挥出境游客在传播中华文化、讲好中国故事中的作用，使其成为"行走的中国文化传播者"，让世界各地都能感受到中国文化的独特魅力，从而提升中华文化国际影响力。

第二章
遗产利用

第一节 遗产概念辨析与演进

弄清楚遗产是什么、遗产概念源于哪里，以及遗产概念发生了哪些变化等问题是人们认识遗产的基础，也是利用遗产的前提。本节主要阐述遗产概念及其演进过程，为阐明遗产的价值与如何利用遗产做铺垫。

一 遗产概念界定

现行的遗产概念源于19世纪现代化背景之下的欧洲，尤其是英国、法国、德国等国家，而人们对于"过去"及其留下的物件的思考与主动保护行为要远早于此①。早在17世纪，欧洲的"古迹"（monument）就蕴含着"伟大""美感"的含义，它以艺术的方式见证着历史，具有唤起公众记忆、提升国民凝聚力的纪念作用；法国的"遗产"（patrimoine）一词也蕴含着"大美""伟大"的含义②。遗产与"过去"息息相关，在"传统"与"现代"的交替演进中具有表征"美好过去"的特定指向，具有一定的政治、文化内涵，是增进国家认同和展示民族文化的载体。然而，现代化背景下

---

① Harvey D. C. , "Heritage Pasts and Heritage Presents: Temporality, Meaning and the Scope of Heritage Studies", *International Journal of Heritage Studies*, Vol. 7, No. 4, 2001.

② Choay F. , *The Invention of the Historic Monument*, Cambridge: Cambridge University Press, 2001, pp. 87-97.

产生的遗产概念不强调其内涵性和本质性特点，而是强调其技术性，这是为了便于进行分类、管理而规定的，与其现代管理、利用紧密相关。这种遗产概念源于欧洲，而后经过相关国际遗产保护文件将其保护理念及方式传播至世界各地，对全球的遗产保护利用实践产生了巨大影响。本部分通过梳理国际文件中的遗产概念、国内文件中的遗产概念以及大众视野中的遗产概念，分析遗产概念的内涵及分类。

（一）国际文件中的遗产概念

有关遗产的国际文件较多，影响力最大的是联合国教科文组织（UNESCO）1972年11月16日通过的《保护世界文化和自然遗产公约》，其制定参考了《雅典宪章》《威尼斯宪章》等。《巴拉宪章》是澳大利亚根据其本国遗产情况参考《保护世界文化和自然遗产公约》而制定的。《奈良宣言》是世界遗产委员会根据文化多样性而针对遗产的真实性问题制定的宣言。表2-1在参考国内外学者研究的基础上分析了国际文件中的遗产相关概念。

表2-1　部分国际文件中的遗产相关概念

文件名称及年份	会议/组织	背景与意义	遗产相关概念界定
《雅典宪章》（1931）	第1届历史古迹建筑师及技师国际会议	第一次世界大战造成欧洲历史古迹、纪念物、古建筑的破坏；该文件为历史古迹类遗产保护理论与实践提供了指导框架和立法基础	具有艺术、历史和科学价值的纪念物
《威尼斯宪章》（1964）	第2届历史古迹建筑师及技师国际会议	第二次世界大战后的现代工业发展、旧城改造、城市化导致历史古迹保护面临威胁。该文件是遗产保护理论与实践的基础性文件之一，并推动了1965年国际古迹遗址理事会（International Council on Monuments and Sites, ICOMOS）的成立。ICOMOS后来成为世界遗产委员会的专业咨询机构。该文件是遗产保护理论与实践的基础性文件之一	历史古迹的概念不仅包括单体建筑物，也包括能够为一种独特的文明、重要的发展或一个历史事件提供证据的城市或乡村环境。它不仅包括伟大的艺术作品，也包括那些随着时光流逝而获得文化意义的过去一些较朴实的艺术品；强调历史古迹的"真实性"

续表

文件名称及年份	会议/组织	背景与意义	遗产相关概念界定
《保护世界文化和自然遗产公约》（1972）	联合国教科文组织第17届大会	埃及政府建阿斯旺大坝会导致努比亚遗址的淹没，抢救努比亚遗址需要大量资金，埃及政府向 UNESCO 寻求国际援助，认为努比亚遗址虽在埃及境内，但也是整个人类遗产的一部分，应引起全球关注和抢救。该公约推动建立了世界遗产名录制度，规定各缔约国可自行确定本国领土内的文化遗产和自然遗产，并向世界遗产委员会递交遗产清单，经专业咨询机构评估其价值后由世界遗产委员会审核和批准；该公约加快了保护世界遗产的进程	文化遗产包括古迹、建筑群和遗址。古迹指从历史、艺术或科学角度看具有突出的普遍价值的建筑物、碑雕和碑画，具有考古性质的成分或构造物、铭文、窟洞及景观的联合体；建筑群指从历史、艺术或科学角度看在建筑式样、分布均匀或与环境景色结合方面具有突出的普遍价值的单立或连接的建筑群；遗址指从历史、审美、人种学或人类学角度看具有突出的普遍价值的人类工程或自然与人的联合工程，以及包括考古地址的区域。自然遗产包括自然景观、动物和植物生境区、自然区域
《巴拉宪章》（1979）	国际古迹遗址理事会澳大利亚国家委员会	该文件是在参考《威尼斯宪章》的基础之上，结合澳大利亚实际情况于1979年在澳大利亚南部城市巴拉批准实施的。澳大利亚 ICOMOS 分别于1981年、1988年及1999年对该宪章进行了修订。该宪章强调遗产的价值与意义是由遗产地的物质来证实的，对相关场所的管理与利用方式须由其文化意义决定；所有工作都应遵守强有力的指导和监督，由具有恰当知识和技能的人员执行；应考虑与遗产有密切关系的人们，让其了解文化意义并参与保护管理	《巴拉宪章》用"地方"（place）一词替代"古迹"（monument）和"遗址"（site），认为"地方"可以更好地指代保护对象实体及其文化意义。"地方"暗含对文化遗产周边环境的强调与保护，具有长远及可持续发展的意义。历史遗产的文化意义指对过去、现在及未来各代人具有的美学、历史、科学、社会和精神价值

续表

文件名称及年份	会议/组织	背景与意义	遗产相关概念界定
《奈良宣言》（1994）	世界遗产委员会	会议在日本城市奈良举行，该宣言又称《奈良真实性宣言》。该宣言利用以木结构为特点的东方建筑"真实性"案例，指出东西方文化的差异，认为应重新定义遗产保护界最基本的概念"真实性"，在其科学评判标准基础上加上"多样性"；考虑到文化的多样性、遗产的多样性及对价值与原真性的不同理解，提出各文化均可自行定义其"真实性"内涵。该宣言为原本弱势的东方文化遗产保护开创了新的篇章	文化遗产既包括遗产本体的形式与设计、材料与物质、用途与功能、传统与技术、地点与背景、精神与感情以及其他内在或外在因素等信息来源，还包括根植于遗产本体中的文化价值，人们通过其信息来源来理解文化价值，而对信息来源可信度的判断可能存在文化差异
《保护非物质文化遗产公约》（2003）	联合国教科文组织第32届大会	UNESCO 意识到《保护世界文化和自然遗产公约》并不适用于非物质文化遗产，于1989年通过了《保护民间创作建议书》，却遭遇针对民俗定义以及具有殖民主义倾向的批判。UNESCO 于1993年、1998年分别颁布了《人类活态财富计划》与《人类口头及无形遗产代表作宣言》，并于2001年评选出首批19个"人类口头和非物质遗产代表作"，2003年通过《保护非物质文化遗产公约》，旨在保护以传统、口头表述、节庆礼仪、手工技能、音乐、舞蹈等为代表的非物质文化遗产。UNESCO 共编制了"人类非物质文化遗产代表作名录""急需保护的非物质文化遗产名录"和"优秀实践名册"三项人类非物质文化遗产名录	非物质文化遗产又称口头或无形遗产，是相对于有形、可传承的物质遗产而言的，指被各社区、群体，有时是个人，视为其文化遗产组成部分的各种社会实践、观念表述、表现形式、知识、技能以及相关的工具、实物、手工艺品和文化场所。非物质文化遗产包括口头传统和表现形式，表演艺术，社会实践、仪式、节庆活动，有关自然界和宇宙的知识和实践，传统手工艺

资料来源：黄明玉：《文化遗产的价值评估及记录建档》，复旦大学博士学位论文，2009；王镜：《基于遗产生态和旅游体验的西安遗产旅游开发模式研究》，陕西师范大学博士学位论文，2008。

可以看出，国际文件中遗产概念的内涵及外延都在发生改变，从古建筑到古城乡空间、从文化类到自然类、从物质实体到非物质、从关注"物"

到关注"人"的作用，等等，然而遗产也有一些相对固定的特征，例如源于"过去"、历时久远且得到当代认可，有专家参与的官方"申报—认定"过程。在国际主流文化的影响下，许多国家政府对于保护遗产都十分重视，对于申报世界遗产尤为积极。截至 2022 年 3 月，中国世界遗产总数达 56 项，其中世界文化遗产 38 项、世界文化与自然双重遗产 4 项、世界自然遗产 14 项①。然而，在世界遗产名录遴选中，西方国家占比较高，列入世界遗产名录的遗址分布比例失调，显现出一定程度的欧洲中心主义，在类别上文化遗产数量远多于自然遗产。

（二）国内文件中的遗产概念

国内有关遗产的文件较多，主要有法律文件、政策文件及对应国际文件的制度性文件。法律文件有《中华人民共和国文物保护法》（简称《文物保护法》）（1982）和《中华人民共和国非物质文化遗产法》（简称《非物质文化遗产法》）（2011），政策文件有《关于加强文化遗产保护的通知》（2005）、《加强我国非物质文化遗产保护工作的意见》（2005）等，制度文件有《中国文物古迹保护准则》（2015）。表 2-2 列举了部分国内文件中的遗产相关概念。

表 2-2　部分国内文件中的遗产相关概念

文件名称及年份	颁发部门	背景与意义	遗产相关概念界定
《文物保护法》（1982）	全国人民代表大会常务委员会	为加强对文物的保护，继承中华民族优秀历史文化遗产，进行爱国主义和革命传统教育，建设社会主义物质文明和精神文明而制定该法规。1982 年颁布后分别于 1991 年、2007 年、2013 年、2015 年、2017 年进行了五次修正	文物属于物质类文化遗产，包括历史上各时代重要实物、艺术品、文献、手稿、图书资料、代表性实物等可移动文物，以及古文化遗址、古墓葬、古建筑、石窟寺、石刻、壁画、近代现代重要史迹和代表性建筑等不可移动文物，还包括历史文化名城、历史文化街区、村镇等文物特别丰富的空间

① 中国世界文化遗产监测预警总平台，https://monitor.wochmoc.org.cn/#/login。

续表

文件名称及年份	颁发部门	背景与意义	遗产相关概念界定
《非物质文化遗产法》（2011）	全国人民代表大会常务委员会	UNESCO 于 2003 年通过了《保护非物质文化遗产公约》，我国于 2004 年底加入并成为第六个缔约国。为进一步与国际接轨，继承和弘扬中华民族优秀传统文化，促进社会主义精神文明建设，加强非物质文化遗产保护、保存工作而制定该法规	非物质文化遗产是各族人民世代相传并视为其文化遗产组成部分的各种传统文化表现形式，以及与传统文化表现形式相关的实物和场所，包括传统口头文学以及作为其载体的语言，传统美术、书法、音乐、舞蹈、戏剧、曲艺和杂技，传统技艺、医药和历法，传统礼仪、节庆等民俗，传统体育和游艺，其他非物质文化遗产
《关于加强文化遗产保护的通知》（2005）	国务院	为应对我国文化遗产保护工作中面临的问题，进一步加强文化遗产保护，继承和弘扬中华民族优秀传统文化，推动社会主义先进文化建设，国务院决定从 2006 年起，将每年六月的第二个星期六设定为中国的"文化遗产日"，并就加强文化遗产保护有关问题而制定本通知	文化遗产包括物质文化遗产和非物质文化遗产；前者指具有历史、艺术和科学价值的文物，含可移动文物和不可移动文物，以及在建筑式样、分布均匀或与环境景色结合方面具有突出普遍价值的历史文化名城（街区、村镇）；后者指各种以非物质形态存在的与群众生活密切相关、世代相承的传统文化表现形式及其相关的文化空间
《关于加强我国非物质文化遗产保护工作的意见》（2005）	国务院办公厅	随着全球化趋势的加强和现代化进程的加快，非物质文化遗产受到越来越大的冲击，为履行我国加入 UNESCO《保护非物质文化遗产公约》的义务，加强我国非物质文化遗产保护而颁发该意见。该意见制定了非物质文化遗产保护工作的目标和指导方针，提出建立名录体系，逐步形成有中国特色的非物质文化遗产保护制度，以及建立协调有效的工作机制	对非物质文化遗产的界定与上相同；同时，《国家级非物质文化遗产代表作申报评定暂行办法》《非物质文化遗产保护工作部际联席会议制度》《非物质文化遗产保护工作部际联席会议成员名单》作为附件印发。国家级非物质文化遗产代表作指具有杰出价值的民间传统文化表现形式或文化空间，或在非物质文化遗产中具有典型意义，或在历史、艺术、民族学、民俗学、社会学、人类学、语言学及文学等方面具有重要价值的对象

续表

文件名称及年份	颁发部门	背景与意义	遗产相关概念界定
《关于进一步加强非物质文化遗产保护工作的意见》（2021）	中共中央办公厅、国务院办公厅	从坚定文化自信、实现中华民族伟大复兴中国梦的全局和战略高度，明确了到2025年和2035年我国非物质文化遗产保护的发展目标和主要任务。该意见是做好新时代非物质文化遗产保护工作的纲领性文件	从非物质文化遗产与中华优秀传统文化、中华文明的关系角度界定非物质文化遗产。非物质文化遗产是中华优秀传统文化的重要组成部分，是中华文明绵延传承的生动见证，是连结民族情感、维系国家统一的重要基础

资料来源：黄明玉：《文化遗产的价值评估及记录建档》，复旦大学博士学位论文，2009；王镜：《基于遗产生态和旅游体验的西安遗产旅游开发模式研究》，陕西师范大学博士学位论文，2008。

1. 我国文化遗产相关法律文件

（1）《文物保护法》

该法规强调，文物认定的标准和办法应由国务院文物行政部门制定，并报国务院批准，而那些具有科学价值的古脊椎动物化石和古人类化石也应同文物一样受国家保护。这种文物保护单位制度是中国所独有的，但《文物保护法》中文物的概念与国际普遍认知的遗产概念有所不同，缺乏对整体和环境的考虑，一些遗产区域如历史文化名城、街区、村镇等仍有未被覆盖之处[1]。

（2）《非物质文化遗产法》

《非物质文化遗产法》在进行非物质文化遗产项目普查的基础上，建立了项目名录体系，促使各级成立了非物质文化遗产保护中心，设立了非物质文化遗产保护专项基金，审批了代表性传承人，为非物质文化遗产保护工作建立了有效的实体机制。可以说，该法规的颁布与实施对我国非物质文化遗产的保护与传承起到了很大的推动作用。

2. 我国文化遗产相关政策文件

（1）《国务院关于加强文化遗产保护的通知》

该通知在明确物质文化遗产与非物质文化遗产定义与内容的基础之上，

---

[1]　黄明玉：《文化遗产概念与价值的表述——兼论我国文物保护法的相关问题》，《敦煌研究》2015年第3期。

针对两者设定了不同的保护方针，即：物质文化遗产保护要贯彻"保护为主、抢救第一、合理利用、加强管理"的方针；非物质文化遗产保护要贯彻"保护为主、抢救第一、合理利用、传承发展"的方针。

（2）《国务院办公厅关于加强我国非物质文化遗产保护工作的意见》

该意见从思想认识角度强调了我国非物质文化遗产保护工作的重要性和紧迫性，并初步制定了非物质文化遗产保护工作的目标、指导方针和原则，要求开展非物质文化遗产普查工作，建立名录体系，加强非物质文化遗产的研究、认定、保存和传播，建立非物质文化遗产传承机制，逐步形成有中国特色的非物质文化遗产保护制度，建立协调有效的工作机制。

（3）《中共中央办公厅、国务院办公厅关于进一步加强非物质文化遗产保护工作的意见》

该意见从文化遗产的民族性和时代价值出发，系统阐释了党的十八大以来，习近平新时代中国特色社会主义思想指导下的文化遗产认知与保护工作重点。该意见指出了非物质文化遗产与中华优秀传统文化、中华文明的关系，高度认可其价值，并指出保护好、传承好、利用好非物质文化遗产，对内对于延续历史文脉、坚定文化自信、建设社会主义文化强国具有重要意义，对外能够有效推动文明交流互鉴。

该意见对下一步非物质文化遗产的保护工作提出了具体要求，指出要从完善调查记录体系、代表性项目制度、代表性传承人制度、区域性整体保护制度、传承体验设施体系、理论研究体系等方面健全非物质文化遗产保护传承体系，从分类保护、融入国家重大战略、促进合理利用等方面提高非物质文化遗产保护传承水平，从促进广泛传播、融入国民教育体系、加强对外交流合作等方面加大非物质文化遗产传播普及力度。

3. 文物古迹的相关制度文件

《中国文物古迹保护准则》是国际古迹遗址理事会中国国家委员会在参照以1964年《威尼斯宪章》为代表的国际原则的基础之上，根据中国文物古迹保护的具体情况和中国文物古迹保护工作长期积累的经验，制定的一份行业规则。该准则将适用对象统称为文物古迹，指出"文物古迹是人类在历史上创造或遗留的具有价值的不可移动的实物遗存，包括古文化遗址、古墓葬、古建筑、石窟寺、石刻、近现代史迹及代表性建筑、历史文化名城、名镇、名村和其中的附属文物；文化景观、文化线路、遗产运河等类型的遗产也属于文物古迹的范畴"。

《中国文物古迹保护准则》对文物古迹进行了详细的阐释，认为文物古迹指所有地面、地下、水下的不可移动文物，既包括各级文物保护单位，也包括经文物普查确定为文物的对象。并且，文物古迹必须是实物遗存，具有历史、地点、年代的要素，这些历史要素主要包括：

①重要历史事件和历史人物的活动；

②重要科学技术和生产、交通、商业活动；

③典章制度；

④民族文化和宗教文化；

⑤家庭和社会；

⑥文学和艺术；

⑦民俗和时尚；

⑧其他具有独特价值的要素。

此外，该准则认为，文物古迹的价值由历史价值、艺术价值、科学价值、社会价值和文化价值五个方面组成，并对这五类价值进行了详细的阐释：

①历史价值是指文物古迹作为历史见证的价值；

②艺术价值是指文物古迹作为人类艺术创作、审美趣味、特定时代的典型风格的实物见证的价值；

③科学价值是指文物古迹作为人类的创造性和科学技术成果本身或创造过程的实物见证的价值；

④社会价值是指文物古迹在知识的记录和传播、文化精神的传承、社会凝聚力的产生等方面所具有的社会效益和价值；

⑤文化价值是指文物古迹因其体现民族文化、地区文化、宗教文化的多样性特征所具有的价值，文物古迹的自然、景观、环境等要素因被赋予了文化内涵所具有的价值，与文物古迹相关的非物质文化遗产所具有的价值。

《中国文物古迹保护准则》将国际文化遗产保护的原则与中国文物古迹保护实践相结合，在国际公认的遗产的三大价值（历史价值、艺术价值、科学价值）的基础之上增加了社会价值与文化价值，丰富了文物古迹的内涵。

（三）大众视野下的遗产概念

1. 中外字典中的遗产定义与种类

遗产概念在不同的时期与空间中有着不同的内涵，但从总体上看，中西方对"遗产"这一词语原初含义的认识并无太大区别。我国《新华词典》中对遗产的解释为①：

①法律上指公民死亡时遗留的个人合法财产。包括公民的收入，公民的房屋、储蓄和生活用品，公民的林木、牲畜和家禽，公民的文物、图书资料，法律允许公民所有的生产资料，公民的著作权、专利权中的财产权利，公民的其他合法财产；

②借指历史上遗留下来的精神财富或物质财富。

在西方语境中，以英语为例，表达遗产概念的词语如 inheritance、legacy 及 heritage，也包含了上述两种含义。其中，《牛津高级英语词典》对专用于遗产保护领域的 heritage 一词的解释为"一个国家或社会长期拥有的、被视为是其自身特征的重要组成部分的历史、传统与特质"②。

从上述定义可以看出，遗产与流传至今的物质遗存或精神遗存有关，但并不是所有的历史遗存都能够被视为遗产。一般来说，遗产指的是历史遗存中那些被当代人认为具有价值、能够加以利用且值得传承给后代的部分③。如徐嵩龄所言，遗产是自然演进与人类文明发展过程中历史积淀的精华④，其不单是某个"物件"，更是一种文化实践，涉及一系列的价值和意义。

---

① 商务印书馆辞书研究中心修订《新华词典》（2001 年修订版），商务印书馆，2001，第 1161 页。

② Albert S. H. et al.，*Qxford Advanced Learner's Dictionary* (7th edition)，Oxford：Oxford University Press，2007，pp. 699-700.

③ 范今朝、范文君：《遗产概念的发展与当代世界和中国的遗产保护体系》，《经济地理》2008 年第 3 期。

④ 徐嵩龄：《第三国策：论中国文化与自然遗产保护》，科学出版社，2005，第 63 页。

2. 大众对遗产申报的高度关注

世界遗产及世界非物质文化遗产的申报往往是容易引起大众热议的话题。人们不仅会关注遗产申报的成功与否，也会关注遗产的保护、利用及发展之间的平衡问题。研究表明，遗产申报成功会引发其所在社区居民对遗产价值的重新认知①，致使大众对遗产的价值认知从遗产的"外观与功能"逐渐转向遗产的"间接经济价值"、"直接经济价值"与"文化遗产价值"。胡海胜等指出，遗产所在地居民的感知态度，会对世界遗产成功申报与否产生不容忽视的影响②。而遗产的保护与传承更离不开社会大众的积极参与③。

3. 大众对遗产认知的模糊性

遗产是存在的，也是被认知的。没有认知就没有现代意义上的遗产④。然而，大众对遗产的认知往往有着复杂性、多样性与差异性的特点。从不同的立场和角度来看待遗产，观点往往是不同的。此外，大众对遗产的认知也存在一定的模糊性。人们更倾向于认为遗产是物质遗产，且对物质文化遗产的关注度往往要高于非物质文化遗产。因此，应加强大众对遗产的认知度，使遗产得到正确的看待、保护与传承。

二 遗产概念演进：从"以物为本"到"以人为本"

（一）遗产概念形成的背景：现代性

自古以来，人类珍视并保护祖辈传承下来的物件早已是一种十分普遍的现象⑤，"遗产"一词在过去被用来指代"父辈传下的财富"⑥。随着时间

---

① 张朝枝、游旺：《遗产申报与社区居民遗产价值认知：社会表象的视角——开平碉楼与村落案例研究》，《旅游学刊》2009 年第 7 期。

② 胡海胜、田逢军、吴书锋等：《城镇居民对井冈山申报世界遗产的感知态度研究》，《江西财经大学学报》2017 年第 5 期。

③ 王希辉、谭庆虎：《后申报时期民族地区民间戏剧遗产保护与传承研究——湖北恩施崔坝皮影戏个案调查》，《黑龙江民族丛刊》2014 年第 4 期。

④ 彭兆荣、李春霞：《遗产认知的共时向度与维度》，《贵州社会科学》2012 年第 1 期。

⑤ Harvey D. C.，"Heritage Pasts and Heritage Presents：Temporality，Meaning and the Scope of Heritage Studies"，*International Journal of Heritage Studies*，Vol. 7，No. 4，2001.

⑥ 屈册、张朝枝：《元阳梯田原住民的遗产认同：基于话语分析的视角》，《旅游学刊》2016 年第 7 期。

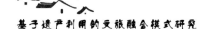

的推移，人们对遗产的认识逐渐多元化，经历了从个人的、物质的到国家的、精神的演变过程①，而现行的遗产概念则被诸多学者认为起源于工业革命时期的欧洲。

18世纪60年代，英国发起了第一次工业革命。这场革命使世界各个国家和地区的联系变得紧密起来，改变了世界的面貌。工业革命不仅是一次技术改革，更是一场社会变革，推动了经济领域、政治领域、思想领域等诸多方面的变化。工业革命极大地提高了劳动生产率，使社会生产力得到迅速发展，也使成千上万的人涌入城市，开始了城市化的进程。在传播先进的生产技术和生产经验的同时，工业革命也猛烈地冲击着旧思想与旧制度，宗教对人的影响急转直下，人的价值观发生巨大转变，技术发明、投资办厂、追求财富成为社会价值取向，科学、创新、发展、高效成为社会的新风尚。为满足日益增长的工业生产的需要，以英国为首的资本主义国家在世界范围内进行殖民扩张，垄断组织应运而生，世界形成了西方先进、东方落后的局面。

到了19世纪，欧洲凭借强大的军事实力与雄厚的经济实力成为世界的霸主，而欧洲人则将其成功视为自身人种与文明优越性的必然结果。在这种民族优越感的影响下，以欧洲为中心的观念逐渐形成，催生出了欧洲中心论（即欧洲中心主义）。欧洲中心论为欧洲主宰世界提供了合理化的解释，这之后诞生的社会达尔文主义则进一步强化了人种差别与阶级存在的必然性②。也就是在这种背景下，现行的遗产概念出现了。

（二）"以物为本"的遗产概念

工业革命带来的剧变使大众缺乏安全感与国家认同感。在这种大环境下，人们迫切地需要寻求一种寄托，以抵御时代变迁对心灵的冲击。于是，人们开始赋予古迹怀旧的意义，并借此缅怀过去、强化自身的身份认同感。欧洲人由此加强了对历史古迹的管理与保护，并将物质性遗产视为展示欧

---

① 于佳平、张朝枝：《遗产与话语研究综述》，《自然与文化遗产研究》2020年第1期。

② Trigger B. G., *A History of Archaeological Thought*, Cambridge：Cambridge University Press, 1989, pp. 468-498.

洲文化成就的"窗口"。欧洲人将古迹视为历史与艺术作品的见证,认为古迹不光承载着他们的公众记忆,还体现着他们的世界观[1]。基于此,古建筑保护协会(Society for the Protection of Ancient Buildings,SPAB)针对古迹的保护提出了"保护性修缮"原则,倡导过去流传下来的东西应尽量原封不动地传给后代。欧洲这种对古迹保护的理念也很快成为全球"共识"。

过去,人们侧重于保护的是 17 世纪以前的、被受过高等教育的艺术家们认为是艺术的、历史的、古老的、值得被保护的东西,例如教堂与乡绅的家园。而由于自然和文化是一个有机体,自然景观也逐渐被认为是需要被保护以免受人类活动影响与被破坏的一类事物[2],例如美国黄石国家公园与英国湖区国家公园。随后,历史街区与老建筑、贵族庄园及重要人物的家园也被纳入遗产保护范围,例如澳大利亚维多利亚大街、英国贵族的庄园与乔治·华盛顿的弗农山庄等。

可以说,在遗产保护兴起的初期,人们关注的是对历史建筑、遗址、文化景观等物质性遗存的保护,大众的遗产观是"以物为本"。在这种观点下,人们更加追求遗产的真实性,将遗产保护的目标设定为"发现并保存物质对象的真实特性或真实状况"[3],至于那些与遗产相关的人则被排除在外。

(三)"以人为本"的遗产概念

过去主流的遗产概念认为遗产是一种物质对象或遗址,但在 21 世纪之后,遗产界逐渐关注到那些与遗产相关的人。一些学者认为,"遗产"不能被简单地概括为某个东西、遗址、建筑或其他物质对象,而应是一种文化过程。遗产可以被理解为一个有关国家与文化认同的权力合法化过程[4],是

---

[1] Choay F., *The Invention of the Historic Monument*, Cambridge: Cambridge University Press, 2001, pp. 189-193.

[2] Head L., *Cultural Landscapes and Environmental Change*, London: Arnold, 2000, pp. 281-287.

[3] 萨尔瓦多·穆尼奥斯·比尼亚斯:《当代保护理论》,张鹏、张怡欣、吴霄婧译,同济大学出版社,2012,第 81 页。

[4] Harvey D. C., "Temporality, Meaning and the Scope of Heritage Studies", *International Journal of Heritage Studies*, Vol. 7, No. 4, 2001.

一种交流实践①，或是一种参与历史的方式②。诚然，物质所处的地方或遗址对遗产活动也很重要，但这些并非遗产的全部，其主要是文化过程的结果或见证。

研究发现，遗产的价值有时在于人们对它的利用，而非其本身的物质存在；遗产并非凝固在时间里的，而是一个关于传递、创造价值及意义的过程③。也有学者认为，遗产可以强化大众的归属感，加强他们的身份认同；而遗址的存在可以激发个体或集体的回忆，是群体通过共享的记忆来构建认同感。可以说，遗产在一定程度上是无形的，其价值观和意义才是遗产保护与管理的对象④。此外，遗产也可以被理解为一种关于"地方"的感觉，其在构建身份认同感的同时也使人们获得一种地理归属感，帮助人们在所处的物质世界中以国家、社区、个人或"地方"的身份进行定位。随着学者们对遗产本质的研究不断深入，大众的遗产观逐渐从"以物为本"转向"以人为本"，认为"遗产不仅仅是物质遗存，更是与民众密切相关的文化实践"⑤，遗产无法完全脱离人类主体而独立存在。

遗产从来只是载体，其价值是被赋予的、被建构的，利用方式是基于价值定位的。2014 年，习近平主席在联合国教科文组织总部的演讲中指出，要"让收藏在博物馆里的文物、陈列在广阔大地上的遗产、书写在古籍里的文字都活起来"⑥。可见在当代，如何更好地发挥遗产的价值与作用，使其为人类提供正确的精神指引和强大的精神动力是一个值得探索的问题。

---

① Dicks B., *Heritage, Place and Community*, Cardiff: University of Wales Press, 2000, pp. 109-133.

② David L., *The Past Is a Foreign Country*, Cambridge: Cambridge University Press, 1985, pp. 66-69.

③ Smith L., Morgan A., van der Meer, "A Community-driven Research in Cultural Heritage Management: The Waanyi Women's History Project", *International Journal of Heritage Studies*, Vol. 9, No. 1, 2003.

④ Yoshida K., "The Museum and the Intangible Cultural Heritage", *Museum International*, Vol. 56, No. 1-2, 2004.

⑤ 马庆凯、程乐：《从"以物为本"到"以人为本"的回归：国际遗产学界新趋势》，《东南文化》2019 年第 2 期。

⑥ 习近平：《让收藏在博物馆里的文物活起来》，《人民日报》，2023 年 5 月 18 日，第 4 版。

（四）遗产概念演进的启示

综上所述，遗产并不单单是物质形态的东西，更是重要的、活态的、包含着一系列行动的存在，而这种行动与物质表征之间的张力也是遗产的一部分。遗产也被认为是一个调节文化、社会与政治变迁的过程。遗产可以促进历史与社会达成共识，但也可能使社会产生异议和竞争。

此外，遗产的价值并不蕴含在其本身的物质形态中，而是被人们赋予的[1]。遗产的价值因人而异，不同人群对遗产的理解往往各不相同[2]。因此，在遗产保护与利用的过程中，需要考虑到各方对遗产的理解与认知。

三　本书对遗产的界定与分类

（一）大遗址

大遗址指的是我们的祖先以大量人力营造并长期从事各种活动的遗存，体现了我国古代先民杰出的创造力，综合并直接体现了中华民族和中华文明的起源与发展，是构成中华文明史迹的主体。

大遗址主要包含那些反映中国古代历史各个发展阶段涉及政治、宗教、军事、科技、工业、农业、建筑、交通、水利等方面历史文化信息，具有规模宏大、价值重大、影响深远特点的大型聚落、城址、宫室、陵寝墓葬等遗址、遗址群及文化景观。

我国有关部门根据大遗址的密集程度、重要程度和文化的关联性等确立大遗址片区。在《国家文物博物馆事业发展"十二五"规划》中，西安、洛阳、郑州、荆州、成都、曲阜被确立为"十二五"期间国家重点支持的六个大遗址片区。

（二）历史文化街区

历史文化街区是指经省、自治区、直辖市人民政府核定公布的保存文物特别丰富、历史建筑集中成片、能够较完整和真实地体现传统格局和历

---

① Tainter J. A., Lucas G. J., "Epistemology of the Significance Concept", *American Antiquity*, Vol. 48, No. 4, 1983.

② De la Torre M., "Values and Heritage Conservation", *Heritage & Society*, Vol. 6, No. 2, 2013.

史风貌，并具有一定规模的区域。这种成片的地区有大量居民在其间生活，有其特有的社区文化，是活态的文化遗产。截至 2023 年 10 月 25 日，我国已划定 1200 余片历史文化街区。

（三）工业遗址

工业遗址指的是那些工业活动所造的建筑与结构，此类建筑与结构中所含工艺和工具，此类建筑与结构所处城镇与景观，以及其所有其他物质和非物质表现。工业遗址包括具有历史、技术、社会、建筑或科学价值的工业文化遗迹，包括建筑和机械、厂房、生产作坊和工厂矿场以及加工提炼遗址，仓库货栈，生产、转换和使用的场所，交通运输及其基础设施，住房、宗教场所、教育场所等和工业相关的社会活动场所。

从狭义来看，工业遗址的内容主要有作坊、车间、仓库、码头、办公用房及界石等不可移动文物，工具、器具、机械、设备、办公用具、生活用品等可移动文物，契约合同、商号商标、产品样品、手稿手札、招牌字号、票证簿册、照片拓片、图书资料、音像制品等涉及企业历史的记录档案。从广义来看，工业遗址的内容还包括工艺流程、生产技能和与其相关的文化表现形式，以及存在于人们记忆、口传和习惯中的非物质文化遗产。可以说，工业遗址是在工业化的发展过程中留存的物质文化遗产和非物质文化遗产的总和。

（四）农业文化遗产

农业文化遗产是指人类与其所处环境长期协同发展中创造并传承的独特农业生产系统。农业文化遗产大致可分为大农业文化遗产和小农业文化遗产两类。前者指人类在历史上创造并传承、保存的农业生产经验和农业生活经验；后者仅指农业生产经验。2013 年 5 月 21 日，我国农业部公布了 19 个传统农业系统为第一批中国重要农业文化遗产。

对农业文化遗产进行保护，可以将传统农业知识与经验系统地整理出来，并为今后的农业文化发展提供一份有益的参考。农业文化遗产保护的主要内容有：传统农业耕作技术与经验、传统农业生产工具、传统农业生产制度、传统农耕信仰及特有农作物品种。

（五）传统村落

传统村落，又称古村落，指村落形成较早，拥有较丰富的文化与自然资源，具有一定历史、文化、科学、艺术、经济、社会价值，应予以保护的村落。传统村落中蕴藏着丰富的历史信息和文化景观，是中国农耕文明留下的最大遗产。

作为一个拥有悠久农耕文明史的国家，中国广袤的国土上遍布着众多形态各异、风情各异、历史悠久的传统村落。传统村落是在长期的农耕文明传承过程中逐步形成的，凝结着历史的记忆，反映着文明的进步。传统村落不仅具有历史文化传承等方面的功能，而且对于加快农业现代化进程、推进生态文明建设等具有重要价值。

传统村落是民族的宝贵遗产，也是不可再生的、潜在的旅游资源。传统村落体现着当地的传统文化、建筑艺术和村镇空间格局，反映着村落与周边自然环境的和谐关系。可以说，每一座蕴含传统文化的村落，都是活着的文化遗产，体现了一种人与自然和谐相处的文化精髓和空间记忆。

（六）红色文化遗产

红色文化遗产是中华民族宝贵的精神财富。根据我国有关部门界定，红色文化遗产是指从中国共产党成立至中华人民共和国成立前，这段历史时间内的重要革命纪念地、纪念馆、纪念物及其所承载的革命精神。

科学地保护与开发红色文化遗产，对于发挥红色文化遗产价值与功能，加强革命传统教育，增强中国人民特别是青少年的爱国情感，弘扬和培育民族精神，带动革命老区经济社会协调发展，具有重要的现实意义和深远的历史意义。

（七）古镇

古镇，一般是指拥有着百年以上的历史，至现代仍保存完好的较大规模古代居住性建筑的商业集镇。古镇是一种介于古城和古村落之间的聚落形态，大多由商业发展而来；而古城是一地的政治、军事和文化中心，规模最大，并常常有城墙包围；古村落规模最小，为农业人口居住。曾为古代一地的县治，但随着县治迁移或县份撤销，已衰落成为乡镇的地方有时

也被称为古镇，如安居古镇。

中国历史悠久，广阔土地上有着很多文化底蕴深厚的古镇，其中以江南和西南地区分布最多，保存最为完好。"古镇"这一称呼常见于国内，国外拥有较大规模的古代居住性建筑的商业集镇较少使用"古镇"这一词语。

（八）古城

古城是一地历史文化的外在表现，是人类共有的文化遗产。古城一般是指拥有着百年以上历史，至现代仍保存完好或经修缮基本恢复原貌的大规模古代建筑的城市聚落。

中国历史悠久，但保存较为完好的仅有平遥古城、丽江古城、阆中古城等。许多古城一般仅有古城墙、护城河和部分古建筑，大规模古城风貌区已不存。

第二节　遗产价值论述

一　遗产三大本体价值

价值是主体基于客观现实对客体进行的判断。在人与遗产的实践中，人的主观判断与遗产客观存在的联结关系被称作遗产的价值①。随着情境的变化，遗产的客观存在也具有不同的形态，人的主观判断亦随之产生分化。人对遗产的价值有着多元化的理解，遗产也因此具有了多重价值表述。世界公认的遗产三大本体价值分别是历史价值、艺术价值和科学价值。

关于遗产的历史价值，有专家认为"遗产是人类在社会历史实践活动中创造的财富遗存，因而其基本特征就是历史性，其首要价值也是反映历史、补正历史和传承历史的价值"②。遗产的艺术价值则主要体现在三方面：一是反映不同社群和文明所具有的独特的传统审美取向，说明其审美水平和艺术表现力得到了古今不同时代，甚至现今不同地域人们的认可和传承；

①　吴兴帜、彭博：《论文化遗产的价值分层》，《中南民族大学学报》（人文社会科学版）2021年第2期。

②　蔡靖泉：《文化遗产学》，华中师范大学出版社，2014，第136～143页。

二是反映人类追求艺术本源、返璞归真的心理诉求，可以纠正经历了多次艺术变革后的异化的艺术形式，从而使艺术的发展既丰富多彩又不失本真；三是可激发当代艺术家的创作灵感，提升艺术创作力，为艺术的变革和发展带来重要的启示[1]。遗产的科学价值指的是遗产所反映的科学、技术水平，包括知识、科学、技术内涵。它们为各个方面的专门史提供了丰富而重要的资料，对人类科学技术的不断创新具有重要的启发和借鉴意义。也有学者提出，应将遗产的科学价值定义为一种现今的价值，即服务于当今社会的价值[2]。

然而，随着对遗产的研究与实践的深入，人们发现原有的遗产价值标准认识体系存在一定的局限性，在很多情况下，遗产并不能简单地用历史、艺术及科学价值来评价。任何时代的遗产都能够体现那个时代的品位和价值取向。遗产的价值随着时代的更迭与日俱增，这是历史赋予遗产的独特价值。

二 社会价值

《中国文物古迹保护准则》中指出，遗产的社会价值指的是文物古迹在知识的记录和传播、文化精神的传承、社会凝聚力的产生等方面所具有的社会效益和价值。研究指出，遗产的社会价值源自遗产本身与社会公众的深层互动；遗产不仅能提升公众的健康水平，还能提升公众的道德素养，更重要的是，公众在与遗产的互动之中会产生爱国情怀，并加深自身对遗产的认识[3]。

不论是个人遗产、国家遗产还是世界遗产，当一个群体的集体记忆通过遗产保存并延续下去时，会使人产生强烈的身份认同意识[4]，马萨达要塞

---

① 孙华：《遗产价值的若干问题——遗产价值的本质、属性、结构、类型和评价》，《中国文化遗产》2019 年第 1 期。

② 王巍、吴葱：《论文化遗产的科学价值》，《建筑遗产》2018 年第 1 期。

③ 张司晗、叶明、师卫华等：《北京皇家园林社会价值识别及评价研究》，《中国园林》2021 年第 2 期。

④ 宋峰、熊忻恺：《国家遗产·集体记忆·文化认同》，《中国园林》2012 年第 11 期。

就是这样一个蕴含了集体记忆与认同的实例。马萨达是犹太人的圣地，位于以色列犹地亚沙漠与死海谷底交界处的一座岩石山顶上，是以色列古代犹太国的象征。第二次世界大战期间，犹太人经历了空前的民族灾难，犹太复国主义思潮兴起，而关于这个地方的集体记忆则被重新构建，唤起了犹太人对祖国的记忆和自我身份的高度认同感，深刻体现出了遗产地本身含有的集体记忆与构建公众身份认同之间的关系。

三　文化价值

遗产问题与认同问题时常相伴，且具有多维度与多尺度。遗产不仅表征着地方、国家、世界等尺度的身份认同，同时也标记着个人、家庭、民族、阶层、性别、宗教信仰等身份的关系[1]。遗产作为一种"族群性表述"与"谱系性记忆"，有着强化特定群体认同感与凝聚力的作用。人们在遗产地游览的过程中往往会产生怀旧之情，并在回忆中增进自身的认同感。同时，这种回忆与纪念的过程有时也会产生更广泛的社会后果，即令特定群体产生广泛的社会共鸣与民族身份认同。

此外，遗产更是民族智慧的结晶，是民族文化的见证[2]。对遗产的保护与利用可以增进大众的历史意识与文化自觉意识，增强有关群体的文化自信。可以说，遗产能够复活一段已经消失了的历史，唤起人们对民族和文化的认同。

四　政治价值

国际遗产界十分重视遗产的政治价值[3]。遗产被视为一种"国家身份"，代表着国家的独立与历史的合法性。遗产也关乎着国家利益的完整性，与领土、制度、文化等构成国家利益的要素有所联结。当我们聚焦于遗产的政治价值时，我们关注的是遗产在当下语境中的作用及其对特定人群的社

---

[1]　张朝枝、屈册、金钰涵：《遗产认同：概念、内涵与研究路径》，《人文地理》2018年第4期。

[2]　唐梦霞、金毅：《习近平与浙江文化遗产二三事》，《中国文化报》2015年第2期。

[3]　徐嵩龄：《我国遗产旅游的文化政治意义》，《旅游学刊》2007年第6期。

会意义①。遗产不仅是过去的历史遗存，更代表着特定人群的集体记忆与身份认同，这种认同则是遗产的政治价值中重要的组成部分。

霍华德（Howard）曾指出，遗产包含着多层次的地理性认同，能够强化社区、地方、国家、大洲乃至普世层次上的认同②。由于遗产具有物质层面和精神层面的双重价值，人们在遗产地的游览过程也能被称作国家形象与价值再塑造的过程③。帕尔梅（Palmer）认为，人们在游览自己国家的一些具有历史意义的地方时，能够主动建立起自身与国家的联系，从而促进社会凝聚力与集体认同的增强④。在参观遗产地的过程中，人们能够构建与确立国家归属感，并产生国家认同⑤。

随着遗产的政治价值获得越来越多的关注，其背后的政治内涵也开始被人们越来越清醒地认识。有专家指出："当我们聚焦'遗产政治'时，其实是把我们关注的视野从静止的、孤立的、作为'物'的遗产拉到充满活力的、现实的、复杂的人群关系，关注遗产在当下语境中的作用以及遗产对于特定人群的社会意义。"⑥ 遗产对其所在的国家形象的塑造与国家认同意识所产生的影响是不容忽视的。

五　经济价值

除了政治价值之外，遗产也具有极高的经济价值。经济学中将经济价值定义为：任何事物对于人和社会在经济上的意义⑦。遗产的经济价值往往通过对其自身具有的历史、艺术、科学等价值的展现，从而实现自身与关

---

① 魏爱棠、彭兆荣：《遗产运动中的政治与认同》，《厦门大学学报》（哲学社会科学版）2011 年第 5 期。

② Howard P., *Heritage*：*Management*，*Interpretation*，*Identity*. London：Continuum，2003，pp. 158-196.

③ 王珂、尚眉、叶甜：《世界遗产地对游客国家认同形成的引导作用——基于对中国 45 项世界遗产官方网站的分析》，《中山大学研究生学刊》（自然科学·医学版）2014 年第 2 期。

④ Palmer C.，"Tourism and the Symbols of Identity"，*Tourism Management*，Vol. 20，No. 3，1999.

⑤ Michael P.，"Tourism and Nationalism"，*Annals of Tourism Research*，Vol. 30，No. 1，2003.

⑥ 魏爱棠、彭兆荣：《遗产运动中的政治与认同》，《厦门大学学报》（哲学社会科学版），2011 年第 5 期。

⑦ 陈明秀、王奇：《非物质文化遗产经济价值开发路径研究》，《经济纵横》2013 年第 11 期。

联地区的经济收益、带动相关产业发展与周边环境改善而体现[1]。对遗产进行合理的利用，将其转化为经济资源并开发其经济价值，能够为社会带来经济效益继而促进文化与经济的发展。如今，遗产地旅游商业化的现象逐渐凸显。例如，作为世界文化遗产的丽江古城仅在 2016 年国庆节期间就接待了68.67 万人次的游客，旅游综合收入达到 81038.01 万元。在法国的里昂老城，这个建城史已有两千多年的街区仅在 2011 年就接待游客 600 多万人次[2]。这种古为今用的方式令遗产重新焕发活力，带来了良好的经济效益。

非物质文化遗产的经济价值往往也体现在旅游业及相关产业之中，而旅游也可以为其培育生存的"土壤"。随着时代的变化，人们的生活方式、条件与环境都发生了剧变，而以此为依托的非物质文化遗产的传承面临了极大的挑战。针对这种情况，旅游市场的出现可以刺激传统文化的复兴，为其提供生存与发展的环境。特色鲜明的非物质文化遗产也是重要的旅游吸引物，将其引入旅游产业中不仅有利于弘扬传统文化，同时还扩大了潜在的受众群体，而旅游业所带来的经济收益也有助于为遗产保护筹集资金[3]。传统手工艺是非物质文化遗产重要的表现形式，而许多流传下来的传统手工艺至今仍有市场且能为人们带来经济效益。

遗产除了具有直接经济价值以外，还具有间接经济价值，能够产生潜在的收益。当一座城市因遗产而提升知名度并开发旅游产业之后，其相关产业也会得到发展，例如交通业、服务业、零售业、通信业等。此外，对遗产经济价值的开发和利用能够激发广大群众参与到遗产的保护过程中；遗产的价值也能够在市场经济中得到转化与提升，同时增加人们对遗产的支付意愿[4]。现如今，对遗产经济价值的开发早已成为一种趋势，将遗产的内在价值与

---

[1]　苏卉、占绍文、金青梅：《我国文化遗产资源经济价值评估研究——以唐大明宫遗址为例》，《价格理论与实践》2014 年第 11 期。

[2]　赵桅：《遗产地旅游商业化比较研究——以中国丽江古城和法国里昂老城为例》，《中南民族大学学报》（人文社会科学版）2016 年第 6 期。

[3]　华春霞、贾鸿雁：《非物质文化遗产与旅游开发》，《东南大学学报》（哲学社会科学版）2007 年第 2 期。

[4]　阮仪三、张艳华、应臻：《再论市场经济背景下的城市遗产保护》，《城市规划》2003 年第 12 期。

外在的经济价值结合起来不仅是时代的要求，也是历史赋予的重任。

第三节　遗产利用主体

当个人或群体能够在社会实践中发挥能动作用，用理念去影响对象，用方式去改造对象，并且能够在这个过程中表现自己、实现自己与完成自己，那这个人或这个群体就可以被称为主体；当一个群体能够形成理念与集体的意志，并有目标地行动，那该群体也可被视作主体①。

遗产价值是遗产话语和实践的主要议题之一，而由专家主导构建的遗产话语体系对遗产价值的认知及遗产价值的利用都产生了深刻的影响②。伴随着"遗产热"，多个主体逐渐介入遗产利用决策中，对遗产的价值进行了多重阐释③。从实践的角度讲，对遗产价值的利用一方面有助于延续遗产的功能意义及价值内涵，另一方面也可以服务于政治、经济及其他社会事业；而不同遗产利用主体的行为逻辑也各不相同。

在遗产利用过程中，主要涉及三个主体：首先是具备法人资格的遗产管理机构，包括其产权、使用单位及管理机构，简称遗产的管理者；其次是管理者所服务和管理的对象，简称遗产本体；最后是社区主体，即遗产的他者，主要是游客。常见的遗产管理者分两类：一类是辖区内行政主管部门及相关事业单位及公共组织，其直接负责遗产的日常运营管理；另一类是向政府购买一定年限经营权的企业，在文物或其他主管部门的监督下负责遗产的日常运营管理。

一　政府主体

（一）政府的主要职能

政府是遗产利用过程中不可缺少的主体。有学者认为，政府首先是相

---

① 韩成艳：《非物质文化遗产的主体与保护主体之解析》，《民俗研究》2020 年第 3 期。
② 张剑葳、高俊、王雄志等：《遗产的价值、保护、利用与围绕主体问题的讨论——首届遗产旅游联合工作坊笔谈》，《中国文化遗产》2020 年第 1 期。
③ Michaud J., Turner S., "Contending Visions of a Hill-station in Vietnam", *Annals of Tourism Research*, Vol. 33, No. 3, 2006.

关政策的制定者，通过政策法规的制定与推行对遗产的保护及利用起到指导与保障作用；政府还是遗产价值的维护者，在遗产利用过程中坚守保护性发展策略；政府又是社会协作者，能够带动社会各界的协同合作与优势互补；政府更是绩效评估者与任务实施者，通过合理的评估体系来调整遗产利用工作，并把控着遗产保护与利用之间的平衡①。此外，也有学者指出，政府还能够起到筹集资源的作用，为遗产利用提供资金支持②。

政府在遗产的开发利用过程中起着重要的作用。王慧等通过对东北地区工业遗产利用的研究发现：首先，政府为东北地区工业遗产的利用制定了科学合理的发展规划，促进了经济效益与社会效益的统一，同时还设立了专门的机构负责制定总体规划，为遗产利用指明发展方向；其次，政府组织了相关领域的专家为完善相关法律法规而出谋划策，依法促进和规划了对东北地区工业遗产的保护与利用；最后，政府还建立了强有力的支持体系，从财力、人力、宣传等方面扶持东北地区工业遗产的开发项目，保障了工业遗产旅游又好又快发展③。

（二）政府职能发挥中的问题

然而，在遗产利用过程中，政府职能的发挥有时也会产生一些问题。以云南丽江古城为例，政府对遗产保护与开发认识的错位导致政府工作重心偏离，造成了"重申报，轻维护"和"重开发，轻保护"的现象；地方政府对遗产保护和开发认知不足，使得丽江古城空间规划滞后，旅游承载力明显不足；对古城进行过度的旅游开发和商业化，引发居民大量外迁，导致丽江古城遗产文化流失，影响东巴文化的传承与延续。因此，政府部门作为遗产旅游活化的核心主体，其认知和行动深刻影响遗产保护和旅游活化的可持续性。

---

① 王隽、张艳国：《论地方政府在非物质文化遗产保护利用中的角色定位——以江西省域为个案的分析》，《江汉论坛》2013 年第 10 期。
② 陆晶君：《非物质文化遗产保护、利用和传承中政府职能研究——以吉林省为例》，长春工业大学硕士学位论文，2015，第 4 页。
③ 王慧、韩福文：《试论政府在东北工业遗产保护与旅游利用中的作用》，《城市发展研究》2009 年第 7 期。

（三）政府职能的定位

总之，政府作为遗产利用的一大主体，对遗产的开发利用起着决定性作用①。遗产的开发利用离不开政府相关政策的扶持与指导。政府有能力在遗产利用的过程中有效运用各种调控手段不断建立与完善遗产利用支持体系，加快遗产利用进程并获得最佳的社会效益与经济效益。在遗产利用过程中，政府通常占据主导地位，这就要求政府正确处理好遗产保护与利用之间的关系，对遗产利用过程进行统筹规划与统一安排②，充分发挥政府的行政保护作用③，以保护好遗产为立足点来研究对策、调整政策、整合资源、科学规划、适度开发并加强管理④。政府还应完善相关法律体系、健全管理体制，因地制宜实施相关政策并对监管考核严格要求，使遗产利用标准化、法治化、规范化、长效化。

二　企业主体

从遗产保护的角度出发，商业化运作可以提升其商业价值，市场需求也能推动遗产的传承和发展。对遗产地进行商业开发不仅可以挖掘遗产的社会价值，还能带动更多商业机构和个人介入遗产的保护与开发工作，扩充参与主体的类别和规模⑤。因此，商业机构也是遗产利用的主体之一。我国遗产种类丰富多样，其中部分遗产是由商业机构运营，如运营隋唐洛阳城的文保集团与运营洛邑古城的中渡公司。中国的遗产旅游经营模式可分为两大类：一类是传统经营，即政企合一模式；另一类是上市公司经营，即政企分开模式，政府或景区管理机构将遗产经营权委托给上市企业，由

---

① 尹乐、李建梅、周亮广：《利益相关者视角下的皖东地区非物质文化遗产旅游资源评价研究》，《地域研究与开发》2013 年第 5 期。

② 何军：《辽宁沿海经济带工业遗产保护与旅游利用模式》，《城市发展研究》2011 年第 3 期。

③ 肖刚、肖海、石惠春：《非物质文化遗产的旅游价值与开发》，《江西财经大学学报》2008年第 2 期。

④ 吕建昌：《现状与研究对策：聚焦于三线建设工业遗产的保护与利用》，《东南文化》2019年第 3 期。

⑤ 陈联记、王立军：《非物质文化遗产的商业化经营与开发原则》，《河北学刊》2020 年第2 期。

企业经营，统一负责景区资源保护与开发。

20 世纪 80 年代，欧洲的遗产保护行动出现了保护资金方面的问题，于是放开了部分遗产经营权，实行一定程度的市场化、私有化改革，从而出现了包括企业开发在内的多种遗产利用模式。在我国，安徽宏村便是全国首个由企业主导运营的世界文化遗产。主导运营宏村的企业开展了一系列连续、有效的营销推广活动，由此宏村开启了旅游开发的成功之路。2000年 11 月，宏村被列入世界文化遗产名录，到 2007 年，该景区已为宏村村民人均创收 2000 余元，为黟县财政贡献达 1500 万元。

市场化已成为遗产开发利用的主要趋势，但企业作为遗产利用主体而引发的一系列问题也需要引起足够的重视，例如遗产保护与企业盈利之间的矛盾、景区管理机构与企业之间主体难分的委托代理关系、遗产项目上市的阻力等，要解决这些问题，还需进一步探索与优化企业作为遗产利用主体的经营方式。

三　社区主体

过去，社区、个体等群体往往会被排除在遗产话语之外[①]，但随着大众对遗产与权力、身份认同、意识形态等关系的关注[②]，人们需要以一种客观的视角认识到不同群体对遗产的构建和解读，关注弱势群体的声音[③]。虽然遗产源于权威话语的建构，但社区居民等非权威主体也在积极结合自身的认知、情感和记忆对遗产进行多元化的阐释，从而构建自身的身份认同[④]。社区居民是遗产利用的主体之一，遗产的开发利用能够影响社区的生活，为遗产所在地居民带来更多的收益与就业机会，而大众也会因此增强对遗

[①] Ashworth G. J., Van der Aa B. J., "Bamyan, Whose Heritage Was It and What Should We Do about It?", *Current Issues in Tourism*, Vol. 2, No. 5, 2002.

[②] 侯松、吴宗杰：《话语分析与文化遗产的本土意义解读——以衢州方志中的"文昌殿"为例》，《东南文化》2012 年第 4 期。

[③] Chronis, "Tourists as Story-builders: Narrative Construction at a Heritage Museum", *Journal of Travel & Tourism Marketing*, Vol. 29, No. 5, 2012.

[④] Tucker H., Carnegie E., "World Heritage and the Contradictions of 'Universal Value'", *Annals of Tourism Research*, Vol. 15, No. 47, 2014.

产的保护意识，提升自身对遗产的认同感、对地方的归属感及社区凝聚力①，从而对遗产的开发利用产生积极的促进作用。

社区居民既是实现遗产地可持续发展的主导力量之一，也是相关战略制定和实施的重要参与者②。社区居民是遗产开发利用过程中涉及的主要利益主体之一，他们对遗产地的自然特征、社会特征与文化特征往往十分了解③。强化社区居民参与在遗产地开发利用中的作用，重视他们的利益，关心他们的发展，会对保护和开发遗产资源起到积极作用。实际上，社区文化也是遗产文化的重要组成部分，为遗产地注入了生机与活力，例如客家土楼、龙脊梯田、平遥民居等，都是当地居民劳动与智慧的结晶。社区居民特有的生产生活方式、文化、语言、服饰、礼仪等都是特定的文化表现形式，也是吸引游客进入遗产地的重要因素。无论规模如何，社区居民都是遗产保护与传承的一大主体，与遗产有着不可分割的关系。社区不仅直接或间接地参与了遗产的保护过程，还在其中发挥了自身的作用。因此，社区居民这个主体的话语和权益应当被考虑进任何保护措施与开发计划中去④。

长期以来，我国对遗产地的保护与开发往往是在政府封闭式管理下进行的，极少考虑到遗产地社区居民的利益与需求⑤。尽管社区居民对遗产地的发展有着毋庸置疑的重要性，但他们时常处于弱势地位，很少享有真正的话语权与决策权。西方国家中社区参与遗产保护与利用的历史比较久，但仍处于探索与试验阶段⑥。社区居民参与遗产地的保护与开发有着其历史

① 王纯阳、黄福才：《从"社区参与"走向"社区增权"——开平碉楼与村落为例》，《人文地理》2013 年第 1 期。
② 吕宛青：《居民可持续遗产旅游参与行为研究——基于计划行为理论视角》，《社会科学》2019 年第 12 期。
③ 苏明明：《世界遗产地旅游发展与社区参与》，《旅游学刊》2012 年第 5 期。
④ 杨利慧：《以社区为中心——联合国教科文组织非遗保护政策中社区的地位及其界定》，《西北民族研究》2016 年第 4 期。
⑤ 宋章海、韩百娟：《强化社区参与在我国遗产旅游地中的有效作用》，《地域研究与开发》2007 年第 5 期。
⑥ 金一、严国泰：《基于社区参与的文化景观遗产可持续发展思考》，《中国园林》2015 年第 3 期。

必然性，也是解决现实问题的迫切需要。让社区居民公平地参与遗产利用的决策和管理，能够使社区在自身得到发展的同时推动遗产地的全面可持续化发展。因此，政府和相关管理部门首先应该构建完善的社区居民参与机制，赋予社区居民平等的话语权，加强各方的信息交流并重视社区的决策参与；其次应有效规划各方利益，保障社区居民在遗产开发利用过程中的经济收益；最后，要培养社区居民的遗产保护意识，增强他们的文化自信、凝聚力和社区认同感，实现遗产利用与社区发展之间相辅相成的良性循环。

四 游客主体

遗产地的游客大致分为三类[1]。第一类是"精英"游客，这类人群对遗产地的历史文化了解透彻，具备发现、判断旅游目的地的价值与独特性的能力[2]。"精英"游客对遗产地的宣传会刺激其他游客的需求，带动他人来此旅游。第二类是大众游客，这类人群对旅游地的真实性和原真性要求不高，但十分在乎旅游地的消费价格与景点质量，享乐消费在这类人群的旅游消费中占比最大。大众游客缺少对遗产价值的判断与评价，有时会导致商业机构忽视旅游产品的文化资本含量，令市场上的文化竞争转变为资本竞争。第三类游客介于"精英"游客与大众游客之间，即中间型游客。他们会对遗产地的商业化现象进行批判，但对与当地文化相关的细节内容了解得并不多，缺乏一定的判断力[3]。

在遗产地旅游开发过程中，游客给遗产地带来的影响是具有两面性的。一方面，游客的介入会为遗产带来关注度，同时带动当地的经济发展；另一方面，游客的介入也会引起遗产地过度商业化，危及遗产的保护与地方特色的传承。游客的需求是促使遗产地商业化的动力，但由游客需求的不断升级而引起的本真性追求在一定程度上也可以抑制遗产地过度商业化

---

① 徐红罡：《文化遗产旅游商业化的路径依赖理论模型》，《旅游科学》2005 年第 3 期。

② Urry J., *Consuming Places*, London：Routledge，1995，pp. 37–42.

③ Bramwell B., Lane B., "Interpretation and Sustainable Tourism：The Potential and the Pitfalls", *Journal of Sustainable Tourism*, Vol. 12, No. 1, 1993.

发展。

　　遗产与旅游产业的结合开发出了其潜在的经济价值，而旅游市场也会促进遗产的保护与传承。遗产地的旅游开发要以保护好非物质文化遗产为前提，尽量避免同质化、民风改变、文化扭曲、孤岛效应等现象的出现。此外，还要在正确认识非物质文化遗产价值的基础上走可持续发展道路，坚持适度开发原则，反对盲目地过度开发，不因功利性等原因对遗产造成破坏①。总之，遗产的保护和利用与旅游产业有着良性互动的关系，两者融合发展可以带动遗产地旅游的高效发展②。因此，在遗产利用过程中，要依据遗产的特性探索有效的旅游开发路径与形式，处理好保护与开发之间的关系，科学规划、统筹安排、合理利用、适度开发，实现可持续协调发展。

第四节　遗产利用方式

一　政治方面

　　不同主体对遗产价值的认知存在差异，对遗产利用的方式也各不相同。从政治方面来看，遗产作为一种记忆过程，能够起到强化个体或群体身份认同的作用，帮助个体或群体认识到其体验在当下所具有的意义。在这个过程中，遗址、物质载体、节庆等都成为界定、创造、协商、保存身份认同的文化工具。中国自加入《保护世界文化和自然遗产公约》成为缔约国以来，从一个未录入世界遗产的国家转变为世界遗产大国，就体现出从国家到地方都希望能够通过世界遗产来塑造国家形象、地方形象以及民族形象的愿景。

　　（一）国家层面

　　从国家层面来说，世界遗产的申报与保护都是以尊重国家主权为前提的，而国家的存在是遗产具有合法性的前提条件；"世界遗产"这一符号在

---

① 孙国学：《基于旅游开发视角的非物质文化遗产保护》，《经济问题探索》2010 年第 1 期。
② 董鸿安、丁镭：《基于产业融合视角的少数民族农村非物质文化遗产旅游开发与保护研究——以景宁畲族县为例》，《中国农业资源与区划》2019 年第 2 期。

一定程度上也起到了塑造国家形象的作用，是增强国家文化软实力的重要工具①。

国家认同包含一个国家内的人民对自己国家的历史文化、道德价值观、理想信念、国家主权等的认同②，是维持国家生存和发展的纽带。国家认同分为五个层次，即国家联系、国家自豪感、国家偏好、国家优越感与国家主义③。当一个国家的全球化程度达到一定高度时，它就会侧重于突出本国的文化特征④。国家认同是建立在集体记忆之上的、公民对国家的归属感与情感依附，需要特定的文化符号来构建，而遗产作为集体记忆的物质载体、国家的文化身份与个性标识，是非常典型的能够增进国家认同的符号之一。

遗产制度建立的主要目的之一，就是通过展示国家的历史与文化以增强公民的国家意识与国家认同。遗产作为一种手段，可以用来肯定与强化国家形象、重塑国家凝聚力、激发爱国主义并增强公民的民族优越感⑤。

（二）大众层面

遗产概念自诞生以来就被不断引申，产生了诸如"物质遗产""非物质遗产""文化遗产""自然遗产"等外延概念，至于遗产的归属问题却逐渐变得模糊⑥。遗产作为一种叙事表述正在渐渐与其叙事主体分离⑦。在这种情况下，我国学者彭兆荣提出了"家园遗产"的概念，认为遗产最终都需要回归到地方与家园⑧。

① 马翀炜：《世界遗产与民族国家认同》，《云南师范大学学报》（哲学社会科学版）2010年第4期。

② 黄岩：《国家认同——民族发展政治的目标建构》，民族出版社，2011，第55页。

③ Dekker H., Malová D., Hoogendoorn, S., "Nationalism and Its Explanations", *Political Psychology*, Vol. 24, No. 2, 2003.

④ 〔美〕约翰·奈斯比特：《世界大趋势》，魏平译，中信出版社，2010，第89页。

⑤ 杨正文：《文化遗产保护中民族与国家的诉求表述》，《西南民族大学学报》2011年第5期。

⑥ 孙九霞、周一：《遗产旅游地居民的地方认同——"碉乡"符号、记忆与空间》，《地理研究》2015年第12期。

⑦ 彭兆荣：《遗产，反思与阐释》，云南教育出版社，2008，第56页。

⑧ 彭兆荣：《家园遗产：现代遗产学的人类学视野》，《徐州工程学院学报》2013年第5期。

有研究指出，遗产旅游有助于增强遗产地居民对地方的认知，并产生自豪感，地方认同也在这个过程中被加强①。孙九霞等通过分析遗产地居民的地方认同发现，遗产对于遗产地居民来说具有特殊的价值与意义，具有延续历史、唤醒人们记忆的功能②。遗产能够激发并巩固人们的地方认同感，这种认同感反过来也能增强人们对遗产的保护意愿；人们对遗产的地方认同越强，其对遗产的保护意愿也就越显著③。

在《保护非物质文化遗产公约》中，"社区"这一术语被置于至关重要的位置。社区指的是直接或间接地参与某个非物质文化遗产项目实施和传承，且认为该非遗项目是其文化遗产的一部分的人④。在大部分情况下，非物质文化遗产正是在社区环境下被世代相传，并被不断地再创造。非物质文化遗产能够为社区带来认同感，以增强人们对文化多样性及人类创造力的尊重。纳米比亚的马如拉节、哈萨克斯坦与吉尔吉斯斯坦联合申报的"阿依特斯即兴创作艺术"等非物质文化遗产，不仅能够创造与维护社区的集体记忆，还能塑造社区身份认同，为社区的人们营造过去的氛围，培养自豪感，以增强社区的凝聚力。遗产的存在能够令人们强化自身的社区身份认同，并将这种集体记忆传递下去。

二 经济方面

（一）遗产旅游

从经济角度来讲，当遗产地不断地被游客访问时，遗产实际上就已经成为一种旅游资源或者是旅游吸引物。在遗产旅游活动中，遗产被人们赋

---

① Evans G., "Living in a World Heritage City: Stakeholders in the Dialectic of the Universal and Particular", *International Journal of Heritage Studies*, Vol. 15, No. 3, 2002.

② 孙九霞、周一：《遗产旅游地居民的地方认同——"碉乡"符号、记忆与空间》，《地理研究》2015年第12期。

③ 丘萍、张鹏：《地方认同与世界遗产保护意愿研究——以京杭大运河杭州段为例》，《首都师范大学学报》（自然科学版）2020年第2期。

④ 杨利慧：《以社区为中心——联合国教科文组织非遗保护政策中社区的地位及其界定》，《西北民族研究》2016年第4期。

予了一定的经济价值，并成为人们消费的对象①；而世界遗产的标志更是成为一种吸引游客的招牌，对遗产地的旅游宣传起着关键的作用②。遗产能够提高旅游目的地的吸引力，增加来访者的数量并推动当地的经济发展；而遗产旅游则成为发展潜力最大的旅游类型之一，是城市经济发展的中坚力量③。林玉虾等通过分析世界遗产的旅游效应发现，世界遗产的品牌效应和价值标签效应能够显著地提高遗产地的旅游吸引力，促进旅游人数的上涨从而增加当地的旅游收入④。

遗产包含很多类型，所处的环境也各不相同，因此形成了很多不同类型的旅游形式，如工业遗产旅游、生态旅游、乡村旅游、红色旅游等⑤。遗产旅游的本质是经济活动，旅游者为自己获得的在遗产方面的体验而支付费用，提供服务的遗产地也因此获得经济效益。然而，遗产旅游除了为遗产地带来经济收益之外，有时也会产生遗产保护问题、低碳化问题、资源评价问题、智慧化问题等，这些问题在遗产旅游发展的过程中也应当被考虑在内并得到解决。

遗产旅游的大规模开发不可避免地导致相应产业的形成。遗产的功能并不是一成不变的，其可以在不同的产业结构中发展出新的功能。对遗产的功能进行开发和拓展并运用到现代产业中，有助于形成新的产业集群结构，并使遗产焕发出新的活力与生机⑥。

---

① 张朝枝、李文静：《遗产旅游研究：从遗产地的旅游到遗产旅游》，《旅游科学》2016年第1期。

② Ryan J., Silvanto S., "The World Heritage List: The Making and Management of a Brand", *Place Branding and Public Diplomacy*, Vol. 5, No. 4, 2009.

③ Alzua A., O'Leary J. T., Morrison A. M., "Cultural and Heritage Tourism: Identifying Niches for International Travelers", *The Journal of Tourism Studies*, Vol. 9, No. 2, 1998.

④ 林玉虾、林璧属：《世界遗产的旅游效应及其对遗产保护的影响——来自中国旅游人数和旅游收入的经验证据》，《经济管理》2017年第9期。

⑤ 戴湘毅、唐承财、刘家明等：《中国遗产旅游的研究态势——基于核心期刊的文献计量分析》，《旅游学刊》2014年第11期。

⑥ 陆霓、张继焦：《新古典"结构—功能论"：非物质文化遗产作为现代产业发展的内源性动力》，《内蒙古社会科学》2020年第1期。

（二）遗产产业

非物质文化遗产推动产业结构发展的例子有很多，如吴川月饼与拖罗饼就带动了月饼产业的发展并形成了专门的供需产业集群。在产业的逐步发展中，非物质文化遗产的商品功能大大提升了其自身的知名度，遗产的文化内涵也被更多人熟知并得到重视。当非物质文化遗产成为产业的内源动力时，对其传统功能在现代产业中的开发与运用就成为关键的点。产学研结合的模式就是在这种情况下诞生的，人们通过研究实践不断开发遗产的各种功能，联结与强化各种要素，实现了产业结构的持续升级，为地方经济发展带来了可观的产值。

现代化产业开发并提升了遗产在过去并不存在的功能和价值，使其能够在现代社会中充分发挥作用，以不同形式展现自身新的功能。而这种利用方式也促进了地方各类产业的发展，对地区的经济增长具有重要意义。遗产作为内源动力能够促进新的、不同形式的产业结构的形成，同时带动现代产业形成新的竞争优势。可见，非物质文化遗产与现代产业的结合是有成效的，非物质文化遗产不是刻板的被保护物，而是具有相应功能与活力的产业集群、实现资源合理配置的宝贵资源。因此，如何使非物质文化遗产实现功能的有效转化，在现实场域中充分发挥作用并焕发出新的生机，是现代人需要深思的问题。

（三）遗产旅游商品

将遗产的文化价值与旅游商品相结合并形成文化产业链，有助于更好地展示遗产地的文化内涵，吸引游客了解当地文化遗产并对保护遗产产生兴趣[1]。旅游商品是提供给游客的、具有使用价值的劳动产品，其往往具有某个地方或民族的风格，有着独特的纪念性和艺术性。旅游商品的购物情境与文化属性都与普通商品不同，人们购买旅游商品往往是一种以文化体验为目的的消费行为。因此，旅游商品有时也可以被视为一种文化符号，拥有文化承载与文化传播的功能。

---

[1]　朱淑珍、李睿：《以非物质文化遗产为核心的文化产业链模式研究——以旅游商品为例》，《科技进步与对策》2014 年第 11 期。

与遗产资源结合后开发出的旅游商品的种类有很多，如养生类的中医药产品、传统技艺制作的工艺美术品及生活用品、地方美食、出版物等。这些商品不仅丰富了游客的旅游体验，也提升了遗产的文化影响力，同时还实现了经济效益。当前文创商品同质化现象较为严重，且质量良莠不齐，以工艺品与土特产最为常见，大多缺乏地方特色和文化因素，难以获得消费者的认可。此外，旅游商品的销售模式也较为单一，多为零售，无序营销的现象时常出现，这无疑增加了市场监管的难度。

三　文化方面

（一）国际层面

遗产是一个国家历史文化的载体与历史发展的见证，也是展现人类成就的重要标志。保护与传承遗产对传承民族文化、增强国民凝聚力具有重大意义。随着世界对遗产的重视，社会各界都在积极探索并推动遗产的保护与传承，而遗产教育要从小抓起也已经成为国际上的共识。国际古迹遗址理事会第八届全体大会于 1987 年 10 月在华盛顿通过的《保护历史城镇与城区宪章》就指出，从学龄儿童开始就应当了解关于历史城镇与城区的信息。

拥有众多遗产的埃及就十分重视对学龄儿童的遗产教育。埃及早在2002 年就针对儿童专门开办了关于文化遗产知识的培训班，而埃及文物委员会也时常组织全国中小学生参观博物馆及各种遗址，并印发面向儿童读者的文物目录。埃及的学龄儿童从很早开始就了解到自己国家的文物古迹与历史文化相关知识，并在社会各界的引导下从小就树立起保护遗产的观念。

意大利与法国的遗产教育体系也相当成熟。在教育方面，意大利有许多大学开设了与考古、修复等相关的专业与院系。在科研方面，意大利建立了专门的修复机构与保护研究中心等遗产研究机构。在博物馆事业发达的国家有着将博物馆纳入全民教育体系的要求，如意大利的《文化遗产和景观法》就规定了博物馆具有传播文化遗产等知识、为学校提供必要的教学资源的义务。

法国也很早就形成了一套完善的教学科研体系。法国政府自 1894 年就设立了"文化遗产日",在"文化遗产日",许多博物馆会开展公立博物馆免票、私立博物馆门票半价的优惠活动以吸引全体公民前来参观。

英国更是有着诸如古迹协会、不列颠考古委员会、古建筑保护协会等民间保护组织,这些组织不仅对英国的遗产保护产生了积极的作用,而且成为英国遗产保护的特色。一些欧洲国家如意大利和英国,其遗产景区的门票价格与国民平均收入相比一直维持在一个较低的价位,以便公众前来游览参观,体验遗产的魅力并认识遗产的价值。

（二）国内层面

遗产作为人类智慧的结晶,蕴含着丰富的教育价值。我国不少学者从不同角度对遗产的教育价值进行了阐释。张泰城、何建良就提出了非物质文化遗产作为一种优质的教育资源在高校教育教学过程中所起到的作用。他们指出,非物质文化遗产可以提升大学生的民族精神,锻炼大学生的意志品格,激发大学生的创新能力及培养大学生的审美意识[1]。也有学者认为,中国的文化与自然遗产中蕴含着中华民族的精神,能够培养青少年的民族自尊心,增强他们的民族意识[2]。对遗产的保护与传承体现了我国公民对历史文化的认同,有助于维护国家统一和民族团结,也有利于培养公民的爱国情怀与自豪感。开展遗产教育不仅能够对保护历史文化遗产、传承历史文脉起到促进作用,还能使人们更加了解、热爱自己的民族与国家,起到增强民族凝聚力的作用。

与世界发达国家相比,我国遗产教育工作仍较为落后,我国相关部门对遗产"自上而下"的管理模式也影响了群众参与遗产保护工作的主动性与积极性[3]。我国公众对遗产的保护以社会精英与民间非营利性组织为主,大多数公众的遗产保护意识较为淡薄,对遗产价值的认识不够深刻,一个

---

[1]　张泰城、何建良:《非物质文化遗产融入高校教育的路径研究》,《国家教育行政学院学报》2012 年第 12 期。

[2]　宋才发:《论保护世界遗产与培育民族精神》,《中央民族大学学报》2005 年第 1 期。

[3]　杨颉慧:《论我国实施文化遗产教育的必要性与途径》,《人民论坛》2015 年第 17 期。

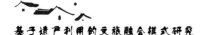

主要的原因是遗产教育普及程度不高，手段不够丰富，这增加了形成全民珍惜遗产氛围的难度①。因此，大力实施遗产教育是深入开展遗产保护与文化传播工作的必要途径。

鉴于国外的遗产教育经验，未来我国在开展遗产教育工作时，可从以下四个方面入手。第一，加大宣传力度，普及遗产知识。要激发全体公民对遗产的热爱，首先需要尽最大可能让更多的人了解遗产知识。建议借助书籍、报刊、影视等媒介来进行教育宣传，同时通过建立遗产信息共享平台来增进大众对遗产的了解。第二，发挥博物馆的教育功能。利用博物馆丰富的资源吸引受众，并将博物馆教育纳入国民教育体系，开展丰富的教育活动，激发大众对遗产的热爱与保护意识。第三，发挥专业机构与民间组织的功能。可以为社会团体提供经费，吸引相关专家参与其中，通过培训、讲座、展览等多种形式加强对大众的遗产教育。第四，在学校教育教学活动中增加遗产教育环节，通过开展各种相关的校园活动加深学生对遗产的了解，激发学生对遗产保护的热情。社会各界共同努力普及我国的遗产教育，有助于大众了解遗产、热爱遗产，真正有效地保护与传承遗产，同时也能增强大众的国家认同与凝聚力，对构建和谐社会起到促进作用。

---

① 刘林凤、任浩杰：《公众参与文化遗产保护研究》，《文化创新比较研究》2024 年第 13 期。

第三章
基于遗产利用的文旅融合框架

第一节　基于遗产利用的文旅融合逻辑

一　现代性背景下的旅游消费呼唤"真实性"的遗产

基于文化遗产利用的文旅融合，本质是指旅游发展赋予文化遗产新功能，为文化遗产提供展示场景、功能需求和活态使用者，使得原本仅仅作为被保护对象的遗产有机会走进消费者的视野，并在文化持有者的日常生活中得以活化[①]。

现代性的生成和发展推动人们的社会生活即组织模式发生巨大变革，人们的社会行动从彼此互动的地域性关联中脱离出来，时空分离使人们感受到前所未有的虚无感。现代人笼罩在这样的现代化体系之下，想要寻求"实在的""真实的"的文化体验。然而，这种体验并不存在于被异化的日常生活中，而是在想象的、纯真的、未被污染的他乡中[②]。正因如此，地方文化为游客提供了现代社会中缺乏的真实感与地方感，经过历史的筛选，从生活环境转变为消费环境，成为游客可感知到的遗产；遗产经过商业化的运作，在旅游语境下被赋予新价值，转化为可被利用的遗产

[①]　孙九霞：《文化遗产的旅游化与旅游的文化遗产化》，《民俗研究》2023 年第 4 期。
[②]　孙九霞、李毓：《西双版纳傣族园泼水演员的类阈限体验研究》，《旅游学刊》2016 年第 5 期。

旅游资源①。在这一过程中，遗产的生产者与消费者分离，由自在性的存在走向"客体化"，来自异文化的游客成为文化遗产全新的、重要的消费者。

二　遗产旅游化的多元复杂过程重构了地方文化

文化遗产旅游化不仅是经济现象，其背后还折射出复杂的权力体系与话语结构。国家权力参与到遗产再生产的社会实践过程，"遗产"本身成为一种话语霸权，遗产申报有时甚至成为一个民族不惜成本争取文化身份认证的行动②。在多主体钩织的复杂权力体系之下，"成为文化遗产"不仅为遗产的活化提供了可持续发展的方式，同时为它进入市场、进行商业化运作铺平了道路。

文化遗产最初是以文化资本的形式存在的，但是在旅游情境中可以转化为经济资本、政治资本等③，从而为地方发展提供有力支持。位置偏远的地区往往因经济模式单一、资源缺乏等问题发展较慢，但是这些地区因拥有丰富的文化遗产而持有文化资本，在旅游化的过程中，其文化资本得以转化为经济资本与政治资本，不仅推动地方全面发展，也增强了当地群体的文化自信。因此，旅游发展推动遗产实现地方知识的再生产，在新的语境中建构甚至重构了地方性。通过旅游再造的文化遗产有别于传承性遗产的直接展示，其实质上是面向当代的精神遗产，因此可以被称为"旅游的文化遗产化"。

三　文旅融合中的遗产利用促进了遗产传承

文旅融合能够有效促进非物质文化遗产的活态传承。世界非物质文化遗产侗族大歌是广泛流行于贵州黔东南地区黎平、从江、榕江等县侗族聚居区和广西三江侗族自治县的传统音乐，是一种多声部、无指挥、无伴奏、

---

① 李毓、孙九霞：《结构化理论视角下非遗表演的地方性建构——以西双版纳傣族园"天天泼水节"为例》，《中南民族大学学报》（人文社会科学版）2021年第12期。
② 佳平、张朝枝：《遗产与话语研究综述》，《自然与文化遗产研究》2020年第1期。
③ 《文化资本与社会炼金术——布尔迪厄访谈录》，包亚明译，上海人民出版社，1997，第189~211页。

自然和声的民间合唱形式。改革开放后因城乡二元结构的存在，在打工潮的影响下，村落空心化瓦解了由歌队紧密联系起来的侗族社会结构，使得侗族大歌的传唱失去了赖以生存的条件。但旅游的发展使得侗族大歌实现了商品化，成为一种旅游展演的方式①，吸引更多居民返乡就业，重塑了村寨的组织结构与侗歌队的传承体系，也使得这种本土化的休闲方式更多地出现在当地居民的日常聚会、休闲生活中，从而实现了本土休闲方式的循环再生。

旅游发展同样为物质文化遗产的保护和传承提供了新路径。如建筑文化遗产是特定历史阶段的生产生活记忆的物质载体，往往采用本土材料进行地方性的特色表达。然而，随着技术的发展与生活方式的变迁，许多传统民居面临着被废弃的危险。在旅游化过程中，旅游地的民居空间可以转变为旅游经营空间，从而实现传统民居的永续利用。在西双版纳的傣族园，傣楼文化的资本化为傣楼的保护提供了有力支持。跟踪研究发现②，物质文化的资本化既提升了傣族园的社区经济发展水平，也在一定程度上保障了社区文化的传统性，且资本化程度越高，保护与发展的关系协调得越好。通过旅游开发及村民参与经营，傣族园得到成功再造。需要指出的是，资本化的影响是双刃剑，要实现文化遗产与旅游发展更高层次的融合，需要政府的宏观引导以及社区居民的文化自觉。

四　遗产活化再生需要适应社会文化发展

文化遗产源于过去，其依托的社会文化环境已发生变化，要实现在当代的传承发展需要寻找融入当下的活化再生路径。以工业遗产为例，其活化再生要积极转变原有功能，适应变化的社会，选择保留富有特色的工业遗产基质信息，以符号化方式设计呈现历史与现代的交织空间，延续遗产活力。

---

① 孙九霞、吴韬：《民族旅游地文化商品化对文化传承的影响——以小黄侗族大歌为例》，《华南师范大学学报》（社会科学版）2015 年第 2 期。

② 孙九霞、张倩：《旅游对傣族物质文化变迁及其资本化的影响——以傣楼景观为例》，《广西民族大学学报》（哲学社会科学版）2011 年第 3 期。

一是社会适应性。文化遗产是文化社会遗存的一种文明象征和文明载体。例如，根据《下塔吉尔宪章》中对工业遗产的定义，其中包括为满足工业活动所产生的一切物质和非物质表现。在工业社会时代，工业遗产是以工业生产为尺度、以工业活动为背景产生并且发展的。当时的整个社会氛围赋予了工业遗产不可抗拒的社会适应能力，在以生产活动为目标的同时还逐渐产生了与生产有关的人的其他社会活动，包括商业交流、文化娱乐、科学研究等。这些新的社会活动与整个工业社会背景相辅相成，共同掀起了人类社会变革的热潮[1]。然而在今天，人类社会走过工业文明时代，来到了后工业时代，甚至逆工业时代。工业遗产所处的社会背景发生了巨大变化，其要适应该变化，扮演的角色也要满足当今人们消费、享受、娱乐、交流、创新的需求。社会适应性的重要依据是遗产借助自身的价值传递和特色发挥，既能符合社会潮流又能为某些产业创造出长期利益。更重要的是在面对社会发展主题、人们活动价值取向发生变化时，工业遗产的保护利用必须富有弹性并保持自身的可识别性，与城市居民审美意识、利益诉求、城市经济环境积极融合。例如，德国鲁尔区是典型的传统工业老区，是在后期保护再生的过程中，当地政府充分借助旧工业建筑和相关设备开展活动，既延续了文明又适应了现代社会，因而使其遗产的生命力更持久[2]。

二是基质信息的选择与传递。遗产保护利用的核心问题是如何在开发利用的过程中保证遗产特色不会丧失，而能够充分证明遗产特色的便是遗产本身所蕴含的基质信息。基质信息是指基础的本质信息，抛开关于建筑结构、建筑材料、地理环境、城市区位等遗产现存状态，与工业遗产自身的历史有关，包含遗产产生的时间、社会背景、遗产所处年代工业文明的发展程度、人类活动类型、与遗产相关的重要科学进步事件以及迄今为止遗产在历史变迁中社会角色的更替。只有全面掌握和研究遗产的基质信息，

① 寇怀云、章思初：《工业遗产的核心价值及其保护思路研究》，《东南文化》2010 年第 5 期。

② SÖREN S. , *Restructuring the Urban Landscape：A " Critical Reconstruction" of Permanent Structures in Historic Cultural and Urban Landscapes*, Berlin：Springer Berlin Heidelberg, 2016, p. 79.

才能明确遗产保护利用过程中的对象及辅助信息，这也有助于对遗产做科学的评估。科学评估不仅停留在对基质信息的选择上，还应通过对遗产潜力的评估指导基质信息的传递。遗产基质信息的选择与传递需要建立一个客观的基质信息库，信息库内容可以作为具体的评估参照标准来实现活化再生的科学性。

三是历时性与共时性互补。在这里必须强调工业遗产的历时性和共时性相互作用对于维持活力的重要性，历时性与共时性弥补的方法是将遗产的历史信息充分挖掘出来，以此为主题与现代社会生活结合在一起强调遗产价值的独特性，并以历史信息为主线形成故事叙述①。通过历史信息强化，遗产的过去和现在在同一时空互为补充，工业遗产才能体现出历史价值、艺术价值、技术价值，这些价值在当代社会中展现了工业社会时期工人的劳作方式、工厂建筑设计的审美取向、企业与社会利益的关系、工业技术的发展历程等内容。这些内容在设计当中需要被作为一种符号具体呈现出来，这些工业符号将作为遗产的标志或核心要素来吸引大众注意力，以此确立遗产价值延续的主体地位。德国弗尔克林根炼铁厂遗产高炉林立、管道纵横，在冶炼车间内的铁轨布置了现代艺术作品展览，偶尔还有钢铁碰撞的巨响，历史细节与现代展览在这里交错，营造出一种特别的展览空间，展品因不同的主题而变化，并与不变的历史融合，保持了空间强有力的活性。

第二节　基于遗产利用的文旅融合机理

一　遗产利用理论基础

我国文化遗产丰富，级别高。截至 2024 年底，我国拥有 59 项世界遗产，其中文化遗产 40 项、自然遗产 15 项、双遗产 4 项，总数位居全球第

---

① 熊祥瑞、张颖、杨豪中：《工业遗产活化再生分析与理论方法探讨》，《城市建筑》2017 年第 35 期。

二。同时，我国还拥有世界非物质文化遗产44项，数量位居全球第一；全球重要农业文化遗产22项，数量位居全球第一。如前文所述，文化遗产拥有历史、艺术、科学、社会和文化价值，也正因为这些价值，其被认定为遗产，成为被保护的对象。遗产认定的过程就是赋予其价值和意义的权威化过程，然而这种权威化的认定未必能够被大众或其他群体所理解和认可，尤其是当其失去原有功能、在当今社会又无实用性功能时，其往往处于无人问津的"僵化"状态。因此，让大众理解、热爱、认可文化遗产就成为遗产利用的核心，也是激活其价值、实现传承的关键。

史密斯在其理论著作《遗产利用》[1] 和《遗产的情感：博物馆和遗产地的游客参与》[2] 中论述了不同主体利用遗产的多种方式，指出所有的遗产都是无形的，权威系统所认定的各类遗产只是其载体或者为其提供环境，而遗产的本质是一个社会文化过程，并以情感互动为核心重构了以体验性、认同性、无形性、纪念性、展演性、地方性和失调性为主题概念的遗产利用框架。这为我们理解遗产利用过程与方式提供了借鉴思路和理论基础。

（一）体验性

体验是人们基于视觉、嗅觉、听觉、味觉、触觉等多种感觉而对载体产生心理互动的过程，其牵涉到感知、情感、思维、行为等综合性过程，只有被"体验"的遗产才是鲜活的遗产，源自过去的遗产是承载价值和意义的对象，对遗产的体验还是不断传递、强化已有价值与意义，以及创造新的价值与意义的社会文化过程。如第二章所述，遗产利用的主体有国家、企业、大众、游客等，这些群体都会利用遗产的体验性特征强化其目标，例如企业通过符号化打造遗产产品增强其体验性以吸引大众或者游客购买，国家及地方通过设置遗产认定标识物、举行遗产展示活动等方式拓展大众对遗产的体验空间，以强化遗产价值和意义。

（二）认同性

认同是人们在思想、态度、情感、归属感、价值观等方面接受影响的

---

① 〔澳〕劳拉·简·史密斯：《遗产利用》，苏小燕、张朝枝译，科学出版社，2020。

② Smith, Laura Jane, *Emotional Heritage: Visitor Engagement at Museums and Heritage Sites*, Abingdon, New York：Routledge，2021.

过程，遗产与认同在多个层面产生关联，遗产物质载体能够为具有无形性特点的认同提供表征和真实存在，因此许多遗产被用来构建、强化人们的国家认同、地方认同、社区认同、家族认同乃至个人身份认同。如前所述，国家权威话语建构下的遗产往往建立在宏伟、不朽、稀有等基础上，这为强化民族主义认同、维持国家意识形态提供了合理性。同样，地方、社区、家族等主体也会积极利用遗产建构其不同层面的认同，以增强归属感、精神力和凝聚力。

（三）无形性

遗产概念形成的现代性背景强调了物质性，能够为快速消逝的"传统"提供心理慰藉，形成了"以物为本"的遗产概念，相应的"遗产保护"针对的是遗产物质本体的原真性，然而学者们很快发现，与遗产真正相关的人群所珍视的未必是其物质方面。例如澳大利亚土著居民"重涂"岩石艺术的实践在遗产专家看来是破坏了岩石艺术遗址，而在土著居民看来，"重涂"行为是其保持文化实践和活态意义的惯用方式，岩石艺术遗址本身起不到这些功效。从根本上讲，留存于当代的遗产物之所以珍贵，是源于其价值，而价值本身具有无形性特点，遗产利用的诸多主体所利用的也是其无形的价值，有形的物质部分仅是承载价值的表征物。

（四）纪念性

遗产是过去遗留下来的好的东西或事物，往往承载着纪念意义，是激发集体纪念、公共记忆和回忆不可或缺的重要载体，具有筑牢共同体意识、凝聚人心的政治文化意义。遗产具有纪念性特征，例如《世界遗产公约》指出世界文化遗产包含三种类别，第一种"monument"一般译为"古迹"，亦有纪念物、纪念碑、纪念之意。纪念是对历史的一种积极、正面的回忆过程，也是一种活跃的文化过程，在历史遗址地举办纪念活动对于强化已有价值、创造新的价值和意义非常重要，因此遗产往往与纪念、记忆、回忆、追忆等关联在一起，遗产参与这些过程，成为人们缅怀祖先、回顾过去及展望未来的表征物。

（五）展演性

围绕遗产开展的保护、传承、纪念庆典、仪式等活动均具有展演性特点，参观遗产是一种牵涉到展演、追忆等过程的具身体验，尤其是当参观者与遗产之间有密切关联时，这种展演具有积极的情感特征。例如，久居城市的人们回到乡村老家重温儿时记忆时，老房子、古井、古树、习俗等会唤起其内心情感；又如，民俗博物馆会让曾经使用过里面展品、物件的参观者产生"睹物思旧"的情感，进而对参观者产生情感影响，在此这些展品、物件的摆放是一种静态的展演。一些研究表明，博物馆的参观者主要是中产阶层，他们参观博物馆的行为本身就是一种表征其中产阶层文化资本的展演，此时参观者不是一种被动的遗产信息接收者，而是积极主动建构、强化其自身身份认同①。遗产的展演性体现出遗产生产者、管理者与参观者之间的双向互动过程，即遗产生产者有意识地展演遗产的价值与意义，而遗产的参观者也可能并非被动的意义接收者，可能同样具有展演的能动性。

（六）地方性

不同于空间，地方是由社会建构的、有意义的空间组织方式，是人们生活体验的一部分，是感觉、思想的物质表征，而遗产在建构地方意义方面具有独特的价值，是地方感的核心载体。对于特定群体而言，遗产所在地可能表征着认同感和归属感，例如本地人对于一些具有标识意义的地方景观会产生特殊的情感，而这些景观对于外地游客而言可能未必那么重要。当然，当遗产成为某地的景点时，对于外地游客建构其地方感就具有至关重要的影响，而由于遗产独特的价值和意义，其往往成为地方文化和地方景观的重要组成部分。在此，遗产往往成为建构地方意义的重要载体，吸引本地人和外地人频频参观和游览。

（七）失调性

遗产的失调性体现在不同主体对于遗产阐释权、继承权及意义创造权的竞争，例如不同群体对于过去的理解和评价可能会产生差异，甚至见解相反。一方面，当遗产被用于旅游业时可能会由于过度商业化而失真，所

---

① Longhurst, B., Bagnall, G. and Savage, M., "Audiences, Museums and the English Middle Class", *Museum and Society*, Vol. 2, No. 2, 2004, pp. 104-124.

以部分遗产专家反对在遗址已经完全毁坏的地方修建仿古式建筑，因为这样容易误导大众的认知；然而，为了发展旅游业，或者为了营造古城古镇氛围，部分地方坚持重建早已毁坏的古建筑。另一方面，黑色遗产地由于曾经发生过暴行、战争等而往往存在不同群体、不同种族之间的解释争议，还有诸如金字塔等象征辉煌的建筑遗产从侧面也反映出底层人的艰辛处境和生活。

上述七个主题概念体现出遗产维系情感的特征，遗产的物质方面能够为体验性、认同性、纪念性、地方性、展演性、失调性等非物质要素提供客观性基础，然而，这些无形的非物质要素却是维持、强化、创新价值和意义的关键，也是遗产利用的要义。

二　文旅融合导向与特色模式

（一）文旅融合导向

文旅融合强调打破文化产业和旅游产业之间原有的界限，把文化资源、文化元素、文化创意等全方位融入旅游的各个环节，从旅游产品开发、景区建设、旅游服务到市场营销等，同时也借助旅游的渠道与平台，更好地传播文化，提升文化影响力。我国将文旅融合提升到国家战略高度，具体表现在以下几个方面。

1. 政策制度的支持

2018 年，根据中共中央印发的《深化党和国家机构改革方案》，文化和旅游部成立，该机构整合了原文化部、国家旅游局的职责，这一机构改革举措从顶层设计上为文旅融合发展奠定了坚实基础，开启了文旅融合发展的新阶段。《"十四五"文化和旅游发展规划》进一步强调了文旅融合的重要性，提出要坚持以文塑旅、以旅彰文，推动文化和旅游在更广范围、更深层次、更高水平上实现融合发展，从完善产品供给体系、拓展消费市场、提升服务质量等多个维度制定了详细的发展路径，旨在通过文旅融合助力文化强国和旅游强国建设目标的达成。

2. 推动经济转型和高质量发展

随着我国经济由高速增长阶段转向高质量发展阶段，传统产业面临升

级转型压力，旅游业作为综合性产业，具有很强的带动作用，与文化融合后能够催生更多新业态、新消费热点，创造更多附加值，拉动内需，促进经济结构优化。文旅融合能有效盘活文化资源，将文化资源转化为可体验、可消费的旅游产品，比如众多博物馆通过开发文创产品、举办特色文化展览等方式，在增加自身运营收入的同时，也让文化借助旅游的渠道"活"了起来，促进文化产业与旅游产业共同繁荣，推动经济高质量发展。

3. 满足人民群众日益增长的美好生活需要

随着人们生活水平的提高，对旅游的需求不再局限于简单的观光游览，更加追求有文化内涵、能带来精神享受的旅游体验。文旅融合发展正好契合了这一社会需求，通过开发各类文化主题旅游产品、营造浓厚的文化旅游氛围，满足人们对高品质旅游以及深入了解不同文化的需求，提升人民群众的生活幸福感和获得感。

4. 提升国家文化软实力与国际影响力

在全球化背景下，文化旅游成为展示国家和地区形象、传播本土文化的重要途径。我国通过文旅融合，打造出如"一带一路"文化之旅等具有国际影响力的旅游项目，借助旅游平台将中华优秀传统文化、现代文化成果等传播到世界各地，吸引国际游客前来体验，增进国际社会对中国的了解和认知，提升我国的文化软实力以及在国际旅游市场上的竞争力，塑造良好的国际形象。

（二）文旅融合特色模式

1. 主题公园旅游

第一种模式是主题公园旅游。主题公园是指以营利为目的兴建的，占地、投资达到一定规模，实行封闭管理，具有一个或多个特定的文化主题，为游客有偿提供休闲体验、文化娱乐产品或服务的园区，是集景观、环境、娱乐设施、展览等内容于一体的娱乐场所①。最早的主题公园可以追溯到1952 年在荷兰兴建的马德罗丹小人国，之后在以迪士尼乐园、环球影城为

---

① 钟士恩、张捷、李莉等：《中国主题公园发展的回顾、评价与展望》，《旅游学刊》2015 年第 8 期。

代表的美国主题公园的发展和带动下逐渐兴起，很快便成为在全世界范围内流行的旅游模式。主题公园往往会将一个特定的文化主题作为吸引点，充分将其与现代设施和科技相结合，满足游客的体验需求。根据主题公园投资、主题选择、市场及游客量等的因素可将主题公园分为五类，分别是目的地主题公园、区域性主题公园、游乐场、地方性主题公园与小规模主题公园①。

2. 乡村文化旅游

乡村文化旅游是以旅游度假为宗旨，以村庄野外为空间，以人文无干扰、生态无破坏为特色的村野旅游形式；农村地区是乡村旅游的特色，农民是乡村旅游的经营主体。也有学者将乡村旅游视为一种以促进农村发展为目的的社会活动②。乡村旅游以乡村景观欣赏与乡村文化体验为内容，以小镇、村落、乡村遗址等为主要表现形式，在用乡村文化满足游客体验需求的同时，以旅游发展来推动乡村的振兴。在文化资源丰富的地区发展乡村旅游，有利于推动当地的基础设施建设，引导人才返乡创业，带领地区经济实现突破。而乡村的记忆、历史与文化也可以在旅游活动中呈现给游客，以此来保护与传承地方文化遗产。

3. 影视文化旅游

第三种模式是影视文化旅游。影视文化旅游是旅游业中较新的领域，是影视业与旅游业融合的产物，直到 20 世纪 90 年代才逐渐引起人们的关注③。影视旅游是一种因特定对象的某一特征引发媒体的关注与投入，通过电视广播与影片强化该对象的特殊性，产生更为广泛的社会关注，从而带动旅游效应的一种旅游形式。有学者提出，影视旅游借助电影、电视、唱片等文化产品加强了游客的感知并给游客留下深刻的印象④；随着现代技术与

① 董观志：《主题公园发展的战略性趋势研究》，《人文地理》2005 年第 2 期。
② 单新萍、魏小安：《乡村旅游发展的公共属性、政府责任与财政支持研究》，《经济与管理研究》2008 年第 2 期。
③ Karpovich A. I. , "Theoretical Approaches to Film-Motivated Tourism", *Tourism & Hospitality Planning & Development*, Vol. 15, No. 3, 2010.
④ Riley R. , Baker D. , Doren C. S. V. , "Movie Induced Tourism", *Annals of Tourism Research*, Vol. 25, No. 4, 1998.

审美的发展和提高，影视作品在取材、形式及传播途径上都有了很大的突破，其文化传递的功能也愈发突出。总之，影视文化旅游通过影视作品的塑造和传播，为目的地赋予了新的内涵，从而产生了新的旅游地标。影视文化旅游不仅满足了游客的艺术追求，也创造了巨大的经济效益和社会效益，文化也在这个过程中得到了传承与新的诠释。

4. 节事会展旅游

节事会展旅游指以各种节日、盛事的庆祝和举办为核心吸引力的一种旅游形式。会展旅游是借助举办国际会议、研讨会、论坛等会务活动以及各种展览而开展的旅游形式，具有组团规模大、客人档次和消费额高、停留时间长、涉及相关服务行业多、成本低、利润丰等特点。节事会展旅游的本质就是以节事会展为前提和先决条件，以旅游为内容延伸，通过二者之间的渗透与有机结合，吸引专业人员的参与和游客的到访。一些大型节事与会展是集中展现地方文化的重要形式，往往能在举办期间吸引到大量的游客，并带动当地经济的发展。

5. 特色文旅融合模式

特色文旅融合是在常规文旅融合基础上，深入挖掘特定文化的独特、差异化的元素，从而打造出别具一格、更具吸引力的文旅产品和体验，如茶文化与旅游融合、瓷文化与旅游融合。

茶文化与旅游融合。随着旅游资源的不断外延，除了上述的文旅融合模式之外，我国茶文化与旅游业的融合发展也是一种必然的趋势[①]。茶文化是饮茶活动过程中形成的文化特征，包括茶道、茶德、茶精神、茶联、茶书、茶具、茶谱、茶诗、茶画、茶学、茶故事、茶艺，等等；中国的茶文化不仅反映着中华民族悠久的文明和礼仪，更是我国宝贵的非物质文化遗产之一，拥有着多重价值[②]。在茶文化与旅游业融合发展的过程中，刘春丽提出应根据实际情况采用多层次、多方位的发展模式，如茶文化展示与旅游参观相结

---

① 刘春丽：《茶文化与旅游业融合发展的机制、模式与保障体系》，《农业考古》2014年第2期。

② 庞琳：《茶文化的非物质文化遗产保护传承策略研究》，《福建茶叶》2016年第1期。

合的模式、茶文化与景区互补模式、茶文化与节庆互动组合的模式、茶文化与体验旅游结合的模式、茶文化与保健旅游相结合的模式①。

瓷文化与旅游融合。景德镇是中国瓷都，也是国务院首批公布的 24 座历史文化名城之一。景德镇文化底蕴深厚，自然景观宜人，有着大量的物质与非物质文化遗产。黄丽萍等在对景德镇的文旅融合驱动因素进行分析的基础上，总结了瓷文化与旅游融合模式，如渗透型融合模式、重组型融合模式、延伸型融合模式②。

三　基于遗产利用的文旅融合过程与机理分析

从理论上讲，遗产利用是一个以情感互动为核心的社会文化过程，主要围绕其体验性、认同性、无形性、纪念性、展演性、地方性和失调性等特点而展开。从实践上讲，遗产利用的主体包含官方权威主体和企业、社区等非权威主体。权威主体对遗产的利用方式主要是通过价值和意义挖掘来认定遗产等级，并通过制定遗产保护传承利用政策，宣传推广遗产价值，组织相关节庆、纪念及展演活动等使其发挥更大的政治、社会、文化功能；当地社区、企业等非权威主体对遗产的利用方式较多，包括日常生活融入、组织民俗节庆、景区景观设计、民宿设计、经营特色餐饮店、生产文创产品等，以发挥其经济、社会、文化功效。

遗产是一种较好的文化旅游资源，基于遗产利用的文旅融合不仅能提供基于真实性特点的创意素材、提升旅游要素的文化品位，而且能够通过游客体验遗产、参与遗产展演、增进情感认可及地方感等方式使遗产更好地发挥其政治、经济、社会、文化功效。基于遗产利用的文旅融合是多方主体主动利用遗产价值并通过文旅融合发展充分发挥其多种功效的过程，其机理如图 3-1 所示。

---

① 刘春丽：《茶文化与旅游业融合发展的机制、模式与保障体系》，《农业考古》2014 年第 2 期。

② 黄丽萍、王余强：《景德镇旅游产业与文化创意产业融合模式探究》，《价格月刊》2013 年第 8 期。

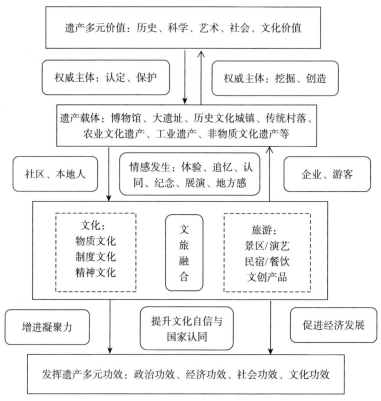

图 3-1　基于遗产利用的文旅融合过程与机理

资料来源：笔者自制。

第三节　基于遗产利用的文旅融合路径与模式

一　基于遗产利用的文旅融合路径分析

如第一章所述，文旅融合的实践路径是以理念融合为引领，以机构融合、职能融合、制度改革为保障，以文旅资源融合、空间载体融合、产品/产业/业态融合、市场主体融合、服务对象融合、对外交流融合为六大具体实践路径。从理论上讲，遗产利用以情感互动为核心，以体验性、认同性、无形性、纪念性、展演性、地方性和失调性为情感发生特征，这种情感互动发生于作为主体的人与作为客体的遗产载体之间，将其应用到文旅融合中，即为游客对遗产载体产生以情感性为基础的体验感、认同感、地方感等。从实践上讲，基于遗产利用的文旅融合实现路径主要是将遗产用于文旅资源开发、居游共享空间打造、文旅产品/产业/业态发展、国际文旅交流中，并通过政策支持等方式倡导文旅企业积极利用遗产载体为本地居民和外地游客提供优质产品（见图3-2）。

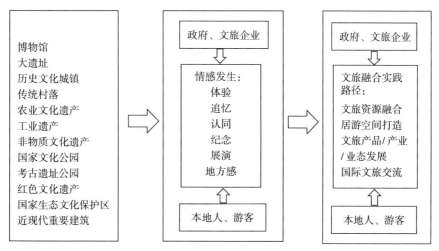

图 3-2　基于遗产利用的文旅融合路径

资料来源：笔者自制。

二　基于遗产利用的文旅融合模式分析

如第一章所述，文化和旅游在多种视角下有多重关系，文旅融合在理念、保障以及路径层面亦有不同的内容，在理念层面强调以文化为主导、以旅游为载体，通过文化主导旅游、旅游传播文化实现以文促旅、以旅彰文、和合共生的理想图景；在保障层面强调以体制机制改革为基础，实现文化和旅游的管理机构融合、职能融合、制度融合；在实践路径层面，从文旅资源、空间、产品/产业/业态、市场主体、服务对象及对外交流等方面进行融合。基于此，文旅融合模式可从多个维度考虑，如主体介入、产品产业、空间载体、功能导向、服务对象等。从主体介入维度，文旅融合

模式可分为政府主导、企业主导、社区主导、混合主体模式等；从产品产业维度，文旅融合模式可分为农文旅、商文旅、工文旅、体文旅、教文旅模式等；从空间载体维度，文旅融合模式可分为城乡文化景观、传统建筑、历史文化街区、文化创意园模式等；从功能导向维度，文旅融合模式可分为文化建设、经济建设、社区建设模式等；从服务对象维度，文旅融合模式可分为居游共享、居民文化活动、旅游项目模式等。

尽管存在多种维度下的文旅融合模式，然而当我们从遗产利用角度探索文旅融合模式时，较为适合的维度是资源、产品、业态、空间载体、节庆活动等，因为遗产种类较多，既可作为发展文旅产业、开展文旅活动的资源，其本体又可作为一种空间载体，与此同时，每种遗产都可根据其自身特点拓展出合适的文旅融合模式。

第四章
博物馆文旅融合模式

第一节 博物馆的概念与功能

一 博物馆的定义

（一）博物馆的国际定义

国际社会对博物馆的定义是随着时代发展不断深化的。国内外主流博物馆的定义通常由博物馆的目标、博物馆的性质、博物馆的功能，以及博物馆的工作对象这几方面构成[1]。1946 年国际博物馆协会首次对博物馆作出定义，博物馆被界定为"向公众开放的美术、工艺、科学、历史以及考古学藏品的机构，也包括动物园和植物园，但图书馆如无常设陈列室者除外"[2]。该定义认为博物馆的工作对象是所有艺术的、工艺的、科学的、历史的或考古的藏品，但是对博物馆的目标、性质及功能缺乏明确的界定。国际博物馆协会自成立以来，曾多次对博物馆的定义进行修订，其章程对博物馆的定义已经进行了 7 次修订，形成了 8 个版本，其中最具代表性的定义来自 2007 年第 21 届国际博物馆协会大会在奥地利首都维也纳通过的《章程》："博物馆是一个为社会及其发展服务的、非营利的永久性机构，并向

---

[1] 魏薇：《对现代博物馆定义的考察：构成、挑战与回应》，《洛阳考古》2019 年第 1 期。

[2] 国际博物馆协会是世界上最大的博物馆专业组织，本节对博物馆的国际定义的讨论主要是依据国际博物馆协会给出的定义进行文本分析。

大众开放。它为教育、研究、欣赏之目的征集、保护、研究、传播并展出人类及人类环境的物证。"自 2007 年，这个定义一直是国际博物馆学界公认的科学定义①。

（二）博物馆的国内定义

我国在国际博物馆协会给出的博物馆定义的基础上，不断结合本国国情推出具有自身特色的现代博物馆定义。我国的博物馆发展经历了多个阶段。19 世纪末，人们把博物馆看作搜求器物、博览兼收、益智集思的机构②。随着我国博物馆事业的初步发展，1935 年，中国博物馆协会成立。当时的中国博物馆协会则认为博物馆是一种文化机关，并不是专为保管文物的仓库，是以实物的验证而作教育工作的组织及探讨学问的场所。从而中国博物馆协会指出了博物馆所具有的文化性、教育性和学术性，这已经接近了对博物馆本质的认识。

中华人民共和国成立后，博物馆的定义经历过多次变化和调整。1956年 5 月，文化部在北京召开的全国博物馆工作会议具有里程碑意义。会上提出了博物馆的三重基本性质和两项基本任务，即博物馆具有科学研究机关、文化教育机关、物质文化和精神文化遗存或自然标本的主要收藏所这三重性质；博物馆的两项基本任务是为科学研究服务、为广大人民服务。会上明确提出："科学研究是博物馆全部活动的基础，是不断提高博物馆各项业务工作质量的关键。"

1979 年，全国博物馆工作座谈会在安徽召开。会议通过的《省、市、自治区博物馆工作条例》成为我国博物馆事业的指导性文件。该条例指出，"博物馆通过征集收藏文物、标本，进行科学研究，举办陈列展览，传播历史和科学文化知识，对人民群众进行爱国主义教育和社会主义教育，为提高全民族的科学文化水平，为我国社会主义现代化建设做出贡献"③。

2005 年，文化部进一步规定，"博物馆是指收藏、保护、研究、展示人

---

① 李耀申、耿坤、李晨：《博物馆定义的国际化表达与中国式思考》，《博物院》2019 年第 4 期。

② 王宏钧：《中国博物馆学基础》，上海古籍出版社，2001，第 36 页。

③ 国家文物局：《省、市、自治区博物馆工作条例》，《江西历史文物》1980 年第 1 期。

类活动和自然环境的见证物，经过文物行政部门审核、相关行政部门批准许可取得法人资格，向公众开放的非营利性社会服务机构"①。

（三）博物馆的种类

随着社会的不断发展以及科技的变革，博物馆的种类也越来越丰富。

1. 历史类博物馆

历史类博物馆是研究和反思社会历史演变的过程和规律以及历史上的重要事件和人物的博物馆，它以历史的角度展示收藏品来反映国家或地方特定的历史内容。如秦始皇兵马俑博物馆、四川广汉三星堆博物馆、西安半坡博物馆、故宫博物院、陕西历史博物馆，等等。

2. 纪念性博物馆

纪念性博物馆是专门纪念重要人物和历史事件的博物馆。纪念性博物馆的展览内容是特定的纪念性遗址，能够反映历史的真实情况和历史事件所要表达的精神。纪念馆除了具有教育宣传及文物保护的一般特点外，更注重对人们世界观、价值观的影响，政治性更强，还具有很强的追思和缅怀功能。如中国人民抗日战争纪念馆、郑州市二七纪念堂、延安革命纪念馆、抗美援朝纪念馆，等等。

3. 综合性博物馆

综合性博物馆是博物馆的主要类型之一，是指含有社会人文历史与自然科学两大类博物馆的内容，兼有人文与自然双重性质的博物馆。综合性博物馆综合展示地方多种类型藏品。如中国国家博物馆、河南博物院、浙江省博物馆、湖南博物院，等等。

4. 自然科学类博物馆

自然科学类博物馆是以研究和反映自然界与人类认识、保护及改造自然界为内容的博物馆，以分类、发展或生态的角度展示自然界，一般分成自然类博物馆和科学技术类博物馆。这类博物馆是普及科学文化知识的重要场所，以普及自然科学知识与技术为主要任务。如中国科学技术馆、中

---

① 中华人民共和国文化部第 35 号令：《博物馆管理办法》，《中华人民共和国国务院公报》，2005 年 12 月 22 日。

国地质博物馆、武汉自然博物馆、中国航空博物馆，等等。

5. 文化艺术博物馆

文化艺术博物馆是以反映文化艺术为内容的专业博物馆。它通常围绕搜集、保管、陈列、研究有关文化艺术方面的文物资料和文化艺术珍品来开展工作，所包含的内容十分广泛，如戏剧、文学、音乐、陶瓷、绘画、各种工艺品等。如美国大都会艺术博物馆、天津戏剧博物馆、法国卢浮宫、中国南京云锦博物馆、大英博物馆、北京红楼文化艺术博物馆，等等。

6. 民族博物馆

民族博物馆是以反映某一民族的历史发展或某区域民族历史发展为内容的专业博物馆，一般可分为民族学、民族史及有关民族历史遗址或遗迹等多种类型。其主要任务是调查、研究各民族历史发展过程及其生产生活与风俗习惯方面的特点，包括生产工具、生活用具及各种文献和其他实物，然后通过成组陈列的形式展示出来，显示出各民族的发展规律。其作用是促进各民族团结和民族建设事业的发展。如海南省民族博物馆、中华民族博物馆、广西民族博物馆、云南民族博物馆，等等。

7. 民俗博物馆

民俗博物馆是以收藏、陈列、研究反映人民的生产生活与风俗习惯、宗教信仰方面的实物资料为内容的博物馆。如洛阳民俗博物馆、广州民俗博物馆、北京民俗博物馆、山西省民俗博物馆、中国关东民俗博物馆，等等。

8. 专题博物馆

专题博物馆是以收藏、陈列某学科专题实物资料为内容的博物馆，既有社会历史类的，也有自然科学方面的。其陈列的对象，或是某学科的一部分，或是一次历史事件，或是一位历史人物等，因而内容比较单一，但就其所反映的内容来说也是比较全面的。如中国文字博物馆、中国铁道博物馆、厦门大学人类学博物馆、中国钱币博物馆、大庆油田历史陈列馆、中国茶叶博物馆，等等。

二　博物馆的作用

（一）收集、保存文物标本

收集和保存文物标本是博物馆的基石，也是博物馆最基本的职能。博物馆最广泛、最全面地保存着关于人类活动和自然发展的真实物证，并把它以最好的方式呈现给大众，这是其他任何机构所不能完全替代的一项社会任务。中华人民共和国成立以来，我国制定了一系列保护文物和自然标本的政策，大量具有重要历史、科学和艺术价值的珍贵文物、自然标本得到有效保护。任何一个博物馆都必须收集、保存文物和自然标本。藏品是博物馆全部活动的物质基础，没有藏品就构不成博物馆。所以，收集、保存文物标本是博物馆最基本的作用。

（二）传播科学文化知识

不同于学校教育只针对学生进行，博物馆的教育对象是整个社会的广大成员，无论是儿童还是老年人，无论是健全人还是残疾人，无论是学生还是职员，都可以自由地凭借证件进去参观。人们通过参观陈列室和展厅、参与各种教育活动，学习并传播科学文化知识。博物馆的教育对象具有广泛性，其提供的知识内容也具有多样性。它对少年儿童而言是一个充满新奇和产生幻想的天地，对成年人来说是补充新知识、研究学问的好场所。因此，博物馆应当担负传播科学文化知识、提高公民科学文化素质的重任。

（三）进行思想政治教育

加强思想政治教育工作有利于提高国民的政治素养，促进社会治理的进一步完善与和谐社会的进一步发展，保障中国特色社会主义伟大事业的全面推进。博物馆作为思想政治教育的重要场所，应当用一切有益于人们身心健康的精神产品占领思想文化阵地，通过各种有效的教育活动加强辩证唯物主义和历史唯物主义宣传，开展爱国主义、集体主义和社会主义核心价值观教育。还要以宏扬中华优秀传统文化为己任，积极开展理想、伦理道德以及文明习惯教育，传播科学知识，培育科学态度和科学精神，为培养新时期现代化建设所需要的高素质人才做出更大努力。

（四）进行科学研究活动

大力开展各门学科的研究工作，是现代化建设的可靠保证，而科学研究也是博物馆的重要任务之一。博物馆的实物资料为研究人员的科研工作提供了必要的条件，历史文物可以证实、补充、订正文字史料，许多科研成果的获得都曾受益于博物馆提供的丰富的实物资料。因此，博物馆是科研事业中不可或缺的组成部分，是为科研工作者提供实物资料的基础。博物馆业务工作本身也是具有科学研究性质的工作，博物馆工作者要研究藏品及其保存的技术手段，研究有关专业学科及博物馆学等。只有把博物馆业务工作建立在科学研究的基础上，才能高水平地满足观众的各种需求。

（五）丰富精神文化生活

健康的文化活动，是人类社会生活不可缺少的一部分。随着人民生活水平的不断提高及思想意识和精神状态的变化，广大群众，特别是青年人，迫切渴望更加丰富的精神文化生活。博物馆作为人民群众文化滋养的场所，应该把满足他们求知、审美、文化娱乐等精神生活的需要作为自己的任务，努力开展丰富生动、喜闻乐见的活动，增加服务设施和项目，吸引更多的观众。博物馆从陈列展览到服务工作，都必须注意研究社会公众需求的变化，并根据这种变化不断改进自己的工作，才能适应群众文化生活的广泛需要，发挥其应有的社会功能①。

第二节　博物馆与旅游的关系

一　国内外博物馆的发展

1. 国际博物馆发展

国际上博物馆发展分为三个阶段。

第一个阶段是博物馆发展早期。私有制产生以后，随着政治形态及社会生产力的不断发展，皇室、贵族、教会等权力机构对文艺珍品进行搜集、

---

① 王宏钧：《中国博物馆学基础》，上海古籍出版社，2001，第41页。

掠夺、收藏。当收藏的珍品达到一定规模，便会建立专门收藏珍品的场地，这就是博物馆的早期形态。此时的珍品收藏馆仅向上层社会的贵族开放。伴随着文艺复兴、启蒙运动等思想解放运动的热潮，提倡复兴古典文化为近代博物馆的发展创造了条件，收藏文艺珍品的现象得到了进一步强化。新航线的开辟和新大陆的发现促使收藏珍品的范围不断扩大，藏品数量不断增长，收藏文艺珍品的现象从原来的皇室、贵族、教会扩散到市民阶层。

第二个阶段，随着工业革命的爆发和近代科学的不断发展，博物馆得到迅速发展。博物馆的专业水平不断提高，博物馆的社会教育职能开始显现。此时博物馆不仅仅向贵族阶层开放，一些中产阶级也可以投入博物馆的参观和学习中去。

第三个阶段始于第二次世界大战期间。第二次世界大战期间，培养爱国精神和启发民族意识是各国国民教育的重点，博物馆恰好是弘扬民族文化、增强民族凝聚力的最佳场所，于是博物馆教育受到各国的普遍重视。第二次世界大战后，随着社会的迅速发展、社会财富的不断累积和国际社会的开放，博物馆数量激增，职能范围不断拓展，类型也更加丰富。此时的博物馆面向普通大众，博物馆旅游进入了空前繁荣的新时期。

2. 国内博物馆发展

我国博物馆起步较晚。首先是 19 世纪中叶以后，外国人在中国建立博物馆，以自然历史博物馆为主，如徐家汇博物馆、亚洲文化博物馆、华北博物馆和济南广智院等，大多由教会主办，主要分布在沿海城市；其次是张謇等人于 1905 年办的南通博物苑；然后是 1912 年成立的北京古物陈列所。到 1949 年 10 月 1 日中华人民共和国成立之前，全国的博物馆数量屈指可数，而且质量差，既是古董铺子也是杂货摊，参观的人极少。中华人民共和国成立之后，博物馆的数量剧增，不仅对旧馆加以改造，还建立了新馆。博物馆不再是老古董的保管所，而是向广大人民进行爱国主义教育和提高民众科学文化水平的机构。

二　博物馆与旅游之间的关系

博物馆与旅游通过文化而紧密地联系在一起。博物馆天然的文化基因

与文化旅游对文化、艺术、审美的体验需求相匹配，成为博物馆与旅游融合的基础。博物馆作为特殊的文化机构，以公益性为主，又涵盖一定的商业性。在开发博物馆旅游时仍要追求社会效益的最大化，与经济效益协同发展，相互促进。当今社会的快速发展与人们日益增长的需求促使博物馆与旅游业合作，形成一种新的文化现象与推动力量。博物馆旅游的发展顺应了当今社会旅游业蓬勃发展的内在需求，拓展了旅游业的深度和广度，极大地推动了社会大众的精神文明建设，促进了社会经济与文化的双重发展。

文化与旅游密切相关，而博物馆作为文化中枢积极地发挥着桥梁作用。博物馆与旅游的最初结合是在场馆建设与旅游功能开发方面，后来开始开发博物馆的休闲娱乐功能。博物馆作为重要的旅游目的地，为旅游提供了场所，丰富了旅游的形式和种类，能够提升游客的文化体验；旅游也是推动博物馆文化传播的主要方式。因此，博物馆与旅游相互联系，密不可分。

三　发展博物馆旅游的背景

（一）经济背景

2015 年，我国提出实施供给侧结构性改革，旨在调整经济结构，使要素实现最优配置。供给侧结构性改革，是从提高供给质量出发，推进结构调整，提高供给结构对需求变化的适应性和灵活性，优化消费结构，实现消费品的不断升级。具体到旅游行业，则是针对游客的消费需求调整和增加旅游产品。

（二）增强文化自信的需要

增强文化自信在诸多方面有着重要且深远的意义，是关乎民族传承、国际交流、经济发展以及社会和谐稳定等的关键所在。博物馆中陈列着大量的文物、史料等，它们犹如一部部鲜活的史书，静静地诉说着往昔岁月里的故事。比如，中国国家博物馆里有远古时期的陶器、青铜器，这些器物见证了华夏民族从蒙昧走向文明的漫长历程，器物上每一道纹路、每一种造型都体现着当时人们的智慧、审美以及生产生活方式，让游客能直观感受到中华民族悠久的历史底蕴，知晓我们的祖先在这片土地上创造过多么灿烂的文化，进而从心底生发对民族文化深深的自豪感与认同感，增强文化自信。

（三）社会主要矛盾的变化

中国特色社会主义进入新时代，我国社会主要矛盾已经转化为人民日益增长的美好生活需要和不平衡不充分的发展之间的矛盾。对美好生活的需要不仅包括舒适的居住条件、优美的环境、满意的收入、高水平的医疗卫生服务、稳定的工作、可靠的社会保障，还需要受到更好的教育、享受更丰富的精神文化生活。博物馆承担着学校教育之外的社会公众教育这一任务，应着力构建开设高品质且丰富多彩的校外课堂、社会讲堂等文化多元的空间。

四　博物馆旅游的特征

（一）知识性与愉悦性

博物馆的文化底蕴深厚，种类繁多，是不可再生、不可磨灭的艺术和文化殿堂，是精品杰作与人类思想精华的聚集地。博物馆运用展览陈列的艺术为公众描绘出凝聚着人类智慧和文化的美的历程；通过精美而富有博物馆特色的文创产品销售，给观众带来愉悦的消费体验；透过一系列人性化的服务与配套设施，营造新型博物馆有趣、休闲与放松的氛围。

（二）主动性与教育性

博物馆旅游以传播传统文化、习俗、艺术为己任，通过开展趣味性、参与性的活动使大众主动选择感兴趣的内容，从而达到促进观众接受知识与信息，进而与博物馆进行精神交流的目的。新时代的中国博物馆，要主动融入经济社会发展大局，充分发挥博物馆在文化传承中的"中枢"作用，推动中华优秀传统文化创造性转化和创新性发展，以文化人、以文育人，促进社会文明进步，实现面向未来的可持续发展[①]。

（三）体验性与参与性

博物馆旅游从本质上是一种行为。人们通过亲身体验与参与，探索外部未知的文化、习俗、科技、艺术，体验全新的感官享受，从日常生活与

---

① 《2019 国际博物馆日主会场活动：作为文化中枢的博物馆传统的未来》，搜狐网，https://www.sohu.com/a/315173360_100003556。

工作压力中抽离出来，满足求知欲与好奇心。博物馆旅游关键在于利用博物馆得天独厚的历史文化资源，凸显其真实性、知识性、创造性、艺术性和科学性，结合文化旅游的娱乐性、趣味性、参与性，极大地提高了博物馆旅游对大众的吸引力。随着市场逐渐打开，博物馆旅游将开发形式多样、更让大众喜闻乐见的文化产品，从而沿着科学开发馆藏资源的可持续发展道路稳步前进。

第三节　博物馆文旅融合典型案例

一　故宫博物院

（一）故宫博物院概况

故宫博物院位于北京市内，是在明朝、清朝两代皇宫及其收藏珍品的基础上建立起来的综合性博物馆，也是中国最大的古代文化艺术博物馆。其文物收藏主要来源于清代宫中旧藏，城内古建筑面积约 16 万平方米，宫殿建筑布局严谨，秩序井然。布局与形制均按照封建礼制和阴阳五行学说设计与营造，凸显出帝王至高无上的权威。故宫博物院是第一批全国重点文物保护单位，第一批全国爱国主义教育示范基地，第一批国家 5A 级旅游景区，1987 年入选世界文化遗产名录。

故宫收藏有大量古代艺术珍品，占中国文物总数的六分之一，是中国收藏文物最丰富的博物馆，其中很多文物是绝无仅有的无价国宝。故宫博物院既是明清故宫（紫禁城）建筑群与宫廷史迹的保护管理机构，也是以明清皇室旧藏文物为基础的中国古代文化艺术品的收藏、研究和展示机构。故宫博物院院藏文物体系完备、涵盖古今、品质精良、品类丰富。现有藏品总量已达 180 余万件（套），以明清宫廷文物类藏品、古建类藏品、图书类藏品为主。故宫博物院藏品共有 25 个大类别，其中一级藏品 8000 余件（套），堪称艺术的宝库。

（二）发展历程

故宫博物院发展历程及重要事件见表 4-1。

表 4-1 故宫博物院发展历程及重要事件一览

时间	发展历程及重要事件
1914 年	位于紫禁城南部的古物陈列所成立
1925 年	故宫博物院成立
1933 年	故宫博物院文物被迫南迁，以躲避日本侵略
1948 年	故宫博物院南迁文物部分运往我国台湾地区，成立了台北"故宫博物院"
1949 年	故宫博物院恢复开放，各项工作全面展开，故宫面貌日新月异
1961 年	经国务院批准，故宫被定为全国第一批重点文物保护单位
1966 年	故宫实行军事保护，院内文物和宫殿建筑得以保存下来
1971 年	故宫博物院重新开放
1987 年	北京故宫被联合国教科文组织列入世界文化遗产名录
21 世纪以来	故宫博物院平均每年接待中外游客 600 万~800 万人次，旅游人数只增不减

资料来源：根据网络资料整理。

（三）旅游项目

1. 文创产品研发

（1）文创产品研发的背景

随着文旅融合的推进，博物馆一改往日严肃的风格，开始衍生一些独具特色的文创产品，以商品零售的形式呈现给消费者。2015 年 3 月，《博物馆条例》正式实施，明确博物馆可以从事商业经营活动，挖掘藏品内涵，与文化创意、旅游等产业相结合①，国内博物馆掀起一阵文创热潮。2011 年之前的故宫只开放了 30%，游人能够参观的区域非常有限。故宫博物院原院长单霁翔在切实了解故宫所有情况的基础上，开始一步一步进行相关的改革：让其他单位搬离故宫、禁止机动车驶入故宫、扩大故宫可参观区域（开放区域达 80%）、实行网络实名制预约购票、限制日参观人数、发展故宫文创产业等。这一系列措施带来的效果非常明显，不管是国内还是国际，故宫博物院的形象及影响力都在日益增强②。

---

① 《李克强签署国务院令 公布〈博物馆条例〉》，《科学教育与博物馆》2015 年第 2 期。

② 《故宫，一个成功的营销案例-千策科技-旅游实训教学》，千策模拟教学实训平台百家号，https://baijiahao.baidu.com/s? id=1627128119562623704&wfr=spider&for=pc。

（2）文创产品发展过程

故宫文创一直备受国内外关注。2010年，故宫博物院上线售卖文化产品。2013年，故宫淘宝开始转型。数据显示，故宫文创2013年增加产品195种，2014年增加265种，2015年增加813种。故宫淘宝店参加的"聚划算"促销，仅用1个多小时，1500个手机座就宣布售罄，一天之内共有1.6万单文创产品成交。截至2016年底，故宫文创产品共计9170种，为其带来的收入达10亿元左右①。同时故宫博物院官网显示，故宫拥有四家线上店铺，主要售卖书签、日历等日常生活文化用品。

（3）文创产品开发的内容

在文创设计中，故宫围绕着已有的历史文化特色，以传承为目的，讲出产品背后的故事，融入现代人的生活，让普通大众真实感受到历史文化的鲜活气息。宫廷风折扇、彩妆、玩偶、书签等文创产品的背后是悠久的历史和深厚的文化基础，这一系列产品受到了网友的热议与追捧。在传统手工艺基础之上，融入鲜明时代特点的文创产品给文创店带来了可观的销量。但这些初入消费者市场的产品只是一小部分，故宫将其控制在所有文创产品的5%左右。对于拥有186万余件（套）文物藏品的故宫而言，它只是走进民众生活的第一步，面对其他年龄层次，更能体现故宫博物院历史文化的高品质产品的研发，也在有条不紊地进行中。

2. 荧幕展示

真正让故宫从小众走向大众的当数在豆瓣获得9.3高分的纪录片《我在故宫修文物》。之后，故宫又借与卡地亚合作的纪录片《唤醒时间的技艺》，以及与中央电视台合作的综艺《国家宝藏》的全网播放，保持着持久不褪的高关注度。《国家宝藏》《上新了故宫》等综艺的诞生，把这座已有数百年历史之久的博物院推上了超级网红之路。2018年2月，《国家宝藏》大火，国家博物馆趁热打铁，历时一年半时间，打造出彩妆系列化妆品，年收入高达10亿元。如今的故宫，以自命不凡的勇气打破桎梏，从此在人

---

① 《2017年文创收入超15亿 故宫真的是个超级IP》，新京报百家号，https：//baijiahao. baidu. com/s？id=1625883283910086402&wfr=spider&for=pc。

们眼中，它不再是一个只能踏着中轴线参观的打卡景点，而是带上了几分"人间的烟火气"，以一副全新的面孔迎八方游客前来"打卡"。

3. 研学旅行

研学旅行是研究性学习和旅行体验相结合的校外教育活动。很多中小学校都在组织学生走进博物馆。故宫博物院因其资源禀赋和独特魅力，成为各类研学旅行的重要目的地之一。从 2015 年 1 月起，故宫启动定制参观模式，面对中小学师生、文物爱好者、家庭亲子等群体，以故宫文化资源为中心，依据观众对文化的需求，细致设计，量身定制主题参观项目。故宫悠久的历史和丰厚的人文底蕴，使得博物院可以开展的课程很多，如人文故宫课程、古代建筑课程、科技故宫课程等。故宫博物院可承载的学生人数巨大，可同时进行千人的研学。

二 洛阳民俗博物馆

（一）洛阳民俗博物馆概况

洛阳民俗博物馆位于河南省洛阳市瀍河区新街 433 号，是一座以弘扬河洛文化、展示民俗风情为主旨的民俗专题博物馆，依托全国重点文物保护单位——清代古建筑群潞泽会馆而建。该馆占地面积 15750 平方米，建筑面积 5010 平方米，现存建筑有舞楼、钟鼓楼、东西穿房、东西廊房、大殿、后殿、东西配殿等，是洛阳市区现存规模最大、保存最完整的古建筑群，气势宏大，布局严谨，装饰精美。该馆现设有洛阳地区刺绣、信俗、婚俗、寿俗、生活器具、民间工艺品、农具、床具、交通工具、民俗生活场景复原等基本陈列。该馆现为国家二级博物馆、全国 3A 级旅游景点、河南省社会科学普及示范基地、河南省文物局重点科研基地、河南省爱国主义教育基地，也是河南科技大学、洛阳理工学院和洛阳师范学院等多所高校学生实习基地。该馆现下辖三个专题博物馆：洛阳匾额博物馆、洛阳老子纪念馆和洛阳契约文书博物馆。

（二）发展历程

洛阳民俗博物馆发展历程及重要事件见表 4-2。

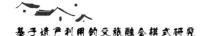

表 4-2　洛阳民俗博物馆发展历程及重要事件一览

时间	发展历程及重要事件
1744 年	山西潞安府、泽州府两府居洛商贾集资兴建关帝庙。民国期间，更名为潞泽会馆
1981 年	由地区公路段移交文物部门管理，并在此基础上建立豫西博物馆
1986 年	公布为河南省重点文物保护单位
1987 年	更名为洛阳民俗博物馆
1988 年	洛阳民俗博物馆正式对外开放
2018 年 9 月	经过博物馆自评申报，省级博物馆行业组织评定，全国博物馆评估委员会组织专家复核，并报请国家文物局备案，中国博物馆协会决定同意洛阳民俗博物馆为第三批国家二级博物馆
2019 年 12 月	获得"河南省博物馆免费开放工作先进集体"称号
2021 年 8 月	荣获"2020 年度洛阳市文明单位"

资料来源：根据网络资料整理。

（三）旅游项目

1. 洛阳民俗文化庙会

作为洛阳牡丹花会的一项重要文化活动，民俗文化庙会每年 4 月 14 日至 25 日在洛阳民俗博物馆隆重举行。洛阳市各民间艺术团体和社火团队演出龙灯、舞狮、排鼓、秧歌、斗鸡等民间艺术节目，不仅如此，还有唐三彩、澄泥砚、泥塑、陶艺、烙画等丰富的民间艺术品展示。这些民间艺术活动既具有浓郁的中原地方特色，又处处洋溢着强烈的时代气息，在弘扬河洛文化、展示民俗风情、丰富群众文化生活等方面发挥着重要作用，深受中外游客青睐。

2. 民俗物品展览

洛阳民俗博物馆为了充分发挥馆藏体系众多藏品的展示利用价值，扩大了博物馆的格局，营造了浓厚的区域文化氛围，即以洛阳民俗文化为基础，先后兴建了洛阳匾额博物馆、洛阳老子纪念馆和洛阳契约文书博物馆三座不同类型、特色各异的专题博物馆，形成具有相当规模的专题博物馆群落。其中洛阳匾额博物馆基本陈列按照官府门第、功德声望、贞节贤孝、医德教泽、婚喜寿庆、寺庙宗祠、书斋堂号、珍藏精品 8 个部分，展出各类匾额 500 余块。洛阳老子纪念馆以老子在河洛地区史迹、遗迹为主线，突出展示老子思想对后世的影响及相关道教历史文物，以达到弘扬博大精深的老子思想与河洛文化、展示古都文明的目的。洛阳契约文书博物馆是全国首座国有契约文书专题博物馆，陈列精选 2000 余件契约文书，分族谱、婚书、风水占卜、金兰谱、官府文书、证书证件、诉讼、地契、房契、合同、收养、分单遗嘱、科举、精品、社会经济活动等 10 多个单元进行展示，真实地展现了当时中国民间丰富多彩、鲜活本真的社会生活场景。

3. 演示活动

该馆除有刺绣厅、婚俗厅、寿俗厅、民间工艺品厅、匾额厅等基本陈列外，还有皮影表演、婚俗表演、民俗服饰表演等演示活动。这些活动在很大程度上传播了优秀的中原民俗文化，通过演艺的方式将当时民间传统的淳朴而又真实的生活场景及本土风情原貌展示给全国各地的游客，是展示和弘扬博大精深河洛文化和中华民族传统文化的重要平台。

三　河南博物院

（一）河南博物院概况

河南博物院位于河南省郑州市金水区农业路，为国家级重点博物馆，是中国建立较早的博物馆之一，也是首批中央地方共建国家级博物馆之一。河南博物院前身为河南省博物馆，在冯玉祥的主导下，始建于民国十六年（1927 年），旧址位于开封市龙亭区三胜街 31 号。馆址几经变更，1961 年迁至郑州，新馆于 1998 年 5 月 1 日落成开放，并更名为河南博物院[①]。展馆建筑面积 5.5 万余平方米，馆藏文物 17 万余件（套）[②]。馆藏文物多来自 20 世纪初商丘、洛阳、安阳、开封、淅川、三门峡、辉县、新郑等地的考古发掘，史前文物、商周青铜器、历代陶瓷器、玉器最具特色。其中国家一级文物与国家二级文物 5000 余件，历史文化艺术价值极高，一部分藏品被誉为国之重器[③]。

---

① 《河南博物院建院历史》，旅游联盟，http://www.tourunion.com/info/htm/27285.htm。

② 《河南博物院简介》，河南博物院官网，https://www.chnmus.net/。

③ 《〈国家宝藏〉"重装上阵"》，个人图书馆网，http://www.360doc.com/content/07/1201/00/50866_861138.shtml。

2015 年 7 月 14 日起，河南博物院闭馆，对主展馆实施维修，预计工期 18 个月。2018 年 10 月 11 日，河南博物院入选"全国中小学生研学实践教育基地"名单。2020 年 9 月 24 日起，河南博物院主展馆重新对外试开放。

（二）发展历程

河南博物院发展历程及重要事件见表 4-3。

表 4-3　河南博物院发展历程及重要事件一览

时间	发展历程及重要事件
1923 年	河南新郑一绅士李锐打井，无意间打出一座古墓，发掘出 100 多件青铜器。北洋陆军 14 师师长闻讯后向吴佩孚驰报。吴佩孚命令该师长将出土文物运至开封妥善保管
1927 年	6 月，为了更好地保存这批文物，冯玉祥将军在治豫政纲中提出了"教育为立国根本要政"的主张，并身体力行，极力扶持文化教育事业。7 月，省政府委派郭须静、徐金泉、何日章三人为河南博物馆筹备委员，隶属省教育厅，筹建于开封三圣庙街（今开封三胜街）河南法政学堂和河道总督衙门旧址，为河南博物院发轫之始
1928 年	6 月，原河南省政府将河南博物馆改名为"民族博物院"，并改由省政府直接领导，同时划拨刘师古堂充公遗产的一部分为专款，限期开放。10 月 10 日，成功举办第一次陈列展览
1930 年	12 月 1 日，河南省政府将"民族博物院"恢复为"河南博物馆"，并确定为社会教育机关，直属省教育厅领导。12 月 23 日教育厅委任关百益为馆长，并收回民众师范房舍为古物陈列室
1940 年	河南博物馆被更名为"河南省立博物馆"，下设事务部、保馆部、研究部等
1948 年	中国人民解放军解放了古都开封。中国共产党成立了以赵干亭为主的三人管理小组，进驻博物馆，整饬馆务
1949 年 11 月	河南省政府任命省教育厅厅长乃生兼任馆长，开始组织人员，整理文物、展室、修缮房舍、设施，进行业务活动，博物馆再次展现生机，蓬勃发展
1953 年	根据中央文化部颁发的《对地方博物馆的方针、任务、性质及发展方向的意见》，河南省博物馆被确定为地志性博物馆
1961 年	河南省博物馆由开封迁至新省会郑州市的人民路 11 号
1966 年	博物馆组织瘫痪，业务荒废
1978 年	河南省博物馆重新恢复运营
1991 年秋	国务院决定由国家和河南省共同投资筹建新馆舍

续表

时间	发展历程及重要事件
1997 年 7 月	河南省政府决定,将中原石刻艺术馆与河南省博物馆合并,成立河南博物馆
1998 年	河南省博物馆从郑州市人民路迁至郑州市农业路,更名为"河南博物院",成为国家级博物馆;5 月 1 日,河南博物院落成开放
2015 年 7 月	河南博物院闭馆,对主展馆实施维修,预计工期 18 个月
2020 年	9 月 24 日起,河南博物院主展馆重新对外试开放
2021 年	8 月,河南博物院社会教育部基础教育科被命名为"第 20 届全国青年文明号";11 月,河南博物院陈列部被授予"全国文化和旅游系统先进集体"称号

资料来源:根据河南博物院官网整理。

（三）旅游项目

1. 数字传播

河南博物院是全国较早开展数字化工作的博物馆之一。其数字传播始于 21 世纪初,迄今已建立了比较完善的全方位、广覆盖的融媒体平台,包括博物馆官网、新浪微博、微信公众号、抖音、今日头条、央视频、哔哩哔哩等,促进了博物馆文化的广泛传播。从《国家宝藏》到《中原藏珍》,以及各种多媒体大平台、移动端等,利用现代信息技术展示和传播文物信息及文物故事,大众可以更加便捷了解中原历史和文化。从《唐宫夜宴》到《元宵奇妙夜》,无论是演员的服饰还是妆容都体现了中华传统文化元素,并且在舞蹈中融入国风和国潮,运用"5G+AR"技术将虚拟与现实无缝对接,营造出美轮美奂的舞台效果。《元宵奇妙夜》中"唐宫小姐姐"在博物院重现,在文物之间穿梭转场,虚拟的场景与现实的舞台结合起来,给人带来焕然一新的视觉盛宴[1]。根据携程发布的《2021 携程春季旅行大数据报告》,河南博物院上榜清明假期十大热门景区第二名[2]。中博热搜榜发

---

① 张得水、贺传凯:《新时代博物馆数字传播的实践与思考——以河南博物院为例》,《博物院》2021 年第 5 期。

② 《王擎宇:携程发布〈2021 携程春季旅行大数据报告〉多项业务创下新年新高》,https://new.qq.com/rain/a/20210405A05ZQH00。

布 2021 年第一季度数据,河南博物院首次入选全国十大热搜博物馆第三名①。

2. 沉浸式体验

河南博物院以馆藏文物为原型打造了一系列考古盲盒。河南博物院首次提出动态文创理念,将考古发掘融入"拆盒"过程,买家可以用配套的迷你版"洛阳铲"和挖掘工具,从泥块中挖出馆藏文物仿制品,模拟真实的考古体验。博物院将考古工作的特点和盲盒的特殊属性相结合,对文物背后的故事进行深入挖掘,并在此基础上进行创作。河南博物院考古盲盒将游戏化思维引入博物馆文创产品中,增强大众的体验感与参与感。考古盲盒从上新至今,增加了十多个游戏环节,包括宝物联动、布条抽奖、兑换等。让购买者在一个个独立的"考古现场"中感受发现历史的瞬间。不仅如此,河南博物院还设立了"5G+沉浸式影院",充分利用 5G 技术,结合高端工业投影,用独特的科技和艺术形式使展品动起来,将千里江山图制作成沉浸式动态视频,在三面墙与地面上进行展现,给观众带来身临其境之感,从而得到更好的参观体验。

四 青岛啤酒博物馆

(一)青岛啤酒博物馆概况

青岛啤酒博物馆位于工业遗产较为丰富的青岛市市北区登州路 56 号,博物馆展出面积达 6000 余平方米,分为"百年历史和文化""生产工艺""多功能区"三个不同参观游览区域。馆内收藏了自青岛啤酒 1903 年建厂以来各种珍贵的历史照片和物件。博物馆充分利用百年德国建筑与设备,将百年青啤发展历程、百年青啤酿造工艺与现代化生产作业区相结合,融合东西方文化,开发成为集文化历史、生产工艺流程、啤酒娱乐、购物于一体的多功能旅游景点。博物馆设立在青岛啤酒百年前的老厂房、老设备之内,主要包括最早的糖化大楼和办公楼两部分,其厂房都保持了当年德

---

① 《第一季全国热搜博物馆百强发布 三星堆荣登榜首 三成馆新入榜》,博物馆头条微信公众号,https://mp.weixin.qq.com/s/7qcbAt50U_F7ZGmZiNYDFA。

国人设计的旧貌，内部结构为砖木和混凝土交织。馆内以青岛啤酒的百年历程及工艺流程为主线，浓缩了中国啤酒工业及青岛啤酒的发展史，集文化历史、生产工艺流程、啤酒娱乐、购物、餐饮于一体，具备了旅游的知识性、娱乐性、参与性等特点，体现了世界视野、民族特色、穿透历史、融汇生活的文化理念。该博物馆现为国家首批工业旅游示范点，国家4A级旅游景点，国家重点文物保护单位，山东省旅游细微化服务先进单位。"情醉百年"服务品牌成为青岛市首批旅游业服务名牌，被誉为"中国工业旅游旗帜"。

（二）发展历程

青岛啤酒博物馆发展历程及重要事件见表4-4。

表 4-4　青岛啤酒博物馆发展历程及重要事件一览

时间	发展历程及重要事件
2001 年	青岛啤酒博物馆为筹备青岛啤酒百年庆典而开始设计修建
2003 年 8 月 15 日	青岛啤酒百年华诞之日，青岛啤酒博物馆落成开放
2004 年	被评为国家工业旅游示范点
2005 年	被评为国家 4A 级旅游景点和山东省旅游细微化服务先进单位
2006 年 6 月	被列为第六批国家重点文物保护单位
2010 年	"情醉百年"被评为山东省服务名牌
2020 年 12 月	被评定为第四批国家一级博物馆
2021 年	10 月，入选 100 个"好客山东网红打卡地"名单；11 月，被山东省文化和旅游厅纳入第一批省级文明旅游示范单位名单

资料来源：根据网络资料整理。

（三）旅游项目

1. 工业遗址

青岛啤酒博物馆内有许多保存完好的德国、日本与民国时期青岛啤酒厂遗留下的工业遗产，包括德国建厂时期的办公大楼、生产车间和质检大楼三座主体建筑，糖化锅、1893 年生产的西门子电机、敞开式发酵池、二次发酵桶、棉花式过滤机、洗瓶机、装酒机等生产设备以及当时的规划图、设计图纸等。青岛啤酒博物馆在原主体建筑与内部空间的基础上加以合理改造，实现了再利用：将办公楼、生产车间用作博物馆 A 馆与 B 馆，分别展示图文资料与生产工艺，并且将保存完好的工业生产设备展出，还原传统生产工艺展示给前来参观的游客，并在原啤酒厂内进行景观改造，使游客拥有青岛啤酒博物馆传统与现代交融的奇妙体验。

2. 城市文化

工业文化遗产是青岛工业文明进程中的重要物证和载体，折射出青岛地区的历史精华与文脉，见证了这座历史名城的生命力与品质，是城市发展过程的重要记忆[①]。青岛啤酒博物馆是企业价值、城市文化、商业文明的融合。青岛是啤酒飘香的名城，也是全国接触啤酒、接受啤酒最早的地区，它的历史与啤酒息息相关，啤酒文化早已融入这座城市发展的脉络[②]。青岛啤酒博物馆是一座胸怀开放的博物馆，在展示青岛啤酒的百年历程、文化、工艺的同时，也在向外界展示青岛的城市文化。青岛啤酒与青岛发展的历史不可分割，啤酒博物馆正是啤酒文化极其形象的反映。青岛啤酒是伴随着青岛的发展而发展的，青岛啤酒博物馆不仅是展示青岛啤酒业的立体画卷，更是以一种特殊的具体的语言实物，向人们生动地描绘着青岛的历史和现状。参观青岛啤酒博物馆犹如翻阅一部形象生动的青岛历史教科书，游客可以从中了解青岛啤酒的历史，从而从一个侧面了解青岛的发展史。青岛啤酒博物馆的建成更加有助于青岛城市文化的展示与传播。

3. 高科技展示

博物馆为适应新时代游客高端化与多样化的需求，多处设置触摸式自动电子显示屏，游客可以随时查询自己感兴趣的文献资料，还可以通过影像与青岛啤酒进行更深入的互动。前卫的设计理念和高科技手段，使博物馆的知识性和娱乐性有机结合，游客在娱乐中可以了解啤酒复杂的酿造过程。馆内多功能区运用高科技的声、光、电等媒体展示青岛啤酒的百年历

---

① 徐雪松、林希玲：《青岛工业文化遗产的保护与利用研究——以青岛啤酒博物馆为例》，《青岛职业技术学院学报》2018年第2期。

② 王波：《青岛啤酒博物馆：老厂区改造出的文化地标》，《董事会》2019年第21期。

史、现代化的生产设备及丰富多彩的啤酒文化。

第四节 新时代背景下博物馆文旅融合模式解析

博物馆旅游成为新时期的一种重要旅游方式。从数量上看，我国博物馆数量增长迅速，2016~2020 年新增博物馆 1679 座。截至 2020 年，全国登记在册的博物馆共 5788 座，其中 5214 座免费开放，占总数的 90.08%。同时，人均占有博物馆数量也得到显著提升，2020 年，平均每 24.39 万人拥有一座博物馆[①]。2020 年，我国博物馆推出陈列展览 2.9 万余个、教育活动 22.5 万余场，全国博物馆接待群众 5.4 亿人次[②]。"到博物馆去"成为社会新风尚，参观博物馆日渐成为一种生活方式。博物馆与旅游的结合是以博物馆场所和博物馆内容为依托和载体，以文化为核心，将文化活动和游览观光有机结合，对将普通的旅游观光上升为高品质的文化体验具有重要意义。本节结合上一节典型案例共总结出四种模式，分别是"博物馆+文创"模式、"博物馆+民俗文化活动+展演"模式、"博物馆+数字传播+沉浸式体验"模式和"博物馆+工业遗址+城市文化"模式。

一 "博物馆+文创"模式

（一）"博物馆+文创"模式解析

博物馆文创是利用媒体的强大传播功能，展示博物馆开发的文化创意产品，既促进博物馆产品销售，又方便大众购买，推动以博物馆为依托的文化创意产业的繁荣发展。许多博物馆在自身文化底蕴的基础上寻求产品创新，以故宫博物院为代表的博物馆推出了许多文创周边产品。

（二）"博物馆+文创"模式特点

1. 文化性与商业性并存

博物馆馆藏资源是所有文创产品文化内涵的来源。作为传播博物馆特

---

① 孙海悦：《过去五年我国新增博物馆 1679 座》，《中国新闻出版广电报》2021 年第 3 期。

② 《2021 年度"全国最具创新力博物馆"揭晓这三家上榜》，中国新闻网百家号，https://baijiahao. baidu. com/s？id=1700103881333914703&wfr=spider&for=pc。

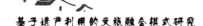

色文化的载体，文创产品要能准确表达其文化的特殊性。而文化性既是文化元素，也包含了文化背后的社会历史、人文技艺等内在意蕴的传达。不同博物馆具有的独特文化性影响着博物馆文创产品的发展方向，同时博物馆文创产品也体现着独特的精神价值与社会内涵。通过产品将文化内涵与消费者的价值追求联系在一起。消费者对于博物馆文创产品的消费，更多的是对一种文化精神或生活方式及审美观念的消费，也是对自我情感与价值的回馈。这些也都归因于博物馆文创产品的文化属性。除此之外，博物馆的文创产品也离不开商业运作，这些文创产品具有丰富的文化内涵，可以激起消费者的购买欲望，在一些方面也促进了博物馆文化的传播，提升了博物馆的知名度。

2. 现代性与历史性并存

随着流行元素和大众审美的不断发展，博物馆的文创产品也在不断迎合大众的审美需求。与此同时，文创产品又具有历史性，依托博物馆丰富的历史资源，每一件产品都被赋予历史意义，包含着丰富的历史文化元素。将历史与现代人结合在一起，可以体现出其现代性，而博物馆文创产品是连接现代与历史的桥梁。

3. 创新性与传承性并存

创新性是博物馆文创产品的必不可少的属性，创新让博物馆的文化属性与文创产品更好地结合。以更好地传承发扬历史文化为目的，通过创新手法深挖文化内涵，寻找文化背后独特的故事与价值。结合当代大众审美需求，设计开发出既体现时代意义又具有博物馆特色的文创产品，这更是对博物馆文化与精神的传承。有了创新属性的博物馆文创产品才是具有时代精神与灵魂的产品。

（三）"博物馆+文创"模式适用性

该模式适用于文化资源比较丰富又极具创新能力的各类博物馆。开发利用博物馆文创的资源和价值，不仅是承认各种资源中存在的价值，而且可以充分发挥和利用这些价值，以促进博物馆经济增长和可持续发展，从而实现社会可持续发展。一方面，文创产品是博物馆藏品的扩展和延伸，具有可复制性和移动性的优势，它们不仅可以最大限度地提升文物的文化内涵，也是开展博物馆文化教育的有效途径。另一方面，文创产品具有一定的商业性，其商业收入更能支撑博物馆的运营。产品的经济效益越高，就越有利于博物馆自身的建设和运营。随着我国综合国力的不断增强，人们在追求物质享受的同时，更加注重对精神意义的找寻。因此，该模式在激励各行业传承和弘扬优秀传统文化的同时，也带动了文创产品的发展。就文创产品本身的变革而言，其激发了社会的创新活力，这无疑是一个更好地促进博物馆文化交流的渠道。文创产业通过持续不断地宣传推广和创意翻新，将博物馆的研究成果和传统文化资源与当下生活衔接起来，以促进产业转型升级，推动经济文化建设，这是博物馆文创的意义和价值所在。

（四）"博物馆+文创"模式局限性

1. 文创产品销售模式单一

国内大部分景区博物馆采用在馆内设置文创商店进行销售的模式，部分开通了网上店铺，但主要还是依靠线下销售。国外博物馆大多采用"线上+线下"的销售模式，但线下销售就不单单是在自家了。像美国大都会艺术博物馆就把博物馆商店开到了世界各地，总共有16家；法国卢浮宫则是开辟了地下商场，把博物馆打造成艺术和商业兼顾的公共空间；还有的甚至把商店开到了机场。这些经验都是值得我们借鉴的。

2. 文创产品雷同缺乏创新

缺乏创新意识是制约博物馆文创产业发展的重要因素之一。文创产品的核心是创新设计，缺乏创新的文创产品注定是走不远的。雷同的文创产品使大众审美疲劳，购买欲望大大降低。大多数博物馆产品逐渐朝着工业化和标准化的方向发展，产品基本上都是以简单的卡通或者挂件等形式呈现出来，市场上也盲目制造雷同品。这些产品无论是在创意水平方面还是在技术含量方面，都相对比较低，文化价值无法体现出来。尤其是在工业生产方式不断进步和快速发展的形势下，大多数依靠匠人精雕细琢的艺术品逐渐变成了粗制滥造的复制品。这些复制品最为明显的优势就是成本投入普遍比较低，缺点就是博物馆内的独特产品逐渐成为一种路边摊的货物，

无法体现博物馆的文化和艺术内涵①。

3. 博物馆自身缺乏品牌意识

文创行业品牌管理混乱，缺乏博物馆品牌体系化是制约博物馆文创业发展的重要因素，树立品牌意识是博物馆文创业经营探索的重要方向②。中国文创产品品牌化进程时间短，品牌的发展实际上没有完整、系统、科学的理论进行指导，并且因为现在博物馆文创产业发展不成熟，大多数博物馆类文创品牌会选择与成熟品牌进行合作。因为后者已经独立拥有设计、生产、销售的流水线。但这种品牌授权和外包的方式会带来很多品牌管理方面的问题，这就反映出博物馆文创品牌管理方面的混乱。如果品牌授权方面存在问题，也可能对博物馆文创品牌产生一定的负面影响。

4. 文创产业创新激励政策不完善

随着文旅融合朝纵深方向推进，国家在政策上出台了一系列措施支持文创产业发展，但创新机制的激励政策仍然不完善。出台的大多数是针对文创产品的税收、贷款、行政审批等优惠政策，主要是在宏观上对文创产业进行扶持。但是，博物馆作为事业单位以公益性质为主，实际上这些宏观上的政策并不适用于博物馆，博物馆也无法借助这些政策红利进行自身发展③。而从博物馆内部来看也缺乏对创意产品研发的有效激励措施，因此无法充分调动研发人员创新的动力和积极性。这些情况会间接导致博物馆文创产品在种类和数量上较为缺少，制约博物馆文创产业顺利发展。

5. 文创行业专业人才缺失

大量博物馆自身缺乏专业设计团队。面对文创产品的火爆，大量博物馆在自身缺乏创意设计人才的情况下采用了设计外包的方式来推出馆藏物品的衍生产品和服务④。其优点是能够快速推出产品，也可以有效控制创意

---

① 张宁宁：《研究博物馆文创产品创新面临的问题与对策探究》，《文化创新比较研究》2021年第3期。

② 刘雨朦：《文化创意产业品牌塑造的方式及存在的问题——以北京故宫博物院为例》，《中小企业管理与科技》（上旬刊）2021年第8期。

③ 柴俊峰：《博物馆文创产业发展的新趋势》，《艺术品鉴》2021年第32期。

④ 张晓欢：《我国博物馆文创产品创新面临的问题与对策》，《中国市场》2020年第32期。

设计成本和市场风险。其缺点也显而易见：如博物馆经营人员在推出其文创产品和服务的过程中参与度较低，容易因为市场波动而改弦易辙，产品风格和品牌难以持续；对经典藏品及其衍生资源的研发能力不强，经营管理能力不足；既缺乏宏观规划的能力，也缺乏具体落实的能力，博物馆的核心文化要素在文创产品开发过程中没有得到体现。

二 "博物馆+民俗文化活动+展演"模式

（一）"博物馆+民俗文化活动+展演"模式解析

王宏钧认为，博物馆展览是在一定空间内，以文物标本为基础，配合适当辅助展品，按照一定的主题、序列和艺术形式组合成的，进行直观教育、传播文化科学信息和提供审美欣赏的展品群体①。在该模式下的博物馆以民俗文化为题材，集中展示具有地方特色的民俗文化和传统风貌，博物馆组织如庙会、展演等各种各样展现民俗文化的相关活动，有利于凸显地区文化特色，弘扬和传承优秀的传统文化，将当时民间传统的真实生活场景及本土风情原貌展示给大众。洛阳民俗博物馆、中国关东民俗博物馆、北京民俗博物馆等是该类民俗博物馆的典型代表。

（二）"博物馆+民俗文化活动+展演"模式特点

1. 民俗文化历史悠久，内容丰富

该模式下的博物馆最典型的特点就是地域民俗文化历史悠久，内容丰富。地域民俗文化是由某个地区民众长久以来的生活习惯所形成的传统风俗文化，是在普通人民群众的生产生活过程中形成的一系列非物质的东西。民俗及民众的日常生活是一种历史悠久的文化遗产。保存和展示民俗文化的方式多种多样，民俗专题博物馆是直观地展示民俗物品、民俗文化的主要场所。除此之外，庙会也是展示地域民俗特色的一种形式，是中国特有的集吃、喝、玩、乐于一体的传统民俗文化活动。因此，博物馆和民俗文化活动的结合可以更好地使我国丰富的民俗历史文化得以展示、推广和传承。

---

① 王宏钧：《中国博物馆学基础》（修订本），上海古籍出版社，2001，第246页。

2. 原真文化氛围浓厚，游客体验感强

在创建原真文化氛围方面，博物馆能够发挥出极大的作用和价值。在陈列展览过程当中，紧扣民俗文化主题，发挥馆藏体系众多藏品的展示价值，可以更加直观、明了地表达主题思想，扩大博物馆的格局，营造浓厚的区域文化氛围，增强游客的体验感。通过民俗文化活动和展演活动的举行，游客能充分沉浸在该氛围中，充分体验独具特色的民俗文化。优质的展演项目能够最大限度地吸引游客，更好地展示地域特色。博物馆在展演过程中与游客进行互动，有助于提高游客在参观展览中的能动性，在互动体验的过程中接受的民俗文化知识比看展览学到的民俗知识更鲜活，记忆更长久①。

（三）"博物馆+民俗文化活动+展演"模式适用性

博物馆展演工作的高效完成，可以更加有效地发挥博物馆的教育作用，更好地展现文物的内涵，为文物与参观者搭建一个交流的平台，增强博物馆与公众的联系。传统民俗文化承载着区域社会的文化逻辑与集体智慧，承载着地域民众长期传承的道德、精神信仰和价值观，在传统社会生活中发挥着不可替代的作用，并维系着生活在其中的人们的情感。民俗文化展演真实地再现地域民族特色，重新唤起了他们对乡土文化的认同感与归属感。此外，民俗文化展演对于区域经济的发展也有着重要的推动作用，用文化产业包装民俗旅游，以民俗旅游带动文化产业，才能最终实现经济与文化的双赢②。

（四）"博物馆+民俗文化活动+展演"模式局限性

1. 因循守旧，缺乏新意

部分民俗文化活动为了达到"继承传统"的效果，始终沿袭旧制举办，活动和展演内容也都因循守旧、缺乏新意。当展演的新鲜感过后，很难再吸引观众。或者对外地游客还具有一定的吸引力和新鲜感，但对于本地人

---

① 张婧：《民俗博物馆发展的几点思考——以甘肃省金昌市民俗博物馆为例》，《艺海》2020年第7期。

② 郝爽：《乡村传统民俗文化的再生产——以蒲江县大塘镇幺妹灯展演为例》，《四川戏剧》2019年第3期。

来说则是见怪不怪，不够新奇了。博物馆举办的民俗活动多为本地区的民俗文化展览，这种展览可以促进有相同文化背景的观众对自己文化的认同，也可以促进不同文化背景的人对当地民俗文化的了解。但是由于举行活动和展演内容因循守旧缺乏新意，给游客的印象不够深刻。

2. 受场地和环境的限制

民俗文化活动和展演如庙会、舞蹈、戏剧等受到场地和环境的限制。馆内常规展览环境一般不具备举办此类活动的条件，尤其是庙会那种大型的室外活动，除了会受到天气等自然因素的影响之外，还需要当地居民的积极配合以及当地政府的统筹协调策划。

3. 失去传统文化本真

民俗文化活动以中国民间广为流传的传统民俗活动为主，展现了民间民众的风俗习惯。随着旅游市场的不断发展，民俗活动的本质逐渐发生了改变，多数民俗相关的活动和相关物品逐渐被商品化，成为旅游产品。部分单位为了吸引游客，不断在民俗文化中添加新的元素，有些旧的经典元素则被舍弃，原始的民俗文化以及风俗习惯被以现代化和商业化的形式表现出来，逐渐形式化和常态化，失去了传统文化的本真。由于不断挖掘民俗文化的经济价值可以获得良好的收益，民俗展演活动常常被当作获利的手段，造成了商业化过于严重和失去本真的局面。

4. 对政府的依赖性强

政府的监督和参与是传统民俗文化活动得以开展并持续产生效益的关键所在。政府需要协调当地居民与民间艺术团体及传播媒体等这些力量，高效地组织展演活动。如果没有政府的大力支持，此类活动的举行将会受到阻碍。但是由于民俗文化是诞生于民间的生活习惯和日常生活，过度的行政干预，不利于实现"还俗于民"；对政府主导的过分依赖，会使民众在民俗文化中逐渐丧失主体地位，最终成为被边缘化的文化看客[1]，对传统民俗文化的传承带来不利影响。

---

[1]　郝爽：《乡村传统民俗文化的再生产——以蒲江县大塘镇幺妹灯展演为例》，《四川戏剧》2019 年第 3 期。

三 "博物馆+数字传播+沉浸式体验"模式

（一）"博物馆+数字传播+沉浸式体验"模式解析

该模式下的博物馆利用现代信息技术创造性地展示和传播文化，将传统媒体与新媒体融合，搭建属于自己的融媒体平台，实现内容、信息的全平台传播，充分彰显传播的能力和价值。现在博物馆展陈设计中越来越重视观众的体验感，设计出沉浸式场景，让展品动起来，和观众产生有趣的互动，给观众带来身临其境之感。让观众不仅仅作为旁观者，而是作为展览的参与者、主人公，从而得到更好的参展体验。河南博物院、上海玻璃博物馆、中国大运河博物馆、岭南金融博物馆等是该类博物馆的典型代表。

（二）"博物馆+数字传播+沉浸式体验"模式特点

1. 科技性强

博物馆为了更好地履行传承历史文脉的社会责任，开始尝试摆脱传统的展览模式，运用新兴的科技手段以崭新的呈现方式给游客带来新的视觉体验与审美享受。在博物馆中打造时间与空间多重交互的感知现场，以多媒体技术展现历史的纵深感、文化的厚重感、文物的价值[1]。数字技术的迅猛发展为博物馆的展示提供了灵感和技术支撑，多媒体影像、幻影成像、屏幕投影、虚拟现实、触控屏幕等多种数字化展示形式，彻底改变了博物馆传统的展陈模式，将信息以更具趣味性、互动性的方式传达给参观者。因此，基于"沉浸式体验"进行数字化展示的设计已经成为现代博物馆数字化发展的要求与必然趋势。

2. 参与性强

博物馆的数字化展示需要以传播知识、弘扬文化为前提，为大众带去更易理解与接受的体验方式，让参观者从被动接受知识转变为主动探索信息。而沉浸式展览的多种特效，如绚烂的灯光、立体的影像、有趣的互动，可以给观众带来全方位立体的感官体验，能充分地营造愉悦的观展体验。通过观众认知和环境的多感官协同构建出的沉浸式体验展览叙事性很强，能给

---

① 于连伯：《浅谈新兴技术及运营方式在博物馆中的应用》，《自动化与仪表》2021年第8期。

观众带来强烈的临场感，还有味觉、嗅觉、听觉的多元化体验。借助此种沉浸式的代入，博物馆展览能把抽象的主题表现得生动具象，观众由此获得的冲击感与沉浸式体验比传统陈展更为明显。

3. 娱乐性强

博物馆的文化传播方式经历了从枯燥到有趣、严肃到亲切、保守到开放的转变。很多博物馆探索开展了"历史剧剧本杀""历史人物历史时刻演绎""模拟场景解密""剧本悬疑推理"等娱乐性较强的活动，让游客身临其境，沉浸式体验历史环境和历史人物心理。使游览项目娱乐化与休闲化，可以充分体现博物馆以观众为中心的态度。博物馆借助数字化媒体技术，将藏品以娱乐化、休闲化的方式呈现出来，可以提高陈列活动的娱乐性。

（三）"博物馆+数字传播+沉浸式体验"模式适用性

在新兴的数字时代背景下，现代科技发展与社会需求都在不断变化，博物馆藏品和观众之间的关系也进入了全新的阶段。数字化技术能够营造出全新的沉浸式交互体验，将之运用于数字博物馆之中，以沉浸式的交互设计拓展数字博物馆的展示形式、内容及范围，能够提高数字博物馆的吸引力与活力，从而更有效地满足新时代社会公众对博物馆的需求[1]。沉浸式概念的引入不仅能让博物馆陈列具有强烈的观众体验感，更能让展览朝多元化和多维度方向发展，使观众获得更丰富、难忘的观展体验。此模式适用于以社会需求为导向，运用数字技术展示藏品，从而增强游客体验感的博物馆。

（四）"博物馆+数字传播+沉浸式体验"模式局限性

1. 成本较高，耗资较大

博物馆数字化沉浸式交互体验设计，旨在通过以平板电脑、可穿戴智能设备等移动终端，运用 AR、VR 等先进技术，对博物馆文化遗产进行可视化呈现。这种崭新的视觉文化传播模式，为参与者提供完全沉浸的文化体验，推动文化与技术的深度融合。在数字化技术融入博物馆的过程中，需要投入资金寻找专业的技术团队提供技术支持，先进的设施设备也需要

---

① 尹珍：《数字博物馆沉浸式交互设计》，《传媒论坛》2021 年第 20 期。

强大的资金支持，数字化模式下博物馆内都需要相配套的沉浸的空间环境、展厅互动设置等。博物馆数字化特别是基于虚拟现实技术的体验具有资本密集型特征。

2. 对技术设备设施要求较高

这一模式的博物馆对技术设备设施的要求较高。首先，仅沉浸式展览就有多种方式，如绚烂的灯光、立体的影像、有趣的互动，给观众带来全方位立体的感官体验，能充分营造愉悦的观展体验。其次，在博物馆展陈环境中，全景的三维空间显示，在听觉上的环绕声声学，触觉上的展品质感与力反馈，嗅觉与味觉上的气味复制与联想等，都需要设计者营造环境，而这个过程是多变而交杂的。观众在从听、看、触摸再到嗅、尝这些特殊环境中产生多感官体验，可以获得更强烈的体验感。设计者充分利用这种强烈的感官体验，吸引观众并提升其情感体验。最后，博物馆需要数字媒体技术的介入，给观众营造沉浸式体验。在实践运用的过程中，数字媒体技术可以更加无痕地、直观地融入博物馆藏品展示过程中，给观者构建沉浸式的空间体验。

3. 娱乐性与文化性难以平衡

数字化媒体技术给游客带来身临其境的体验感，使博物馆展示内容以娱乐化、休闲化的方式呈现给游客。部分博物馆完全跟着潮流而走，与其自身的定位和职业伦理相背离，放弃自我，一味迎合游客的喜好，忘却了自己肩负传播历史文化和优良传统的社会责任。"娱乐化"过了头就难以做到与"文化性"相平衡。

四 "博物馆+工业遗址+城市文化"模式

（一）"博物馆+工业遗址+城市文化"模式解析

此模式下的博物馆大多数是在工业遗址上或以工业遗址为主题修建的，遗址类的建筑物本身也是被保护与展示的内容之一。此类博物馆收藏了具有特殊历史意义和向游客展示当地城市文化的功能的物质与非物质遗产。中国工业博物馆、湖北水泥遗址博物馆、青岛啤酒博物馆、黑龙江庆华军工遗址博物馆、重庆工业博物馆等是该类博物馆的典型代表。

（二）"博物馆+工业遗址+城市文化"模式特点

1. 以工业遗址为主体

该模式下的博物馆"遗址性"较强。部分博物馆以工业建筑遗址作为博物馆馆舍，有的建在旧工业遗址之上或遗址范围内，有的坐落于原来的旧厂房或仓库等工业建筑遗址中，有的则将旧产业建筑打造成馆舍，藏品和展览一般都是原工业遗物和有关工业历史的内容[①]。在行业博物馆中，有部分企业利用旧产业建筑的老厂房、老设备建设博物馆。如青岛啤酒博物馆设立在青岛啤酒百年前的老厂房、老设备之内，收藏了自青岛啤酒1903年建厂以来各种珍贵的历史照片和物件，充分利用了百年德国建筑与设备，厂房都保持了当年德国人设计的旧貌，以青岛啤酒的百年历程及工艺流程为主线，向大众展示中国啤酒工业及青岛啤酒的发展史。

2. 以城市文化为主题

城市的风貌和形象是城市物质文明和精神文明的重要体现。每座城市都根据自身的地域、民族、历史文化打造具有特色的城市形象。工业遗址是城市形象的缩影，每座旧工业建筑都是当时生产力发展的综合展现，代表了一个时代的进步，工业遗址类博物馆见证了工业的历史变迁，在一定程度上体现了当地的城市文化。每座城市都有着漫长的历史发展过程，想要了解一座城市的历史，那些废弃的工业遗址是最为直观的研究对象，是每座城市特有的记忆[②]。部分工业遗址已经成为展示当地特色的地标建筑。工业遗址作为工业文明的见证物，携带着工业文明的价值观、工业技术、工业组织、工业文化等信息，是城市工业与科技发展史的载体，这是其他历史遗产所无法替代的。工业类博物馆在传承工业城市记忆、发扬革命传统、增进市民的文化认同方面发挥着重要作用。

3. 历史性与现代性相结合

此类博物馆是历史性与现代性的结合体，传统与现代相交融，既不古

---

①　吕建昌：《近现代工业遗产博物馆的特点与内涵》，《东南文化》2012年第1期。

②　马英杰、吴静：《从德国鲁尔区博物馆看工业遗产的可持续性开发》，《建材与装饰》2020年第20期。

板又不失文化底蕴，新旧交融，展现工业遗址的原始历史风貌，并在此基础上加入现代元素。工业遗址博物馆所展示的主题与内容非常适合运用现代科技，将保存完好的旧生产设备展出，还原旧生产工艺，适当地运用现代技术向游客展示真实的工业原貌。为了让游客真实地体验特色的工业文明氛围，大多数博物馆运用现代科技比如虚拟现实技术、多媒体交互技术等，还原当时的生产场景。

（三）"博物馆＋工业遗址＋城市文化"模式适用性

该模式所针对的博物馆指以工业遗址为主，在一定程度上可以反映城市文化和形象的博物馆。工业史是城市历史的重要部分，该类博物馆一般记录了城市的工业发展历程，藏品和展品的内容也具有很强的专题性、区域性，一般多为反映某个城市近代以来某个产业的发展史，在一定程度上也反映了该城市的兴起与变迁。城市工业的历史赋予城市鲜明的特性，工业遗址类博物馆的建设对城市个性的塑造具有重要的意义[1]。

（四）"博物馆＋工业遗址＋城市文化"模式局限性

1. 保护与开发存在矛盾

工业遗址是人类创造的研究价值极高并需要长久保存的文明成果。保护工业遗产就是保持人类文化的传承，培植社会文化的根基，维护文化的多样性和创造性[2]。随着工业遗址的开发与改造，部分工业建筑、设备、内外装饰等遭到了一定的破坏，还有部分藏品在不断接待游客过程中由于保护措施不够完善受到损坏。但是只保护不利用，会使旅游资源处于闲置荒废状态，造成资源的浪费。只有处理好保护与开发的关系，在保护的基础上加以改造利用，坚持可持续发展原则经常对其进行保养和维护，才能实现文化效益与经济效益的双丰收[3]。

2. 缺乏专业工作人员

虽然工业遗址类博物馆与其他学科无论是在理论知识还是专业技术方

---

① 吕建昌：《近现代工业遗产博物馆的特点与内涵》，《东南文化》2012年第1期。
② 孙芳、邱清峰：《关于近现代工业遗址遗产保护和利用的建议》，《人文天下》2019年第5期。
③ 石硕：《文化生态学视角下的工业遗产保护与再利用研究——以青岛啤酒博物馆为例》，《文物鉴定与鉴赏》2020年第21期。

面均存在着较大差距，但其始终是一个相对独立的行业，往往具有较独特的知识要求和工作规律①。因博物馆工作人员专业水平参差不齐，工业遗址类博物馆社会功能得不到充分展现。这就要求博物馆积极从社会广泛引进各种专业人士，只有这样，工业遗址类博物馆的管理和服务水平才能大幅度提升。

3. 政策法律制度不完善

地方政府有一些针对工业遗产保护和工业类博物馆建设的地方性法规，但并未上升到国家法律的高度，没有国家强制力。我国保护工业遗产、发展工业类博物馆和相关工业旅游更多是事后补救性质，而非预先保护②。工业遗产作为一种特殊的文物，具有较高的科学价值，这也是区别于其他文物的显著标志。因此，针对工业遗产保护和工业类博物馆建设的专门立法显得十分必要。

---

① 姜肖肖、尚海永：《近现代工业遗产博物馆发展对策思考》，《文物鉴定与鉴赏》2020年第1期。

② 张雨辰：《工业类博物馆建设与工业旅游发展的瓶颈与对策》，载中国博物馆协会博物馆学专业委员会《2019年"新时代博物馆专业能力建设"学术研讨会论文集》，2019，第277~285页。

第五章
非物质文化遗产文旅融合模式

作为中华优秀传统文化的重要组成部分，非物质文化遗产是我国历史的见证和中华文化的重要载体，蕴含着中华民族特有的精神价值、思维方式和文化意识，体现着中华民族的生命力和创造力。在旅游市场的推动和国家政策的引导下，非遗旅游已成为新的旅游热点，非遗与旅游融合的维度也在不断拓宽，典型案例不断涌现。2019 年以来，文化和旅游部及中国文物学会等相继发布了非遗与旅游融合发展的优秀案例，对推动非遗与旅游融合发展有很好的示范效应。本章在相关部门发布的非遗和旅游融合发展的案例基础上，总结出非遗与旅游融合的四种典型模式，分别为："非遗+场馆+研学"模式、"非遗+园区+展演"模式、"非遗+博物馆+文创产品"模式和"非遗+传统聚落+节庆"模式，为推动非遗和旅游深度融合发展提供参考。

第一节　非物质文化遗产的概念与分类

2001 年联合国教科文组织宣布了第一批"人类口头和非物质文化遗产代表作"名录，中国的昆曲在列，非物质文化遗产开始进入国人视野。2004 年，我国加入联合国教科文组织《保护非物质文化遗产公约》。2006 年国务院公布了第一批国家级非物质文化遗产名录。同年，文化部发布《国家级非物质文化遗产保护与管理暂行办法》，我国开始逐步建立非物质文化遗产保护体系。截至 2022 年 11 月，中国共有古琴艺术、剪纸、端午节、妈祖信仰、太极拳等 43 个项目被列入联合国教科文组织非物质文化遗产名录、名册，居世界第一。截至 2023 年 12 月，中国已经建立起具有中国特色的国家、省、市、县四级的名录体系，四级名录共认定非遗代表性项目 10 万余项，一大批珍贵、濒危和具有重大价值的非遗得到了有效的保护。

一　"非物质文化遗产"概念的形成

"非物质文化遗产"（简称"非遗"）是 2003 年《保护非物质文化遗产公约》确定的法律概念。该公约对非遗的界定为"被各社区、群体，有时是个人，视为其文化遗产组成部分的各种社会实践、观念表述、表现形式、知识、技能以及相关的工具、实物、手工艺品和文化场所。这种非物质文化遗产世代相传，在各社区和群体适应周围环境以及与自然和历史的互动中，被不断地再创造，为这些社区和群体提供认同感和持续感，从而增强对文化多样性和人类创造力的尊重"。

立足国内非遗现状，国务院于 2003 年颁布了《国家级非物质文化遗产代表作申报评定暂行办法》（简称《办法》），对非物质文化遗产的概念重新做出了界定，即"非物质文化遗产指各族人民世代相承的、与群众生活密切相关的各种传统文化表现形式（如民俗活动、表演艺术、传统知识和技能，以及与之相关的器具、实物、手工制品等）和文化空间"。

实际上，"非物质文化遗产"概念是一个历史范畴，它的形成经历了不同的历史阶段。因保护遗产的现实需要，联合国教科文组织提出并不断修正非物质文化遗产的概念。为保护物质文化遗产，1972 年联合国教科文组织在巴黎通过《保护世界文化和自然遗产公约》，提出了"世界遗产"的概念。后来，专家学者逐渐意识到除物质文化遗产外，众多非物质文化遗产在人类历史及当代文化中也扮演着重要的角色，于是提出非物质文化遗产概念。这一概念先后有"民俗""人类口头与非物质遗产"等众多表述[1]。

第一，"民俗"。1973 年，玻利维亚政府建议为《世界版权公约》增加

---

[1]　韩成艳：《"非物质文化遗产"概念的理论建设尝试》，《广西民族大学学报》（哲学社会科学版）2020 年第 2 期。

一项关于保护民俗的《议定书》。1982年，联合国教科文组织成立保护民俗专家委员会，组织民俗学家研究保护民俗的方案。1989年，联合国教科文组织第25届全体大会通过了《保护传统文化和民俗建议案》。

第二，"人类口头与非物质遗产"。1997年，联合国教科文组织与摩洛哥国家委员会在马拉喀什组织"保护大众文化空间"的国际咨询会，"人类口头和非物质遗产"作为一个遗产类别正式收入联合国教科文组织的文献。1998年，联合国教科文组织启动"宣布人类口头和非物质遗产杰作"项目（简称"杰作项目"）。

第三，"非物质文化遗产"。"人类口头与非物质遗产"这个概念使用期间，联合国教科文组织起草了更高公约层级的文件，开始采用更加精简的"非物质文化遗产"概念，该概念由2003年的《保护非物质文化遗产公约》正式固定下来，而1998年启动的杰作项目在2001年、2003年和2005年公布三批后就停止了，2009年发布了第一批人类非物质文化遗产代表作名录，接续前期的杰作项目。从文书到保护工作，"非物质文化遗产"最终成了世界遗产保护的通用概念，被世界绝大多数国家通过官方文书予以承认。

二 非物质文化遗产的概念解读

根据《保护非物质文化遗产公约》对非遗的界定，本书进一步对非遗的存在方式、延续手段和本质进行解读。

（一）自我认同：非物质文化遗产的存在方式

非遗的传承必须建立在传承主体的自我认同基础上，即传承者必须认同其为文化遗产，否则传承即会中断，非遗也就不复存在。所以，《保护非物质文化遗产公约》中明确了非遗传承主体为"社区"或"群体"或"个人"。该公约对传承主体的多元性规定，一方面是在表明文化遗产是人们承袭前人创造的文化或文化的产物，它是一种文化的自然积淀；另一方面，也意味着文化遗产并不需要每一个人的确认或者认同①。

---

① 刘壮、牟延林：《非物质文化遗产概念的比较与解读》，《西南大学学报》（社会科学版）2008年第5期。

（二）非物质性：非物质文化遗产的存在方式

根据《保护非物质文化遗产公约》，非遗的重要组成部分为"各种社会实践、观念表述、表现形式、知识、技能"，即非遗以上述形式存在，但并非所有的非遗都能以纯粹的非物质形式而存在，部分属于实践、技能的非遗，需要借助一定的外在物质形态而存在。所以，《保护非物质文化遗产公约》在强调上述形式之后，又补充了部分内容：相关的工具、实物、手工艺品和文化场所。这里所说的"工具、实物、手工艺品和文化场所"并不是物质文化遗产，而是非遗的传承和展现必须借助于这些工具、实物、手工艺品和文化场所，所以，即使这些实物具有物质形态，也并不影响非遗的非物质性。

（三）动态传承：非物质文化遗产的延续手段

物质文化遗产与非物质文化遗产在传承上有所不同。物质文化遗产以物质方式"固化"而存在，只要其物质形态存在，它的文化内涵就蕴含其中，所以物质文化遗产的传承并不以传承对象的主观意志而变化。但非遗的传承首先需要传承者从主观上学习相应的技能，之后才有可能传承和延续非遗。随着历史的推进和社会的变迁，处于社会中的人会受到一定的影响，非遗也将发生一定的变迁，以适应时代的发展。所以，非遗的传承并不是一代又一代原封不动地重复，而是在特定的时代环境下，在动态的传承中延续、创造，甚至消亡，传承人的主观意愿和能动性是影响非遗传承方式的关键。

（四）人类的创造力：非物质文化遗产的本质

不同时期的文化遗产在一定程度上代表了特定历史时期的生产力和文化发展水平，动态传承的非遗更是人类创造力的集体结晶。非遗不管对个人、种族，还是国家的发展，都起到不可估量的积极作用。但随着全球化的推进，一些非遗因受到外来文化的侵蚀而逐渐衰落。《保护非物质文化遗产公约》在前言中也写道："全球化和社会转型进程在为各群体之间开展新的对话创造条件的同时，也与不容忍现象一样，使非物质文化遗产面临损坏、消失和破坏的严重威胁，在缺乏保护资源的情况下，这种威胁尤为严

重。"这提醒人们，在享受全球化带来便利的同时，也应该清醒认识到其可能带来的挑战。

三 非物质文化遗产的特点

（一）活态性

非物质文化遗产是文化遗产的重要组成部分，与静态的物质文化遗产相比，非遗是生动鲜活的，是一种"活态"文化，本质上表现为它是有灵魂的。这个灵魂，就是创生并传承它的那个民族（社群）在自身长期奋斗和创造中凝聚成的特有的民族精神和民族心理，集中体现为共同信仰和遵循的核心价值观[①]。具体而言，是指它的存在状态。非遗的传承需要人的实际参与，对于语言、表演艺术、传统工艺技能等遗产，其文化内涵需要通过人的活动来传达给受众，甚至在传达过程中，还会有一定的互动，如在表演艺术中，表演者的精彩表演会得到观众的鼓掌、欢呼。同时，传承主体具有主观能动性，在不同时期、不同区域、不同场次的表演等，都会有所发挥、有所创造。从文化发展的角度看，非遗在传承和传播过程中会发生变异、创新，这种变化既是时代和社会发展的要求，也由非遗的内在性质驱动。

（二）传承性

非遗的传承性，是指其具有被人类集体、群体或个体一代接一代享用、继承或发展的性质，这由遗产的本质所决定[②]。首先，非遗具有可传性，并以物质为载体进行传承，但非遗的传承方式是独特的，非遗的传承是人对"精神文化"的传承，是人与人之间的精神交流，即通过口述、身体示范等形式进行，因而传承方式是无形的、抽象的。其次，非遗的传承方法是具体而多元的，尽管非遗在传承中保持了一定的稳定性，但它不同于"静态"的物质文化遗产，不能用博物馆陈列展品的方式来进行传承和保护，而应根据时代的变迁、遗产的发展规律采取多元的方式进行传承。最后，"变"

---

① 覃业银：《论非物质文化遗产的本质与特征》，《求索》2011 年第 11 期。
② 宋俊华：《非物质文化遗产特征刍议》，《江西社会科学》2006 年第 1 期。

是非遗的生命力，非遗的传承并不反对变化，还提倡变化，只有"变化"和"创新"才能为非遗注入源源不断的生命力和活力。

（三）社会性

非遗的社会性是指非遗的发生和发展都离不开人类社会，它是人类创造力、认知力和群体认同力的集中体现，是人类社会活动的重要内容。因此，非遗的特征也包括社会性。非遗的社会性具有过程性的特点，即非遗的存在和传承表现在人的具体实践活动中，如表演实践既生成了表演艺术，也使表演艺术得到传承和发展。同时由于非遗通过人的实践生成和传承，而人类实践是多样的，非遗的社会性也具有实践多样性的特点。

（四）无形性

非遗是抽象的文化思维，它存在于人的观念之中，随着人的观念的变化而发生变化，如知识、技能、表演技艺等。所以，非遗在本质上具有无形性，它不是像物质文化遗产那样有形可感的物质实体，也不具有其反复强调的稳定性。非遗的传承是通过人的活动，而不是物来实现。非遗本质的无形性，并不排斥其在传承时的有形性。虽然有形物质实体不是非遗本身，但它能帮助人们更好地感知非遗。例如，作为国家级非物质文化遗产的春节习俗，它存在于一代又一代人的观念中，是无形的，并于特定时间在国人的实践中展示和传承。

（五）多元性

根据《保护非物质文化遗产公约》对非遗的界定和类型的划分，非遗具有多元性。首先，不同区域、民族的非遗表现形式有所不同。我国少数民族众多，各个少数民族有丰富多彩的非遗项目，如反映纪念祖先的湖南土家族的"茅古斯"、广西苗族的"芒篙"节、反映驱赶鬼怪的云南彝族的"跳虎节"、"小豹子笙"和青海土族的"跳於菟"等。其次，同一种非遗在不同历史时期也会有所不同，如当下影戏与宋代影戏、明清影戏相比较也有较大的不同。最后，同一种非遗在不同的区域也有不同的表现形态，如皮影戏中陕西皮影、滦州皮影和潮州皮影各有不同的形态。

四　非物质文化遗产的分类

非物质文化遗产的分类不仅是非物质文化遗产保护实践工作的基础，也是非物质文化遗产理论研究的重要内容。关于非物质文化遗产的分类，主要有以下三种方式。

（一）联合国教科文组织《保护非物质文化遗产公约》中的分类

2003年联合国教科文组织第32届会议正式颁布《保护非物质文化遗产公约》。该公约在制定的过程中，只考虑符合现有的国际人权文件，各群体、团体和个人之间相互尊重的需要和顺应可持续发展的非物质文化遗产[①]。在实际操作层面，由各国政府在该公约的基础之上，结合具体实际情况，制定相应的保护措施和分类标准。根据该公约中对非物质文化遗产的界定，非物质文化遗产的对象包括：

（1）口头传统和表现形式，包括作为非物质文化遗产媒介的语言

（2）表演艺术

（3）社会实践、仪式、节庆活动

（4）有关自然界和宇宙的知识和实践

（5）传统手工艺

（二）《中华人民共和国非物质文化遗产法》中的分类

2011年2月25日中华人民共和国第十一届全国人民代表大会常务委员会第十九次会议通过并颁布《中华人民共和国非物质文化遗产法》（简称《非物质文化遗产》）。该法律的颁布使非遗的保护有法可依。该法律将文化学、人类学意义上的非遗分类应用于法律领域，在综合联合国教科文组织《保护非物质文化遗产公约》分类方法的基础上，结合我国具体实际进行分类。从大的层面，该法律将非遗划分为两大类，即实物（传统文化表现形式）和文化空间，将这两大分类具体延伸开来，又可分为以下六个方面：

（1）传统口头文学以及作为其载体的语言

（2）传统美术、书法、音乐、舞蹈、戏剧、曲艺和杂技

---

① 李小苹：《非物质文化遗产的法律分类思考》，《学理论》2011年第34期。

（3）传统技艺、医药和历法

（4）传统礼仪、节庆等民俗

（5）传统体育和游艺

（6）其他非物质文化遗产

（三）国家级非物质文化遗产代表性项目名录中的分类

我国非遗资源丰富。2022 年 11 月，中国共有 43 个项目列入联合国教科文组织非物质文化遗产名录、名册，是世界上拥有世界非物质文化遗产数量最多的国家。在国家级非物质文化遗产方面，国务院先后于 2006 年、2008 年、2011 年和 2014 年公布了四批代表名录。截至 2022 年末，共有国家级非遗代表性项目 1557 项，共有在世国家级非遗代表性传承人 2433 名。建立非遗代表作名录体系，能够充分发挥省、市、县，甚至乡镇保护非遗的积极性和主动性，逐步形成具有中国特色的非遗保护制度。

国家级非物质文化遗产项目类别见表 5-1。

表 5-1　国家级非物质文化遗产项目类别

类别	内容	举例
民间文学	传说、民间故事、神话等	白蛇传传说、盘古神话、壮族百鸟衣故事等
传统音乐	民歌、音乐、丝竹等	陕北民歌、古筝艺、江南丝竹等
传统舞蹈	秧歌、傩舞、高跷等	陕北秧歌、手龙舞、婺源傩舞、辽西高跷等
传统戏剧	昆曲、京剧、秦腔等	青阳腔、襄阳花鼓戏等
曲艺	大鼓、二人转、相声等	山东大鼓、东北二人转等
传统体育、游艺与杂技	武术、杂技、太极拳等	上林功夫、吴桥杂技、陈氏太极拳
传统美术	木版年画、剪纸、泥塑等	朱仙镇木版年画、扬州剪纸、浚县泥咕咕等
传统技艺	技艺	景德镇手工制瓷技艺、宣纸制作技艺等
传统医药	中医诊法、医药、针灸等	葛氏捏筋拍打疗法、食物疗法、陆氏针灸疗法等
民俗	节日、祭典、服饰、庙会等	春节、黄帝陵祭典、苗族服饰、武当山庙会等

资料来源：根据中国非物质文化遗产网"国家级非物质文化遗产代表性项目名录"整理。

五 非物质文化遗产的多元价值分析

（一）历史价值

非遗是世代相传的宝贵文化表现形式，关联着过去与现在，是研究历史文化及传统社会的活态载体，具有重要的历史价值。非遗经过世代相传，大多历史悠久，承载着丰富的历史记忆，能够真实地记录某一民族、地域的人文、自然和社会的发展。例如，吕剧艺术作为非物质文化遗产，产生于特定的历史条件下，反映了特定历史时期的生产发展水平、社会组织结构和生活方式、人与人之间的相互关系、道德习俗及思想禁忌。通过吕剧名剧《李二嫂改嫁》，人们可以认识到当时的婚姻关系，认识到封建伦理纲常对年轻人的控制和束缚，了解到当时的家庭结构，以及长幼尊卑、界限分明的人际关系，这些都是鲜活生动的历史[①]。

（二）文化价值

非遗中包含丰富的文化内涵，它是不同民族、种群智慧和创造力的反映，也是我们认识这些民族、族群的活化石。例如，国家级非物质文化遗产壮族歌圩，千百年来代代相传，流传至今，蕴含着丰富的文化内涵。壮族歌圩中有很多动人的传说，其中《歌仙刘三姐传歌》较为流行，歌圩音乐也展现了传奇的刘三姐文化；壮族歌圩以情歌为主要内容，以对歌为主要表达方式，展现了古老的爱情文化；自古以来壮族人民善于遇事即歌，以歌传情，以歌述志，这种以歌为乐的歌唱习俗，带给人一种自由、轻松、活泼的感受，展示了悠久的民俗文化[②]。社会的发展过程实际上就是文化积累的过程，这些世代相传的文化也是不同民族、地域存在和发展的标志与支柱。

（三）精神价值

非遗是中华民族永恒的精神财富，在文化演进历程中，传承中华民族

[①] 刘洪艳、王宇：《非物质文化遗产的多元价值探讨——以山东吕剧艺术为例》，《山东社会科学》2010年第7期。

[②] 赖世娟：《探析广西壮族歌圩音乐的文化价值》，《音乐创作》2015年第3期。

独特的文化风貌和民族精神，具有重要的精神价值。当人们的目光与这些含有特定文化内涵的非遗相碰触时，会激发出民族记忆的基因与民族自豪感，使人们自觉寻求民族与爱国精神的旨归，并形成一种无坚不摧的民族凝聚力与向心力，获得民族文化认同和文化归属感①。例如，作为传统医药类项目的省级非遗岭南天灸，就蕴含着丰富的精神价值。天灸疗法反映了中医"天人合一"的理念，认为五脏对应"金、木、水、火、土"阴阳五行，自然气候变化会影响人体，因此，该疗法在农历八月天灸，因为八月天气转凉，此时天灸，可驱除体内邪寒②。

（四）科考价值

非遗作为历史的产物，是对历史上不同时期生产力水平、科技发展水平等的综合反映，是后人获取相关信息的重要资源。非遗经过历史的沉淀，在不同历史时期的建构和解构中传承和保留，为考古学家、历史学家、民俗学家提供了考察研究的依据。例如，凉山彝族家具作为我国的非物质文化遗产，全部都是手工制作，这些家具的一些图案纹样记载了某个时期凉山彝族的文化传承、文化艺术、历史渊源、风土人情等内容，是对该地区民族的历史、文化、回忆、精神财富的一种记载表达方式，是研究凉山彝族不可多得的资料③。

（五）审美价值

非遗中含有大量的工艺品、表演艺术等，这是非遗的表现形式，具有极高的艺术价值和审美价值。非遗技艺类遗产展示真的价值，民俗类遗产展示善的价值，艺术类遗产展示美的价值，这些遗产都展示着各民族的生活风貌、艺术创造力和审美情趣。非遗中的艺术作品、技艺、民俗等是历史上不同时代、不同民族人民劳动和智慧的结晶，反映了当时的审美标准和风尚。非遗能流传至今，足以显示劳动人民高超的审美水平和创造能力，

---

① 齐勇、李谦、苏道玉：《当代文化视野下"非遗"资源的精神价值探讨》，《艺术百家》2012年第4期。

② 刘鹏昱：《岭南天灸的"非遗"内涵与价值》，《文化遗产》2013年第5期。

③ 罗毅：《凉山非物质文化遗产——彝族家具的美学价值研究》，《黑龙江民族丛刊》2016年第2期。

这些作品也值得当代人好好审视、研究其价值。例如，凉山彝族家具既有形式追随功能的实用美，也有视觉炫耀的意蕴美，更有天人合一的文化美，是不可多得的艺术珍品，具有极高的美学价值。

（六）教育价值

非遗中包含丰富的历史文化知识、科学知识、传统技艺等都是进行学校教育、社会教育的重要资源，因此，非遗具有极高的教育价值。旅游者进入景区，身临其境地接触、感受非遗，能够深入了解非遗背后蕴含的文化知识、科学价值等，起到陶冶人的情操、提高人的素质、培养人的能力的作用。例如，对于学生群体来说，非遗研学游能够激发学生热爱民族文化，增强民族自豪感。对于一些技艺类的非遗，通过主动参与，学生们能够锻炼实际操作能力，培养创新能力；对于一些历史人物相关的非遗，能够将其作为生动的教材，激励学生奋发图强[①]。

（七）经济价值

非遗内涵丰富，涉及面广，具有极高的经济价值。将非遗中的文化资源转化成为文化吸引力，以此带来经济效益，已成为当今非遗开发的一种趋势。非遗的经济价值依附于文化价值，具有间接性，且文化价值越大，经济价值就会越高[②]。同时，非遗经济价值的实现需要有一定的载体，载体可以是各种工艺品，如竹编、泥塑等，也可以是音乐、舞蹈、戏剧等艺术表演，还可以是以传统文化为主的文化旅游等。如果缺少了非遗的文化价值和载体，非遗的经济价值将很难实现。例如，作为湖北恩施节日类非遗项目的女儿会，现如今已成为恩施一年一度的民族盛会，当地政府以女儿会文化为核心发展地方经济，极大地促进了当地文旅产业的发展；游客的到来，带动了当地餐饮、住宿等产业的发展，为当地商户、居民增加了收入；参展企业借助该节庆活动，促销产品、发布广告，提高了自身知名度[③]。

---

① 胡芬芬：《信阳非物质文化遗产在高校思想政治教育中的价值》，《中华文化论坛》2013 年第 12 期。

② 陈天培：《非物质文化遗产的经济价值》，《改革与战略》2006 年第 5 期。

③ 桂胜、谌骁：《共谋与协力：节日类非物质文化遗产保护的资源化实践——以恩施土家女儿会为例》，《民俗研究》2021 年第 3 期。

第二节　非物质文化遗产与旅游的关系

我国于 2004 年正式加入《保护非物质文化遗产公约》。国务院于 2005 年颁布《国务院关于加强文化遗产保护工作的通知》，要求加强物质文化遗产和非物质文化遗产的保护，并决定从 2006 年起，每年 6 月的第二个星期六为我国的"文化遗产日"。从 2006 年起，前后共公布四批国家级非物质文化遗产代表性项目名录。党和国家领导人也高度重视传承和发展中华优秀传统文化，多次为非遗项目点赞，这充分体现了党和国家对文化遗产的重视。

《非物质文化遗产法》第三十七条对非遗的开发作了规定："国家鼓励和支持发挥非遗资源的特殊优势，在有效保护的基础上合理利用非物质文化遗产代表性项目，开发具有地方、民族特色和市场潜力的文化产品和文化服务。"旅游业以其独特的优势，在当今蓬勃发展，已成为推动国民经济发展的重要产业。非遗与旅游存在天然的渊源关系，人们在讨论如何更好地保护非遗时，旅游开发成为人们争论的焦点。非遗作为旅游开发的重要资源，在旅游发展中具有多方面的价值，如何合理处理两者的关系，也成为众多学者探讨的议题。

一　非物质文化遗产保护与旅游开发的良性互动

非遗与旅游有着天然的渊源。首先，非遗和旅游具有同质性，两者的本质属性都是文化，文化性也满足了游客的旅游需求，所以非遗对旅游者具有巨大的吸引力[①]。其次，非遗具有独特性，我国地域辽阔，民族众多，不同地区、不同时期的非遗有所不同，甚至同一种非遗在不同区域也会有所不同，这就造就了非遗的独特属性。旅游者选择旅游目的地，希望看到与常住地不一样的文化景观，差异越大，吸引力就越大，而非遗的独特性正好可以满足游客追新求异的需求。再次，非遗具有多样性，节庆活动、神话故事、制作技艺等都是非遗的表现形式，它的多样性也能够满足不同

---

① 王健：《非物质文化遗产与旅游的不解之缘》，《旅游学刊》2010 年第 4 期。

文化背景、不同年龄、不同类型游客的需求。最后，不同于物质文化遗产的静态性，非遗是在动态的传承中不断发展的。在这一过程中，非遗整体上可能会保持相对的稳定性，但其内容会随着社会的变迁而有所创新，这也为旅游产品的更新提供了源源不断的动力。

2018 年，文化和旅游部成立，这一年也被称为文旅融合"元年"，意味着文旅分隔时代结束，融合时代正式到来。文化和旅游是一对孪生体，文化是旅游的灵魂，旅游是文化的载体，推动文化和旅游的深度融合，能够使游客在旅游中感悟中华文化、增强文化自信。非遗独特的文化性构成了潜在的旅游价值，非遗先天的市场基因与日益繁荣的旅游市场空间可以实现优势互补。在文旅融合的国家战略下，非遗旅游迎来了最好的发展契机，通过打造非遗旅游项目，再现历史，赓续文化基因，增强游客和居民的文化认同和文化自信。2020 年 10 月 18 日，全国非遗主题旅游线路宣传征集活动评选结果发布，包含徽文化非遗研学之旅、交响丝路非遗之旅、滔滔黄河非遗之旅、喀什民俗非遗主题游等 12 条线路。

（一）非物质文化遗产已成为重要的旅游资源

旅游业的长足发展在一定程度上依托于旅游资源中所蕴含的文化内涵，无形的非遗和物质文化遗产一样，都蕴含着丰富的历史、艺术等价值，对传承民族文化血脉具有重要价值。同时作为旅游吸引物和旅游产品的非遗，不仅能彰显地方特色，而且能提升旅游产品档次，延长游客的逗留时间，从而带来巨大的经济效益。因此，要保护好非物质文化遗产，使其在旅游中得到合理利用，在发挥自身价值的同时，带动其他产业协同发展，实现经济效益、文化效益和社会效益的统一。

（二）适当的旅游开发有助于展示和保护非物质文化遗产

一些以当地人生产生活方式为依托的非遗，由于生活方式、环境等的变迁，陷入严峻的生存危机。如南京的民间曲艺白局曲目众多，内容以反映现实生活为主，因演唱者不计报酬，即"白唱一局"，故名"白局"①。

---

① 华春霞、贾鸿雁：《非物质文化遗产与旅游开发》，《东南大学学报》（哲学社会科学版）2007 年第 22 期。

曲艺在清末民初逐渐衰落，仅剩少数业余演唱者，而适当的旅游开发能够刺激从业者重拾技艺，为非遗营造生存的环境，使非遗得到保护和传承。在发展非遗旅游时，当地居民为满足游客对本土文化真实性的需求，也会尽量展示当地的特色文化，以期带给游客不一样的体验。旅游开发使非遗得到进一步挖掘和重视，在展示非遗的同时，也起到了宣传和保护的作用。例如丽江的纳西族音乐在旅游开发中得到了弘扬，并且受到了全世界的重视和特别的保护。

（三）合理的旅游开发为非物质文化遗产保护提供资金支持

抢救和保护非遗是一项庞大的系统工程，需要耗费大量的人力、物力和财力，而国家和地方政府针对非遗保护投入的资金非常有限，因而，旅游开发无疑是解决资金问题的最佳途径。根据国家统计局所统计的数据，2015～2018 年我国国内旅游收入呈稳步增长的趋势，在 2023 年已超 5.2 万亿元。通过合理的旅游开发，丰富优质的旅游项目能够吸引国内外游客，游客的到来能调整原有经济结构，为当地经济发展注入活力，增加旅游收入。非遗的保护除了使用国家的拨付资金外，旅游收入的一部分也可用于非遗的保护，从而提供强有力的资金保障。

（四）非物质文化遗产的合理开发能培养公众的保护意识

非遗是旅游开发的重要资源，随着旅游业的发展，越来越多的游客在非遗文化旅游中，了解到非遗的精髓和价值，从而激发游客对非遗的保护意识；当外来游客对当地非遗文化大加赞赏、肯定时，能够唤起当地人对民族文化的自豪感，唤醒当地人传承和弘扬非遗的自觉意识。旅游业的发展为当地居民带来了一定的经济效益，收入的增加也会使非遗得到珍视，所以为非遗的保护提供了群众基础。

二　非物质文化遗产保护与旅游开发的矛盾

（一）非遗真实性与旅游同质化的矛盾

与物质文化遗产保护一样，非物质文化遗产的保护也强调真实性。非遗的真实性既涉及非遗自身的原真形式（原初的文化表现形式），也包括非

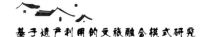
遗的调查、传承、传播、利用等各项工作应反映项目本身的实际情况①。但在非遗旅游市场中，旅游同质化问题较为突出，各旅游目的地未能做好资源的整理与发掘工作，没有立足于当地特色文化资源，未开发出具有辨识度的文旅品牌，导致旅游项目雷同，游客体验感差。

（二）非遗传承与旅游商业化的矛盾

截至2022年11月，中国共有43个项目被列入联合国教科文组织非物质文化遗产名录。在国家级非物质文化遗产方面，国务院先后公布了四批代表名录，共计1372个国家级项目，可见我国在非遗保护方面取得了长足的进步。但在此过程中也发现了一些问题，一些地方将申遗作为一种创收的途径，作为发展地方经济和提高地方知名的招牌。地方未能重点关注对非遗的保护，而是聚焦于其所能带来的商业价值和经济回报。在这样的动机下，很多非遗的精神内核并没有得到有效保护，只是片面维护优秀文化的外在形式，这与申报非遗的目的相违背，也阻碍了非遗的传承与发展②。

（三）非遗保护与旅游开发主体间的矛盾

非遗不同于静态的物质文化遗产，具有活态性特点，非遗的保护和传承需要人的接力，依托社会上个人的代代传承，实现活态文化的代代传承③。旅游开发涉及的利益相关主体众多，包括旅游者、社区居民、旅游企业等，这些利益主体与非遗的保护和传承也有一定的矛盾。旅游企业是以市场为导向的，过于注重非遗的经济价值，会使非遗面临过度开发的困境，不利于非遗的保护和传承；非遗传承者作为非遗保护的重要主体，通过旅游开发，虽能为非遗传承者提供就业岗位，增加收入，但在旅游中为吸引游客而进行简单、重复的旅游开发，无益于非遗的创新，也会使非遗表演者产生惰性，不利于非遗的生存和传承。

---

① 刘鑫、苏俊杰：《非物质文化遗产真实性的内涵辨析与实现路径》，《中南民族大学学报》（人文社会科学版）2021年第1期。

② 顾金孚、王显成：《非物质文化遗产旅游开发热下的冷思考》，《西南民族大学学报》2008年第2期。

③ 王巨山：《非物质文化遗产保护原则辨析——对原真性原则和整体性原则的再认识》，《社会科学辑刊》2008年第3期。

三 非遗保护与旅游开发的融合之路

发展旅游业对非遗来说是一把双刃剑，处理得当，相得益彰；处理不当，两败俱伤。非遗和旅游融合发展既不能一味追求经济利益，对非遗肆意开发，带来无法挽回的损失；也不能因过度进行旅游开发的负面影响，而杜绝对非遗的旅游利用。因此，推动旅游业高质量发展的同时，有效保护非遗文化，是非遗与旅游融合发展的重中之重。

（一）创新非遗与旅游融合的顶层设计

非遗是人类在历史长河中创造的宝贵的精神财富，一旦遭到破坏，就无法弥补。非遗的保护和合理利用首先依赖政府层面的顶层设计。政府要建立严格的法律保护体系，运用行政手段正确引导、加强对非遗的管理，并对非遗的保护投入一定的人力、物力和财力①。同时，加强非遗与旅游的管理体制改革，协调好各部门的关系，并积极沟通，共同努力进行非遗保护和旅游开发，将非遗保护方式与旅游开发方式实现有效对接，实现旅游发展与文化传承的双赢。通过顶层设计打破非遗和旅游融合的制度壁垒，建立非遗和旅游融合发展的长效协调机制和综合治理机制，逐步开拓非遗和旅游融合发展的工作思路，提出务实举措，拓展市场空间，激发非遗旅游的活力②。

（二）打造非遗与旅游融合的文创产品

非遗具有地域特色，以非遗文化内涵衍生出的文创产品，将特色文化融入人们的日常生活，使非遗体现出了新的时代价值，实现了保护和传承的有机融合。我国非遗旅游文创产业已经取得了一定的发展，但也存在缺乏内涵、时代性，市场竞争力不足等问题。推动非遗旅游文创产业的发展可通过以下三个路径。首先，将现代科学技术与文创产品相结合。现代科技能够创新文创产品展示的方式，打破展示的时间和地域限制；现代科技

---

① 刘建平、陈姣凤、林龙飞：《论旅游开发与非物质文化遗产保护》，《贵州民族研究》2007年第3期。
② 田磊：《加强非遗和旅游深度融合》，《中国社会科学报》2019年第6期。

能够创新文创产品制作技术，优化制作过程，节省制作成本，提升文创产品的美观度和价值。其次，将新媒体与文创产品相结合。借助新媒体的巨大流量宣传文创产品，如借助抖音平台拍摄和播放视频，既可以提高销售量也是传播文创产品文化内涵、扩大影响力的重要方式。最后，建立"传承人+设计师"模式。在文创产品的开发方面，非遗传承人和设计师能够实现优势互补，在把握非遗文化内涵的基础上找准与产品的结合点，设计出既有文化内涵又受消费者喜爱的文创产品①。

（三）构建非遗与旅游融合的产业体系

要构建非遗与旅游融合的产业体系，首先要拉长旅游产业链，壮大非遗和旅游市场主体，推动旅游企业整合非遗资源，实现优势互补和资源共享。以"非遗+研学""非遗+景区"等方式实现产业融合发展，提高非遗与旅游及相关产业的融合。其次要拓宽旅游产业面，加强旅游供给侧结构性改革，推动旅游结构调整和资源优化配置，推动非遗与旅游核心层、外围层、相关层和上中下游产业链有机结合，推动非遗旅游产业与一、二、三产业融合，形成整体发展的竞争优势。

（四）提升非遗与旅游融合的质量和效益

非遗与旅游的融合，不是单纯地跟风复制和简单地生搬硬套，游客旅游追求的是不一样的旅游体验，景区越有特色，越能给游客留下深刻的印象。非遗具有地域特性，开发者要盘点当地非遗资源，立足于本地资源特色，并以此为核心，因地制宜，深耕特点，寻求创新点，利用文化力量赋能品牌升级，进一步深挖品牌精神和内在价值，形成差异化品牌竞争优势，实现非遗与旅游的高效积聚，以此提升非遗与旅游融合的质量和效益，实现旅游景区的可持续发展。

第三节　非物质文化遗产文旅融合典型案例

随着文化事业、文化产业与旅游业的不断融合发展，越来越多的文化

---

① 李雅倩：《新时代非遗文旅产品开发模式的研究》，《湖南包装》2021年第2期。

资源与旅游进行融合。非遗作为旅游的重要资源，在与旅游的融合发展中，也涌现出众多典型案例，本节共列举湖南雨花非遗馆、中国（合肥）非物质文化遗产园、成都蜀锦织绣博物馆和四川凉山彝族火把节四个典型案例。

一 湖南雨花非遗馆

（一）湖南雨花非遗馆概况

湖南雨花非遗馆位于湖南省长沙市雨花区红星商圈内杉木冲东路198号，占地面积1.2万平方米，建筑面积4.8万平方米。主体结构分为四层，馆内开设了非遗产品销售区、舞台演艺区和手作体验区。该场馆是由匠人郭存勇先生打造运营的"非遗"综合性场馆，是国家3A级旅游景区、全国中小学生研学实践教育基地、湖南省非物质文化遗产展示展销基地、长沙市文化旅游示范基地。

（二）湖南雨花非遗馆发展历程

湖南雨花非遗馆发展历程及重要事件见表5-2。

表5-2 湖南雨花非遗馆发展历程及重要事件一览

时间	发展历程及重要事件
2015年8月	湖南雨花非遗馆挂牌成立
2017年12月	长沙市推进旅游业与一、二、三产业融合发展工作会议召开，湖南雨花非遗馆被授牌"长沙市文化旅游示范基地"
2018年6月	湖南雨花非遗馆被授予"湖南非物质文化遗产展示基地"，成为长沙首个非物质文化遗产展示基地
截至2023年11月	该馆已接待全国各地游客50万人次，研学体验学生10万人次，外事文化交流80多场，覆盖40多个国家

资料来源：根据网络资料整理。

（三）湖南雨花非遗馆旅游项目

湖南雨花非遗馆旅游项目众多，主要有非遗夜市（书院）和非遗研学两个项目。

1. 非遗夜市

非遗夜市于2018年9月10日试营业，是长沙市唯一一家大型非遗文化

街区。除了非遗美食，雨花非遗夜市还有四大板块——非遗舞台、非遗驿站、非遗文创空间和非遗体验基地。

非遗舞台遴选了14个市州的精彩非遗项目，包括湘剧、花鼓戏、皮影、弹词、丝弦、山歌、快板、歌舞、杂技等，每天下午、晚上各安排一场演出；非遗驿站以小木屋为驻点，邀请14个市州代表性非遗项目传承人长期入驻，现场展示非遗；非遗文创空间为专业文创团队与非遗传承人牵线，让非遗和文创有效融合，创造更多受市民游客喜欢的非遗文创产品；非遗体验基地开设非遗体验课程，由非遗传承人现场传承非遗技艺。

2. 非遗研学

为弘扬中华优秀传统文化，传承非遗记忆，讲好中国故事，使研学课程更加切合中小学生的实际需要，湖南雨花非遗馆与中南林科大、中南大学等高校合作，开发了更加适合中小学生年龄段的研学体验课程，同时邀请专家和顾问培训传承人，提升传承人授课技巧，增加课堂趣味性与互动性，并以"非遗书院"和"传统文化大课堂"为载体平均每周举办两场公益活动。

湖南雨花非遗馆作为全国中小学生研学实践教育基地，2023年开展了一系列研学活动。据统计，该馆共开展研学体验2485批次，总计82831人次；开展非遗公开课29批次，共计15240人次；开发5门研学课程，10个课程项目走进46所学校，开展公益课堂79场，累计涉及1567个家庭。

二　中国（合肥）非物质文化遗产园

（一）中国（合肥）非物质文化遗产园概况

中国（合肥）非物质文化遗产园（简称"非遗文化园"）位于合肥市长丰县卧龙山风景区，是国家4A级旅游景区，非遗文化园项目占地3500亩左右，总投资5亿元，全部建设工期为5年。非遗文化园在建设过程中迁建了大量明清古建筑，园内建有中国最大的明清古建筑群，呈现出徽派古建筑群主题园区的壮观景象。非遗文化园充分体现了人文与自然的和谐统一，形成了一幅独特的梦里水乡、天人合一的山水画卷。

中国（合肥）非物质文化遗产园以旅游、欢乐、文化、休闲为主基调，涵盖文化、旅游、娱乐、休闲、购物、演艺、酒店、养生理疗、影视、培训、会展、度假等多种业态，是一个以中国传统文化、民俗文化为主题，非物质文化遗产为核心内容的园区，致力于打造成文化与旅游、教育与旅游、科技与旅游、现代服务业与旅游相融合的产业聚集区和非遗文化产业综合体。

（二）中国（合肥）非物质文化遗产园发展历程

中国（合肥）非物质文化遗产园发展历程及重要事件见表5-3。

表5-3　中国（合肥）非物质文化遗产园发展历程及重要事件一览

时间	发展历程及重要事件
2005 年	国办发〔2005〕18 号文件《国务院办公厅关于加强我国非物质文化遗产保护工作的意见》印发。在此背景下，安徽华教集团提出建立"中国（合肥）非物质文化遗产园"，以此来推动安徽文化产业朝大规模、高层次、高品位的方向发展
2007 年 5 月	中国国际徽商大会文化产业项目签约仪式在合肥举行，中国（合肥）非物质文化遗产园项目首个签约
2007 年 8 月	在安徽·长丰—浙闽经贸洽谈会上，中国（合肥）非物质文化遗产园项目正式签字落地，标志着中国（合肥）非物质文化遗产园正式落户卧龙山
2008 年 8 月	中国（合肥）非物质文化遗产园奠基仪式在长丰县岗集镇卧龙山旁隆重举行

资料来源：根据网络资料整理。

（三）中国（合肥）非物质文化遗产园旅游项目

1. 演艺活动

该园区内的演艺活动包括徽梦水舞、驯兽马戏、高空杂技。徽梦水舞是集声、光、电、音乐喷泉、多媒体艺术于一体的综合性表演艺术，是实现文化与科技、文化与旅游融合的完美体现，具有震撼力地展现了盛世花篮、世纪跑泉、海鸥飞翔、孔雀开屏、喷火、气泡泉和冷雾等表演；驯兽马戏包括驯狮虎、狮子舞、集体马术三项；高空杂技包括旋转大飞轮、空中大飞人、高空走钢丝、秋千飞人、浪桥飞人、集体武术、水流星、抖空竹等。

2. 研学旅行

中国（合肥）非物质文化遗产园自 2013 年开始开展研学旅行，以完善的课程体系、一流的服务质量、成熟的团队管理，成为安徽省规模较大、研学内容最丰富、接待服务水平最高的研学旅行服务基地之一。该园区是陶行知全国中小学生研学旅行素质教育创新基地、安徽省级研学旅游示范基地、湖北省中小学生研学旅行基地。

学生们走进非遗园的徽派建筑群中，观看文化与科学完美融合的徽梦水舞，欣赏"世界之最"的巨型砖雕《西游记》，聆听非遗文化大讲堂，充分体验徽州建筑的工艺美和徽文化的精华；在参观中华古陶馆、古木雕馆和古砖雕馆的过程中，感受中华传统文化的无穷魅力。

三 成都蜀锦织绣博物馆

（一）成都蜀锦织绣博物馆概况

蜀锦，指蜀地（四川成都）生产的丝织提花织物，多用染色的桑蚕丝线织成。蜀锦因其织纹的精细、色彩的明艳而别具一格，距今已有近三千年的历史，一直是我国织锦艺术精品的代表，被誉为中国织锦的第一座里程碑。

成都蜀锦织绣博物馆位于四川省成都市浣花溪畔的蜀江锦院，内设大型蜀锦织造工场，多台蜀锦小花楼木织机现场手工制作蜀锦，面积达三千多平方米。博物馆由蜀锦（织绣）历史文化展示区、蜀锦织造技艺活态展示区、蜀锦织绣服饰区、产品展示销售区四大部分组成。

蜀锦（织绣）历史文化展示区内容涉及中国丝绸、蜀地桑蚕业简史、蜀锦各历史时期标志性实物纹样；蜀锦织造技艺活态展示区以蜀锦织造机具发展沿革为轴线，通过历代织机模型和机具实物、文字、图片等，生动再现纺织机具演变的历史；蜀锦织绣服饰区以袍、裙、坎肩、缎面裙、裤、旗袍服饰等实物展示为主，重点展示中国明清及近现代服饰、民族服饰、民间刺绣等，时间跨度为晚清到民国；产品展示销售区主要以历代蜀锦、刺绣标志性元素为基础，研制创新了大量蜀锦精品，设计生产的工艺品、收藏品、纪念品、实用品近千种①。

（二）成都蜀锦织绣博物馆发展历程

成都蜀锦织绣博物馆发展历程及重要事件见表5-4。

表5-4　成都蜀锦织绣博物馆发展历程及重要事件一览

时间	发展历程及重要事件
2005年	为了不让有近三千年历史的蜀锦技艺失传，成都蜀锦织绣有限责任公司建立成都蜀锦织绣博物馆，其前身为成都蜀锦厂
2006年	经国务院批准，蜀锦织造技艺被列入第一批国家级非物质文化遗产名录，文化部认定蜀江锦院为蜀锦织造技艺保护传承单位
2008年	蜀江锦院被四川省工商行政管理局授予"四川省著名商标"，成都蜀锦织绣公司被四川省人民政府、四川旅游协会授予"四川省旅游商品骨干企业"和"特色旅游产品企业"称号
2009年	成都蜀锦织绣博物馆与中国丝绸博物馆联合申报"中国蚕桑丝织技艺"，被联合国教科文组织列为人类非物质文化遗产代表名录
2010年	国家质量监督检验检疫总局授予手工蜀锦为国家地理标志保护产品
2011年	成都蜀锦织绣博物馆被文化部授予国家级非物质文化遗产生产性保护示范基地
2012年	成都蜀锦织绣博物馆被国家质量监督检验检疫总局授予"全国都市文化旅游服务产业知名品牌创建示范区骨干企业"称号
2013年	中国工艺美术协会授予蜀锦织绣博物馆"中国蜀锦博物馆"称号
2015年	蜀江锦院被国家工商总局授予"中国驰名商标"
2017年	蜀江锦院荣登"中国传统工艺振兴百强企业榜"
2013年	成都蜀锦织绣博物馆被四川省关工委、省精神文明建设办公室、省教育厅、省文化和旅游厅、共青团四川省委联合授予"四川省青少年社会实践教育基地"

资料来源：根据网络资料整理。

（三）成都蜀锦织绣博物馆旅游项目

1. 主题研学

成都蜀锦织绣博物馆为更好地发挥博物馆的教育功能，提升学生群体对传统手工艺、非遗文化的兴趣，承办中小学生研学体验活动，由博物馆讲解人员对各展区进行专业讲解，非遗传承人现场讲授蜀锦蜀绣技法，同

① 佚名：《蜀锦织绣博物馆》，《四川劳动保障》2014年第12期。

时学生还可亲身体验非遗项目，对蜀锦蜀绣有更深入的了解，成都蜀锦织绣博物馆逐步成为省市中小学生及各类大专院校传统技艺、社会实践、传承非物质文化遗产、展示城市特色的重要场所。

2. 非遗文创产品开发

成都蜀锦织绣博物馆以博物馆不同历史时期的经典蜀锦蜀绣纹样为元素，开发不同的文化创意产品。同时以迎合年轻时尚人群的喜好为目标，以生活实用品为载体，设计出一系列富含文化内涵的、有创意的实用品[①]。博物馆文创产品主要有如下几种。

（1）办公用品：笔记本、电脑包、鼠标垫、台历挂历、明信片、笔套等。

（2）陈设品日用品：桌布、摆件、茶具（垫）、餐具（垫）、挂件等。

（3）饰品：首饰（手链、挂饰、耳环等）。

（4）包类：钱包、手袋、收纳袋、手包、零钱包等。

（5）玩具：益智玩具。

3. 传统非遗技艺体验

成都蜀锦织绣博物馆的"锦绣行"非遗体验活动自 2015 年起开展，已开展多期，旨在向大众普及传播蜀锦、蜀绣传统工艺及历史文化知识，为社会大众提供一个放松心情、学习传统文化的新场所。活动将锦绣元素融进手作生活美学，体验者除了可以在博物馆讲解员的解说下感受锦绣世界万千精彩，还可身临其境用双手去触碰、用心去感知极富蜀韵特色的东方美。

"锦绣行"非遗体验活动主要包括蜀锦和蜀绣两大部分内容。在蜀锦体验活动中，体验者通过蜀锦从艺者的口传心授可获得"手绘意匠贴"框画、"挑花结本"小壁挂及围巾、耳饰等的制作体验，并能更加直观清晰地了解蜀锦的织造原理。在蜀绣体验活动中，体验者可现场制作刺绣工艺品，如团扇、抱枕、框画等，从画样、上绷到依据自己绘制的图案进行刺绣，体验刺绣的每个步骤。

---

① 潘雪梅：《论成都蜀锦博物馆文创产品研发》，《绿色包装》2018 年第 4 期。

四　四川凉山彝族火把节

（一）四川凉山彝族火把节概况

四川凉山彝族火把节是我国第一批非物质文化遗产，是彝族地区的传统节日。火把节多在农历六月二十四或二十五日举行，节期三天。火把节是彝族众多传统节日中规模最大、内容最丰富、场面最壮观、参与人数最多、民族特色最为浓郁的盛大节日。

火把节的由来虽有多种说法，但其本源与彝族人对火的崇拜有最直接的关系，它的目的是期望用火驱虫除害，保护庄稼生长。火把节在凉山彝语中称为"都则"，即"祭火"的意思。火是彝族追求光明的象征，火把节的原生形态就是古老的火崇拜。

（二）四川凉山彝族火把节发展历程

四川凉山彝族火把节发展历程及重要事件见表5-5。

表5-5　四川凉山彝族火把节发展历程及重要事件一览

时间	发展历程及重要事件
1993 年之前	火把节的举办源自民间、传于村寨，是一项由当地彝民自发组织和参与的民间节庆活动
1994 年	凉山州州委、州政府首次举办"凉山彝族国际火把节"，致力于将彝族火把节打造成一个集娱乐、经济、旅游等多种功能于一体的综合性节日，并形成了以西昌市为中心，辐射周边各县
2006 年 5 月	凉山彝族火把节被列入第一批国家级非物质文化遗产名录，成为推动凉山社会经济发展的传统节庆旅游品牌

资料来源：根据网络资料整理。

（三）四川凉山彝族火把节旅游项目

1. 传统民俗展演

凉山火把节流传至今，开展的传统民俗展演活动主要有选美比赛、斗牛、朵乐荷、打火把等。在凉山州一年一度的彝族火把节期间，会吸引来自云南、贵州、四川、重庆、陕西等地数十万游客前来"打火把"狂欢，当地会分设不同的"打火把"场地，吸引游客前来参观和体验。《阿惹妞》

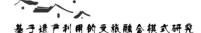

是中国首台彝族文化风情实景火秀，该表演将火作为彝族的生命图腾贯穿全剧，它的推出增加了旅游者感受彝族文化的途径。实景剧场可容纳 1500 名左右观众，已被列入四川省级非物质文化遗产名录①。

2. 节庆个性游

在火把节期间，凉山州及市县还会策划各具特色的节庆个性游活动，如安哈民俗节、西乡葡萄节等乡村游，螺髻山、沪山等山水游，民族风味餐饮、夜啤酒等美食游，以及自行车赛、划水锦标赛等健身游②。

第四节　非物质文化遗产文旅融合模式解析

2018 年 6 月，文化和旅游部提出要推动非遗与旅游融合发展，充分发挥旅游业的独特优势，为非遗保护传承和发展振兴注入新的更大的内生动力；2019 年 6 月，首批十个非遗与旅游融合优秀案例发布。随着我国文化事业、文化产业与旅游业融合发展的深入推进，非遗成为重要的旅游资源，旅游项目对其开发利用也不断增加，非遗相关实践活动也形成了一定规模的游客需求，构成文化旅游的重要部分。2023 年文化和旅游部制定了《关于推动非物质文化遗产与旅游深度融合发展的通知》（文旅非遗发〔2023〕21 号），极大地推动了非遗旅游的融合发展及新模式的不断涌现。通过对典型案例进行分析，笔者总结出非遗与旅游融合的四种模式，分别为："非遗+场馆+研学"、"非遗+博物馆+文创"、"非遗+园区+展演"和"非遗+传统聚落+节日"。

一　"非遗+场馆+研学"模式

（一）"非遗+场馆+研学"模式解析

研学旅行是继观光旅游、休闲旅游之后的一种全新的文化旅游方式，

---

① 江永莎、孙璐:《凉山州彝族火把节节庆旅游发展现状及对策建议》，《现代商业》2020 年第 17 期。

② 陈懿:《民族地区节庆旅游现状分析——以凉山彝族自治州为例》，《旅游纵览》（下半月）2018 年第 10 期。

是推进素质教育的重要抓手。许多优秀的非遗是加强大学生思想政治教育的宝贵资源，具有丰富的育人功能，挖掘可利用的非遗资源可以为提高大学生思想文化教育实效性增添新内容、开创新途径①。非遗研学旅行的开展需要借助于特定的场所，"非遗+场馆+研学"模式是在特定的场所中，将非遗与研学旅行结合起来，能够让学生亲身感受非遗文化，提升对传统文化的兴趣，增强对传统文化的认知和认同。湖南雨花非遗馆、江西景德镇的古窑民俗博览区都是该模式的典型代表。

（二）"非遗+场馆+研学"模式特点

1. 注重研学旅行的教育功能而非享乐体验

研学旅行将研究性学习和旅行体验相结合，"研""学"重于"游"，当今的研学旅行存在重"游"轻"学"的问题，将研学旅行停留在"走马观花"式的参观园区、合影留念等表层活动上②。非遗对于弘扬和传承中华优秀传统文化、增强民族文化自信具有重要作用。当非遗作为一项重要的教育资源时，通过研学旅行将教育与娱乐、文化与旅游、观光与体验、认知与创造融为一体，可引导青少年走进非遗传习环境中来③。非遗场馆是研学资源集聚的场所，这里丰富的非遗资源能够激起学生对传统知识、技能的兴趣。该模式是一种全新的文化旅游方式，它为非遗与青少年群体之间的互动搭建起桥梁，提供了比日常生活更为丰富的社会场景。青少年置身经过精心设计的研学项目情境中，获得丰富的、个性化的旅游体验。在体验中他们能主动或潜移默化地学习非遗知识、技能，以达成研学旅游的学习目标，加深对中国传统文化的认知和认同。

2. 产品设计创意十足

研学旅行产品缺乏创意，是研学旅行面临的困境之一。非遗场馆中的研学旅游不管是在内容上，还是在形式上，都创意十足。我国幅员辽阔、民族众多，非遗资源极其丰富。非遗场馆将本地或全国范围内的非遗资源

---

① 计卫舸：《"非遗"资源思想政治教育价值的发现与利用》，《中国高等教育》2011年第2期。
② 于书娟、王媛、毋慧君：《我国研学旅行问题的成因及对策》，《教学与管理》2017年第19期。
③ 杨红：《非遗与旅游融合的五大类型》，《原生态民族文化学刊》2020年第1期。

聚集起来，为研学旅游产品创新提供了重要资源。研学产品设计能够紧紧围绕非遗，内容上既可以包括多个非遗项目组合形成综合研学旅行，也可以针对某一品类或某个项目形成专题研学旅行；既可以参观、体验，还可以将合作、竞赛、讨论等要素融入，形成十分灵活的活动形式，从而充分调动学生手、脑、眼等多个器官，使学生在接受非遗相关知识时，也能善于思考和勇于探究。

3. 课程设计具有专业性

研学旅行的核心是课程设计。课程开发、营地建设、导师培养，都已成为制约研学旅行高质量发展的重要因素。所以，我国部分中小学生研学实践教育基地会与一些高校合作，开发更加适合中小学生的体验课程。

4. 非遗资源的硬件得到充分利用

非遗保护工作开展以来，各地建立了大量公益性的非遗展厅、博物馆等场馆。这些场馆用于保存非遗资料、展示非遗形态，同时，也拓展了其作为研学基地的新功能。非遗场馆为研学旅行课程设计提供了丰富的内容宝库，还为其提供了广阔的操作空间。非遗硬件设施为非遗研学旅行提供活动场地，有效解决了研学基地建设不足的问题，促进了非遗研学旅行的健康发展，有效实现了非遗、教育与研学三方面的共赢。

（三）"非遗+场馆+研学"模式适用性

该模式适用于特定的非遗主题文化消费场馆，将非遗场所、要素等转化为旅游产业、文化产业资源予以聚合、包装和运营。该模式一方面为非遗传承人建立工作室、传习所，为非遗项目积累更为广泛的感兴趣人群，另一方面为本地及外来消费者提供非遗相关的制成品，文创衍生品及手工体验类、研学服务类文化产品，已然形成了非遗体验经济带动城市周边文旅及相关产业发展的正效应。

（四）"非遗+场馆+研学"模式局限性

该模式对场馆中的非遗项目数量和质量要求较高。首先，要求引入本地或国内特色非遗项目，对项目传承人的水平提出较高要求；其次，在开展研学课程中也易出现研学产品与学生学习水平不相符、学生兴趣低、课程设计不专业等问题，这就要求场馆要在研学旅游上做足功夫，如聘请专门团队开发课程、研学产品，对授课教师进行培训，提升教师文化底蕴和授课技巧性。

二 "非遗+园区+展演"模式

（一）"非遗+园区+展演"模式解析

非遗的保护和传承需要借助一定的空间场所，空间场所的区位及规模等都与所保护的非遗资源密切相关。非遗园区是集非遗传承和保护、旅游开发、展示、展演等于一体的主题公园，是非遗保护与旅游产业相结合的一种新旅游开发模式。这些非遗园区具有浓厚的文化氛围。中国（合肥）非物质文化遗产园、成都国际非物质文化遗产博览园、扬州大运河非遗文化园是该模式典型代表。

（二）"非遗+园区+展演"模式特点

1. 非遗园区规模较大，资源集聚

众多非遗园在规划之初就致力于打造一个规模化的园区，它们地理位置优越，占地面积大。园区往往依托当地非遗，甚至引进国内知名非遗资源，打造众多非遗项目，营造良好的非遗文化氛围，促进非遗之间的交流，创建保护与发展相结合、传统与现代相结合、文化与经济相结合的新模式，成为抢救、保护非物质文化遗产的新形式，继承、发展非物质文化遗产的新载体。

2. 非遗园区按功能分区，特色鲜明

非遗园往往依托当地甚至是全国的非物质文化遗产，引进众多非遗项目，并根据项目和当地的实际情况，将景区按不同的功能分区，展示不同主题的非遗文化。非遗园区注重园区的特色化建设，依托当地独特的旅游资源，展示园区内的特色非遗，开发特色旅游项目，不断优化园区的整体形象，铸造旅游品牌，通过宣传营销吸引游客的到来，从而为园区提供源源不断的动力。

3. 非遗展演丰富多彩，独特唯一

非遗园区的建立要进行合理的功能分区，其中展演类项目必不可少。

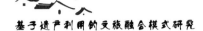

作为具有商业性质的非遗园区，既要兼顾社会效益，同时也要遵循市场规律，追求经济效益维持自身发展。优质的展演项目成为吸引游客的重要法宝之一，可以为园区创收。因此非遗园区往往都有展演活动，且活动类型多样，主题不一，个别项目甚至为该区域独特、唯一的旅游资源项目。

4. 传播非遗知识，提高园区知名度

非遗作为我国优秀传统文化的代表，其价值是毋庸置疑的。但当今仍有部分非遗面临着失传、不为人知等困境，因此，一些非遗园区会定期举办丰富多彩的活动，一方面可以提高园区的知名度，带来流量，刺激消费；另一方面也可以起到宣传非遗的作用，在活动中加深人们对非遗历史知识的了解。

非遗园区往往会集中打造一个文化主题，围绕园区主题设置众多的分项主题，将园区划分为不同的游览片区，在不同的节日策划不同的文化活动，既可以吸引游客的眼球，带来一定的经济效益，又可以起到宣传园区的作用，从而不断扩大非遗园的影响力。

（三）"非遗+园区+展演"模式适用性

非遗园区展演策划能充分展示"非遗"的独特魅力，可将非遗中的某些元素加入娱乐性表演中，带给观众欢声笑语，满足观众的娱乐性需求，在无形之中提高大众对其的喜爱程度，扩大影响力与传播力，同时促进非遗的传承与创新。出于生存的需要，非遗园区会通过差异化营销等方式抢占市场份额，而在众多的非遗项目中，展演活动因其独特的优势成为非遗项目必不可少的一部分，因此，该模式对于一般非遗类园区较为适用。

（四）"非遗+园区+展演"模式局限性

1. 过度商业化

随着旅游业的发展，各地不断挖掘特色，依靠旅游业带来经济效益，非遗成为旅游开发的一张王牌，但也会带来一定的问题，即只注重经济效益，将非遗展演项目当作"观光资源"来利用，导致非遗文化价值的极简化表达和文化体验的不足。

2. 旅游同质化

旅游开发能够为非遗的传承和保护提供一条全新的路径，从某种程度上来说，这有利于旅游业的生存和发展，但由于现实环境的复杂性和利益的驱使，开发者未对自身所拥有的非遗资源进行深入分析，简单策划非遗展演项目，未能给游客带来独特的体验。

三　"非遗+博物馆+文创产品"模式

（一）"非遗+博物馆+文创产品"模式解析

非遗作为我国优秀传统文化的代表，是中华民族的"文化基因"，在新经济环境下和大众精神需求不断增长的背景下，发展非遗文创产品，必然要依托"创意""产品"，将"非遗文化"的价值展现出来。随着博物馆服务社会职能的健全，博物馆不仅仅是研究、展示、收藏文物的场馆，更发展为社会文化休闲与消费的重要场所。特别是通过非遗博物馆让文物"活"起来，不仅成为文博机构的共识，也真切地成为现实。随着博物馆文创产业的兴起，具有时尚创意的博物馆文创作品不断涌现，成为各个博物馆服务社会新的亮点，其中成都蜀锦织绣博物馆、德阳市绵竹年画博物馆、南京市民俗博物馆是该模式的典型代表。

（二）"非遗+博物馆+文创产品"模式特点

1. 产品具有当下性和生活性

文创产品的当下性主要是指它能够及时准确地捕捉人们实际生活需求。伴随着人们生活水平的提高，人们的消费水平和消费方式也发生了相应的变化。大众消费水平和方式的变化引起了人们日常生活的审美变化，消费者再通过消费行为将审美活动延伸到日常生活中，审美的变化会使人们对日常消费之物产生更高的要求。当今的许多非遗文化之所以无法融入社会生活，很大程度上是因为其形式不符合当今人们的审美要求，或与人们当下的生活脱节。而非遗文创产品的当下性决定了它紧跟人们的生活步伐，将原有的非遗文化转化为蕴含时代特征的新的文化形式和文化内涵。如云锦制作的衣服大多数人或消费不起，或买得起也不会在日常生活中去穿搭，但是云锦鼠标垫、云锦桌具、提取云锦图案做成的各种饰品等就能将原本高高在上的云锦渗入人们的日常生活。

2. 产品的市场价值具有双重衡量标准，需求弹性大

非遗文创产品的市场价值是由物质载体的成本和产品所蕴含的文化内涵所决定的。物质载体是有形的、可量化的，文化价值是无形的，不易量化。一般来说，文化价值是价格的决定因素，如剪纸文创产品、刺绣文创产品等，其物质载体成本较低，几乎可以忽略不计。非遗文创产品属于精神消费品，根据马斯洛需求层次理论可知，人的需要从低到高依次是生理的需要、安全的需要、归属与爱的需要、尊重的需要、自我实现的需要。高级需要出现之前，必须先满足低级的需要。在这五个需要层次中，生理的需要、安全的需要和归属与爱的需要，处于较低层次。随着当今经济水平的发展和物质生活的极大丰富，人们较低层次的需要基本上已得到满足，因此会迈向更高层次的精神需要。非遗文创产品以其独特的创意设计和丰富的文化内涵迎合了消费者的精神需求，但它不同于刚性需求，人们对其需求弹性较大。

3. 产品在消费传播过程中具有价值循环累积效应

非遗文创产品经过创意设计、产品研发、市场营销等环节进入市场，受到市场认可的产品在满足消费者需求的同时会催生新的文化需求。消费者对遇到的非遗文创产品进行文化资本的获得、占有，新的文化资本的获得会促进相关文化资本的需求，进而形成良性循环。因此，在非遗文创产品的消费传播过程中，市场供给会随着市场需求的扩大而不断增加，非遗文创产品以其丰富的文化内涵和灵活的文化展示方式，逐渐积淀为新的文化资本，随时准备发展成为新的非遗文创产品，进入新一轮的市场竞争中。非遗文创产品的供给刺激文化需求、满足文化消费者的同时也为自身的发展提供了空间和动力，这就形成了价值循环积累效应[①]。

（三）"非遗+博物馆+文创产品"模式适用性

非遗博物馆文创产品的开发，是以展品为基础和参考，综合非遗的发展历史，提取重要文化元素和设计元素，采用优化手段和变形手段完成的创作活动。

---

① 朱晓华：《文化资本视域下非物质文化遗产的文化创意产品开发模式研究》，南京师范大学硕士学位论文，2019，第 26 页。

随着物质生活水平的提高，人们对于精神层面的需求日益增加，对文化的重视度也逐渐提高。对于博物馆而言，从文物中提炼出设计元素开发成产品，让观众带回家，能够同时满足保护文物和传播遗产文化的需求；对非物质文化遗产而言，它们本就来源于生活，让非遗重新回到民众生活中才是传承之道。所以，博物馆文物遗产的传播和非遗项目的传承目标一致，联合开发文创产品不仅能够实现自身价值，也赋予了彼此新的文化价值，更有利于实现中国优秀文化遗产传播和传承的要求。

（四）"非遗+博物馆+文创产品"模式局限性

1. 产品质量问题

非遗文创产品主要依托已开发的旅游体系，将相关产品以旅游纪念品的形式进行销售，这使得非遗文创产品能够带来一定的经济效益，但在文化内涵的表达方面，大多数非遗文创产品未能达到让非遗"活化石"融入现代生活的目的。这一方面表现在当今非遗文创产品质量较差，消费者虽可能对产品表现出浓厚的兴趣，但考虑到产品价格与材质、工艺等不匹配，会降低购买意愿；另一方面，产品与地域性的非遗元素关联不足，这使得产品特征不够突出，从而降低了消费者的消费转化率。

2. 产品顺应性问题

非遗文创产品的顺应性主要表现在两个方面：一方面是产品本身和当地非遗之间具有良好的顺应性，另一方面是产品的开发设计和生产与消费者的消费理念有良好的顺应性①。非遗文创产品在这两个方面都存在一定的问题，产品与非遗间顺应性的矛盾主要在于：产品对非遗的符号化表达效果不佳，导致产品无法较好地传达出非遗的丰富内涵。对于另一个问题，非遗文创产品既要符合现代产品设计的基本原则，又要符合当今消费者独特的审美要求、使用需要、文化要求等，才能激起消费者的购买欲望。

3. 产品销售问题

非遗文创产品的销售主要基于当地旅游业的发展，但这种销售模式过

---

① 周致欣、王欣雨：《基于非物质文化遗产的文创产品开发策略分析》，《工业工程设计》2020年第5期。

于单一、固化，且存在一定的弊端：部分产品具有一定的时效性，产品滞留仓库会带来较高的库存成本，从而带来一定的经济损失。同时由于大多数消费者难以从日常生活中理解非遗文创产品所蕴含的精神内涵，导致大量产品不能像文博类产品那样，依靠品牌优势和平台优势在网络上进行营销，因此产品的销售渠道较少，销售量不高。

四 "非遗+传统聚落+节庆"模式

（一）"非遗+传统聚落+节庆"模式解析

传统聚落包括古城、古镇、历史文化街区、传统村落等，是历史上人类结合自然地理条件聚居而成的生产生活区域，已形成本土化特色鲜明的人居建筑、景观环境等建成遗产；而那些仍旧有人群居住和活动的传统聚落，通常又是乡土知识、民间艺术、传统风俗等活态遗产密集的地区①。节庆是传统村落中重要的民俗资源，一些地区的节庆已经被列为国家级非遗，各地依托当地节庆活动，带动了旅游业的繁荣发展。四川彝族火把节、傣族泼水节是该模式的典型代表。

（二）"非遗+传统聚落+节庆"模式特点

1. 原真性完好，旅游开发价值高

传统聚落的民俗节庆活动历史悠久，一般与自然崇拜、古老传说有一定的关系，表达了民众的美好期望，具有独特的文化内涵，原真性保存完好。同时传统聚落一般地理区位较为偏远，交通闭塞，这使得聚落的节庆民俗活动保存完好。随着文化与旅游的不断融合，节庆非遗的价值越来越受到重视，各地开始有意识地将节庆活动与旅游相结合，借此来实现地方经济的发展和文化的传播。

2. 唤醒族群记忆，增强文化认同

在偏远的山区和少数民族地区，节庆活动的主要场所为族群的集体记忆提供了丰富的素材，是当地民众的精神寄托和历史回忆。节庆民俗活动中每个项目的衔接都有特殊的寓意，亲友乡邻共同参与到同一个项目中，

---

① 杨红：《非遗与旅游融合的五大类型》，《原生态民族文化学刊》2020 年第 1 期。

在娱乐中加强情感联系，感受血缘亲情，唤起每一个参与者的共鸣。同时把许多隐藏于日常生活中的文化观念、文化模式等信息传递给族群成员，从而不断强化族群的价值观、伦理观，唤醒族群的集体记忆，从而增强文化认同。文化认同是指个体或群体对于特定文化价值、信仰、习俗、语言、历史和艺术等方面的归属感和认同感。[①]

3. 政府主导为主，打造节庆旅游品牌

传统聚落的节庆活动历史悠久，源自民间，是由当地民众自发组织和参与的节庆活动，但由于缺乏营销、交通闭塞，并不能被社会所熟知。随着文旅融合的不断发展，各地政府逐渐意识到节庆民俗活动的价值，有意识地将节庆活动与旅游相结合，并开始发挥其主导作用，将节庆活动打造成集娱乐、经济、旅游等多种功能于一体的综合性节日。政府定期举办节庆活动，做好宣传和营销互动，合理策划旅游项目、招商引资，努力打造节庆旅游品牌，可以扩大节庆活动的知名度。

（三）"非遗+传统聚落+节庆"模式适用性

该模式适用于传统聚落文化原真性保存良好、节庆活动知名度和认可度高、在当地民众的习俗中一脉传承的聚落；同时该地还要具有一定的可通达性，政府对节庆活动的规划和引导也必不可少。

（四）"非遗+传统聚落+节庆"模式局限性

1. 交通不便，配套设施不足

传统聚落由于历史原因一般交通不便，虽然在与外界加强联系后，交通条件会有所改善，但与其他旅游发达地相比，通达性仍不够，且仍有一些民族村寨位置非常偏远，这阻碍了游客的到达，游客无法体验到原汁原味的民俗文化和异域风情。另外，随着聚落节庆旅游品牌知名度的不断提升，越来越多的游客会在节庆活动期间集中前来，这将对旅游地的旅游接待能力、配套设施提出较高要求。一般来说，传统聚落的配套设施、接待能力有限，不利于游客获得较好的旅游体验。

[①]　陈振勇、童国军：《节庆体育的集体记忆与文化认同——以凉山彝族自治州火把节为例》，《体育学刊》2013 年第 4 期。

2. 民族文化原真性受到冲击

因交通较为闭塞，传统聚落保持了较为真实的民族文化，但随着旅游业的发展，越来越多的游客前来游览，为当地居民带来收入的同时，也将外来文化、思想、消费方式等一并带入。部分少数民族开始盲目模仿和崇拜，致使传统的少数民族文化开始流失、变味。另外，随着节庆活动的商业化，传统的民族文化会做出一定改变以迎合游客观赏需要，旅游地展演的节庆民俗活动或许已不再原汁原味，民族文化原真性也受到了影响。

第六章
大遗址文旅融合模式

第一节　大遗址概述

一　大遗址的概念和类型

（一）概念

大遗址是建立在遗址概念基础上的概念，是中国特有的概念。国际上通用的概念是遗址，联合国《保护世界文化和自然遗产公约》将文化遗产分为文物、建筑物、遗址三种基本类型。其中，遗址指从历史、审美、人种学或人类学角度看，具有突出的普遍价值的人类工程或人与自然的联合工程以及考古遗址地带。

"大遗址"一词在中国最早出现于1997年，国务院印发的《关于加强和改善文物工作的通知》中首次使用了"大型古文化遗址"的说法。2006年11月印发的《"十一五"期间大遗址保护总体规划》中明确界定，"大遗址"主要包含反映中国古代历史各个发展阶段涉及宗教、政治、科技、军事、农业、工业、交通、建筑、水利等方面历史文化信息，具有规模宏大、价值重大、影响深远的大型聚落、宫室、城址、陵寝、墓葬等遗址、遗址群。

除官方界定外，一些学者也对大遗址进行了界定。有学者认为，大遗址专指中国文化遗产中规模特大、文物价值突出的大型考古文物遗址与古

墓葬①。陆建松认为，大遗址是指大型古文化遗址，由遗存及其相关环境组成，一般是指在我国考古学文化上具有重大意义或在我国历史上占有政治、经济、文化、军事重要地位的原始聚落、古代都城、宫殿、陵墓和墓葬群、宗教遗址、水利设施遗址、交通设施遗址、军事设施遗址、手工业遗址、其他建筑遗迹，其面积较大，一般有几十万平方米、几百万平方米，甚至几十平方千米、几百平方千米②。

综上，本书认为，大遗址是指规模宏大、具有重要意义的大型聚落、城址、遗址群等物态文化遗产。

（二）分类

大遗址按照不同的划分方法，有不同的类型，例如，按照遗址的主要物质划分，分成土遗址、砖石遗址、木建筑遗址等三类；按照所处年代划分，分成旧石器时代遗址、新石器时代遗址、古代遗址三类。

按照遗址的背景内容进行分类，可分成以下类型，如表6-1所示。

表6-1 基于遗址背景内容的遗址分类

旧石器时代古人类遗址	我国旧石器时代早期遗址以元谋猿人遗址、蓝田猿人遗址为代表；中期遗址以丁村遗址为代表；晚期以山顶洞遗址、小孤山遗址为代表
新石器时代聚落遗址	我国新石器时代早期聚落遗址以大地湾遗址、裴李岗遗址为代表；中期以河姆渡遗址、仰韶遗址、大汶口遗址为代表；晚期以屈家岭遗址、良渚遗址为代表
古代都城遗址	我国古代都城遗址以安阳殷墟、隋唐洛阳城遗址、郑州商都遗址、北宋东京城遗址、秦咸阳城遗址、汉长安城遗址、临淄齐国故城、赵国邯郸故城、楼兰遗址、辽上京城遗址、高昌故城等为代表
古代宗教遗址	我国古代宗教遗址以敦煌莫高窟、龙门石窟、法门寺遗址、热瓦克佛寺遗址、克孜尔千佛洞、台藏塔遗址等为代表
古代工程（军事、交通、水利）遗址	我国古代军事遗址以长城、玉门关及长城烽燧遗址、巴楚古烽燧遗址、洛阳函谷关遗址、重庆钓鱼城古战场遗址、垓下古战场遗址等为代表。古代交通遗址以丝绸之路、秦直道、茶马古道、蜀道遗址等为代表。古代水利遗址以大运河、都江堰、郑国渠首遗址为代表

---

① 徐嵩龄等：《文化遗产的保护与经营：中国的实践与理论进展》，社会科学文献出版社，2003，第184页。
② 陆建松：《中国大遗址保护的现状、问题及政策思考》，《复旦学报》（社会科学版）2005年第6期。

古代手工业遗址	我国古代手工业遗址以景德镇御窑厂遗址、河南汝窑遗址、河北定窑遗址、钧台钧窑遗址、长沙铜官窑遗址、铜陵古铜矿遗址、古荥阳冶铁遗址等为代表
古代陵墓及墓葬群	我国古代陵墓及墓葬群以陕西秦始皇陵、邙山陵墓群、明十三陵、西汉帝陵、汉楚王墓群、印山越国王陵、阿斯塔那古墓群、四川安丙家族墓地等为代表
其他遗址	如北京圆明园遗址、西安华清宫遗址、北戴河秦行宫遗址、湖南永顺土司城遗址、贵州播州海龙屯遗址、湖北唐崖土司城遗址等

资料来源：董晓峰：《旅游资源学》，中国商业出版社，2006。

二　大遗址的特点

（一）不可再生性

大遗址作为古代先民以大量人力营造并长期从事各种活动的文化遗存，是不可移动的大型文物，具有稀缺性、脆弱性和不可再生性。大遗址遗存丰富，蕴含着大量的历史文化信息，如长城、秦始皇陵、殷墟等大遗址，它们是人类社会生活中遗留下来的遗物、遗迹、遗址，具有稀缺性、不可移动性、不可替代性、不可再生性。我国的大遗址以土遗址为主，古代建筑以木质建筑为主，能从久远的年代保存下来的较少，具有脆弱性、逐渐消亡性、难以复原性。

（二）综合价值巨大

大遗址是人类发展的历史见证，蕴含着丰富的历史信息和文化内涵。大遗址反映了当时社会经济条件下的生产力水平、科学技术水平和创造能力，参观游览大遗址可以让人们了解古代社会的历史、文化、政治、经济等极为丰富的内容，具有极高的历史文化价值、科学研究价值。此外，大遗址中出土的文物，如青铜器、陶瓷、书法、绘画等，反映了古人在艺术创作上的高超技艺，艺术价值巨大。通过旅游开发合理利用大遗址，既可以将中国悠久的传统文化展示给世界，进行历史文化传播和文化交流，还可以给大遗址所属地区带来可观的经济收入，促进地方产业转型和经济结构调整，有利于其长远发展。

（三）类型多样

大遗址年代久远，例如元谋人遗址中的元谋人化石是迄今为止中国发现的最早的人类化石之一，距今约170万年。大遗址规模宏大，分布广泛。列入大遗址保护国家项目库的150处大遗址涉及全国29个省、自治区、直辖市，多数大遗址保护区面积在1~100平方公里①。大遗址一般面积巨大，大遗址内的文化遗产、遗址资源往往比较分散。例如，长城遗址跨越北京、天津、河北、山西、内蒙古、辽宁、山东、河南、陕西、甘肃、宁夏、新疆等省（区、市）。大遗址类型多样，按照其文化内涵可以分成政治、军事、科技、工业、农业、宗教、建筑、水利、交通等多种类型。

（四）易受到破坏

1. 自然灾害、风化侵蚀

我国古代的大遗址以土遗址为主，古代建筑以木质建筑为主，在地震、洪水、泥石流、山体滑坡等自然灾害前，很容易遭受破坏；风化、雨水、虫蚁等侵蚀，也会让遗址千疮百孔乃至断裂坍塌。例如，河南内黄三杨庄遗址地处黄河故道，又发掘于4米以下地层，属灾害性遗址（水灾），遗址在夏季会受潮发生霉变、生长青苔；冬季干燥时会被酥碱、风化②。

2. 经济建设性破坏

随着经济和社会的发展，在城镇的建设初期，由于各种原因，大遗址受到了一定程度的破坏。

3. 群众生产、生活性破坏

遗址所在地群众通过平整土地、开荒、宅基地建设、垃圾堆放、私搭乱建等生产、生活性活动对遗址造成影响和破坏。

4. 不合理的旅游开发性破坏

由于不合理、急功近利的旅游开发，以及游客的不文明行为，大遗址遭到破坏。例如，原来长城遗址中娘子关古朴的单层城楼，被旅游景区管

---

① 李周昕：《湖南考古大遗址旅游开发模式比较研究》，湘潭大学硕士学位论文，2019。

② 《"中国的庞贝古城"三杨庄遗址现青苔和霉变》，凤凰网，http://culture.ifeng.com/gundong/detail_2012_11/08/18959948_0.shtml。

理者改建成华丽的双层城楼，原有风貌和历史被切断及改变①。除此以外，游客的胡刻乱画等不文明行为使本就脆弱的遗址遭受二次破坏。如 2017 年，有驴友在蟠龙山长城一巨大敌楼内烧火做饭，有极大的安全隐患。

5. 遗址盗掘、盗墓等破坏

受经济利益驱使，一些不法分子无视国家法律，进入遗址进行盗掘、盗墓等行为，给遗址造成了严重破坏。例如，2002 年，楼兰遗址一带十几座大型墓葬被盗掘；2011 年，洛阳孟津县平乐镇左寨沟村旁一座汉代古墓被盗挖；2016 年，陕西西汉薄太后陵陪葬坑被盗墓团伙盗掘。

三　大遗址的功能

（一）文化保护与研究

大遗址作为中国文化遗产中规模和文化价值突出的文化遗存，具有极高的保护与科学研究价值。对大遗址进行有效保护，才能让后世了解中华民族在特定历史时期的生产力水平、社会生活和意识形态等历史信息。对大遗址进行保护管理与科学研究，是帮助人们认识和恢复历史本来面貌的重要依据，使人们从不同的侧面探索和揭示人类社会发展的客观规律，有利于促进当代和未来社会的发展。

（二）展示与教育

大遗址通过遗址博物馆、遗址公园等方式展示古代先民社会生产和生活的物质遗存，有很强的说服力和感染力，如良渚遗址、殷墟遗址等，它们作为实物见证，人们可以从直观的、形象的感受中，了解中国古老的文明、灿烂的文化，领悟中华民族的伟大，增强自豪感，大遗址可以潜移默化地培养人们的爱国主义情怀，成为凝聚民族团结力量。

（三）休闲与旅游

大遗址所处的空间环境，可以成为具有历史氛围的公共活动场所，供居民及游客休闲、游憩。大遗址的垄断性、独特性等特点使其成为旅游资

---

① 王雪农：《旅游对长城造成了哪些破坏及影响？》，搜狐网，https://www.sohu.com/a/158198721_816889。

源，在保护基础上对其进行旅游开发，既可以弘扬中华优秀传统文化，又可以改善所在区域的生态和人居环境，还能带来大量的经济收入，促进产业结构的调整。

四　大遗址保护历程

（一）初步保护阶段

1982 年，我国颁布了《中华人民共和国文物保护法》，对包括遗址在内的文物进行保护。1983 年，北京建成了中国第一个遗址公园——圆明园遗址公园。1987 年，周口店"北京人"遗址被列入世界文化遗产名录，这是中国遗址第一次列入世界遗产名录，它标志着中国遗址保护工作得到了世界的肯定。1994 年，中国建筑历史研究所完成了汉阳陵文化遗址公园规划、秦始皇陵园保护与利用可靠性研究、汉阳陵国家考古遗址公园建筑设计、三门峡虢国君王墓地遗址博物馆建筑设计等一系列有重要影响力的项目，研究成果达到了国际先进、国内领先水平。

1997 年，国务院提出要加强大遗址的保护。2002 年 11 月，国家文物局在调查研究的基础上向国务院提交了《"大遗址"保护"十五"计划》，根据我国大遗址的保护现状和实际情况，开始了 50 处大遗址保护的重点实验项目。

（二）保护与展示并重阶段

自 2005 年开始，国家启用大遗址保护工程。2005 年 8 月，国家文物局、财政部印发《大遗址保护专项经费管理办法》。2006 年 11 月，国家文物局、财政部于印发《"十一五"期间大遗址保护的总体规划》，将良渚遗址、二里头遗址、殷墟遗址、秦始皇陵、汉长安城遗址、隋唐洛阳城遗址、圆明园遗址等 100 处重点大遗址列入保护项目库。"十一五"期间，100 处大遗址保护工程启动，建成一批大遗址保护展示示范区；国家出台一系列专门性法规，初步建立大遗址保护管理体系；殷墟遗址、元上都遗址成功列入世界遗产名录。

2005 年国际古迹遗址理事会第 15 届大会形成的《西安宣言》，呼吁世界各国深入认识并采取有效措施将保护范围扩大至遗产周边环境以及环境所包含的一切历史、社会、经济和文化的活动。这一新的文化遗产保护理念，反映了国内外学者的文化遗产保护观念由单纯注重遗产本体保护，延伸到与遗产有关的空间区域内生态环境、人文环境的整体保护。同年还召开了大遗址保护洛阳现场会、无锡现场会等。2008 年 10 月，国家文物局和陕西省政府在西安共同主办了"大遗址保护高峰论坛"，来自西安、洛阳、杭州、成都等大遗址重点城市的政府主要领导出席论坛，围绕"做好大遗址保护，推进城市和谐发展"主题发布了《西安共识》。

（三）多元利用阶段

我国于 2010 年颁布《国家考古遗址公园管理办法（试行）》，大遗址保护工作迈入新阶段。2010 年 10 月，国家文物局公布首批 12 个国家考古遗址公园和 23 个立项名单。后经过第二批、第三批国家考古遗址公园名单及立项名单公布，截至 2018 年 8 月，国家文物局已评定公布 20 个省（区、市）36 处国家考古遗址公园，总面积达 61 万公顷；另有 24 个省（区、市）67 处考古遗址公园列入国家考古遗址公园立项名单，遗址本体保存现状得到显著改善①。

2013 年 1 月，国家文物局提出《关于加强大遗址考古工作的指导意见》。2013 年 7 月，国家文物局和财政部联合印发了《大遗址保护"十二五"专项规划》，新增 50 处大遗址列入国家大遗址保护项目库，全面启动 150 处大遗址保护规划编制，建成 24 家国家考古遗址公园和一批遗址博物馆，推动元上都、大运河、丝绸之路、土司遗址等相继列入世界遗产名录，初步形成了以"六片（西安、洛阳、荆州、成都、曲阜、郑州）、四线（长城、丝绸之路、大运河、茶马古道）、一圈（陆疆、海疆）"为核心，以 150 处重要大遗址为支撑的大遗址保护格局。

2016 年 11 月，国家文物局印发了《大遗址保护"十三五"专项规划》，总体目标是基本实现大遗址本体和环境安全，完善大遗址保护规划和

---

① 《国家考古遗址公园 36 处评定 67 处立项》，中华人民共和国中央人民政府网，http://www.gov.cn/xinwen/2018-10/11/content_5329377.htm。

管理体系，加强基础设施和保护利用设施建设，全面实现大遗址对外开放，继续推进国家考古遗址公园建设，有效提升大遗址保护展示利用水平。具体将建成10~20个专门的考古工作基地（站），建成20~30个遗址博物馆，建成10~15个国家考古遗址公园，形成8~10处大遗址保护片区。2020年8月，国家文物局印发了《大遗址利用导则（试行）》，试行期两年，该导则详细规定了大遗址文物的保护、利用等事宜。

第二节　大遗址展示与旅游

一　大遗址展示概述

（一）概念

大遗址作为中华文明五千年的史迹主体，具有不可估量的价值。大遗址展示是遗址保护、利用、价值实现的主要途径，能起到教育、科学考察、休憩、娱乐、旅游等多种作用。

具体到遗址这一特定对象时，"展示"的范围有所延伸。我国在2009年推出的《国家考古遗址公园评定细则（试行）》中单独列出"遗址的展示与阐释"一项。除了强调建在遗址场所范围内或附近的博物馆的场馆建设、陈列内容、陈列手段外，该细则还单独强调了"遗址现场展示"的重要性，并将"标识系统"纳入该名目子项，尤其是列出了"延伸展示"这一项，具体包括"周边展示"（指场外及周边展示设计）和"远程展示"（指专门的公园网站）。可见，"遗址展示"实则接受了一种广义博物馆概念的影响，不仅将遗址视作展品来处理，将参观路线视作展览路线来对待，而且由于体量较大，其对周边环境及更大尺度空间范围内的景观系统都产生了重要影响。因此，"遗址展示"强调一种以广义博物馆的思维来看待遗址现场所形成的可视性实物组合。这里的实物，既包含了传统意义上的可移动文物和遗址本体，也包含了必要的辅助性展示设施（如复制模型、必要的展具等），以及阐释手段所依托的在场实体设施（如传统的标识体系等），同时还包括了对环境（包括自然环境和人造环境）问题的考虑①。

大遗址展示，是对大遗址区域以遗址遗迹本体为主的自然与人文环境的展现或显示，包括了内在价值或精神的表达和外在形态的展现或展示②。

（二）大遗址展示历程

1. 第一阶段：保护为主，展示较少（2000 年以前）

中华人民共和国成立后，为保护文物，国家层面的考古遗址政策引导以保护为主，展示考虑较少③。1961 年《文物保护管理暂行条例》规定"必须严格遵守恢复原状或者保存现状的原则"（第十一条），1982 年的《文物保护法》要求"必须遵守不改变文物原状的原则"（第十四条）。为加强对文物的保护，根据当时重要的考古发现，建立博物馆或陈列馆，如 1953 年在周口店建立的中国猿人陈列馆，1979 年开放的秦始皇陵兵马俑一号坑展览大厅，1987 年开放的殷墟博物苑，1997 年开放的三星堆遗址博物馆等。通过引导参观，向观众开展文物保护和文物知识的宣传活动。

2. 第二阶段：侧重本体，展示优先（2000 年至今）

1999 年，国家文物局提交了《大遗址保护展示体系建设规划基本思路》，作为大遗址的专门性文件，其掀开了新时期大遗址保护展示的序幕。2005 年出台的《大遗址保护专项经费管理办法》中，将经费安排的原则定为"中央主导，地方配合，统筹规划、确保重点，集中投入，规划先行，侧重本体，展示优先"（第三条）。国家文物局 2006 年 12 月下达《"十一五"期间大遗址保护总体规划》，2013 年 7 月发布《大遗址保护"十二五"专项规划》，2016 年 11 月发布《大遗址保护"十三五"专项规划》，这一系列文件引领大遗址保护展示发展。2009 年国家文物局颁布的《国家考古遗址公园管理办法（试行）》将考古遗址公园定义为"以重要考古遗址及其背景环境为主体，具有科研、教育、游憩等功能，在考古遗址保护和展示

---

① 王思渝：《价值与权力——中国大遗址展示的观察与反思》，上海古籍出版社，2019，第 63 页。

② 刘卫红：《大遗址展示理念方法问题的探讨》，《地域研究与开发》2013 年第 4 期。

③ 王思渝：《价值与权力——中国大遗址展示的观察与反思》，上海古籍出版社，2019，第 31 页。

方面具有全国性示范意义的特定公共空间"（第二条），并于 2010 年、2013 年、2017 年分别公布三批国家考古遗址公园名单和立项名单。2013 年《关于加强大遗址考古工作的指导意见》及其附件《大遗址考古工作要求》中，正式将考古作为展示的科学依据和基础，强调考古研究和成果转化以服务于展示。2020 年 8 月，国家文物局印发了《大遗址利用导则（试行）》，第一次明确地把大遗址利用分为"价值利用"和"相容使用"两类，并强调应以价值利用为主，科学确定大遗址利用策略、手段和方式。

二　大遗址展示方式

大遗址是遗存本体和与其相关的环境载体共同构成的综合体。事实上，许多大遗址的遗存本体较少，可视性不强，其相关环境经过长时间的变迁也发生了很大变化，因此大遗址展示方式既包括遗址本体的保护展示，也包括其环境保护展示，还包括一些媒介或载体展示。

（一）遗址本体保护展示

为保护遗址自身及其所承载的历史文化信息，可采取以下方式。

1. 露天原状保护

参照遗址保护方法，露天原状保护，只对现存遗址进行加固，保持其原始状态。这种方式成本小，保护效果差，但能让人获得直观感受。典型案例有圆明园、长城、楼兰遗址等。

2. 回填封存保护

由于不具备保护技术和条件，为避免遗址在挖掘后遭到破坏，对其进行回填封存保护。这种保护方式不改变遗址环境，保护效果好，多用于土遗址保护。典型案例如汉长安城遗址、安阳殷墟。安阳殷墟中大部分宫殿建筑基址、王陵大墓都采取地下封存与地表植被覆盖相结合的方法进行保护[①]。

3. 厅棚围护保护

在遗址上盖房或建棚架，将遗址放在室内加以保护。这种方式保护性

---

① 　杜久明：《安阳殷墟——古遗址保护与展示的成功典范》，《中原文物》2007 年第 2 期。

强，效果好，可以全天候陈列展示。典型案例如秦始皇陵兵马俑、汉阳陵、洛阳天子驾六车马坑等。

4. 遗址复原重建

根据遗址考古情况，结合史料研究，对遗址进行复原重建。这种方式的优点是展示直观、生动，缺点是有人认为这是破坏遗产真实性的行为。典型案例如唐大明宫含元殿遗址、隋唐洛阳城遗址。隋唐洛阳城遗址中的定鼎门、应天门、明堂天堂等都是地下对遗址进行保护展示，地上对遗址进行复原重建。

（二）遗址相关环境保护展示

1. 自然环境保护展示

遗址周边环境作为与遗址本体有直接关联的环境要素，也要进行保护展示。例如，良渚古城遗址公园包含了与人工遗存有直接关联的自然山水、生态景观等环境要素。公园大量运用绿植标识遗址本体，大片的水稻代表了这里丰富的水域资源，树皮铺陈的区域则代表着一处处房屋遗址，公园内林木繁茂、水系纵横，大面积保留和还原了数千年前的湿地生态系统①。

2. 非物质文化遗产展示

大遗址作为中国文化遗产的重要内容，其承载的历史文化信息可以作为保护展示的重要手段。例如，对于桂林甑皮岩国家考古遗址公园，可利用桂林山水传说、壮族织锦技艺、桂林彩调、彩陶制作、桂林米粉等非物质文化遗产资源②来增加其展示的趣味性。

（三）遗址载体保护展示

1. 云上展示

为了取得更好的展览效果，以及让更多人了解遗址的历史文化，许多大遗址采用网络直播的方式进行云上展示。例如，2020 年北京大运河文化节"云上运河"系列直播活动于 11 月 7 日至 11 月 13 日连续推出 7 场直播，

---

① 《护绿良渚古城遗址：实现文物保护与水生态环境改善双赢》，中国新闻网百家号，https://baijiahao.baidu.com/s? id = 1710329199527683572&wfr = spider&for = pc。

② 李梦玉、陈洪波：《试论非物质文化遗产在国家考古遗址公园建设中的作用——以桂林甑皮岩国家考古遗址公园为例》，《广西博物馆文集》，广西人民出版社，2015，第 47-53 页。

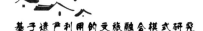

邀请文物专家、文化名人等，带大家走进大运河北京段沿线 7 个区，感悟大运河的前世今生。

2. 文创载体展示

还可以通过文创纪念品开发把大遗址内涵展示出来。遗址文创产品将遗址文化特色融入文创产品之中，是遗址文化教育和商业价值的巧妙结合。我国遗址博物馆文创市场呈现高速增长态势。例如，成都金沙遗址博物馆依托独特神秘的金沙文物资源和绚烂厚重的古蜀文明，通过创意设计将出土及馆藏的金器、玉器、铜器和陶器等文物元素及其蕴含的文化内涵融入现代的生产生活，研发出以"金沙太阳神鸟金饰"为图案的饰品、礼品和商务会议产品等。取材于金沙出土文物——蛙形金饰的"望月"系列饰品，将古蜀先民对月亮的崇拜和向往变成耳边和颈间的一抹装饰；以卡通形象表达的铜人形器金沙吉祥物，尽显萌态；2019 年"双耳面具杯"荣获中国特色旅游商品大赛银奖[①]。

3. 演艺载体展示

除了文创产品，还可以通过歌舞表演、实景演出、音乐剧等诸多演艺活动来展示遗址文化内涵，如南京大报恩寺遗址实景演出《报恩盛典》，四川剑门关的实景悬崖灯光演艺秀《剑门长歌》，西安天坛遗址的《仿唐祭天大典》，洛阳应天门遗址互动演艺《神都志·元日神探》等。自 2014 年始，金沙遗址博物馆就以音乐会、考古诗会、舞蹈展演、国际联谊晚会等形式举办"金沙之夜"主题活动，为观众带来展厅之外的博物馆记忆。音乐剧《金沙》、长篇动画片《梦回金沙城》等，用多元艺术诠释了金沙文化[②]。

三 大遗址展示与旅游的关系

（一）大遗址展示为旅游发展提供资源依托

大遗址作为规模巨大、文物价值突出的聚落、城址、墓葬，其垄断性、

---

① 《文创产品》，金沙遗址博物馆网，http://www.jinshasitemuseum.com/Art/CultureProduct。

② 《文化创作》，金沙遗址博物馆网，http://www.jinshasitemuseum.com/Art/CultureCreate? pageIndex=1。

独特性等特点使之成为旅游资源。大遗址由于历史原因，多湮没于地下，考古挖掘出来的遗址只有通过展示遗址本体、周边环境、可移动文物，并借助必要的辅助性展示设施、阐释手段，才能把大遗址的内在价值和外在形态有效表达出来，因此大遗址展示为旅游发展提供了资源依托。

（二）旅游发展为大遗址展示提供利用路径

开展遗址旅游可以提升文物保护管理和利用水平，协调文物保护、文化传承与地方经济、社会发展的关系。为了吸引更多的游客，并满足游客求新求异的旅游需求，遗址旅游景区采用高科技手段进行大遗址的多样化展示，并投入资金和人力，根据遗址内涵进行文化创作，衍生出多种多样的旅游产品，因此旅游发展为大遗址展示提供了利用途径，使文物保护、科学研究、传播教育等有了可能。

（三）大遗址展示为文旅融合提供内容支撑

大遗址本体、相关环境，以及遗址载体的展示，既展示了遗址自身及其所承载的历史文化信息，又展示了周边自然环境和社会文化环境，还通过高科技手段、云上直播、文创产品、演艺活动等多种方式来阐述大遗址的文化内涵，为文化与旅游的融合提供了内容支撑，满足游客休闲、娱乐、游憩、接受教育等多种需求。

（四）大遗址展示与旅游发展存在一定的矛盾

由于大遗址展示与旅游发展目的有所差别，因此二者也存在一定矛盾。首先，不恰当、不合理的旅游开发会对遗址本体及周边环境造成破坏。其次，随着游客的增多，呼出的二氧化碳中含有大量的水分，可能会增加遗址腐蚀和被破坏的概率。最后，游客的不文明行为，如攀爬、踩踏、乱刻乱画等，都会对大遗址造成损害。

为避免这些负面影响的产生，大遗址旅游开发必须以保护为前提，制定科学、合理的旅游规划，接待游客数量严格控制在最大承载量以内，并且严厉打击游客的不文明行为，严重者进行经济处罚。

第三节 大遗址文旅融合典型案例

我国大遗址作为五千多年灿烂文明史的主体和典型代表,具有深厚的历史文化底蕴,其中秦始皇陵及兵马俑坑、周口店北京人遗址,长城,明清皇家陵寝、高句丽王城、王陵及贵族墓葬,殷墟,元上都遗址,丝绸之路(长安—天山廊道的路网),大运河,土司遗址,良渚古城遗址 11 处大遗址被列入世界遗产名录(截至 2021 年 1 月)。以下是具有代表性的遗址介绍。

一 秦始皇陵及兵马俑坑

(一)遗址概况

秦始皇陵是中国历史上第一座帝王陵园,修筑时间长达 38 年,工程之浩大、气魄之宏伟,创历代封建统治者奢侈厚葬之先例。陵上封土原高约 115 米,现仍高达 76 米,陵园内有内外两重城垣,内城周长 3840 米,外城周长 6210 米。内外城郭有高 8~10 米的城墙,尚残留遗址[①]。据史载,秦始皇陵陵区分陵园区和丛葬区两部分。考古发现地宫面积约 18 万平方米,中心点的深度约 30 米。陵园以封土堆为中心,四周陪葬分布众多,内涵丰富、规模空前,除闻名遐迩的兵马俑陪葬坑、铜车马坑之外,又新发现了大型石质铠甲坑、百戏俑坑、文官俑坑以及陪葬墓等 600 余处,数十年来秦陵考古工作中出土的文物达 10 万余件。

兵马俑坑是秦始皇陵的陪葬坑,位于陵园东侧 1500 米处。1974 年春被当地打井的农民发现。由此埋葬在地下两千多年的宝藏得以面世,被誉为"世界第八奇迹"。兵马俑坑现已发掘 3 座,俑坑坐西向东,呈"品"字形排列,坑内有陶俑、陶马 8000 多件,还有 4 万多件青铜兵器。秦兵马俑场面宏大,威风凛凛,队列整齐,展现了秦军的编制、武器的装备和古代战

[①] 《为何秦始皇陵到现在还保存完好,是没人敢盗吗?》,搜狐网,https://www.sohu.com/a/817601810_121201506。

争的阵法，为研究秦朝时期的军事、政治、经济、文化、科学技术等，提供了十分珍贵的实物资料。崇尚写实、手法严谨、性格鲜明、形象生动是秦始皇陵兵马俑的艺术特点，表现了极高的技艺水平，是世界上独一无二的文化艺术宝库。

（二）保护展示历程

秦兵马俑坑是秦始皇帝陵庞大陪葬体系的一部分，一号兵马俑坑于1974年被发现，1979年建成保护大厅并对外开放，被誉为"世界第八大奇迹""二十世纪考古史上的伟大发现之一"。在此后的考古发掘中，又于1976年相继发现了二、三号兵马俑坑。一号坑先后进行了3次正式发掘，2009年6月启动了一号坑的第三次正式发掘，此次发掘中清理的一些器物残骸对研究秦代历史也很重要。2011年6月3日，经国家文物局批准，秦陵博物院又启动了K9901（百戏俑坑）陪葬坑和秦陵部分建筑遗址的考古发掘工作①。2011年9月30日，K9901陪葬坑、K0006（文官俑坑）陪葬坑正式对外开放。

秦始皇陵兵马俑充分表现了两千多年前中国人民巧夺天工的艺术才能，是中华民族的骄傲和宝贵财富。1956年被陕西省人民政府公布为省级重点文物保护单位；1961年被中华人民共和国国务院列为第一批重点文物保护单位；1979年秦始皇兵马俑博物馆成立；1987年被列入世界遗产名录；2002年7月，国家发改委正式批准建设秦始皇陵遗址公园；2007年5月，西安市秦始皇兵马俑博物馆经国家旅游局正式批准为国家5A级旅游景区；2010年10月，被列入国家考古遗址公园名单。2010年10月1日，秦始皇陵遗址公园正式开园，公园内有四大看点：百戏俑坑遗址保护展示厅、文官俑坑遗址保护展示厅、石铠甲坑遗址保护展示厅、秦始皇陵铜车马博物馆②。

---

① 《兵马俑考古的故事｜秦始皇帝陵博物院"守护 传承 创新 发展——秦兵马俑保护展示四十年"》，搜狐网，https://www.sohu.com/a/304762532_348977。

② 《全名单｜中国36处国家考古遗址公园，你去过几处?》，搜狐网，https://www.sohu.com/a/446037454_617491。

（三）旅游发展概况

景点包括秦始皇兵马俑博物馆和丽山园。两个景点相距 2200 米，观众可乘坐免费旅游专车往返。秦始皇兵马俑博物馆主要参观点包括秦兵马俑一、二、三号坑，铜车马陈列厅及相关临时展览。为了更好地展示兵马俑，博物馆内设环幕影院，利用新型电影技术系统地介绍兵马俑，使观众能够身临其境地感受历史。秦始皇帝陵博物院官网上有兵马俑 VR（内含一、二、三号坑及铜车马等）、数字展馆，真彩秦俑展、"平天下"展览、三晋文物展等在线展览，还有神秘王国、文明之海等临时展览，通过这些云上展示方式让游客更清晰地了解兵马俑历史文化。2020 年 3 月，秦始皇帝陵博物院联合陕西广播电视台推出大型全媒体直播《云游兵马俑探秘兵马俑一号坑秦国军队》；后又推出两场"云"游兵马俑系列直播《兵马俑出土兵器首次展示》和《兵马俑绿面俑首次直播》，三场直播累计综合传播量超过 7102 万次①。2020 年 6 月，"数字秦陵"官方小程序上线，通过微信可云游兵马俑博物馆。

在教育研学方面，秦始皇帝陵博物院（简称"秦陵博物院"）与马云公益基金会共同推出了兵马俑 VR 公开课，向全国的中小学免费开放。为了方便同学们在家学习体验，特别制作了 PC 版本，无需 VR 设备也可以在家通过电脑进行体验。秦陵博物院社会教育部微信公众号从 2020 年2 月 12 日起周一至周五每天推出一期"秦俑百问微讲堂"，针对秦陵博物院对外开放 40 年来观众最感兴趣的问题，由专业讲解员以音频、文字、图片的形式进行解答。2 月 15 日起每周六推出一期"欢乐博物馆微教室"课程，该课程针对青少年策划，注重动手、动脑和参与性，展示形式有音频、视频、文字、图片。秦始皇帝陵博物院官方微博开辟专栏同步推广"秦俑百问微讲堂"，秦陵博物院喜马拉雅平台官方电台号"声临秦境"，与微信端同步推广线上音频内容，文博在线及耳朵里的博物馆也同步推送。秦陵博物院和其他三家博物院还与腾讯联合打造"文物的时空漫游"线上音频课程，3 月 6 日上线，推出针对 5 ~ 12 岁年龄段儿童的睡前故事，每期

---

① 《"云"游兵马俑直播活动逾七千万观众围观》，秦始皇帝陵博物院网，https://www.bmy.com.cn/news/news/2293.html。

节目 5～10 分钟，每日发布 3 期音频节目[①]。

秦兵马俑先后在 40 多个国家和地区的 80 多个城市展出，至今已接待近 200 位国家元首和政府首脑。为保护遗址，让游客拥有更好的旅游体验，秦始皇陵兵马俑博物馆秦采取适当措施控制客流量，门票预售采取实名制，进行线上、线下预售票。当观众日接待量达最大承载量即核定的 65000 人时，将停止人工和自助机售票。秦始皇陵及兵马俑这座世界最大的地下军事博物馆，吸引着无数游客前来参观、游览。据统计，2018 年秦始皇帝陵博物院共接待中外游客达 8580416 人次，和 2017 年相比增加 1727288 人次，增长 25.20%[②]。

二　长城

（一）概况

长城，又称万里长城，是中国古代的军事防御工事，是以城墙为主体，同大量的城、障、亭、标相结合的防御体系。长城的修筑历史可上溯到西周时期。春秋战国时期列国争霸，互相防守，长城修筑进入第一个高潮，但此时修筑的长度都比较短。秦灭六国统一天下后，秦始皇连接和修缮战国长城，始有万里长城之称。根据《明实录长城史料》，有 20 多个诸侯国家和封建王朝修筑过长城，其中秦、汉、明 3 个朝代所修长城的长度都超过了 1 万里。明朝是最后一个大修长城的朝代，今天人们看到的长城多是此时修筑。

据统计，中国历代长城总长度为 21196.18 千米，分布于北京、天津、河北、山西、内蒙古、辽宁、吉林、黑龙江、山东、河南、陕西、甘肃、青海等 15 个省（市、自治区），包括长城墙体、壕堑、单体建筑、关堡和相关设施等长城遗产 43721 处[③]。国家文物局曾于 2009 年公布，中国明长城

---

① 《"云"游兵马俑直播活动逾七千万观众围观》，秦始皇帝陵博物院网，https：//www.bmy.com.cn/news/news/2293.html。

② 《2018 年全年西安的秦始皇帝陵博物院接待游客 858 万余人次，惊人》，搜狐网，https：//www.sohu.com/a/285967620_120044641。

③ 《中国十大风景名胜之一：万里长城》，快资讯网，https：//www.360kuai.com/pc/9ace36718e3cf3219？cota＝3&kuai_so＝1&sign＝360_57c3bbd1&refer_scene＝so_1。

总长度为 8851.8 千米，经过壕堑 359.7 千米，自然天险 2232.5 千米①。

修筑长城时要"因地形，用险制塞"，修筑城堡或烽火台也是选择在险要之处，修筑城墙要充分利用地形，如居庸关、八达岭的长城都是沿着山岭的脊背修筑。修筑关城隘口是选择在两山峡谷之间，或是河流转折之处，或是平川往来必经之地，这样既能控制险要，又可节约人力和材料，以达到"一夫当关，万夫莫开"的效果。长城体系中设置有大量烽燧（烽火台）作为情报传递系统，长城的著名关隘有嘉峪关、山海关、居庸关、玉门关、娘子关、雁门关、阳关等。长城通过城墙把长城沿线的隘口、军堡、关城和军事重镇连接成一张严密的网，形成一个完整的防御体系。军堡、关城和军事重镇这个体系具有战斗、指挥、观察、通信、隐蔽等多种功能，并配置有长驻军队，形成点线结合的防御工程。

如今长城已失去了它的军事用途，更多的是体现中华民族精神文明，激励着中华儿女保卫中华民族。1961 年 3 月 4 日，长城被国务院公布为第一批全国重点文物保护单位。1987 年 12 月，长城被列入世界遗产名录。

（二）保护展示历程

1961 年起，一批长城重要点段被陆续公布为全国重点文物保护单位。1984 年，邓小平和习仲勋为"爱我中华，修我长城"社会赞助活动题词，推动长城保护工作全面开展。1987 年，长城被联合国教科文组织列入世界遗产名录。2006 年，国务院颁布《长城保护条例》，进一步明确了各级政府和有关部门的法定职责。2006 年，国家文物局会同国家测绘局组成长城资源调查领导小组，历时 4 年，于 2010 年 12 月完成对我国各时代长城资源的田野调查。

2019 年 11 月，中国文化遗产研究院发布了《长城保护报告（2017—2018 年）》。根据调查，在长城法律法规体系方面，我国在 2017 年至 2018 年出台的长城保护法律法规共有 7 部（包括新增 5 部，修订 1 部，提高法规

---

① 《明长城总长 8851.8 千米》，新浪网，https://news.sina.com.cn/c/2009-04-19/1629154915
16s.shtml。

级别 1 部），其中省级 2 部，市县级 5 部，地区主要集中在北京市、河北省、甘肃省和内蒙古自治区①。在文物保护单位方面，截至 2018 年底，共有河北、山西、内蒙古、黑龙江、山东、河南、甘肃、青海、宁夏、陕西等 10 个省（自治区）长城认定资源全部公布为省级以上文物保护单位。在执法监督方面，截至 2017 年底，147 项存在问题已得到整改，27 项正在整改。截至 2019 年，河北、山西、内蒙古、吉林、黑龙江、陕西、甘肃、青海、宁夏等 9 个省（自治区）已公布全部长城文物保护单位的保护范围和建控地带；北京、天津、辽宁、山东、河南、新疆等 6 个省（自治区、直辖市）公布了部分长城文物保护单位的保护范围和建控地带②。

2019 年 12 月，中共中央办公厅、国务院办公厅印发《长城、大运河、长征国家文化公园建设方案》。该方案明确，要坚持保护优先、强化传承、文化引领、彰显特色，总体设计、统筹规划，积极稳妥、改革创新，因地制宜、分类指导，根据文物和文化资源的整体布局、禀赋差异及周边人居环境、自然条件、配套设施等情况，重点建设管控保护、主题展示、文旅融合、传统利用 4 类主体功能区。

2020 年 11 月 26 日，国家文物局发布了第一批国家级长城重要点段名单。第一批国家级长城重要点段构成以秦汉长城、明长城主线，与抗日战争、长征等重大历史事件存在直接关联，以及具有文化景观典型特征的代表性段落、重要关堡、重要烽燧为主，共计 83 段/处。其中秦汉长城重要点段 12 段/处，明长城重要点段 54 段/处。2025 年底前，各省（自治区、直辖市）将全面完成国家级长城重要点段机构建设、空间管控、监测管理、保护修缮、展示阐释等各项工作③。

（三）旅游发展状况

长城遗址中一些有代表性的点段成为旅游景点，如八达岭长城、慕田

①　《报告解读中国长城现状 谋划建立长城国家文化公园》，中国网，http://travel.china.com.cn/txt/2019-11/08/content_75387275.html。
②　《报告解读中国长城现状 谋划建立长城国家文化公园》，中国网，http://travel.china.com.cn/txt/2019-11/08/content_75387275.html。
③　《国家文物局发布第一批国家级长城重要点段名单》，央广网百家号，https://baijiahao.baidu.com/s? id=1684565499110998913&wfr=spider&for=pc。

峪长城、司马台长城、古北口长城、箭扣长城、金山岭长城、山海关长城、嘉峪关长城、大境门长城等。

据不完全统计，长城相关的各类旅游景区年接待量从1万~1000万人次不等，其中，年接待游客1万~10万人次的7个，10万~50万人次的14个，50万~100万人次的5个，年接待游客量100万~500万人次的8个，超过500万人次的1个①。

1. 八达岭长城

八达岭长城位于北京延庆，是明长城最具代表性的一段，居庸关的前哨，海拔1015米，地势险要，历来是兵家必争之地，是明代重要的军事关隘和首都北京的重要屏障。八达岭长城是明长城向游客开放最早的地段，八达岭景区以八达岭长城为主，包括中国长城博物馆、长城全周影院、雕塑纪念园等。

八达岭原为隘口，后建关城。明隆庆三年（1569年）至万历十年（1582年）在垛口修建障塞，并在垛口两侧的山上建起边城、梢墙、挡马墙等，后来逐渐增建为长城，并修筑敌楼、墩台。八达岭长城全长3741米，城墙随着山峰的走势蜿蜒起伏，如巨龙盘绕。八达岭长城的关城为东窄西宽的梯形，关城有东、西二门额题"居庸外镇""北门锁钥"，刻于万历十年。两门均为砖石结构，券洞上为平台，平台南北各有通道，连接关城城墙，台上四周砌垛口。八达岭长城共有敌楼43座，形制相仿又各具特色。八达岭长城外的东、西山上，各有一座墩台（烽火台）。八达岭长城、关城、城墙、要塞及关沟中部的居庸关构成明代北京完整的军事防御体系。

1953年，八达岭关城和部分城墙修复后，被辟为游览区。1961年3月，"万里长城——八达岭"被确定为第一批国家级文物保护单位。1961年，国务院确定八达岭关城和城墙为全国重点文物保护单位。1982年，八达岭作为北京八达岭—十三陵风景名胜区的重要组成部分，被国务院批准列入第

---

① 《报告解读中国长城现状 谋划建立长城国家文化公园》，中国网，http://travel.china.com.cn/txt/2019-11/08/content_75387275.html。

一批国家级风景名胜区名单。1986 年，八达岭被评为新北京十六景之一，名列全国十大风景名胜之首。1987 年被联合国教科文组织列入世界遗产名录。2000~2009 年，共有 500 余名世界各国的国家元首、政府首脑或执政党领袖登上过八达岭长城。2007 年 5 月，八达岭长城经国家旅游局正式批准为国家 5A 级旅游景区。在遗址展示方面，打造梦幻长城球幕影院，集全球首创 "球幕+3D+动感" 集成创新技术、虚拟现实（VR）、增强现实（AR）等前沿技术手段于一体，依托中国万里长城浑厚深远的历史文化，打造 "超真实" 震撼视听娱乐体验。更有球幕 3D 动感梦幻长城影厅、六自由度极限体验动感平台重返长城影厅、AR 人机交互穿越长城、VR 飞越长城等科技娱乐项目为游客提供沉浸式的互动享受。2018 年，八达岭长城接待游客 990 多万人次[①]。2019 年 6 月 1 日起，八达岭长城景区开始实施全网络实名制预约售票，并试行单日游客总量控制，每日最大流量为 6.5 万人次。

2. 嘉峪关长城

嘉峪关长城在甘肃嘉峪关市西南隅，因建于嘉峪山麓而得名，是明长城西端起点，建于明洪武五年（1372 年），以巍峨壮观著称，自古为河西第一隘口。关城由内城、外城、城壕三道防线组成，形成五里一燧、十里一墩、三十里一堡、一百里一城的军事防御体系。关城平面呈梯形，面积 33500 余平方米，城墙总长 733 米，高 11.7 米。城楼东、西对称，面阔三间，周围有廊，三层歇山顶高 17 米，气势雄伟。关城四隅有角楼，高两层，形如碉堡。登关楼远望，塞外风光尽收眼底。嘉峪关附近烽燧、墩台纵横交错，关城东、西、南、北、东北各路共有墩台 66 座。嘉峪关地势天成，攻防兼备，与附近的长城、城台、城壕、烽燧等设施构成了严密的军事防御体系，被誉为 "天下第一雄关"。嘉峪关旅游资源以嘉峪关城、魏晋壁画墓、万里长城第一墩、悬壁长城、长城博物馆、黑山岩画等最为著名。

中华人民共和国成立后，当地政府和群众开始对嘉峪关城楼和长城进

---

① 《北京日报：提醒！八达岭长城限流进入常态化，每周一客流最大》，搜狐网，https://www.sohu.com/a/331404217_203914。

行维修保护，揭开了嘉峪关历史新的一页。从 20 世纪 50 年代到 20 世纪 90 年代，各级政府和群众先后投资 820 多万元，对嘉峪关城进行数次维修保护①。2001 年 10 月，在甘肃省文物局的批准下，农民杨永福投资的长城修复工程破土动工。2002 年 6 月，这段总长 267 米的长城工程竣工。嘉峪关珍贵而丰富的长城历史文化遗产得到很好的保护，有赖于几代人的共同努力。2003 年 4 月 30 日，"中国嘉峪关长城博物馆"新馆在嘉峪关关城下正式落成开业。迈点研究院发布 2019 年度 5A 级旅游景区品牌 100 强名单，嘉峪关入选。为充分发挥博物馆的教育职能，嘉峪关长城博物馆发起进学校、进部队、进社区、进乡镇的"四进"活动。例如，2016 年 11 月 25 日，嘉峪关长城博物馆组织开展的流动展览——"丝路遗珍 雄关瑰宝"走进中国人民解放军驻嘉峪关某部。2020 年 11 月 24 日~26 日，嘉峪关长城博物馆走进育才学校、福民幼儿园、银河幼儿园开展长城知识讲座活动。嘉峪关长城博物馆社会教育项目"小小一块砖 构造一座城"，于 2021 年 4 月 1 日走进长城路小学，以贴近生活、丰富有趣的讲解内容吸引学生了解长城历史文化知识。嘉峪关长城博物馆文创产品包括纯银纪念币、纪念盘，纯银、镀金驿使马，嘉峪关明信片、扑克、书签、靠枕、纸扇系列、竹尺三件套等。

新冠疫情后，嘉峪关景区提档升级，完善各类智慧化服务，让游客"云端畅游"；并提升游客游玩参与体验感，设置具有年代感的小吃街，让景区工作人员身穿明朝服饰等，让游客仿佛穿越至古代，用全新方式"打卡"丝路游。嘉峪关大多数景点紧扣长城文化及丝路文化的脉系，并具有自己的特色，多年来一直是中外游客向往的地方。2019 年，关城景区及所辖悬壁长城景区、第一墩景区共接待游客 175.8 万人次，同比增长 19.12%；实现经营收入 14734 万元，同比增长 7%②。

① 《为何秦始皇陵到现在还保存完好，是没人敢盗吗？》，搜狐网，https://www.sohu.com/a/817601810_121201506。

② 《嘉峪关关城景区古今贯穿："云上"畅享，"线下"慢游》，搜狐网，https://www.sohu.com/a/410226341_123753。

三　安阳殷墟

（一）遗址概况

殷墟位于河南省安阳市殷都区小屯村周围，是中国历史上第一个有文献可考并为考古学和甲骨文所证实的商朝晚期都城遗址，距今已有 3300 多年历史，因出土大量的甲骨文和青铜器而驰名中外。殷墟总体布局严整，以小屯村殷墟宫殿宗庙遗址为中心，沿洹河两岸呈环形分布。现存遗迹主要包括殷墟宫殿宗庙遗址、殷墟王陵遗址、洹北商城、后冈遗址及聚落遗址（族邑）、家族墓地群、甲骨窖穴、铸铜遗址、手工作坊等。

殷墟甲骨文的发现，不仅把中国有文字记载的可信历史提前到了商朝，而且由于甲骨文内容丰富，涉及殷商政治、经济、文化、意识形态的各个方面，对全面复原殷商社会史具有重要意义。甲骨文不仅证明古老的汉字是独立起源的，还提供了中国古代独立的文字造字法则，对 3000 年以来的中国文化产生了根本性的影响。

殷墟王陵的埋葬制度、分布格局、随葬方式、祭祀礼仪等，集中反映了商代晚期的社会组织、阶级状况、等级制度、亲属关系，代表了中国古代早期王陵建设的最高水平，并为以后中国历代王朝所效仿，逐渐形成中国独具特色的陵寝制度。

（二）保护展示历程

1961 年，国务院将殷墟列为第一批全国重点文物保护单位，划出了重点保护区、一般保护区和外围区的范围，并制定了具体的保护措施。1982年，根据《中华人民共和国文物保护法》，划定了殷墟保护范围与建筑控制地带。2001 年，安阳市政府有效地阻止了小屯、花园庄向宫殿保护区的扩展，并斥巨资，将重点保护区内的居民安置到保护区外。2006 年，安阳市政府先后投入 15 亿多元，全面治理殷墟周边环境，探索遗址的展示方法，建造了殷墟博物馆，集中收藏、保护、展示殷墟出土可移动文物。

殷墟世界文化遗产包括两大类文物：一类是可移动文物，即殷墟出土的文化遗物和自然遗物，如甲骨文、青铜器、玉器、陶器、骨器及木器遗

存等，此类文物在殷墟博物馆陈列展示。另一类是不可移动文物，即宫殿、宫庙、王陵遗址，甲骨窖穴、手工业作坊遗址等。殷墟保护范围内的绝大部分宫殿宗庙建筑基址、王陵大墓都采取了地下封存与地表植被覆盖相结合的方法进行保护；一些重要的遗迹如族邑、手工业作坊等在考古发掘后采取了地下封存的措施进行保护；另一些遗迹如王陵区祭祀坑则仅进行了钻探调查和有限发掘，大部分仍封存于地下；对一些较重要但不易于地下保存的遗迹，如车马坑遗迹则采取起取后集中保存的方法予以保护①。

殷墟在加强对地下遗址的科学保护同时，采用原址地表植被或砂石标识、原址地表夯土展示、原址地表夯土复制展示、原址加固展示、原址揭露展示等方法，先后对遗址 54 号基址、乙二十基址等进行了复原展示，对 YH127 甲骨窖穴进行了加固保护展示，对 12 座王陵大墓进行了植被标识，对 M260 大墓进行了加固保护展示（出土司母戊鼎的大墓），对 400 多座祭祀坑进行了展示，将深埋地下 3300 多年的土木遗迹直观地展现在公众面前，大大增强了遗址景观的视觉冲击力。

（三）旅游发展概况

1987 年，兴建了遗址型的博物馆（殷墟博物苑），集中展现了商代王宫殿堂的布局与建筑，成为集考古、园林、古建、旅游于一体的胜地。1997 年，殷墟被定为全国首批百个爱国主义教育示范基地。2006 年，安阳市政府建造了殷墟博物馆，集中收藏、保护、展示殷墟出土的可移动文物。2006 年 7 月 13 日，殷墟成为世界文化遗产。2010 年，被列入国家首批 12 家考古遗址公园。2011 年，被国家旅游局评定为全国首批 5A 级旅游景区。但是，安阳殷墟旅游景区每年的游客量大约 30 万人次，平均每天不到 1000 人次，游客量与殷墟拥有的无与伦比的历史文化价值相比，显得极不相称②。

2019 年 5 月，安阳殷墟景区管理有限公司与安阳市教育局联合举办了

①　杜久明：《安阳殷墟——古遗址保护与展示的成功典范》，《中原文物》2007 年第 4 期。

②　宋丁：《综合开发研究院：殷墟的困局，文旅的深思》，搜狐网，https://www.sohu.com/a/404037745_100134321。

"知殷商 爱安阳 殷商文化校园行"研学活动，走进安阳市人民大道小学、安阳市自由路小学、安阳市安林学校等 15 所中小学校，讲授"甲骨文里的那些人""穿越到商代的一天""从神话到现实"等研学课程 50 余次。自 2019 年研学教育活动开展以来，安阳殷墟先后共接待学校 79 所，研学学生 12313 人，其中农村学生、贫困生 910 人，外国学生 90 人，其他学生 11313 人，为学生讲解 246 批次，提供研学课程 106 次、互动体验项目 74 次。之后安阳殷墟继续加强与教育部门以及学校的合作，加大对新课程"我是小小考古家"的研发力度，编排《盘庚迁殷》情景剧和殷商元素舞蹈《中国字》，通过对研学人员的进一步培训，保证研学工作的顺利开展，保证安阳殷墟继续朝着更加好的方向发展①。继中央电视台播出《国家宝藏》第三季殷墟专场后，2021 年春节期间，殷墟博物馆推出"云游殷墟"、2021 年首场迎宾演出文艺活动，并联合新华网客户端和南艺国际博物馆学院开展"牛气冲冲贺新春"网络直播活动，由殷墟博物馆资深研学老师吴丹选取殷墟博物馆 10 件最"牛"的国宝进行讲解，讲述国宝的前世今生，50 万人次在线观看②。在研学课程的开发上，安阳殷墟以厚重的殷商文化为依托，创新研学旅游新形式，围绕璀璨的殷商文化开发了"梦回殷商"——殷墟研学主题课程。

四 元上都遗址

（一）遗址概况

元上都遗址位于内蒙古自治区锡林郭勒盟正蓝旗草原，曾是世界历史上最大帝国元王朝的首都，始建于公元 1256 年，忽必烈在此登基建立了元朝。元上都遗址南临上都河，北依龙岗山，周围是广阔的金莲川草原，形成了以宫殿遗址为中心，分层、放射状分布，既有以土木为主的宫殿、庙宇建筑群，又有游牧民族传统的蒙古包式建筑的总体规划形式，体现出高

---

① 《安阳殷墟：为传统文化插上"研学旅行"的翅膀》，新浪网，http://henan.sina.com.cn/edu/yxlx/2019-09-05/detail-iicezzrq3591894.shtml。

② 《安阳市：彰显古都魅力 乐享文化春节》，河南省人民政府网，https://www.henan.gov.cn/2021/02-20/2096251.html。

度繁荣的草原都城的宏大气派，是草原文化与中原农耕文化融合的杰出典范。

元上都遗址的保护区包含 7 处遗址遗迹：元上都城遗址（占地 672.1 公顷）、羊群庙祭祀区（占地 221.3 公顷）、砧子山墓葬区（占地 64.08 公顷）、卧牛石墓葬区（占地 57.04 公顷）、一棵树墓葬区（占地 157.90 公顷）、东凉亭（白城子）遗址（占地 16.04 公顷）、四郎城古城（金桓州城）（占地 125.36 公顷）①。

元上都城由宫城、皇城和外城三重城组成。周长约 9 千米，东西约 2050 米，南北约 2115 米，宫城墙用砖包砌，四角有楼，内有水晶殿、鸿禧殿、穆清阁、大安阁等殿阁亭榭，将河水引入城内的池沼。皇城环卫宫城四周，城墙用石块包镶，道路整齐，井然有序，南半部为官署、府邸所在区域，东北和西北隅建有乾元寺和龙光华严寺。外城全用土筑，在皇城西北面，北部为皇帝观赏的御苑，南部为官署、寺观和作坊所在地区。城外东、南、西三处关厢地带，为市肆、民居、仓廪所在。考古发掘墓葬 26 座，其中 19 座没有墓茔，均为土坑墓，平面以长梯形为主，各墓规格悬殊，墓向多为西北向，由于早期被盗，葬式多不清楚。随葬品多寡不一，出土有铜、铁、金、银和丝织品。

尽管这座古城已被战火焚毁，但元上都作为中国大元王朝及蒙古文化的发祥地，不仅是元朝辉煌历史的实物见证，而且对于研究元朝历史及蒙古文化具有独特的历史、艺术和科学价值，是中华民族乃至世界各族人民的宝贵遗产。

（二）保护展示历程

1964 年，元上都遗址被列入自治区重点文物保护单位。1988 年被列为全国重点文物保护单位。1996 年，元上都遗址首次被列入中国世界文化遗产预备名单。1999 年，国家投入 100 万元将遗址内五一种畜场 103 户职工

---

① 《北疆文化·锡林郭勒印记 | 世界文化遗产——元上都遗址》，锡盟融媒微信公众号，ht-tps：//mp. weixin. qq. com/s？＿＿biz＝MzA5OTU3MjgwNw＝＝&mid＝2652026526&idx＝4&sn＝a36171868b7ad4499be44e05738845b5&chksm＝8af9aa285a9688fe29d2ec4313d2625e5af986b4cf998327cc2384cd34053b63b25baad600f6&scene＝27。

迁出，将遗址围封。2002 年，内蒙古自治区修复元上都遗址皇城城墙 300 多米，填平遗址内菜窖、人工渠等设施，并关闭了遗址内通行的公路。2006 年，元上都遗址再次被国家列入重设的申请非物质文化遗产预备名录。2008 年，申请非物质文化遗产进入实质性操作阶段。2010 年 1 月，为恢复元上都遗址原始生态环境，加强遗址环境治理与保护，加快元上都遗址申报世界文化遗产进程，政府建立了元上都遗址自然保护区，确定 181452 公顷范围为元上都遗址申遗保护区，其中申报区 34342 公顷、缓冲区 147110 公顷。元上都遗址本体外围湿地、草原、森林都被列入了元上都遗址申遗保护区范围①。2011 年，相关部门制定了《元上都遗址保护总体规划》《元上都遗址保护管理办法》和《元上都遗址生态环境与特色景观保护规划》等一系列保护法规；投资 6000 余万元建设元上都遗址博物馆工程。为了将元朝夏都——元上都遗址更好地保护与传承下去，文物部门综合采用航空摄影考古、GPS 卫星定位、三维精细测绘、探地雷达探测等科技手段，对元上都遗址本体进行了深入研究。遗址本体变形监测、裂隙注浆、表面防风化加固、散堆积层加固等保护手段的应用，最大限度地保存了遗址的历史信息，为研究元上都遗址所蕴含的历史、科学、文化价值提供重要的实物例证②。

2012 年 6 月 29 日，在俄罗斯圣彼得堡召开的第 36 届世界遗产委员会会议将元上都遗址列入世界遗产名录，成为我国第 42 处世界遗产、第 30 处世界文化遗产，成为内蒙古自治区唯一的世界文化遗产。元上都遗址于 2011 年 7 月 15 日正式向游客开放，2015 年被评为 4A 级旅游景区，2022 年接待游客约 120 万人次，实现相关收入约 8.5 亿元。2023 年 7 月，元上都遗址成功入选全国优选旅游项目名录，被列为自治区 14 个创建全区品牌旅游景区，正在全力打造国家 5A 级旅游景区。

---

① 《我区确定元上都遗址申遗保护区范围》，新浪网，http://news.sina.com.cn/c/2010-01-26/095416994789s.shtml。
② 《内蒙古：充分运用数字化技术手段加强文物保护利用》，文化和旅游部官网，https://www.mct.gov.cn/whzx/qgwhxxlb/nmg/202405/t20240514_952853.htm。

五 丝绸之路：长安—天山廊道的路网

（一）遗址概况

丝绸之路是指起始于古代中国，连接亚洲、非洲和欧洲的古代陆上商业贸易路线。这条路被认为是连接亚欧大陆的古代东西方文明的交汇之路，而丝绸则是最具代表性的货物。广义上讲丝绸之路分为陆上丝绸之路和海上丝绸之路。狭义的丝绸之路一般指陆上丝绸之路。

2014 年 6 月 22 日，中、哈、吉三国联合申报的陆上丝绸之路的东段"丝绸之路：长安—天山廊道的路网"被列入世界文化遗产名录。"丝绸之路：长安—天山廊道的路网"地跨三个国家，即中华人民共和国、哈萨克斯坦共和国和吉尔吉斯共和国，全长 5000 公里，把古代全长 8000 多公里的丝绸之路断开，至中亚的七河地区，涉及 3 个国家一共 33 个申遗点，这些遗址中有各个帝国与可汗王国的都城宫殿、贸易居所、佛教石窟寺、古代道路、驿站、关隘、烽燧、长城、古堡、墓葬以及宗教建筑等。

构成路网申遗要素的 22 处遗址和古建筑在中国，其中陕西省 7 处（汉长安城未央宫遗址、唐长安城大明宫遗址、大雁塔、小雁塔、兴教寺塔、彬县大佛寺石窟、张骞墓），河南省 4 处（汉魏洛阳城遗址、隋唐洛阳城定鼎门遗址、新安汉函谷关遗址、崤函古道石壕段遗址），甘肃省 5 处（麦积山石窟、炳灵寺石窟、锁阳城遗址、悬泉置遗址、玉门关遗址），新疆维吾尔自治区 6 处（高昌故城、交河故城、克孜尔尕哈烽燧、克孜尔石窟、苏巴什佛寺遗址、北庭故城遗址）；8 处遗址在哈萨克斯坦共和国的阿拉木图州和江布尔州，3 处遗址在吉尔吉斯共和国楚河州①。

丝绸之路见证了公元前 2 世纪至公元 16 世纪期间，亚欧大陆经济、文化、社会发展之间的交流，尤其是游牧文明与农耕文明之间的交流；它在长途贸易推动大型城镇和城市发展、水利管理系统支撑交通贸易等方面是一个出色的范例。同时，它与张骞出使西域等重大历史事件直接相关，深

---

① 《世界文化遗产丝绸之路：长安—天山廊道的路网》，甘肃省陇文化研究会，http://www.mmgs. org. cn/gansushenglongwenhuayanjiuhui/yanjiuchengguo/20150112/12075349936b56. htm。

刻反映出佛教、摩尼教、拜火教、祆教等宗教和城市规划思想等在古代中国和中亚等地区的传播。

"丝绸之路：长安—天山廊道的路网"遗址跨省、跨地区、跨国家，包含的类型很多、很复杂，涉及面广，申遗过程中的管理和保护难度可想而知。无论是从遗产本身的规模和复杂程度看，还是从保护管理和申报工作的难度看，"丝绸之路：长安—天山廊道的路网"申遗是一次史无前例的文化遗产保护国家行动。2006 年以来，在联合国教科文组织的倡导和推动下，中国与中亚有关国家开展了丝绸之路跨国申报世界遗产工作。2012 年 4 月 16 日，中国国家文物局发出通知，要求丝绸之路沿线各地应在 2013 年 6 月底前，完成丝绸之路首批申报遗产点的各项准备工作。中国丝绸之路首批申遗大名单包括汉长安城遗迹、唐长安城遗迹、汉魏洛阳城遗迹、隋唐洛阳城遗迹、玉门关等。2014 年 6 月 22 日，由中、哈、吉三国联合申报的"丝绸之路：长安—天山廊道的路网"成功申报世界文化遗产，成为首个跨国合作、成功申遗的项目。

（二）旅游发展现状

2013 年习近平总书记提出共同建设丝绸之路经济带，交通运输部 2017 年 5 月透露，自"一带一路"倡议提出以来，中国与相关国家开通了 356 条国际道路客货运输线路；海上运输服务已覆盖"一带一路"参与国家；与 43 个参与国家实现空中直航，每周约 4200 个航班①。截至 2018 年 1 月，已有 100 多个国家和国际组织参与到"一带一路"倡议中来，40 多个国家和国际组织与中国签署合作协议，形成广泛国际合作共识。

2009 年，陕西、宁夏、甘肃、青海和新疆 5 个西北省区打破行政区划限制，对古丝路旅游进行整合开发，共同打造陆上古丝绸之路旅游线路，向国内外推广陆上古丝绸之路旅游品牌②，形成了丝绸之路的格局。陕西定位为丝绸之路经济带新起点，青海为丝绸之路经济带重要支点，甘肃为丝

---

① 《丝路游丨浅谈国家发展视角下的丝绸之路旅游带》，搜狐网，https://www.sohu.com/a/217700963_447655。

② 《中国西北联合打造丝绸之路大旅游区》，中新网，https://www.chinanews.com/cul/news/2009/10-14/1908676.shtml。

绸之路经济带黄金段，新疆为丝绸之路经济带重要枢纽。

丝绸之路经济带建设以来，中国坚持将文化、旅游作为重要抓手，以"美丽中国——丝绸之路旅游年"为主题进行系列宣传，成功打造"丝路之旅""欢乐春节""青年汉学家研修计划""中华文化讲堂""千年运河""天路之旅""阿拉伯艺术节"等30个文化和旅游品牌。

"十三五"期间，中国吸引了"一带一路"参与国家8500万人次国际游客来华旅游，拉动旅游消费约1100亿美元。同时，中国与丝路共建国家双向旅游交流规模已超过2500万人次①。

六　良渚古城遗址

（一）遗址概况

良渚国家考古遗址公园地处杭州地区西北部，公园规划总面积14.33平方公里，分城良渚古城遗址区、瑶山遗址区、平原低坝—山前长堤区和谷口高坝区4个片区②。良渚国家考古遗址公园的核心是良渚古城遗址，良渚古城是长江下游地区首次发现的新石器时代城址，年代为公元前3300年至公元前2000年，是中国长江下游环太湖地区的一个区域性早期国家的权力与信仰中心所在。

良渚古城遗址有中国考古发现最早的三重城市格局。良渚古城是由皇城、内城、外城组成，这种三重城市格局在中国都城发展史上一直是主流。良渚古城遗址对于研究中国城建结构的起源和发展具有非常重大的考古意义。2016年，考古学家确证了良渚古城外围水利工程，该水利工程共有11条水坝，占地100多平方公里，蓄水量相当于3个西湖，这是中国迄今为止最早的水利系统，也是世界同时期规模最大的防洪水坝系统。

良渚古城遗址还发掘了可能代表原始文字出现的刻"字"石器。考古学家们在良渚文化分布地区，也发现了不少刻画了符号的陶器，陶器上的

---

① 《丝路游 | 浅谈国家发展视角下的丝绸之路旅游带》，搜狐网，https://www.sohu.com/a/217700963_447655。

② 《攻略 | 良渚古城遗址公园已正式开放预约!》，搜狐网，https://www.sohu.com/a/325874805_185883。

符号有的类似花、鸟、龙虾、鳄鱼、毛毛虫的形状，还有的形似甲骨文。良渚文化分布地区共发现 700 多个、340 余种刻画符号，很有可能构成一套较为完整的原始表意系统①。

（二）保护展示历程

1936 年，浙江省立西湖博物馆的施昕更先生在良渚镇一带发现并发掘了多处史前遗址。1959 年底由夏鼐先生正式提出了"良渚文化"的概念。20 世纪 70 年代以来，江苏、上海和浙江取得了一系列重大考古新发现，除了良渚和瓶窑一带，反山、瑶山、莫角山、塘山、文家山、卞家山等 100 多处遗址点，如同一颗颗珍珠陆续浮出水面。20 世纪 90 年代中期，良渚遗址群被国务院公布为全国重点文物保护单位，划定了约 35 平方公里的保护范围，还被国家文物局列入中国申报世界遗产名录预备清单。1994 年，良渚博物院开馆。2000 年后，浙江省和杭州市先后批准成立杭州良渚遗址管理区和管理委员会，出台了管理条例和保护规划，以加大对良渚遗址的保护力度。2007 年，良渚古城的发现，将散落的珍珠串成了项链，一座拥有 4000 多年历史的古城初露端倪。2010 年，古城的外城得到初步确认。2015 年，考古人员发现了古城外围的大型水利系统。2019 年 7 月 6 日，中国良渚古城遗址在阿塞拜疆巴库举行的世界遗产大会上获准列入世界遗产名录。2019 年 10 月，鲤鱼山—老虎岭水坝遗址（良渚古城外围水利工程遗址）被列入国务院最新公布的第八批全国重点文物保护单位。

良渚古城遗址公园通过系统性的生态规划以及保护方案，以遗址本体保护为主，深挖遗址文化内涵，系统梳理遗址环境，大量运用绿植标识遗址本体，采用不同的植物对古城内的各个遗址进行了划分。良渚古城遗址公园大面积保留和还原了数千年前的湿地生态系统，公园内林木繁茂、水系纵横。遗址公园还套种了大量的水稻，以吸引众多珍稀鸟类等动物前来栖息。同时，好生态也为村民们指明了新的发展方向。政府将复绿后的矿区土地转租给农户种水果，为村集体的经济发展开辟出新路子，为园区增添了

---

① 《良渚古城遗址入选〈世界遗产名录〉，中国遗产世界第一！》，搜狐网，https://www.sohu.com/a/325213428_120003965。

别样的风景线。余杭区瓶窑镇通过持续不断的环境整治，特别是"低散乱"企业（作坊）淘汰、低效企业整治及食品安全大整治，共出清"低散乱"企业 337 家，排查整治餐饮单位 2190 家，并建立长效环境监管和食品安全监管机制，从而实现良渚遗址公园周边保护区范围内的全域美丽①。

在现场展示方面，古城遗址内大面积采用陈列金属雕塑群像的方式，以打底勾边塑形的手法，模拟良渚人出入城门、玉器制作、木材加工及水路运输等四个生产生活场景。其中，钟家港古河道北面东侧的大木作雕像群展现了良渚人用石斧与石锛截离树根、平整木材表面、剔除木皮等木料加工过程。同一地点还有众人一边拖着大型木构件一边喊着号子向莫角山宫殿进发的劳作场景。河道南面西侧的玉器作坊雕像群则展现了玉琮制作过程中选料、切割、管钻打孔、琢刻纹饰、打磨抛光等加工工序。为了真实还原五千年前良渚社会的状态，2018 年 3 月开始设计金属雕塑群像，人像动作形态、使用工具等大小细节的设计都充分听取考古学、艺术设计等领域专家的建议，是多学科合作的成果展示。反山墓地使用青铜在墓葬原址上复原反山墓地发掘的场景。因为青铜保存时间长，不易受到风吹日晒的侵蚀，相较于玻璃钢更牢固，这样不仅保护了墓葬本身，最终呈现出来的效果也非常好②。

（三）旅游发展现状

2019 年 7 月，良渚古城遗址公园正式开放预约，有限开放的区域是城址区的核心部分，面积 3.66 平方公里。根据遗产价值阐释和访客基本服务需要，主要设置了城门与城墙、考古体验、河道与作坊、雉山观景台、莫角山宫殿、反山王陵、西城墙遗址、凤山研学基地、大观山休憩区和鹿苑等十大片区③。2020 年 2 月 23 日，世界文化遗产杭州良渚古城遗址公园恢

---

① 《季建荣：瓶窑深化"低散乱"长效管理机制》，浙江在线，https://epmap.zjol.com.cn/jsb0523/201812/t20181220_9032366.shtml。

② 《良渚古城遗址应如何保护和展示？深度解析来了》，《浙江日报》2019 年 7 月 22 日，第 2 版。

③ 《攻略 | 良渚古城遗址公园已正式开放预约!》，搜狐网，https://www.sohu.com/a/325874805_185883。

复开园，日接待量不超过 3000 人，莫角书院、反山王陵展示馆等暂不开放。

良渚古城遗址公园的数智体验馆对外开放，它运用"5G+VR""5G+AR"等技术，为游客带来"超时空体验"①。在数智体验馆，戴上虚拟现实（VR）头盔，游客就能和良渚先民们狩猎捕鱼；运用增强现实（AR）技术，游客就能与良渚祭司实时互动，参与祭祀的各个流程。游客还可以观看 3D 宣传片《神王之国》，它介绍了良渚王城的整体格局，描绘了五千年前这个"神王之国"的面貌。而在 50 米长的数字长卷《人水家园》中，共有 12 个场景，长卷中 426 个人物栩栩如生，展现了先民的生产生活。2020 年 5 月，杭州良渚文化创意有限公司成立，重点开发良渚的知识产权（IP），推出网络文学、影视动漫、游戏等文创产品。在良渚博物院，宽敞、明快、开放、现代的风格基调，传统和数字化并举的展示方式，为观众提供了沉浸式体验。在 2020 年的"5·18 国际博物馆日"，良渚博物馆首次推出的云展览"在良渚看世界"，线上点击阅读量近 90 万人次②。

第四节　大遗址文旅融合模式解析

一　"大遗址+博物馆"旅游模式

遗址博物馆是指为保护已发掘遗址或展示发掘成果而在遗址上修建的博物馆。根据遗址博物馆的外部形状，可分为普通遗址博物馆（非复原型）和复原型遗址博物馆两类。

（一）普通遗址博物馆

为保护考古发现的成果，遗址博物馆纷纷落成，典型案例如周口店遗址博物馆、铜绿山古铜矿遗址博物馆、西安半坡博物馆、金沙遗址博物馆等。下面以周口店遗址博物馆为例进行介绍。

---

① 《高科技助力，良渚古城遗址推出"超时空体验"》，新华网百家号，https://baijiahao. baidu. com/s? id=1679346675119487422&wfr=spider&for=pc。

② 《良渚古城申遗成功一周年，遗址保护有哪些新进展?》，南方周末网，http://www.infzm. com/contents/187333。

　　周口店遗址博物馆位于北京市房山区周口店镇龙骨山，是中国旧石器时代的重要遗址。周口店遗址共发现不同时期的各类化石和文化遗物地点27处，出土人类化石200余件，石器10多万件以及大量的用火遗迹及上百种动物化石等，是人类化石宝库和古人类学、考古学、古生物学、地层学、年代学、环境学及岩溶学等多学科综合研究基地。周口店遗址年代范围从500万年前到距今1万多年前。其中发现有生活在70万~20万年前的直立人（北京人）、20万~10万年前的早期智人（新洞人）及3万年前左右的晚期智人（距今3.85万~4.2万年前的"田园洞人"、距今3万年左右的"山顶洞人"）化石。

　　随着博物馆事业的发展，2014年，周口店遗址博物馆新馆竣工并向公众开放，新馆集研究、收藏、展览、展示、科普教育、文化交流于一体。馆内展出藏品包括古人类、古动物、文化遗物等1000余件，分四个展厅，采用实物展陈与互动体验相结合、文物展示与场景再现相结合、传统展陈与数字技术相结合的展陈手段，系统介绍了周口店遗址的发现、发掘、研究和保护。周口店遗址博物馆系统地介绍了60万年前的"北京人"、10万年前的"新洞人"、1.8万年前的"山顶洞人"的生活环境、生活状况。序厅正面为龙骨山立体模型，展柜中摆放着周口店地区从4亿年前到1亿年前的各种岩石标本，反映了该地区的地质变化过程。第一展厅展示了北京猿人头盖骨化石模型、古人类用火遗迹以及粗糙简陋的石制砍斫、切割、乱削和雕刻工具。第二展厅以复原模型展示了北京猿人居住的洞穴以及他们的生活场所。第三展厅主要介绍龙骨山上发现的20余处脊椎动物化石遗址和古人类活动过的遗址分布点，以及1.8万年前山顶洞人的遗物——串青贝壳以及用兽牙、小石头制成的古老的项链。第四展厅陈列着我国和世界各地发现的各个时期的古人类化石、旧石器，以及旧石器时代晚期人类的绘画、雕刻等艺术品。

　　1961年3月4日，周口店遗址被公布为第一批全国重点文物保护单位。1987年，被列入世界文化遗产名录。1992年，北京市政府授予周口店遗址"北京市青少年教育基地"称号；同年6月，周口店遗址以"保存最丰富的古人类遗址"入选"北京旅游世界之最"。1997 年，周口店遗址博物馆被中宣部列为"全国百家爱国主义示范教育基地"之一。2005 年，周口店遗址入选全国 4A 级旅游景区。2008 年，周口店遗址博物馆被评为全国首批"国家一级博物馆"。2011 年，该博物馆被联合国教科文组织授予"世界遗产青少年教育基地"。2020 年 11 月，该博物馆入选首届北京网红打卡地上榜名单（共 100 家）。

（二）复原型遗址博物馆

这种遗址博物馆除了保护已发掘的遗址外，建筑物外形是根据历史上的建筑复原的，是"遗址建筑原址复原+考古原物展示+博物馆"的结合，典型案例如定鼎门遗址博物馆。

定鼎门是隋唐洛阳城外郭城正门，位于隋唐城中轴线上。大业元年（605 年），隋炀帝营建东都，修建定鼎门。之后，定鼎门相继被唐、后梁、后唐、后周和北宋定为外郭城正门，直到北宋末年才逐渐废弃。定鼎门作为郭城南垣正门的时间长达 530 年，是迄今为止我国发现沿用时间最长的古代都城城门[①]。

2009 年 10 月 30 日上午，全国大遗址保护重点工程——隋唐洛阳城定鼎门遗址博物馆正式开馆，标志着我国古代沿用时间最长的古代都城城门遗址获得重生。定鼎门遗址博物馆外观为仿唐城门，由城门、城墙、城楼和阙楼组成。其中城台、城墙、阙台内部为遗址保护和展示区（地下一层），考古发掘出土的定鼎门遗址门道、柱础石等在这里得到原址保护展示；城楼、阙楼内部空间为陈列展览区（地上两层），主要展示定鼎门遗址的演变历史和隋唐洛阳城在考古发掘中出土的部分文物[②]。该工程的特点是在保护地下遗址的前提下，采用钢架结构，在遗址上面复原建设一个定鼎门的新城门楼。采用这种方式，可以既有效地保护文物，又能展示定鼎门的历史风貌。2007 年，定鼎门遗址保护被国家文物局正式确定为大遗址保

---

① 《国家考古遗址公园保护与开发利用的创新发展探索》，定鼎门遗址博物馆官网，https://www.suitangluoyang.com/study.html。

② 《隋唐洛阳城定鼎门遗址保护展示工程 11 月起迎宾》，中国新闻网，https://www.chinanews.com/cul/news/2009/10-19/1918899.shtml。

护首批重点项目。2014 年 6 月 22 日，定鼎门遗址作为中国与吉尔吉斯斯坦、哈萨克斯坦三国跨国联合申报的丝绸之路项目中遗址点之一正式列入世界遗产名录。

二 "大遗址+公园"旅游模式

"大遗址+公园"模式是将大遗址保护与公园设计相结合，将已发掘或未发掘的大遗址完整保存在公园里，运用保护、修复、重新整合、再生等一系列手法对有效保存下来的大遗址进行展示，是对大遗址进行保护、发掘、研究、展示的较好模式[①]。遗址公园包括国家考古遗址公园和国家文化公园两种类型。由于前文对长城国家文化公园做过介绍，这里不再赘述。

国家考古遗址公园是从遗址公园中评选出来的典型代表。根据考古遗址本体及其周边环境的不同特征，可将国家考古遗址公园分为以下类型[②]。

（一）宫殿型

宫殿型考古遗址公园以隋唐洛阳城国家考古遗址公园、汉长安城未央宫国家考古遗址公园、大明宫国家考古遗址公园、河北元中都国家考古遗址公园、安徽明中都皇故城国家考古遗址公园等为典型代表。以下就隋唐洛阳城国家考古公园进行阐述。

隋唐洛阳城是隋唐两朝的都城，是当时世界政治、经济、文化中心，沿用至五代北宋，共 530 余年，是中国古代沿用时间最长的都城。隋唐洛阳城国家考古遗址公园位于中州路以北、定鼎路以东的城市中心区，是隋、唐、北宋洛阳宫城的核心区域。该公园占地 10.59 公顷，主要展示隋唐时期洛阳宫城核心区域内唐代武则天时期的明堂和天堂，北宋太极殿建筑遗址及隋、唐、宋三代廊坊殿址。

隋唐洛阳城分为宫城（紫微城）、皇城、外郭城、上阳宫等，全域约51.9 平方千米，有 3 市 109 坊。按天人合一的理念设计，以皇宫紫微城

① 冉淑青、裴成荣、张馨：《国内外大遗址保护的经验借鉴与启示》，《人文杂志》2013 年第4 期。

② 陶力、赵益超：《基于类型特征的国家考古遗址公园旅游发展路径研究》，《云南民族大学学报》（哲学社会科学版）2020 年第 5 期。

为核心，象征天帝居所紫微宫，占地面积4.2平方千米，被誉为万宫之宫，奠定了中国宫城基本格局，是隋唐以后宫殿建筑的范本，被宋元明清皇宫所仿效①。

隋唐洛阳城国家考古遗址公园在确保遗址本体绝对安全的前提下，灵活选择原址露明、地面标识、地表模拟、原址复原或保护棚等多种措施，先后实施了天堂明堂、应天门、"两坊一街"等一系列保护展示利用项目，实现了历史遗址的保护、传承和利用完美融合②。现存的明堂遗址是明堂的中心基址，对其保护采取跨空结构建筑方式对原建筑进行复建，是集遗址保护、文物陈列、考古发掘、模拟展示、休闲旅游于一体的综合性建筑。国家重点大遗址保护暨文旅融合项目——明堂、天堂遗址保护展示工程于2015年4月建成开放。九洲池遗址保护展示工程（一期）于2019年4月建成开放。应天门遗址保护展示工程于2019年9月建成开放。

1988年，包含紫微城遗址在内的隋唐洛阳城遗址被公布为全国重点文物保护单位。2007年洛阳市启动了隋唐洛阳城的现场发掘工作，并推进了隋唐洛阳城国家遗址公园的建设，在遗址之上建设了天堂明堂、应天门、九洲池等遗址保护展示工程，天堂、明堂、九洲池、应天门"四点一区"格局初步成为洛阳市大遗址保护和文旅融合发展的典范③。

2019年成功申报国家4A级旅游景区。2020年5月26日，隋唐洛阳城天街北延项目对外开放。天街北延项目位于洛龙区安乐镇水磨村境内，是在原有"两坊一街"基础上向北延伸建设的市重点遗址类保护展示工程，把隋唐洛阳城"一区一轴"的中轴线继续向北推进展现，全面"活化"隋唐洛阳城中轴线，实现文物保护与旅游发展、城乡建设、民生改善深度融合④。截至

---

① 《隋唐洛阳城遗址》，洛阳市文物局网站，http://wwj.ly.gov.cn/do/bencandy.php?fid=80&id=112。
② 《运河明珠 隋唐神韵——打造隋唐洛阳城国家历史文化公园》，中国网，http://fangtan.china.com.cn/zhuanti/2019-12/31/content_75566411.html。
③ 《隋唐洛阳城：打造大遗址保护的经典》，搜狐网，https://www.sohu.com/a/411279264_120067231。
④ 《隋唐洛阳城天街北延项目对外开放》，洛阳市文物局网站，http://wwj.ly.gov.cn/bencandy.php?fid=143&id=14997。

2021 年 1 月，隋唐洛阳城遗址中已开放的景点包括洛阳隋唐植物园、定鼎门遗址博物馆、明堂、天堂、九洲池、应天门、从政坊、大同坊游园。

在下一步发展中，隋唐洛阳城宫城区要着力推进玄武门保护展示、九洲池二期项目等；中轴区要着力推进天街北延、应天门片区向南打通等项目；城墙区要尽快实现南城墙部分段贯通及龙门大道以东段重要节点展示；大运河区着力推进隋唐大运河国家文化公园、隋唐大运河文化博物馆等建设，提前谋划业态，在瀍河两岸打造特色风光带；老城区要做好洛邑古城的辐射延伸，实现与周边特色文化街巷联动发展；里坊区要加快正平坊保护展示，加快从政坊、大同坊游园向市民开放①。

隋唐洛阳城国家考古遗址公园以其厚重的历史文化吸引着国内外游客的到来。2023 年隋唐洛阳城国家遗址公园累计接待游客超 400 万人次，成为网红打卡地，入选河南省文化和旅游厅 100 家文旅消费新场景名单②。

（二）墓葬型

墓葬型考古遗址公园以秦始皇陵国家考古遗址公园、江苏鸿山国家考古遗址公园、陕西阳陵国家考古遗址公园、宁夏西夏陵国家考古遗址公园、湖北熊家冢国家考古遗址公园等为典型代表。由于前文介绍过秦始皇陵兵马俑，这里不再赘述。

（三）洞穴型

洞穴型考古遗址公园以周口店国家考古遗址公园、广西甑皮岩国家考古遗址公园、福建万寿岩国家考古遗址公园为典型代表。由于前文介绍过周口店，这里不再赘述。

（四）瓷窑型

瓷窑型考古遗址公园以江西御窑厂国家考古遗址公园、浙江大窑龙泉窑国家考古遗址公园、上林湖越窑国家考古遗址公园、江西吉州窑国家考

---

① 《洛阳市委书记李亚专题调研 隋唐洛阳城国家历史文化公园建设工作》，河南省人民政府网站，https://www.henan.gov.cn/2020/05-26/1509301.html。

② 《"城址共生"，隋唐洛阳城遗址实现"三步走"》，河南省文化和旅游厅网站，https://hct.henan.gov.cn/2024/03-12/2960543.html。

古遗址公园、湖南长沙铜官窑国家考古遗址公园为典型代表。以下就江西御窑厂国家考古遗址公园进行阐述。

江西景德镇御窑厂国家考古遗址公园是唯一一处能全面、系统反映官窑陶瓷生产和文化信息的历史遗存，包括明清时期御窑厂窑业遗迹、窑炉遗迹、墙体、道路遗迹、古井、古树、窑业堆积遗迹、衙署建筑及其他附属建筑遗迹。景德镇御窑厂是明、清两代皇家御用瓷器的专门制造场所，建于明洪武二年（1369 年），历经明、清两朝 27 位皇帝，为皇帝烧造御瓷长达 542 年，生产出无数精美的瓷器。御窑厂代表了明、清时期中国陶瓷技术和艺术的最高成就，在世界陶瓷发展史上占有特殊的地位，被誉为瓷国皇冠上的明珠。遗址位于景德镇市珠山中路北侧老城区中心地带，包括龙珠阁周边地区和市政府原办公大院及宿舍区、居民民宅等区域，保护区总面积 13.1 万平方米，地下埋藏文物丰富①。中华人民共和国成立后，较大规模地对御窑遗址的清理发掘共有 5 次，清理出明官窑 11 座，曾被评为 2003 年度十大考古新发现，引起国内外古陶瓷考古界的极大关注。

为了保护好御窑遗址这一重要历史文化遗存，从 2002 年开始，景德镇市委、市政府将御窑遗址保护工作列为市重点工程，在人、财、物上加大投入，正式启动了御窑厂遗址保护工作。同年 12 月底，市政府机关及 18 个政府部门从御窑厂遗址迁出，搬到郊区石岭搭工棚办公，将遗址保护区域内与文物保护无关的建筑物一律拆除，对御窑遗址进行全方位的发掘和保护，并筹建景德镇御窑遗址博物馆项目部，拉开了全面保护景德镇御窑遗址的序幕。在国家部委的大力支持下，景德镇御窑遗址项目在保护及建设中累计投入 35 亿元，共搬迁、拆除占压建筑近 10 万平方米。通过整治，原来分割成四大块的保护范围现已彻底贯通，使得御窑厂遗址区有机连成一片②。在整个保护项目基本完成后，御窑厂国家考古遗址公园形成"一心、一环、一线"的景观结构。一心即御窑遗址核心区，东至中华北路西

---

① 杨鹏：《景德镇御窑厂国家考古遗址公园》，《景德镇日报》2019 年 3 月 31 日，第 3 版。

② 《擦亮"明珠"再现璀璨御窑厂——景德镇御窑厂国家考古遗址公园保护利用综述》，江西省人民政府网站，http://www.jiangxi.gov.cn/art/2018/9/3/art_399_389703.html。

侧线,南至珠山中路北侧线,西至东司岭至毕家上弄一带,北至彭家上弄南侧线,总面积为5.1万平方米,包括明代窑场遗址区、考古发掘动态区、官署遗迹区、御窑文化休闲区。一环即围绕御窑核心区,东为御窑考古遗址公园配套工程,位于湖口弄—龙缸弄—中华北路南端西侧,包括新建御窑遗址博物馆(御窑展示中心、御窑陶瓷研究中心、御窑陶瓷考古中心)和游客接待中心;南为御窑国家考古遗址公园服务中心,位于珠山中路北侧;西为历史街区,位于中山北路东侧;北为古陶瓷业习俗区,位于彭家上弄北侧。以点、线相连形成御窑核心区外环。一线即西线,昌江流域,北至斗富弄,南至迎祥下弄,沿昌江东岸为一线,为人们留住景德镇历史上制瓷原料、燃料和产品输出等重要的记忆[1]。

2006年,御窑厂遗址被公布为全国重点文物保护单位;2013年,御窑厂被国家文物局公布为国家考古遗址公园;2015年,景德镇御窑厂国家考古遗址公园成为国家4A级旅游景区,同年,御窑厂国家考古遗址公园旅游收入达160万元,这一数据相较前5年增长32倍[2];2018年5月1日,《景德镇市御窑厂遗址保护管理条例》正式施行,标志着御窑厂遗址保护管理工作走上法治化轨道。

(五)遗迹型

遗迹型考古遗址公园以湖南城头山国家考古遗址公园、吉林渤海中京国家考古遗址公园、牛河梁国家考古遗址公园、重庆钓鱼城国家考古遗址公园、北庭故城国家考古遗址公园等为典型代表。以下就湖南城头山国家考古遗址公园进行阐述。

城头山国家考古遗址公园是以城头山古城遗址为核心的大型文化类公园。城头山古文化遗址位于澧县县城西北约10公里处,是中国南方史前大溪文化—石家河文化时期的古城遗址,距今约6000年。城头山遗址于1979年被发现。1991年至2014年,先后10多次考古发掘,共揭露面积近9000

---

① 杨鹏:《景德镇御窑厂国家考古遗址公园》,《景德镇日报》,2019年3月31日,第3版。
② 《擦亮"明珠"再现璀璨御窑厂——景德镇御窑厂国家考古遗址公园保护利用综述》,江西省人民政府网站,http://www.jiangxi.gov.cn/art/2018/9/3/art_399_389703.html。

平方米，出土文物 16000 余件。城头山古城海拔约 40 米，略呈圆形，城垣外圆直径 340 米，内圆直径 325 米，围绕城垣的护城河宽 30~50 米。遗址区内有世界最早的水稻田遗迹，代表了长江流域新石器时代古文明的发展高度①。遗址文化内涵丰富，发现有城垣、城门设施、环城壕、护城河、房址、陶窑、祭坛、道路、墓葬以及城垣底层的水稻田等遗址。出土物包括石器、陶器、玉器、骨角器及炭化的稻粒等。城头山遗址是已发掘年代最早、保存最完整、内涵最丰富的古城遗址，遗址内有世界迄今发现的历史最早、保存最好的水稻田遗址，是探索长江流域新石器文化、史前聚落、农业起步和发展等极为难得的聚落遗址。1992 年被评为全国十大考古发现，1996 年国务院公布其为全国重点文物保护单位。

城头山国家考古遗址公园依托全国重点文物保护单位城头山古城遗址修建，是城头山旅游景区的核心板块。2013 年国家文物局正式将其列入全国第二批国家考古遗址公园立项名单，并开始全面建设该遗址公园，该遗址公园承担遗址保护、文化展示和旅游休闲三大功能。公园占地面积 662 亩，布局以城头山遗址为轴心向南、向西延伸两条入园道路。2.5 公里长的南北景观轴线上分布着入园门楼、游客服务中心、题字碑景点、南门生态广场及环护城河景观带等景点②。2016 年 6 月 7 日，城头山国家考古遗址公园正式对外开放。

遗址公园项目获 2017 年 WAF 世界建筑节最佳景观奖，将动态的农业生产过程作为景观体验来设计，赋予这一古老遗址新的生命，不仅保护了古城遗址的完整性与真实性，还将其发展成为具有旅游休闲价值的参观和体验区。为将生产过程作为景观供游客体验，对中部的古城遗址本身做最小限度的干预，除了一条架空木栈道和与之相结合的环境解说系统外，对考古遗址现状不做任何干预。用各种湿地植物及林带对环绕古城遗址的护城

---

① 《常德城头山旅游景区》，湖南省旅游协会，http://m.hnlyxh.org/member/71.html。

② 《【湖湘文化遗产月】揭开城头山千年史诗面纱》，文旅湖南，https://mp.weixin.qq.com/s?__biz=MzAwNzA0MTkzOQ==&mid=2650345769&idx=3&sn=dfc90eec76829b1675121680b8f8b55e&chksm=830997d5b47e1ec3d66d6e8179f2bce6295d89cc56df7a89f1b0a5e13cca4a7154f70ef185a7&scene=27。

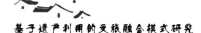

河外侧水岸进行生态修复。核心区以外的公园的主体部分被重新设计为农田，成为一个户外的稻田博物馆。场地内设计了一座架高 4 米的玻璃廊桥，供游客登高远眺，使得公园北部的考古遗址尽收眼底。用玻璃作为桥面材料，可以保证其下方的农作物有充足的日照①。由于这些创新元素，这个被保护的遗址吸引了大量游客。

（六）复合型

复合型考古遗址公园以河南殷墟国家考古遗址公园、浙江良渚国家考古遗址公园、四川三星堆国家考古遗址公园、金沙国家考古遗址公园、山东曲阜鲁国故城国家考古遗址公园等为典型代表。由于前文介绍过殷墟、良渚古城，这里不再赘述。

三 "大遗址+文创"旅游模式

为更好地展示遗址的历史文化内涵，可以开发生产遗址相关文创产品，将遗址文化特色融入文创产品之中，既具有遗址文化教育意义，又能实现经济效益，还能满足游客需求。除了文创产品外，还可以通过歌舞表演、实景演出、音乐剧等诸多演艺活动来展示遗址文化内涵。由于前文介绍过成都金沙遗址博物馆的文创产品和文化演艺活动，这里不再赘述。

四 "大遗址+研学旅游"模式

2016 年，国家旅游局公布了首批中国研学旅游目的地和全国研学旅游示范基地，10 座城市被授予 "中国研学旅游目的地" 称号，20 家单位被授予 "全国研学旅行示范基地" 称号。2017 年，《关于公布第一批全国中小学生研学实践教育基地、营地名单的通知》中公布了第一批全国中小学生研学实践教育基地 204 个单位、营地 14 个单位的名单。不少遗址也在这些名单之中。例如，被列入首批 20 家全国研学旅游示范基地名单的宁夏贺兰山岩画遗址公园位于银川贺兰山东麓，是全国重点文物保护单位、国家 4A 级旅游景区。雄浑的贺兰山拥有古岩画和古人类文化遗迹，这赋予了贺兰山

---

① 《城头山简介》，城头山古文化遗址公园官网，http://www.chcts.net/Contents_486_1.Html。

灵魂和精神。它们生动地记录了 3000 年至 1 万年前原始先民放牧、祭祀、狩猎、征战、生产等场景，成为今天我们研究人类文化史、宗教史、原始艺术史的文化宝库。贺兰山岩画遗址公园是贺兰山岩画最集中、最具代表性的岩画分布区域，数量高达 5785 幅，占整个贺兰山岩画总数的三分之一，尤以人面像岩画数量多且集中，名冠世界岩画之首，在世界岩画中占有极其重要的地位。1991 年和 2000 年，联合国教科文组织所属的国际岩画委员会在亚洲召开的两次年会会址选在银川，并将贺兰山岩画代表作"太阳神"作为会标。通过持续举办贺兰山岩画艺术节、贺兰山国际岩画峰会等活动，贺兰山岩画遗址公园正成为世界岩画的展示地、国际岩画交流地、学术人才的聚集地、研究考古的核心地、研究成果的发布地、岩画传承普及地。银川市依托贺兰山岩画中远古人类文化资源，根据中小学生特点和各学科教学内容需要，推出了贺兰山岩画考察探秘游、文化寻根游、科普游、修学游、亲子游、小嘴话岩画、少儿学拓片、夏令营、国学启蒙、石头上的花等 10 大研学旅游产品和项目，开展岩画科普教育、少儿书画摄影大赛等主题活动，率先在全区旅游景区开展修学旅游活动，取得了良好的社会效益。

五　"大遗址+高科技展示"模式

出土的遗址大多遗存本体少，可视性不强。随着移动互联网、数字技术的发展，许多大遗址采用网络直播的方式，通过云上展示，让更多人了解遗址的历史文化并获得更好的体验。另外，三维数字建模技术、全息投影技术、虚拟现实（VR）、增强现实（AR）等高科技手段在遗址展示中的应用越来越普遍。由于前文对秦始皇陵兵马俑的高科技展示进行过介绍，这里不再赘述。

第七章
历史文化街区文旅融合模式

我国有许多历史悠久、文化氛围浓厚、特色鲜明的历史文化街区，承载着一座城市的集体记忆，集中反映了所在城市的文化特性。自2015年住房城乡建设部、国家文物局公布第一批中国历史文化街区（30个）起，至2023年10月，全国共划定历史文化街区1200余片，涉及历史建筑6.35万处。本章将历史文化街区开发模式概括为四种，分别为："历史文化街区+建筑修复+旅游商铺"模式、"历史文化街区+商业业态升级+旅游展演"模式、"历史文化街区+记忆空间营造+博物馆"模式和"历史文化街区+城市文化功能营造+特色美食"模式。

第一节　历史文化街区的概念与特征

历史文化街区是一种文化现象，即在特定的时代背景下特定区域的历史遗存，是利用有形物质实体对人类文明和历史等的传承。尽管历史街区的表现形式是一种物质形态，但它是一个动态的概念，与政治、经济、社会、文化、科学技术，以及人们的思维方式、价值观念等多种因素都有密切的关系，反映着城市的历史背景、文化传承甚至人类活动的方方面面。

国内外对历史文化街区的概念界定不同，我国对其界定经历了一个不断演变的过程。2008年，我国正式将历史文化街区界定为"经省、自治区、直辖市人民政府核定公布的保存文物特别丰富、历史建筑集中成片、能够较完整和真实地体现传统格局和历史风貌，并具有一定规模的区域"。①

一　历史文化街区的概念界定

（一）历史文化街区的国际定义

历史文化街区的概念最早可追溯到 1933 年 8 月在雅典召开的国际现代建筑协会会议。会议通过了关于城市规划理论和方法的纲领性文件——《城市规划大纲》，后来被称作《雅典宪章》。《雅典宪章》首次提到历史地区："对有历史价值的建筑和地区，均应妥为保存，不可加以破坏"。虽然这时保护的重点是历史建筑，街区的概念还比较模糊，但历史街区已被作为保护对象出现在国际宪章中。1987 年 10 月，国际古迹遗址理事会在华盛顿通过了有关保护历史城镇与城区的《华盛顿宪章》，该宪章又提出了"历史城区"的概念，并将其界定为："不论大小，包括城市、镇、历史中心区和居住区，也包括自然和人造的环境。它们不仅可以作为历史的见证，而且体现了城镇传统文化的价值。"该宪章不仅对历史城区的概念进行了详细的解释，还提出了要保持城市活力，适应现代生活的需要等问题。

（二）历史文化街区的国内定义

1986 年国务院公布第二批国家级历史文化名城时，正式提"历史街区"的概念，并指出，"作为历史文化名城，不仅要看城市的历史，及其保存的文物古迹，还要看其现状格局和风貌是否保留着历史特色，并具有一定代表城市传统风貌的街区"②。2002 年 10 月修改通过的《中华人民共和国文物保护法》正式采用了"历史文化街区"这个名词，也确定了此表述的法律地位。该保护法指出："保存文物特别丰富并且具有重大历史价值或者革命纪念意义的城镇、街道、村庄，由省、自治区、直辖市人民政府核定公布为历史文化街区、村镇，并报国务院备案。"2008 年 7 月 1 日，国务院《历

① 《历史文化名城名镇名村保护条例》，中华人民共和国国务院令第 524 号，发布年份：2008 年。
② 佚名：《国务院批准公布第二批国家历史文化名城包括上海喀什等三十八个》，《经济地理》1987 年第 1 期。

史文化名城名镇名村保护条例》正式实施，该条例将"历史文化街区、村镇"中的"村镇"二字省略，将历史文化街区界定为："历史文化街区是指经省、自治区、直辖市人民政府核定公布的保存文物特别丰富、历史建筑集中成片、能够较完整和真实地体现传统格局和历史风貌，并具有一定规模的区域。"该概念强调了历史文化街区的传统格局和规模要求。

二 相关概念辨析

（一）历史地区

《雅典宪章》中指出，由历史建筑群及历史文化遗址所组成的区域称为历史地区；1976年11月26日在内罗毕通过的《关于历史地区的保护及其当代作用的建议》中指出，历史和建筑（包括本地的）地区是指包含考古和古生物遗址的任何建筑群、结构和空旷地，它们构成城乡环境中的人类居住地，从考古、建筑、史前史、历史、艺术和社会文化的角度看，其凝聚力和价值已得到认可。根据该建议，历史地区类型多样，除了单一的遗址群外，还包括史前遗址、历史城镇、老城区、老村庄、老村落等。从所处环境看，可将历史地区划分为城市和乡村两大类。

（二）历史城区

《华盛顿宪章》规定，历史城区包括历史上所有自然形成和人为创造的城市社区，它是一个适用于城市范围内的中观层面的概念。

（三）历史地段

历史地段是指保留遗存较为丰富，能够比较完整、真实地反映一定历史时期传统风貌或民族、地方特色，存有较多文物古迹、近现代史迹和历史建筑，并具有一定规模的地区。

（四）历史文化名城

1982年2月，为了保护那些曾经是古代政治、经济、文化中心，或近代革命运动和重大历史事件发生地的重要城市及其文物古迹免受破坏，"历史文化名城"的概念被正式提出，其概念被界定为：保存文物特别丰富，具有重大历史文化价值和革命意义的城市。历史文化名城不一定是"市"，也可能是"区"或"县"。历史文化名城按照特点可分为历史古都型、传统风貌型、一般史迹型、风景名胜型、地域特色型、近代史迹型和特殊职能型七大类。

（五）历史文化保护区

历史文化保护区是指经国家有关部门、省、市、县人民政府批准并公布的文物古迹比较集中，能较完整地反映某一历史时期的传统风貌和地方、民族特色，具有较高历史文化价值的街区、镇、村、建筑群等。历史文化保护区包括城镇和乡村两类区域。

历史文化街区相关概念范畴关系如图 7-1 所示。

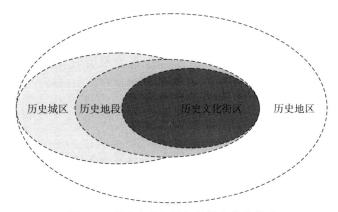

图 7-1　历史文化街区相关概念范畴关系
资料来源：笔者自制。

三　历史文化街区的特征

（一）物质性与非物质性的统一

历史文化街区体现了物质性与非物质性的统一。物质性指历史文化街区是一个整体性概念，它保留了一定数量的物质实体，如历史建筑物等，它们是对历史信息的真实记载，整体上完整和真实地再现特定时期的历史风貌和生活场景。非物质性指历史文化街区在动态的演变过程中传承历史文化等无形精神，同时在街区中长期生活的群众，在街区文化潜移默化的影响下，使街区具有了内在的活的人文属性。两者相互影响，共同为历史文化街区不断

注入活力，延续其生命力。

（二）地域性

历史文化街区具有鲜明的地域特性，反映了一定历史时期、某一民族及某个地方的历史和社会情况，不同地区的历史文化街区具有不一样的地域文化和审美价值，各地会根据当地的自然、人文等条件，挖掘出本地区与其他地区的不同之处，具体表现在建筑、民居等，如北京四合院、上海里弄等。正是这些各具特色的历史文化街区，体现出当今丰富多彩的区域建筑风格。

（三）真实性

历史文化街区的真实性包括遗存真实性和生活真实性两个方面。其中，遗存真实性是指要真实地保存历史信息的遗存①，即街区内的建筑物等应是真实的历史遗留下来的，而不是后建、仿建，甚至假造的。生活真实性指历史文化街区并不是空泛的，它是当地居民生活的场所，是传统文化和生活方式保存最为完整的地区，动态的社会生活是其存在和发展的必要条件。

（四）功能性

历史街区的空间具有强烈的功能性，它是居民生活的载体，为居民生活需要服务，与居民生活内容共生②。历史文化街区是整个城市环境和社会生活的有机组成部分，是融历史文化、社区生活和消费于一体的复合空间，它的存在离不开一定的城市功能和生活内容。在对历史街区的保护问题上，既要强调保存历史风貌和历史建筑，也要强调维护并发展它的使用功能，满足城市发展的需求。

四　历史文化街区的价值

（一）历史价值

历史街区是特定历史时期遗留的文化遗产，承载着城市的记忆，记录着特定时期的历史信息。通过对街区历史的深入挖掘，我们能够了解到街区的

---

① 王林、王骏：《历史街区保护规划编制方法研究》，《城市规划》1998年第3期。

② 杨新海：《历史街区的基本特性及其保护原则》，《人文地理》2005年第5期。

历史背景、历史年代，与街区相关的历史人物、历史事件等信息，这对于研究历史具有重要的作用。例如，南京夫子庙历史文化街区历史悠久，明代时夫子庙作为国子监科举考场，该街区的物质遗存是研究科举文化的重要载体。夫子庙步行街根据这一资源，打造了中国唯一的地下博物馆——中国科举博物馆，展示了我国独特的科举文化制度，具有宝贵的历史价值。

（二）科学价值

历史街区是特定时期人们劳动的产物，是凝结着无差别的人类劳动的产物，具有一定的价值。通过挖掘历史街区的内在价值，人们可以了解特定历史时期的科技成果和水平；通过研究街区的物质实体，人们可以了解街区在结构、用材、施工等方面的科学成就。例如，成都宽窄巷子中拥有四合院式建筑、川西建筑、民国时期建筑、中西合璧式建筑，这些建筑具有较高的科学价值，人们可以探究不同历史时期建筑在结构、用材方面的不同。

（三）艺术价值

历史街区的艺术价值主要是指街区内所含要素的艺术个性和风格，一般来说，街区的民族性、地域性和个性越典型，该街区的艺术价值也就越高[①]。例如，拉萨八廓街位于拉萨旧城区，保持了良好的传统面貌和生活方式，具有典型的藏族风格，街区内还有众多商铺，商铺内的鼻烟壶、火镰、藏被等物件具有独特的藏族风格，蕴含着较高的艺术价值。

（四）精神价值

精神价值是指人类在精神创造中所体现出来的价值，历史文化街区是中国古代文化的重要组成部分，其中蕴含着丰富的精神价值。通过对历史街区进行研究，人们能够了解街区所蕴含的精神价值。例如，苏州平江历史文化街区是苏式生活和江南水乡文化的重要载体，街区的历史遗址、居民的生活方式、改造后的街区店铺等文化符号都展现了苏州人独特的精神面貌；街区内的评弹、昆曲等非物质文化遗产，对传承人来说是一

---

① 王春晖、于冬波、董舫：《历史街区的价值评价及旅游开发研究》，《兰台世界》2011年第8期。

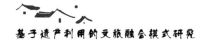

种精神寄托。

第二节　历史文化街区与旅游的关系

历史文化街区是特定历史时期的文化遗存，承载着相应的历史背景和文化内涵，蕴含丰富的文化、精神、艺术等价值。随着文化和旅游融合的不断深入，旅游项目对历史文化街区的利用不断增加，历史文化街区开展的活动也成为文化旅游的重要组成部分。

一　历史文化街区保护与旅游开发的良性互动

（一）旅游开发彰显历史文化街区应有的价值

在我国的城镇化进程中，历史街区的"拆"和"留"的问题一直是争论的焦点，越来越多的学者和专家认识到，历史文化街区若仅靠单一保护、维持原状则会限制应有价值的表达，而依托历史街区的资源进行旅游开发，则是充分展示该区域历史文化内涵、解决动力机制不足的有效途径。对历史文化街区进行旅游开发能够使人们在思想认识上提高对历史文化街区价值的认知，为当地文化遗产资源的保护提供资金支持，解决专项资金不足的问题；通过旅游宣传，也能够提高当地的知名度，并以旅游业带动其他相关产业的发展，促进当地经济的提质增速。

（二）历史文化街区为旅游开发提供各种要素

首先，历史文化街区能够为旅游开发提供文化要素。历史文化街区是特定时代下创造的文化产物，是一种宝贵的文化遗产，蕴含丰富的文化内涵。历史文化街区中的古建筑、空间布局等有形物质实体，以及蕴含于其中的无形文化，都可作为旅游开发的重要资源。因此，应在遵循历史文化街区保护原则的基础上，充分挖掘街区的文化内涵和价值，适度开发旅游项目，实现街区文化基因保育和价值展现的有机统一。

其次，历史文化街区能够为旅游开发提供功能要素。历史文化街区是城市空间的重要组成部分，也是展现当地居民生活风貌的重要载体，其本身就具有以居住及少量商业为主的社区型功能①。通过适度的旅游开发，将城市发展与街区建设有机结合，在原有功能的基础上进行功能的延续、转换和更新。因此，应重视当地居民诉求，营造良好的街区生活氛围，延续街区的人居功能，重视街区的文化展示功能，同时将文化展示与传统手工艺品、土特产等商业功能相结合，充分发挥街区的新功能，从而实现新旧功能的有机结合。

最后，历史文化街区能够为旅游开发提供时间要素。历史文化街区与特定历史时期文化发展的脉络相联系，是展现城市记忆的重要标志。在对历史文化街区进行旅游开发时，既要尽可能地展现街区的原有建筑特色、街巷布局等原貌，突出历史的厚重感，还要将街区的发展与时代接轨，在街区旅游发展中融入时代元素，更好地体现现代城市化发展与建设的特色。

（三）历史文化街区保护和旅游开发具有利益主体一致性

历史文化街区的保护、更新和旅游业的可持续发展受到多利益相关主体的影响，实现两者协同的目标在于满足相关主体的多样价值需求。游客的价值诉求是求新、求异，感受不一样的文化，历史文化街区具有地域性特征，保留了传统的风貌和大量的历史遗迹，是极具吸引力的文化旅游资源，为旅游业的开发提供了必要的旅游吸引物要素，其独有的文化底蕴和特有的文化氛围能够满足消费者的旅游需求，带给消费者不一样的文化体验和感受。

开发商通过对历史文化街区土地、建筑物等资源的合理开发，充分释放土地潜在价值，解决土地利用不充分的问题，使历史文化街区的传统功能得以置换，更新街区功能，从中获得经营收益。

二　历史文化街区保护与旅游开发的矛盾

（一）物态遗址保护与旅游过度商业化的矛盾

历史文化街区是特定历史时期的文化遗存，它保留了一定数量的物质实体，这些物态遗址是人类宝贵的文化遗产。人们需要不断推进城市化建

---

① 梁学成：《城市化进程中历史文化街区的旅游开发模式》，《社会科学家》2020年第5期。

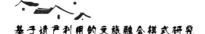

设，实现城市发展。历史文化街区作为城市景观的重要组成部分，也需要适当改造，以适应现代化的发展。但是，一些历史文化街区在旅游开发过程中，一味追求利益，大肆开发，这可能改变街区的原有风貌，破坏物态历史遗迹，割裂街区的历史文化链条，给历史文化街区带来严重伤害，甚至可能导致历史文化街区的消失。

（二）街区居民生活与游客旅游活动间的矛盾

历史文化街区包含物质与非物质文化遗产，是旅游开发的重要资源。随着我国文旅融合的不断推进，对历史文化街区进行旅游开发一定程度上能够满足游客需求，成为文化旅游的重要组成部分。游客的到来，给当地带来了一定的红利，但大量游客如潮水般涌入也容易激发游客与社区居民之间的矛盾。旅游者与当地人往往处于两个不同的文化系统之中，旅游地居民通过与游客的直接或间接接触，对当地人的价值观、个人行为、生活方式、道德观念、语言等有一定的影响[1]。随着历史文化街区旅游的发展，当地物价不断上涨，居民生活成本提高；旅游的发展使当地居民的日常生活成为商业卖点，而外来游客的大量涌入，会影响到当地居民的日常生活，甚至会侵犯个人隐私[2]；同时人口的激增也会带来环境污染、噪声污染等问题。

（三）街区真实性与旅游开发风格化之间的矛盾

历史文化街区是一座城市的历史文化脉络，它的改造是一项复杂的工程，涉及政府、企业、居民等利益相关者，更受到当地经济、历史、政策等因素的影响。在城市化的推进中，历史文化街区的适当改造不可避免，但若由地方政府引入社会资本对街区进行商业化改造，社会资本的营利属性则会与政府的改造初衷产生一定矛盾。社会资本追求利益最大化，完全的资本化可能导致文化资源的破坏、景观的同质性等问题。[3] 历史文化街区是历史留给当代

---

① 沈苏彦、沙润、魏向东：《历史街区旅游开发初探》，《资源开发与市场》2003年第4期。

② 李琛：《历史文化街区居民旅游影响的感知研究——以北京什刹海地区为例》，《北京联合大学学报》（自然科学版）2015年第4期。

③ 孙菲、胡高强：《文化、消费与真实性：城市历史文化街区的改造困境——以福州上下杭为例》，《山东社会科学》2020年第5期。

人的文化瑰宝，只有保持其真实性，才能使其更具有价值。

三　历史文化街区保护与旅游开发的融合之路

（一）延续景观文脉，保持历史原真性和完整性

历史文化街区蕴涵丰富的历史遗存和文化内涵，在对街区进行旅游利用时，应坚持原真性的原则，尽可能完整地保存街区的历史信息，因为保护是开发的前提，没有良好风貌的历史文化街区，旅游开发也就失去了相应的物质基础。历史文化街区的文化真实性才是吸引游客的关键因素。对历史文化街区原真性的保持主要包括：保护好街区的空间环境，努力维持自然环境的原真格局，保留、复原遭到破坏的传统民居，维持原有居民的生活方式；同时还要使街区的发展与现代城市化建设相协调，通过规范街区周边的现代化建筑高度、风格等措施，实现街区与现代化城市的完美融合。

（二）整合文化资源，实现旅游为主的多功能更新

历史街区文化旅游开发要加快文化资源的整合，进行统一规划，整体包装，使街区内分散的文化资源融合成为有机的联合体，避免各自为政，造成不正当的竞争和恶性循环，改变单个景点竞争力疲软的局面①。在保护街区原有生活方式、文化氛围的基础上，深入挖掘街区传统文脉，体现文化特色，实现功能、文化的延续。要对原有以居住为主要功能的历史文化街区进行以旅游功能为主的餐饮、旅馆、商业、办公、居住等多功能置换，平衡土地成本，缓解保护压力，充分挖掘历史文化内涵，大力发展符合历史文化街区空间的文化旅游产业，推动历史文化街区协调发展。

（三）政府主导，鼓励多方利益主体参与价值共创

历史文化街区的旅游开发涉及政府、旅游企业、居民、旅游者等各个利益相关者，他们在旅游发展中扮演不同角色，拥有各自的利益。政府部门通过立法，承担历史文化街区保护、管理及监管部门的职能，制定具体

---

① 孙利坤：《历史街区文化旅游开发初探——以长江路历史街区为例》，《东南大学学报》（哲学社会科学版）2014 年第 1 期。

的管理条例及切实可行的开发计划；旅游企业在追求经济效益的同时，也要承担一定的社会职能，为街区的遗址保护和文化传承贡献力量，为游客呈现原汁原味的街区文化和精彩的旅游项目。当地居民是街区文化传承的主体，在历史文化街区的旅游利用中，既要让当地居民尽可能地留在街区内，也要注重保护当地居民的生产生活方式，增强其认同感和归属感，让其成为文化传承的中坚力量；旅游者在旅游过程中也要意识到街区的价值，文明旅游，保护街区历史遗迹。

第三节　历史文化街区文旅融合典型案例

历史文化街区蕴含丰富的历史遗存和文化资源，随着文化和旅游产业的不断发展，历史文化街区与旅游融合的案例层出不穷，本节总结出四个典型案例，分别是：拉萨市八廓街、南京夫子庙步行街、苏州平江历史文化街区和成都宽窄巷子。

一　拉萨市八廓街

（一）八廓街概况

八廓街又名八角街，位于拉萨市旧城区，是围绕大昭寺修建的拉萨最繁华的一条商业街，是著名的转经道和商业中心，较完整地保存了古城的传统面貌和居住方式。街道以大昭寺为中心，西接藏医院大楼，南临沿河东路，北至幸福东路，东连拉萨医院河林廓东路。八廓街原街道只是单一围绕大昭寺的转经道，藏族人称其为"圣路"，现逐渐扩展为围绕大昭寺周围的大片旧式老街区。八廓街是由八廓东街、八廓西街、八廓南街和八廓北街组成的多边形街道环，周长1000余米，街内岔道较多，有街巷35个。

（二）八廓街发展历程

拉萨市八廓街发展历程及重要事件见表7-1。

表 7-1　拉萨市八廓街发展历程及重要事件一览

时间	发展历程及重要事件
7 世纪	藏王松赞干布下令在卧堂湖修建大昭寺，同时在湖边四周修建了四座宫殿，与嫔妃臣民移居宫殿，亲自监督大昭寺工程的进展。四座宫殿即为八廓街最早的建筑。大昭寺建成后，引来了众多朝圣者朝拜，日久逐渐踏出环绕大昭寺的一条小径，为最初的八廓街。寺院周围陆续修建了 18 座家族式建筑，为远道朝圣的信徒或商人提供住宿
15 世纪后	大昭寺成为佛教传播的中心，其周围相继出现僧人宿舍、宗教学校、小寺庙建筑，众多信佛者迁居大昭寺周围生活，街上逐渐出现了大量民居、店铺、旅馆、手工作坊等设施
1992 年起	拉萨市先后编制《拉萨市八廓街详细规划》《拉萨市城市总体规划》《拉萨市老城区保护管理暂行条例》，为八廓街历史文化遗产的保护提供了法律法规保障
2000 年	八廓街与大昭寺一同作为布达拉宫的扩展项目被批准列为世界遗产名录
2009 年	八廓街入选首届"中国十大历史文化名街"

资料来源：根据网络资料整理。

（三）八廓街旅游开发举措

1. 修缮文物和传统民居，保护街区外围景观

八廓街是拉萨古城区的主要组成部分，保留了拉萨古城的原有风貌。自 1992 年起，拉萨市先后编制《拉萨市八廓街详细规划》《拉萨市城市总体规划》《拉萨市老城区保护管理暂行条例》，为八廓街历史文化遗产的保护提供了法律法规保障，并根据街区内的不同建筑采取了不同的保护措施[1]。对大昭寺等文物的保护利用，坚持"修旧如旧"的原则；而对于与居民密切相关的传统民居，则在保持其外观不变的前提下，适当改造其内部结构，以完善其使用功能。另外，由于城市的快速扩张，八廓街外围景观的保持也面临着一定的压力。为了保持八廓街人与自然和谐共生的历史文化特色，当地政府专门针对街区的外围景观进行了规划和控制，保护了周边的山体景观，特别是大昭寺与布达拉宫之间视廊敏感区内的城市建设。

2. 保护街区传统风貌和整体格局，培育旅游服务业态

当地政府注重对八廓街的更新改造，并将其打造为独具特色的朝圣和商

---

[1]　乔欣：《拉萨老街的变与不变》，《中国文化报》2011 年 7 月 27 日，第 6 版。

业道路。为保护街区的传统风貌，地方政府拆除了周围不协调的建筑，同时注重对街区内部整体格局的保护，以大昭寺、小昭寺为中心，以廓廓、八廓和林廓三条转经道为骨架，以街区内 35 条街巷为网络系统，形成了南北大小昭寺紧密联系、东西连接宇拓桥与大清真寺、众多遗存节点共存的独特古城格局①。在拉萨市政府的合理规划和改造下，八廓街的传统风貌得到了较好的保持和传承。除此之外，当地还注重对街区的旅游开发，关注旅游服务业的培育，面向游客的旅馆、餐厅、酒吧等设施也逐渐得到完善，成为该街区商业的主导力量。旅游服务型商业的进驻，推动了八廓街商业业态更新。

3. 加强基础设施建设，为本地居民创造就业机会

城市基础设施是城市发展的重要基础，基础设施的更新并不意味着"拆旧建新"，而是在原有的基础上进行适当更新，以适应当代城市的发展。改革开放以后，当地政府每隔一段时间就会启动对八廓街基础设施的改造工程，在改善当地人居环境的同时，也方便了外来游客的进入，为旅游开发提供了一定的前提和保障。同时，八廓街内有包括唐卡制作、藏戏说唱在内的众多非物质文化遗产，但街区内的就业率偏低，于是当地政府依托当地的文化特色，提出保护复兴、技能植入、岗位拓展三个层次的就业策略，既提升了本地人的就业率，传承和弘扬了文化遗产，也为旅游项目开发提供了人力资源。

（四）八廓街旅游项目

1. 旅游商铺购物

八廓街街道两侧店铺林立，有 120 余家手工艺品商店和 200 多个售货摊点，经商人员 1300 余人，经营商品 8000 多种，有铜佛、转经筒、酥油灯、经幡旗、经文、念珠、贡香、松柏枝等宗教用品，卡垫、氆氇、围裙、皮囊、马具、鼻烟壶、火镰、藏被、藏鞋、藏刀、藏帽、酥油桶、木碗等生活日用品，酥油、青稞酒、甜茶、奶渣、风干肉等食品，唐卡绘画、手绢藏毯等手工艺品，以及古玩、西藏各地土特产等蕴涵民族特色的商品，这

---

① 蒋其平、刘要收、周满等：《对拉萨老城转经道的认识与思考》，《南方建筑》2013 年第 1 期。

些商品具有浓厚的地方特色和民族风格，满足了游客的购物需求。

2. 历史遗迹游览

八廓街内留存了丰富的历史遗迹，包括宗教建筑，如大昭寺、小昭寺、丹杰林寺等；城市公共建筑，如驻藏大臣衙门、古城监狱、拉萨私塾等；私人建筑，如赞干布行宫曲结颇章、藏文创始人吞弥·桑布扎宅邸等；传统民居院落，如贵族府邸、寺庙僧舍、官员驻锡办公地、商户民居等[①]。这些历史建筑和珍贵文物蕴含着丰富的历史信息，是游客了解藏文化的重要载体。

3. 感受转经活动

"八廓"藏语意为"绕行转经路"，是围绕大昭寺形成的一条转经道，为拉萨三条主要转经道之一，至今已有 1300 多年的历史。八廓街内，随处可见转经祈福的信徒，他们每个人都手拿转经筒，专心诵经，屏蔽外界所有干扰。游客也可加入转经的队伍，顺时针转经，感受这种活动。

二　南京夫子庙步行街

（一）南京夫子庙步行街概况

南京夫子庙步行街位于夫子庙南端，是享誉海内外的旅游胜地，也是国际品牌地段与商业中心地段的最佳组合。夫子庙步行街包括"三街一商圈"："三街"分别是"文博展览体验街"贡院街、"老字号特色购物街"贡院西街和"秦淮特色美食街"大石坝街；"一商圈"则是由水游城、水平方、茂业天地构成的商业圈。主街长 1284 米，总占地面积约 36 万平方米，总商业面积 50.64 万平方米。

2023 年，夫子庙核心区客流量达 2563 万人次，"千年夫子庙，十里秦淮河"，能取得这样的成绩，是因为夫子庙步行街下了不少功夫，探索出步行街改造的"南京模式"。

（二）南京夫子庙步行街发展历程

南京夫子庙步行街发展历程及重要事件见表 7-2。

---

① 徐永志、李霞：《城市历史文化街区文化遗产保护与旅游利用——以拉萨市八廓街为例》，《扬州大学学报》（人文社会科学版）2016 年第 3 期。

表7-2　南京夫子庙步行街发展历程及重要事件一览

时间	发展历程及重要事件
1985 年	南京市政府修复夫子庙古建筑群，并将临河的贡院街一带建成旅游文化商业街
1991 年	被评为"全国旅游胜地四十佳"，成为享誉海内外的旅游胜地、文化长廊、美食中心、购物乐园
1997 年	夫子庙商业街全面建成，带动商业全面升级
2016 年	入选第一批江苏省历史文化街区
2018 年	商务部决定对包括南京夫子庙步行街在内的 11 条步行街开展改造提升试点计划。在这一年里，夫子庙步行街从文化引领、品质提升、产业升级、诚信建设、党建领航入手，探索走好"商旅文融合、街景河一体、建管帮联动、主客商共享"的特色创建之路。主要从精准目标定位、提升"桨声灯影"、升级"商业引擎"、打造"智慧街区"、讲好"中国故事"等维度入手，持续改造夫子庙步行街
2019 年	荣获"首批国家全域旅游示范区"
2020 年	成为首批"全国示范步行街"

资料来源：根据网络资料整理。

（三）南京夫子庙步行街旅游项目

1. 旅游演艺

夫子庙步行街旅游演艺活动众多，旅游演艺也是其"夜经济"的重要组成部分。夫子庙推出贡院点灯、汉服走秀等特色活动，打造以夫子庙文化为基础的大型沉浸式演出活动；大成殿、中国科举博物馆营业时间由晚上 9 点延长至 10 点；打造瞻园夜间演出活动，举办音乐会。《金陵寻梦·夜瞻园》《上元灯彩图》沉浸式戏剧、礼乐展演等活动，展现了金陵风雅的魅力。这些特色鲜明的旅游演艺活动延长了游客逗留时间，满足了其文化需求，促进夜间消费，增加了地区收入，扩大了知名度。

2. 节庆活动

该街区以灯为媒，成功举办秦淮灯会，该节庆活动的举办提高了街区的知名度，也带动了其他旅游要素的发展。2006 年，秦淮灯会获批第一批国家级非物质文化遗产。2019 年，秦淮灯会成为非遗与旅游融合十大优秀案例之一。除此之外，该街区还借鉴秦淮灯会，举办了孔子文化节、夫子庙美食节、夫子庙购物狂欢节等节庆活动。众多节庆活动的举办为夫子庙带来了客源，提高了知名度和影响力，带动了当地经济的发展。

3. 旅游文创

夫子庙步行街坚持产业为基，让"商"成为主引擎。确定"文字头+潮流店"主题，打造全国最大的科举主题文创店——"秦淮礼物"，建设 3 条网红街，引进"网红店"；确定"老字号+新零售"主题，进一步凸显街区 7 家中华老字号和 6 家地方老字号的集聚效应，提升秦淮小吃的品质，丰富其内涵；增设 20 余处智慧零售设施和休闲外摆。

三　苏州平江历史街区

（一）苏州平江历史街区概况

平江河是苏州"三横四直"中的第四直河，平江路东侧是苏州古代仓储中心，漕运集散地，宋代时苏州被称为"平江"，取名源于此。平江历史街区位于苏州古城东北隅，东起外环城河，西至临顿路，南起干将路，北至白塔东路，面积约为 116.5 公顷，距今已有 2500 多年历史，是苏州古城迄今保存最典型、最完整的历史文化保护区，堪称苏州古城的缩影。

作为著名历史文化名城苏州古城的一部分，平江历史街区现存的整体布局已历经千年之久，与宋代《平江图》基本一致，仍然基本保持着"水陆并行、河街相邻"双棋盘格局，以及"小桥流水、粉墙黛瓦"的江南水城风貌，积淀着深厚的文化底蕴，聚集了极为丰富的历史遗存和人文景观。

（二）苏州平江历史街区发展历程

苏州平江历史街区发展历程及重要事件见表 7-3。

表 7-3　苏州平江历史街区发展历程及重要事件一览

时间	发展历程及重要事件
12 世纪	曾改苏州为平江府，13 世纪为平江路治所，主街平江路以此得名
15~19 世纪中期	官府为加强对漕粮的管理，把原分散在各县农村的粮仓分别移建到苏州古城内娄门和阊门一带城脚下，今平江路东侧的仓街，因此得名
19 世纪中叶	苏州遭受战乱，但平江路所受影响较小，河街格局保存完整
20 世纪	多次疏浚平江河及支流胡厢使河、大柳枝河等河道

续表

时间	发展历程及重要事件
2002 年	启动实施了平江路风貌保护与环境整治工程，重点对平江路河道及两侧建筑风貌进行保护整治
2009 年	该街区入选中国首批"十大历史文化名街"
2014 年 6 月	该街区成为苏州古城创建旅游示范区试点区域，获得全国唯一"国家古城旅游示范区"授牌
2014 年 11 月	获得"首批创造未来文化遗产示范单位"称号

资料来源：根据网络资料整理。

（三）苏州平江历史街区旅游发展历程

1. 千年的生活业态（唐宋～2002 年）

平江路改造整治前，以本地居民的居住功能为主，商业业态多为居民生活服务，米铺、药房、酱园、茶庄等沿街排布，也常有临时摊点出现。

2. 十年市场化旅游初级业态（2003～2013 年）

2002 年始，为迎接世界遗产大会的召开，苏州市展开大规模的城市环境综合整治。在此背景下，苏州市政府启动了平江路风貌保护与环境整治工程，作为平江历史街区保护整治工程的先导性试验工程。由平江区政府和市城市投资公司出资成立平江历史街区保护整治有限责任公司，作为平江历史街区保护整治工程的实施主体，并聘请著名城市规划专家阮仪三教授担任总规划师，主持平江历史街区保护整治工作。规划提出，将平江历史街区最终开发成为具有吴文化特色的风貌旅游区、传统民居聚集区、休闲消费商业区、古城遗址景观区。

2002 年启动的街区历史风貌保护与环境整治工程并没有采取大拆大建的改造策略，而是在居民人口结构上调控了 50% 的回迁率，80% 的房屋基本不动或者少动，并维持邻里关系基本不变①。同时街区注重在保留传统生活场景的基础上，提升街区生活的便利性。街区适当引入现代生活设施，完善相关配套设施，使居民的生存生活环境得到极大改善，生活质量得到提

---

① 李逸斐：《文化生产场域理论与历史街区改造设计的原真性——以苏州"平江路菜场"概念设计与"双塔市集"为例》，《艺术设计研究》2020 年第 4 期。

高，原有的生活方式得以延续，从而完好地保留了苏州老街巷的真实生活和独特的城市记忆。

在平江路保护整治过程中，苏州市文旅部门努力探索保护实施与经营管理的机制，积极引导形成历史街区特有的文化产业品牌，逐步形成了初具规模的休闲产业，出现了针对旅游者的多种业态，以住宿、餐饮、购物为核心的商铺飞速增多，形成了强大的平台效应，但是也出现了业态档次不高的情况。

3. 五年文创文旅新业态（2014~2018 年）

平江路商业业态逐步向文化旅游转型，涌现出一批新业态，让游客在游览平江路的同时，获得丰富的文化体验。各类精品文化休闲业态的聚集，使平江历史街区呈现出传统与时尚和谐，怀旧情怀与舒适享受并举，浪漫休闲与文化探访交融的独特的、雅致的环境气质①。

（四）苏州平江历史街区旅游项目

1. 名人文化资源

自清初至民国，许多文人雅士、达官贵人曾生活在平江河岸及周边，这里至今保留着众多名人故居。平江历史街区利用自身文化底蕴深厚的优势，积极推进招商引资和旅游资源整合工作，深入挖掘名人资源，展现地域性的名人文化。

2. 博物馆资源

平江历史街区内有众多博物馆，如状元博物馆、评弹博物馆、昆曲博物馆。众所周知，"苏州园林甲天下"，苏州状元也是甲天下。自隋唐开科取士，苏州总共出过 51 名状元，数量稳居全国榜首，因此有"状元之乡"的美誉。状元博物馆内有纱帽厅、御赐匾额等珍贵文物，让游客感受到那个年代读书人的奋斗史和苏州才子为吴地增添的光辉历史。苏州评弹博物馆原来是清末民初一座老宅，现分一路三进，穿过门厅，就是大厅"吴苑深处"书场，书场茶座仍按 100 年前清代书场的格局摆放，前排中间最大

① 张国忠：《从苏州平江路历史街区看文旅业态迭代更新管理》，《中国旅游报》2019 年 4 月 2 日，第 3 版。

一桌是苏州评弹独有的"状元桌",每天下午都会有苏州评弹专业表演;三进大厅现藏有苏州评弹各类珍贵文物、古籍史料、评弹孤本、脚本几百部。昆曲博物馆的前身是全晋会馆,跨过门厅,就能看到正厅内昆曲之祖塑像,厅内陈列了昆曲戏服、昆曲资料、昆曲脸谱等珍贵文物。

3. 观光休闲产品

该街区推出水上旅游风情游览线路,举办风情节、晒书节等文化活动。根据旅游资源合理地设计旅游路线,引导游客的游览活动,同时,加强街区与城市其他旅游景点的联系,通过组织游客参观街区,强化游客对历史街区整体风貌的认识与感知。通过这种方式,为游客提供具有文化性、生活性、历史性的多种观光休闲产品,使游客感受到各种刺激和心灵震撼的同时,获得人性化、个性化的旅游消费体验。

4. 引进地方特色产业

平江历史街区通过合理利用街区的历史资源,发展有文化内涵的第三产业,重塑街区活力。坚持以具有文化品位和风貌和谐为方向来选择商户、精选业态①。在"招商择资"上设立了严格的标准,宁缺毋滥,要求商户必须具有一定的地域文化特色,并符合历史街区的保护理念。

街区内汇聚了人文特色浓厚的茶馆、会所、手工艺店等特色商业业态,也引入了契合当代年轻人生活方式的小吃店、书店、咖啡馆,构建具有本地特色的休闲度假产业体系,赋予街区独特的现代休闲度假功能。

四 成都宽窄巷子街区

(一)成都宽窄巷子街区概况

成都宽窄巷子位于成都市青羊区商圈,始建于清朝,是成都33条清朝兵丁巷子中仅存的两条,属合院式建筑。康熙五十七年(1718年),平息准噶尔叛乱后,选留千余名兵丁永留成都并修筑满城,即少城(宽窄巷子前身),当时宽巷子称"兴仁胡同",窄巷子称"太平胡同"。清兵驻扎前,成都人饱受战火的折磨,取名"太平"寄托了当地人对美好生活的向往,希

---

① 陈禹:《苏州平江路与山塘街规划特点与差异》,《现代园艺》2013年第2期。

望清军的到来能够为他们带来安定、太平的生活①。直到民国初年，这种明显具有北方风格的名称，才被"宽窄巷子"所取代，并沿用至今。

宽窄巷子是成都最具代表性的历史文化商业街区，也是中国首个院落式情景消费体验街区，它体现了成都独特的市井生活文化，最终成为成都市的旅游地标。

（二）成都宽窄巷子街区发展历程

成都宽窄巷子发展历程及重要事件见表7-4。

表7-4　成都宽窄巷子发展历程及重要事件一览

时间	发展历程及重要事件
2003 年	成都市政府启动了主体改造工程，确定在保持老成都原貌建筑的基础上，形成以旅游休闲为主、具有浓郁巴蜀地方特色和文化氛围的复合型商业街区
2007 年	成都市委市政府、青羊区政府联合整合资源，对商业功能进行了整体规划和开发，完成了核心保护区周边楼房及建筑风貌的综合整治
2008 年	全面竣工，于6月14日正式对外开放，成为成都的"第一会客厅"，它借鉴了上海"新天地"历史文化建筑的改造商业模式，即商业公共空间的嵌入与住宅空间模式的转换
2008 年	被评为"四川省文化产业示范基地"
2009 年	被评为"中国特色商业街"和"四川省特色商业街"
2010 年	被评为"2010年度四川省级历史文化名街"和"成都市特色商业街"
2015 年	被评为"中国商旅文产业发展示范街区"

资料来源：根据网络资料整理。

（三）成都宽窄巷子街区旅游项目

1. 品尝特色美食

宽窄巷子街区美食店铺众多，且具有地方特色，具有代表性的美食有老妈兔头、"三大炮"、"伤心凉粉"、巷子酸奶等。老妈兔头是正宗的成都小吃，起源于二十多年前，儿子爱吃兔头，这位母亲便在麻辣烫锅中给儿

---

① 李运：《基于文化意象的历史街区旅游开发研究》，重庆师范大学硕士学位论文，2012，第47页。

子做这道美食，并渐渐被人们所熟知，在后来的改进和研制中，正宗的美味老妈兔头诞生。"三大炮"是成都地道的传统小吃，历史悠久，主要由糯米制成，每份只有三坨糯米团，因在抛掷糯米团时，发出的"砰砰砰"响声被称为"铁炮""枪炮""火炮"，"三大炮"的名字由此而来。"伤心凉粉"是四川的特色小吃，以麻辣闻名，每个吃了凉粉的人都会被辣出眼泪，像是遇到伤心难过的事情一般，故得此名。

2. 逛街区和品川剧

街区内遍布各式各样的特色商店，有传统手工纺织工艺如蜀绣、蜀锦，特色工艺如漆器工艺品、竹编制品等，还拥有充满时尚元素的小店，在小店中可以感受宽窄巷子古韵和新潮文化的碰撞。

街区内的剧院会上演特色川剧，如《白蛇传》《变脸》《滚灯》《手影》《霸王别姬》等，除此之外，还以川剧的形式，编排特色大戏《宽窄传奇》，让游客在看川剧的同时，通过故事了解宽窄巷子的由来和传说。

第四节　历史文化街区文旅融合模式解析

2015 年 4 月，住房和城乡建设部、国家文物局公布了第一批包含江苏省苏州市平江、福建省厦门市鼓浪屿等在内的 30 个国家级历史文化街区。历史文化街区作为旅游可利用的重要文化资源，两者的结合在促进街区文化传承、旅游繁荣发展方面具有重要意义。本节结合上一节典型案例共总结出四种模式，分别是"历史文化街区+建筑修复+旅游商铺"模式、"历史文化街区+商业业态升级+旅游展演"模式、"历史文化街区+记忆空间营造+博物馆"模式和"历史文化街区+城市文化功能营造+特色美食"模式。

一　"历史文化街区+建筑修复+旅游商铺"模式

（一）"历史文化街区+建筑修复+旅游商铺"模式解析

该模式下的历史文化街区建筑遗存规模较大，保存完整，居民日常生活场景得以保留。在旅游开发中，应尽可能保持建筑的传统特色，不采取大拆大建的方式，而是精心修复，保持原有风格和气息。旅游的注入为街区带来了生机和活力，街区依托地域特色文化，发展文化旅游，旅游项目众多，商铺林立，旅游商品与当地文化融合，广受游客喜爱。拉萨八廓街历史文化街区是该类历史文化街区的代表。

（二）"历史文化街区+建筑修复+旅游商铺"模式特点

1. 历史遗存独特完整，旅游开发底蕴深厚

该模式下的历史文化街区年代久远，规模较大，整体风貌保存完整，保存着大量的特色建筑和珍贵文物，保留传统居民生活场景，延续地域文化脉络。街区的空间格局、特色建筑及遗存的文化资源具有极高的历史文化研究价值，是研究当地特色文化和历史发展脉络的重要资源。街区蕴含丰富的文化资源，随着文化和旅游的不断融合，它已成为游客观光、消费、体验的重要场所，当地政府也会在城市化进程中妥善处理历史文化街区保护与开发的关系，将街区内原有的文化资源进行合理整合、改造，这些珍贵的资源为旅游的开发提供了基础和动力，并在旅游开发中成为核心的旅游景点，是景区的核心吸引力。

2. 旅游商铺林立，商品特色浓郁

此类街区规模较大，这就为店铺的设立提供了场所和空间，街区内店铺和摊点众多，商品种类齐全。同时街区拥有独特的民族和地域文化，这为旅游商品的设计提供了文化支撑，街区内售卖的商品体现出该区域独一无二的文化。随着街区旅游开发的不断加强，这些旅游商品受到游客的追捧和喜爱，商户增加了收入，也推动了地方经济的发展。

（三）"历史文化街区+建筑修复+旅游商铺"模式适用性

该模式适用于街区特色建筑、历史遗存规模较大且保存较好的情况。该模式中，传统民居建筑得以保留，居民生活场景得以延续，地域文化脉络不断延续，且街区内历史文化资源价值较高。

（四）"历史文化街区+建筑修复+旅游商铺"模式局限性

此类街区往往物质遗产丰富，规模较大，在政府的保护规划中，侧重对物质实体和物质空间的规划和保护，易忽视散落在街区内的非物质文化

遗产的传承，使手工技艺、生活习俗、节庆活动的保护与传承未能获得有效扶持，因而逐渐陷入困境。

二 "历史文化街区+商业业态升级+旅游展演"模式

（一）"历史文化街区+商业业态升级+旅游展演"模式解析

该模式下的历史文化街区商业历史悠久、文化资源丰富且集聚，在进行旅游开发时，一般会延续商业传统，以原有资源打造旅游项目，以旅游演艺传承特色文化，进一步丰富街区的功能，发挥旅游吸引物的作用，在承担传统经济、商业功能外，还会增加文化功能、休闲游憩与娱乐功能、遗产保护和环境保护功能等。南京夫子庙商业街区、城隍庙街区是该类历史文化街区的典型代表。

（二）"历史文化街区+商业业态升级+旅游展演"模式特点

1. 商业发展历史悠久，文化遗产丰富，旅游发展基础雄厚

该类街区一般地处码头、寺庙周边或城市物资集散地周边，历史上就是城市重要的传统商业区，具有重要的商业贸易和物资交流功能。街区商业历史悠久，商业文化积淀深厚，是所在城市传统商业文化的重要源头，这为其发展指明了方向。

街区以销售最具城市代表性的传统商品为特色。作为城市传统商业文化的保存典范，街区内"老字号"店铺聚集，城市传统商业品牌荟萃，以"老字号"、历史商业景观、传统商品制作工艺等为代表的商业文化遗产得以保留和传承，这些文化遗产对于外地游客具有天然的吸引力，会成为发展旅游的重要资源。

2. 旅游项目丰富多彩，展演是其一大特色

该模式下的街区拥有不同的旅游主题，不同主题所依托的资源和旅游项目也有独特性，如美食体验、旅游纪念品购买、传统工艺品制作等。旅游展演是街区文化空间的重要活动之一，承担着文化传播的任务，街区坚持创新主题活动的形式与内容，与传统文化相衔接，重点打造传统演艺活动，展示历史的更迭，满足游客高层次的文化需求。

（三）"历史文化街区+商业业态升级+旅游展演"模式适用性

本模式针对的街区是以商业功能为主，并具有重要观赏价值和历史积淀的区域。该类街区一般为城市的传统商业区，在城市商业发展历程中占据重要地位。

（四）"历史文化街区+商业业态升级+旅游展演"模式局限性

虽然该模式下的历史文化街区商业历史悠久，文化遗存丰富，但在旅游开发中可能会出现过度商业化的情况，所以在发展街区经济时，要注重挖掘本地特色文化资源，开发旅游项目时以本地文化资源为抓手。谨防过度商业化，导致物质文化遗产的破坏和非物质文化遗产的流失。

三 "历史文化街区+记忆空间营造+博物馆"模式

（一）"历史文化街区+记忆空间营造+博物馆"模式解析

博物馆是一个地区的地标，随着文旅融合的不断深入，它成为推动文化观光旅游业发展和地区经济发展的重要力量，并成为重要的旅游目的地。历史文化街区内的博物馆是展现城市文化的重要载体，承载着一座城市的记忆。在游客越来越重视精神需求的旅游大环境下，博物馆丰富的文化内涵能够满足游客需求，带给游客不一样的精神文化体验。平江历史街区、碑林历史文化街区是该类历史文化街区的典型代表。

（二）"历史文化街区+记忆空间营造+博物馆"模式特点

1. 赋予博物馆旅游的功能，实现街区旅游发展

博物馆承载着一座城市的历史记忆，以保护、传承遗产为职能，涵盖了丰富的文化形态，可以满足不同类型旅游者的文化需求。随着文化与旅游融合的不断深入，博物馆作为一种重要的旅游资源，深受游客喜爱。历史文化街区内的博物馆和旅游业的结合，是通过各自价值链的延伸，打破原有的业务和运营边界，使得彼此边界出现交叉，从而实现功能互补，增强各自的竞争力[1]。对于游客来说，到博物馆不仅仅是观看展品，而是希望

---

[1] 刘阳、祖双喜：《天津地区博物馆与旅游业融合发展模式研究》，《中国博物馆》2021年第2期。

通过和展品、历史对话，体验穿越时空的感觉，以达到了解文物、增长见识、愉悦身心的目的。

2. 强化游客街区/城市记忆，提升游客旅游体验

博物馆收藏、保存各个历史阶段的有形文物，为人们了解城市、记忆城市提供现实条件，被称为"凝固的历史"①。博物馆通过将特定的物质实体、文化符号、文化遗产等组合在一起展示给游客，向游客传递历史信息，继而唤醒游客对过去的思考与回忆；馆内专业的解说可以进一步向游客传播、宣传历史文化，赋予静态的历史鲜活的生命，还有助于增进游客对历史的认知，形成文化记忆认同，提升游客旅游体验。

（三）"历史文化街区+记忆空间营造+博物馆"模式适用性

该模式要求历史文化街区内拥有丰富的文化资源和人文景观，在政府的规划、监督和管理下，实现街区保护与开发的协调和统一。主题博物馆是承载街区文化的重要载体，是一座城市历史文化价值的集中反映。

（四）"历史文化街区+记忆空间营造+博物馆"模式局限性

一般来说，历史文化街区规模较大，且业态丰富，旅游项目众多，涵盖食住行游购娱各个方面。街区内博物馆是重要的文化展示载体和空间，但随着旅游的发展，可能出现博物馆文化资源遭到忽视的情况，这不利于街区文化的传承和发展，因此，在街区的旅游开发中，要谨防此类现象的出现。

四 "历史文化街区+城市文化营造+特色美食"模式

（一）"历史文化街区+城市文化营造+特色美食"模式解析

该模式下的历史文化街区所在城市文化底蕴深厚，美食丰富独特，街区致力于延续城市的传统休闲文化，汇聚城市文化符号。在旅游开发中，尽可能地保持原真文化氛围，知名度较高，对游客的吸引力强。成都宽窄巷子、上海新天地街区是该类历史文化街区的典型代表。

---

① 黄振平：《博物馆：城市记忆、标志及通向未来的文化桥梁》，《艺术百家》2005 年第 6 期。

（二）"历史文化街区+城市文化营造+特色美食"模式特点

1. 街区汇聚城市文化符号，旅游项目彰显城市性格

该模式下的街区文化特色鲜明，在旅游开发与保护中最大限度地保留街区原有建筑，并主动打造城市特有文化符号，针对不同的目标消费群体，开发出不同主题的旅游项目。这些旅游项目也是城市性格的集中反映，让游客在潜移默化中受到感染。每座城市都有自己独特的性格，城市性格体现在城市空间布局、建筑风格、居民生活理念等方面，这些文化符号是城市性格的有形载体，集中体现了城市的文化性格。

2. 原真文化氛围浓厚，旅游吸引力强

该模式下的历史文化街区开发不同于以往的大拆大建，而是尽可能保持原有风貌，一般由政府主导，在旅游开发中发挥良好的监管作用，避免了街区建设过度商业化。街区内本地特色项目较多，如川剧、特色美食等，原真性文化对游客的吸引力较强。

（三）"历史文化街区+城市文化营造+特色美食"模式适用性

该模式适用于街区所在城市文化特色鲜明，街区内物质文化实体保存良好，未遭到大拆大建，商业改造价值高的情况。

第八章
工业遗产文旅融合模式

第一节　工业遗产的内涵与价值

　　每个国家的支柱产业，在一定时期内都承载着历史使命。20 世纪 70 年代，发达国家出于自身产业更新升级以及资源保护的需要，将部分传统制造业迁移至发展中国家，原有的工业建筑和工业用地便空闲下来。国外将这类废弃的或闲置的或没有充分利用的工业用地称为"棕地"（brownfield）。这些土地往往存在一定程度的环境污染和各种利用限制，从而开发起来比其他性质的土地更为复杂[①]。早期处理这些废弃工业用地的策略往往是拆除全部原有工业设施后进行大规模开发建设，针对被工业污染的地区，则是采取拆除、填埋等方式，造成废弃地历史、文化和精神彻底消失[②]。我国工业用地的闲置主要有两个原因：一是在激烈的市场竞争中破产、倒闭的工厂；二是由于城市功能布局的调整将位于城市中心地段的工厂迁往郊区。遗存下来的土地、厂房、设施、设备承载了城市发展过程中的历史记忆，是特殊时期建筑美学的展现，通过保护和再利用，工业遗址可以传承劳动者的精神以及工业文明，具有一定的社会价值。

[①]　钱艳、任宏、唐建立：《基于利益相关者分析的工业遗址保护与再利用的可持续性评价框架研究——以重庆"二厂文创园"为例》，《城市发展研究》2019 年第 1 期。

[②]　黄嘉萱、王一、徐浩然等：《铁轨废弃地城市更新绩效评估——以亚特兰大 Beltline 已建成段为例》，《城市建筑》2018 年第 10 期。

一 工业遗产概念界定

国际上对工业遗产的定义十分广泛，在过去五十年左右的时间里不断演变①。其中较为权威的定义是 2003 年国际工业遗产保护联合会（The International Committee for the Conservation of the Industrial Heritage，TICCIH）颁布的《关于工业遗产的下塔吉尔宪章》（简称《宪章》）的定义。工业遗产是指工业文明的遗存，它们具有历史的、技术的、社会的、建筑的或者是科学价值。这些遗存包括建筑、机械、车间、工厂、选矿和冶炼的矿场和矿区、货站仓库、能源生产、输送和利用的场所，运输及基础设施，以及与工业相关的社会活动场所，如住宅、宗教和教育设施等②。《宪章》还提出，"工业遗产是工业活动的见证，这些活动一直对后世产生着深远的影响……每一个国家和地区都需要鉴定、记录并保护那些需要为后代保存的工业遗产"③。

国内对于工业遗产的权威定义可见于 2006 年。在中国工业遗产保护论坛通过的《无锡建议》认为：工业遗产是具有历史价值、社会价值、科技价值、审美价值、独特性价值和稀缺性价值等的工业文化遗留物。这些遗留物包括车间、厂房、矿山、仓库等，也包括教育机构、工业技术和工业进程等。

对工业遗产的定义从物质维度到非物质维度，这是研究角度的拓展，也说明工业遗产留给人们的不仅是物质遗存，还包括工业技术的传承与创新，以及工业文化、文明对当代人的影响。如单霁翔认为，生产技术、工艺流程及其相关的文化表现形式，也应该纳入广义的工业遗产范畴④。

---

① 迈克·罗宾逊、傅翼：《欧洲工业遗产的保护和利用：挑战与机遇》，《东南文化》2020 年第 3 期。
② 联合国教科文组织世界遗产中心、国际古迹遗址理事会、国际文物保护与修复中心、中国国家文物局：《国际文化遗产保护文件选编》，文物出版社，2007，第 86 页。
③ 张松：《历史城市保护学导论——文化遗产和历史环境保护的一种整体性方法》，同济大学出版社，2008，第 7 页。
④ 单霁翔：《关注新型文化遗产：工业遗产的保护》，《中国文化遗产》2006 年第 4 期。

二 工业遗产范围界定

国内外组织颁布了相关政策文件，对工业遗产概念及范围进行了界定（见表8-1）。

表 8-1 国内外工业遗产相关政策文件

时间	发布机构	文件名称
2004 年	ICOMOS（国际古迹遗址理事会）	《世界遗产名录——填补空缺，未来行动计划》（The World Heritage List—Filling the gaps, an action plan for the future）
2005 年	TICCIH	《了解结果，代表性不足的类别和主题》（Understanding the Results, Under-represented Categories and Themes）
2006 年	国家文物局	《关于加强工业遗产保护的通知》《无锡建议》
2011 年	ICOMOS 和 TICCIH	《ICOMOS—TICCIH 工业遗产地、结构物、地区与景观维护原则》
2014 年	国家文物局	《工业遗产保护和利用导则（征求意见稿）》

资料来源：高祥冠、常江：《近十年我国工业遗产的研究进展和展望》，《世界地理研究》2017年第5期。

从工业遗产的概念可以看出，人们对于工业遗产的范围存在一定的分歧，大致可总结为以下两种。

（一）从物质结构角度划分

就文化遗产单位物质组成部分，文化遗产的物质结构（physical structure）包含遗产实体和周边环境，是人类创造性的见证，体现了地区建设发展的延续性和地区环境的整体性①。例如，工业革命的先驱——英国的工业文物保护范围不仅包括能源动力产业中的水车、蒸汽机、核电站、采矿业中的矿石场和工矿地、制造业中的农产品加工工厂，以及纺织、化工、陶

---

① 张松、镇雪锋：《遗产保护完整性的评估因素及其社会价值》，《中国城市规划学会》2007年第6期。

瓷等生产领域，还包括谷物交易所（corn exchange）等商业性建筑，甚至工人的住房、工厂主的管理和办公建筑、工业码头等相关建筑乃至整体的工业区都可以成为工业考古的对象和工业文化遗产[1]。

（二）从遗产形态角度划分

在 2011 年第 17 届国际古迹遗址理事会上通过的《都柏林准则》，将工业遗产分为有形遗产和无形遗产，其中有形遗产包括动产和不动产，如遗址、建筑物、建筑群、区域和景观、相关的机械、物品。"无形文化遗产"这一概念最早由日本提出，指无形的文化遗产，诸如语言、戏剧、音乐、舞蹈、宗教、神话、礼仪、习惯、风俗、节庆、手工艺等不能够固化的人类财富。

三　工业遗产的价值与分级

（一）工业遗产的价值

工业遗产作为人类文化遗存的主要类型之一，具有极其重要的历史意义及社会价值。工业时代中，企业的发展历程、科学技术对于当时的社会发展、人民生活、科技进步均有贡献。工业文明传承、历史文化延续，以及社会价值挖掘对于当代社会发展与创新具有显著的现实意义。

1. 历史价值

工业遗产是人类在一定时期内历史文化的凝练，见证了人类社会的巨大变革，承载并记录了老一辈工业设计者、劳动者的办公场景和生活方式，表达了城市发展过程中的历史情感[2]。这种情感不但是人类进步历程的证明，也是工业文明广泛流传的成果，工业遗产的历史价值毫不亚于其他遗产[3]。

---

[1]　Yale，P.，*From Tourist Attractions to Heritage Tourism*，Huntington：ELM Publications，1998，pp：47-69.

[2]　韩强、王翅、邓金花：《基于概念解析的我国工业遗产价值分析》，《产业与科技论坛》2015 年第 19 期。

[3]　于晓磊、廖汝雪：《工业遗产保护中的中国话语——以近代工业遗产价值认知为例》，《遗产与保护研究》2017 年第 3 期。

2. 科技价值

科学和技术是工业遗产与其他文化遗产的主要差异所在。工业技术的革新与迭代，具有一定的社会性，与当时的社会需要密切相关。无论是工业厂房、工业生产线、工业产物、工业技能，还是工业操作标准，都详细记录了当时技术进步的情况①。保护和研究工业遗产不但可以把握科学技术发展的主线，加深后人对科技发展历史的认知，也可以为未来推动工业科技进步提供思路。

3. 社会价值

工业遗产记录了一定历史时期的产业进展过程，广大劳动人民艰苦奋斗、努力工作、乐观生活的场所经过一定时期的历史沉淀后，转变为一种精神寄托。它是人民归属感的基础，得到了社会的高度认同，具有强大的社会影响力，直观地反映了在工业生产及发展过程中，老一辈劳动人民铸就的工业遗产的特殊品质：真诚、努力、务实、创新、包容、锐意进取、全力以赴、追求品质等，为社会增添了一种永不褪色的精神风貌②。

4. 艺术价值

俞孔坚指出，"站在废弃和破旧的工业现场，仍然可以感受到工业设计的力量，老一辈机械产品的设计逻辑和结构功能所散发出的美感，如同一幅美丽的画作"③。遗存下来的厂房、建筑、设备往往经过精心设计，尤其是名家设计的作品，具有极高的实用性与艺术价值，有着独特的艺术魅力。

（二）工业遗产的分级

《中华人民共和国文物保护法》（2007）将文物藏品分为珍贵文物和一般文物。其中珍贵文物又分为一、二、三级：具有特别重要历史、艺术、科学价值的代表性文物为一级珍贵文物，具有重要价值的文物为二级珍贵文物，具有比较重要价值的文物为三级珍贵文物。除此之外，具有一定价值的文物为一般文物。《中国文物古迹保护准则》（2004）指出，工业遗产

① 吴学安：《挖掘工业遗产价值需保护开发双驱动》，《中国商报》2018年1月19日，第1版。
② 于磊、青木信夫、徐苏斌：《工业遗产价值评价方法研究》，《中国工业遗产》2017年第1期。
③ 俞孔坚：《中山岐江公园景观规划设计》，《城市环境设计》2010年第10期。

的相关认定是指能够展现工艺流程和工业技术发展的具有文物古迹价值的近、当代工业建筑遗存及设备、产品等。保护准则主要遵循原址保护原则、最小干预原则、保护现存实物与历史信息原则、科学保护技术原则、保护文物环境原则五大原则。

英国是近代工业革命的先驱，在世界遗产名录中以六项工业遗产列世界首位；同时，英国对工业遗产的研究与保护也是世界起步最早、相对较为成熟的。其在工业遗产评定方面的经验值得我国参考和借鉴。如，英国政府从年代（Period）、稀有性、代表性和选择性（Rarity, Representativity, Selectivity）、文献记录状况（Documentation）、历史重要性（Historic Importance）、群体价值（Group Value）、遗存现状（Survival Condition）、潜力（Potential）七个维度对工业遗产进行评定，并在此基础上，将遗产建筑分为三个等级。第一级是具有杰出的或卓越的价值，以及具有非同寻常的代表性的建筑物，占建筑遗产清单总数的2%；第二级是具有极其重要地位但不能列入第一级建筑清单中的建筑物，占建筑遗产清单总数的4%；第三级是遗产名录上剩余94%的建筑物，其具有特殊的价值，但不足以成为精华部分[1]。不同等级的遗产在开发和保护时采取的方式不同。

第二节　工业遗产保护与旅游开发

一　工业遗产保护和利用

工业遗产的保护和利用应以真实、完整地展示和延续其价值为首要目标[2]。依据工业遗产价值的分级，在进行保护和利用时可以采取不同的策略。

（一）保护为主，适度活化

在工业遗产中，有一部分具有较高的历史、社会、文化、艺术审美、

---

[1]　阮仪三：《城市遗产保护论》，上海科学技术出版社，2005，第9页。

[2]　郑建栋：《价值导向下文物类工业遗产保护利用策略探析》，《东南文化》2020年第4期。

科学技术价值的优秀近现代建筑，它们已符合文物评审标准，可申报为全国重点文物保护单位。对于这类工业遗产，应采取保护为主，适度活化的方式，对区域内具有特殊意义的建筑物、设备设施及整体环境等通过适度修缮的方式加以保护。同时，在原有工艺流程的基础上，对工业遗产的功能进行适度活化，以实现社会价值。

例如，位于河南省洛阳市涧西区苏式建筑群是"一五"期间，苏联在洛阳援建时的重点工程，这一建筑群主要包括拖拉机厂、中铝集团洛阳铜加工厂等企业的厂房以及涧西区2号街坊、10号街坊、11号街坊等厂房和生活区，是典型的苏式建筑。2011年，该建筑群入选第三批中国历史文化名街，此前是唯一入选的工业遗产项目。2013年5月，被国务院核定公布为第七批全国重点文物保护单位。至今，这片建筑群依然有军民居住生活，周边的环境在改造的过程中，保留了建筑群的原貌。

（二）适度改造，保留原真性

对于具有较高价值，蕴含某种特殊重要意义，或在历史文化、建筑艺术、科学技术等方面具有学习研究价值的工业遗产，在保留其历史建（构）筑物外貌或厂区整体风貌、建筑设计中细部处理的基础上恰当再利用。以充分保留其原真性为前提，将建筑物内部进行适度更新，在再利用过程中尽量保留老的材料、做法和结构形式，尽量做到新老分开。

坐落在法国巴黎郊外的麦涅巧克力工厂的保护性改造是老建筑改造中的优秀案例。该工厂中有现存的被认为是世界上第一座完全由铸铁构件支撑的建筑——磨坊（LE MOULIN）。虽然巧克力工厂没落了，但是它为建筑业人士提供了不凡的想象力。1993年，人们对这座工厂的旧建筑群进行了保护性改造，"雀巢"公司在工厂内插建了部分新建筑和4公顷的绿地，原有的老工厂成功转型并获得了新的使用功能。与此同时，该建筑群原有的历史风貌也很好地保持下来，使工厂的历史文化得以延续。时至今日，工厂会举办"接待日"活动，游客可以参观，同时，磨坊成了专家交流、儿童研学、游客参观的场所①。

---

① 钟敏：《法国老建筑改造经典案例》，重庆大学出版社，2009，第76页。

（三）改造再利用，挖掘新价值

在城镇化进程中，部分工厂开始向城市的郊区搬迁，留下一部分废弃厂房。这类工业遗产也具有一定的价值。这些遗留下来的建筑物大多空间较大、结构坚固，且位置较为便利，具有较高的使用价值。通过运用新技术、新材料在一定程度上加以修建、扩建、改建，将历史建筑与现代艺术结合，体现出一种现代美，旧建筑挖掘出了新价值。

北京798厂建于20世纪50年代，厂内建筑风格简练朴实，讲究功能，在厂矿搬迁后留下了一些建筑。后经过改造成为现在的798艺术中心。因为建筑物空间较大，且入驻较多为艺术设计类公司，两种文化的碰撞给798艺术中心带来一种大气之美。

（四）适当拆除，发挥土地价值

对于不具有很高价值的工业遗存，应予以拆除，恢复城市土地效用，发挥更大的价值。对于那些位于老城区的建筑质量差、布局分散凌乱、存在严重污染、阻碍城市发展的工业建（构）筑物，其再利用价值远小于改造成本，则可以拆除，适度保留有一定价值的建（构）筑物。从前文的定义、范围及价值角度判断，这部分工业遗存更准确的表述应为工业资源，而非工业遗产。

二 工业遗产旅游开发

（一）工业遗产旅游的起源和概念

英国是世界上最早开展工业遗产旅游的国家。工业遗产旅游经历了从工业考古到工业遗产的保护，再到产业升级后发展为今天的工业遗产旅游的漫长历程。20世纪下半叶，伴随着英国产业的转型升级，"工业考古学"作为一个新的学科领域被关注。它强调的是对工业革命与工业大发展时期物质性的工业遗迹和遗物的记录和保护[①]。以工业遗产为名的一系列研究和考察工作，推进了民间和政府对工业遗址和遗迹的认定，让夕阳产业发挥

---

① Palmer M., Neacerson P., *Industrial Archaeology: Principles And Practice*, London & New York: Routledge, 1998.

出了新的功能。工业考古学的发展推动人们形成对工业遗产的保护意识，以博物馆形式，特别是以科学、技术、铁路博物馆形式保护了大量的工业文物，吸引了部分有特殊兴趣的人前来观光，从而使工业遗产旅游得到了最初的发展[1]。

关于工业遗产旅游的定义，国内外学者从不同角度进行了阐释。大部分是从工业遗产旅游的内容对概念进行界定。例如，一种观点认为，工业遗产旅游是在原有工业遗址上，吸引现代人了解工业文明，通过保护和再利用原有的人工场所，将其改造成具有独特的观光、休闲功能的新的文化旅游方式[2]。也有观点认为，在工业化进程中，不用考虑待处理的工业历史建筑规模的大小、可利用空间的多寡，只要它具有历史的积淀，并包含着丰富的工业文化价值，即使是仍在运作的工业区，也可以适度开展工业遗产旅游[3]。

通过对工业遗产旅游的文献进行梳理，本书将工业遗产旅游的定义总结为：依托早期工业化过程沉淀的工业文化，在留存的遗址上开展旅游活动，使人们了解工业文明，兼具观光、休闲的文化旅游方式。工业遗产旅游是在工业和制造业衰退背景下产生的一种新的活动。但是相较于其他旅游景点而言，游客在工业遗产地的停留时间、消费均比较有限，仅靠旅游业难以对工业遗产地的经济发展形成巨大推动力，因此需要结合其他产业，共同为工业遗产更新和工业文化的传承提供经济保障[4]。

---

[1] 李蕾蕾：《逆工业化与工业遗产旅游开发：德国鲁尔区的实践过程与开发模式》，《世界地理研究》2002 年第 3 期。

[2] Strauss C. H., Lord B. E., "Economic Impacts of a Heritage Tourism System", *Journal of Retailing & Consumer Services*, Vol. 8, No. 4, 2001; David B., Weaver, "Contemporary Tourism Heritage as Heritage Tourism: Evidence from Las Vegas and Gold Coast —Science Direct", *Annals of Tourism Research*, Vol. 38, No. 1, 2011.

[3] 谢红彬、高玲：《国外工业遗产再利用对福州马尾区工业旅游开发的启示》，《人文地理》2005 年第 6 期；张彩莲：《中国近代工业遗产旅游发展路径研究》，复旦大学硕士学位论文，2012，第 36 页。

[4] Hospers Gert-Jan., "Industrial Heritage Tourism and Regional Restructuring in the European Union", *European Planning Studies*, Vol. 10, No. 3, 2002.

（二）工业遗产旅游开发的原则

1. 保护性原则

工业遗产历史较短，对于资源等级评定尚无明确的标准。评定标准的缺失导致在再利用和保护时缺少科学规划，对资源的保护相对较脆弱。因此，发展工业遗产旅游时，应在划分遗产等级的基础上，根据遗产价值高低进行分级，统筹资源的保护与旅游开发，确保核心工业遗产不被损害。

2. 科学性原则

工业遗产旅游资源具有区域同质性的特点，因此，在进行旅游开发时应树立科学发展观，统筹规划，兼顾近期目标与长远目标、社会效益与经济效益的科学发展思路，避免区域同质化。同时，将工业遗产旅游规划纳入城市未来发展规划中，开发过程应循序渐进，均衡居民生活利益与经济发展效益，避免盲目投资造成资源浪费。

3. 文化性原则

旅游是文化的载体，文化是旅游的灵魂。工业遗产是工业文明的延续，工业文化是旅游产品形成特色的核心要素。工业遗产中蕴含的文化是曾经生活和生产方式的体现，展现出时代转型、产业升级的过程。在旅游开发的过程中，应充分保留工业遗产的文化性，避免过度商业化。这是维护旅游长期发展的原则，也是实现对工业文化传承的必然需求。

4. 体验性原则

与本地社区居民或将该工业遗产视为自己国家符号象征的游客相比，国际游客对其可能会产生一种不同的情感响应①。文化背景差异、体验性及参与度差异都会成为影响游客对遗产旅游产品的评价。更多地参与工业遗产旅游活动，可以增加游客对工业遗产旅游产品的理解，获得新鲜感。遗产旅游产品根据遗产价值分级以及资源特点不同，可以采取展览、让游客参与活动的方式提升游客的体验，也可以通过 AR、VR 等现代科技来提升游客的体验。

①　〔澳〕劳拉·简·史密斯：《遗产利用》，苏小燕、张朝枝译，科学出版社，2020，第69页。

5. 市场化原则

工业遗产旅游活动的开展既是文化的延续，也是新时代背景下城市更新的新思路。应准确把握游客对文化的追求与知识的渴望这一消费趋势，结合消费行为的转变，打造集知识性、教育性、体验性于一体的工业旅游产品。将工业遗产城市的资源转化为旅游资产，长期积淀形成的旅游资本转化为社会发展的资金，这是时代赋予旅游行业的社会责任。

第三节　工业遗产文旅融合典型案例

一　德国鲁尔老工业区遗产旅游的发展

（一）鲁尔区基本情况

鲁尔区是世界上最大的工业区之一。鲁尔区不是严格的行政区域，它类似我国"苏南""苏北"这样的区域概念。鲁尔区位于德国经济最发达的北莱茵-威斯特法伦州（简称北威州）的中部，是北威州的5个区之一，包括11个县市，其中有多特蒙德、埃森、杜伊斯堡等比较有名的工业城市。鲁尔区共有550万人口，约占统一后德国人口的6.7%。德国人口密度为每平方公里246人，北威州为520人，鲁尔区高达1149人。鲁尔区有全世界最大的内河港口、繁忙的内河航道和欧洲最密集的铁路网，高速公路四通八达。

鲁尔区的工业有近200年的历史。世界著名的钢铁公司克虏伯公司就位于鲁尔区的埃森市，于1811年创建。蒂森公司、鲁尔煤矿公司等一批采矿和钢铁垄断性公司也在这一地区创建。19世纪上半叶鲁尔区开始大规模开采煤矿和生产钢铁，逐步发展成为世界上最重要的重工业区之一。

（二）鲁尔区传统老工业的兴起与衰落

第二次世界大战期间，鲁尔区的重工业和资源是德国发动战争的重要支撑。克虏伯公司在第二次世界大战中从事军火生产，为纳粹制造新武器。蒂森公司在第二次世界大战中成为希特勒政府的财政支柱。从1943年到1945年，这一地区成为盟军主要的轰炸目标，75%的地区被炸，1/3以上的煤矿被炸毁。战后，这一地区进行了重建，鲁尔区和北威州其他地区（主要是科隆西部地区）年产煤约占德国西部总产煤量的 90%。鲁尔区的钢产量占德国西部总产量的 70%。鲁尔区聚集着炼钢、轧钢、制铁、炼油、汽车、造船、机器和电气设备制造等工厂。1995 年鲁尔区制造业中各部门占比排序为：化学工业、钢铁和轧钢业、机械制造业、电子业、食品制造业、汽车制造业、造船业、五金业、采矿业、石油加工业和塑料制造业等。可见，钢铁工业仍保持着重要的地位，但采矿业对这一地区的重要性已经下降。20 世纪 50 年代末至 60 年代初，鲁尔区的煤炭开采成本大大高于美国、中国和澳大利亚，加上石油和核电的应用，对煤炭的需求量有所减少。1957 年鲁尔区共有 141 家煤矿，雇用了 50 万名以上的矿工。从 60 年代起，鲁尔区的煤开采量逐年下降。由于技术的发展，钢铁、汽车、造船业需要的人减少；钢铁生产向欧洲以外的子公司转移，钢铁产量也开始收缩。鲁尔区传统的煤炭工业和钢铁工业也走向衰落，煤矿和钢铁厂逐个关闭。煤炭工业就业人数从 1962 年起开始下降，到 1996 年已减至 7 万人；炼钢业失去了 4 万个工作岗位；造船业的就业人数减少 2/3。70 年代后，大工业衰落的趋势已十分明显，80 年代，问题越来越大，到 80 年代末期，鲁尔区面临着严重的失业问题。1980~1994 年，鲁尔区的就业结构发生了很大变化，农业和采矿业的就业人数下降了 33.3%，工业的就业人数下降了 28.5%，建筑业的就业人数下降了 29.8%，只有服务业的就业人数上升了 19.6%，因此，整体失业率增加了。1996 年德国的失业率是 10.3%，北威州为 10.5%，而鲁尔区的失业率高达 15%~16%[①]。

（三）鲁尔区工业遗产旅游的发展历程

德国鲁尔区的工业衰退并没有使人们产生将工业旧址和废弃的厂房等当作文化遗产与旅游业的开发结合起来的想法。发展工业遗产旅游想法的形成和接受过程在德国经历了较长时间，当人们开始思考对工业废弃地和工业空置建筑的处理、再利用时，总是在最后一刻才意识到旅游开发的价

---

① 赵涛：《德国鲁尔区的改造——一个老工业基地改造的典型》，《国际经济评论》2000 年第 22 期。

值和用途。鲁尔区工业遗产旅游从想法产生到模式成熟是多方面努力的结果，其中包括政府部门、专业机构和学者、企业和投资者、当地社区与民众等。经过十多年的努力，人们总结出其发展历经了四个阶段：否定与排斥阶段、迷茫阶段、谨慎尝试阶段、战略化阶段。①

1. 否定与排斥阶段

在 20 世纪 80 年代早期，少部分学者提出了发展工业遗产旅游的想法，但是地方政府和社会上的大多数人并不认可，因为他们不相信工业废弃地具有旅游吸引力，更倾向于将旧工厂清除后引入新工业，通过新工业创造新机会。

2. 迷茫阶段

在进行工业清除时，人们遇到了一些阻力，包括进度较慢、成本较高等。例如，拆除位于鲁尔区奥伯豪森（Obenhausen）市的一个工业储气罐，需要花费 2000 万德国马克。鲁尔区长达 200 年的发展中，工厂土壤中沉积了大量的重金属污染物，改良土壤时遇到资金和技术难题。旧工厂拆除后更新改造的设想在此时受阻，人们又开始探索其他盘活鲁尔区的方式。

3. 谨慎尝试阶段

迷茫过后，是发展新方向的尝试。受到同一时期英国、美国、瑞典工业遗产旅游成功开发的启发，鲁尔区内部分未拆除的厂房和车间开始转型为饭馆、展览馆、音乐厅等。

4. 战略化阶段

谨慎尝试之后，通过旅游开发的形式盘活鲁尔区的做法被更多的公众及政府认可，德国各级政府制定了扶持政策，并采取有效措施助力老工业基地的转型升级，同时鼓励工业老区发展旅游业。最为突出的标志是"工业遗产旅游之路"（Route Industriecultural，RI）的策划。这是一条区域性专题旅游线路，而 RI 又来自一个叫 IBA（International Building Exhibition）计划的区域综合整治和发展计划，RI 的策划使鲁尔区发展旅游业从开发独立

---

① Jansen-Verbeke, Myriam, "Industrial Heritage: A Nexus for Sustainable Tourism Development", *Tourism Geographies*, Vol. 1, No. 1, 1999.

景点走向开发区域性旅游目的地。

二 英国铁桥峡谷以文化凸显工业遗产旅游特色

与德国杜伊斯堡、奥伯豪森等城市采用新颖的创意将工业遗产改造为文化娱乐设施不同，英国更加注重通过工业文化的传承来重塑老工业区的特色，推动工业遗产旅游的发展①。英国的工业遗产旅游兴起于 20 世纪八九十年代，正值英国经济转型，传统企业大量关停，留存下的工业遗产在人们怀旧心理的驱动下转化成新的旅游资源②。工业文化的传承符合当地居民保留历史记忆的愿望，不同的文化也形成了旅游特色。工业遗产旅游不但促进了本地经济发展，也承担起对青少年教育的社会责任。著名的铁桥峡谷（Ironbridge Gorge）是通过发展旅游促进遗产地经济转型的成功案例。

（一）铁桥峡谷基本情况

铁桥峡谷位于英国什罗普郡，是工业革命的发源地，建于 1779 年，拱形结构，跨度 100 英尺（约 30.5 米），高 52 英尺（约 15.8 米），宽 18 英尺（约 5.5 米），是世界上第一座铁桥。这座铁桥对于世界科技和建筑领域的发展具有很大的影响，是 18 世纪英国工业革命的象征。1986 年，铁桥峡谷被收录为世界文化遗产，这是世界上第一例以工业遗产为主题的世界文化遗产。其中，铁桥和鼓风炉是铁桥峡谷内著名的文化遗产。截至 2019 年，英国有 9 项工业遗产列入世界遗产名录③。

（二）铁桥峡谷工业遗产旅游的发展

铁桥峡谷是工业遗产旅游发展的典型案例。峡谷内通过开设博物馆及工作坊的模式，平均每年接待约 30 万名游客④，为小镇的经济发展以及当

① 张健健：《工业文化传承视域下的工业遗产更新研究——以英国为例》，《建筑学报》2019年第 7 期。

② 吴相利：《英国工业旅游发展的基本特征与经验启示》，《世界地理研究》2002 年第 4 期。

③ 《2019 英国世界遗产名录》，联合国教科文组织官网，https://whc. unesco. org/en/statesparties/gb。

④ Beeho Alison J. & Richard C. Prentice, "Evaluating the Experiences and Benefits Gained by Tourists Visiting a Socio-Industrial Heritage Museum", *Museum Management and Curatorship*, Vol. 14, No. 3, 1995.

地居民收入增加做出了显著贡献。

1. 博物馆工业文化旅游

18 世纪下半叶，全英国 1/3 的铁产量出自铁桥峡谷，铁桥因此而闻名。铁桥峡谷内有铁博物馆、瓷器博物馆、瓷砖博物馆等 7 个工业纪念地和博物馆、285 座保护性工业建筑，均是利用场地内原有的工厂遗址改造而成。铁桥峡谷工业区形成于 18 世纪上半叶。亚伯拉罕·达比（Abraham Darby）在此发明了以焦炭炼铁的新技术，为英国的工业革命奠定了技术基础。由于峡谷中盛产煤、黏土和铁矿石等资源，在随后的几十年里，最终该峡谷发展成为一个人口密集的工业区。如今，曾经的工厂都已迁出。这些博物馆虽然规模不大，但将峡谷中这些工厂的发展历史、特色产品和技术工艺呈现给参观者，成为展示工业文化的理想场所。

2. 工作坊体验旅游

以其中的维多利亚小镇为例，小镇保持了 19 世纪文化传统和习俗，镇内除了有历史悠久的店铺、学校，还有许多手工作坊。参观者可以进入这些手工作坊，观看身着传统服装的工作人员现场演示传统的手工艺技术，比如蜡烛制作、木工制作、染色技术、打印技术和锻造技术等。在与工作人员的互动交流中，参观者可以了解维多利亚时代的手工技艺和文化。铁桥峡谷的瓷器博物馆和瓷砖博物馆也利用原厂房空间开辟了类似的工作坊。在瓷器博物馆，一间过去的厂房被改造成瓷器工作坊，里面有工作人员现场演示和讲解瓷器的制作工艺，在节假日还组织青少年学习用黏土捏制各种形状的瓷器。在瓷砖博物馆，也有用旧厂房改造的工作坊，工作坊会定期为青少年安排培训课程。孩子们在工作坊中自己设计瓷砖图案，并用彩泥将图案绘制到瓷砖表面，交给工作人员烧制，在体验中学习传统的瓷砖生产技术。这些工作坊在工业文化传承中充分体现了参与性、体验性的特征。

三　中国北京 798 艺术区——文旅融合的工业遗产地

（一）基本情况

北京 798 艺术区位于北京朝阳区酒仙桥街道大山子地区，故又称大山子艺术区，其原厂是中华人民共和国"一五"期间建设的北京华北无线电联合器材厂，即718联合厂。718联合厂由周恩来总理亲自批准，王铮部长指挥筹建，苏联和东德设计和建造，总工业面积110万平方米，核心区占地面积近30万平方米，建筑面积23万平方米，厂中的多数建筑采用现浇混凝土筑成拱门形状，是典型的包豪斯风格，在整个亚洲都很少见①。随着北京城市化进程加快和面积的扩张，原来属于城郊的大山子地区已经成为城区的一部分，原有的工厂外迁，718联合厂遗址更名为798艺术区，以适合无污染、低能耗、高科技的主城市发展定位，后来发展成北京都市文化的新地标。通过表8-2中梳理的发展历程和重要事件，可以了解798艺术区内工业文化的形成过程以及其遗产价值。

表8-2　北京798艺术区发展历程及重要事件一览

时间	发展历程及重要事件
1952年	718联合厂在酒仙桥地区筹建
1957年	国家领导参加开工典礼并宣布开工生产
1964年	四机部撤销718联合厂建制，成立部直属的706厂、707厂、718厂、797厂、798厂及751厂
1996年	中央美术学院租用798厂两个仓库进行创作，开创了利用旧厂房进行艺术创作的先河
2000年	原700厂、706厂、707厂、718厂、797厂、798厂等六家单位整合重组为北京七星华电科技集团有限责任公司，一部分房产被闲置了下来，为了使这部分房产得到充分利用，七星集团将其出租
2001年起	中外艺术家租用798艺术区内的场地，艺术区逐步形成
2003年	798艺术区被美国《时代》周刊评为全球最有文化标志性的22个城市艺术中心之一
2004年起	举办首届北京大山子艺术节，这是民间机构创办的国内最大规模的国际当代艺术活动；瑞典首相、瑞士首相、德国总理、奥地利总理、欧盟主席、比利时王妃、联合国秘书长夫人、法国总统夫人等都参观访问过798艺术区

---

① 王凯、唐承财、刘家明：《文化创意型旅游地游客满意度指数测评模型——以北京798艺术区为例》，《旅游学刊》2011年第9期。

续表

时间	发展历程及重要事件
2005 年	798 艺术区内的包豪斯建筑被北京市政府列为"优秀近现代建筑"。同年，举办第二届大山子国际艺术节，近 10 万人入场参观
2006 年	举办首届 798 创意文化节，历时 17 天，大约 8.5 万境内外旅游者访问 798 艺术区
2008 年	被列为北京奥运重点参观单位，参观人次超过 50 万，其中 30%以上为境外旅游者
2011 年	成功举办第五届北京 798 艺术节，开幕式当天到访人数超过 10 万人，创单日到访人数最高纪录，年度到访人数首次突破 300 万人次
2018 年	被列为中国工业遗产保护名录（第一批）
2019 年	北京 798 文化创意产业投资股份有限公司与法国巴黎国立毕加索博物馆、法国巴黎阿尔贝托与安妮特·贾科梅蒂基金会共同签署五年合作协议，由此开启 798CUBE 这一重量级中法文化交流项目

资料来源：刘明亮：《北京 798 艺术区：市场化语境下的田野考察与追踪》，中国文联出版社，2015，第 23 页。

（二）发展现状

798 艺术区主要工业遗存有：包豪斯建筑风格厂房、仓库、轨道、蒸汽机车、煤气发生器、东德机械设备、精密仪器、办公设备等、大量文献、影像资料等。工业遗存蕴含的历史文化（见表 8-3）与现代生活中的艺术元素共生共存，形成了具有特色的文化创意产业聚集地。798 艺术区内有画廊、艺术工作室、艺术展览空间、动画设计室、创意小店、服装店、餐馆和酒吧等文化艺术机构和服务业态，这些机构与管理部门相互影响，各部分构成的工业遗产旅游运行机理见图 8-1。

表 8-3　工业遗存及其历史文化内涵

主要的工业遗存	历史文化内涵
包豪斯建筑风格厂房	工厂的建筑历史
仓库、轨道、机器设备	展示往日的生产场景，表现出工厂曾经在经济发展中的重要性

资料来源：崔婷：《工业遗产旅游原真性体验研究》，辽宁科技大学硕士学位论文，2019，第 21 页。

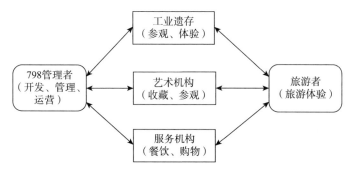

图 8-1 798 艺术区工业遗产旅游运行机理

资料来源：笔者自制。

（三） 798 艺术区发展中存在的问题及解决措施

北京 798 艺术区是我国典型的文化创意型旅游地，随着其知名度不断上升，该区域的文化创意旅游获得快速发展，而随之产生了过度商业化、文化创意不足、管理不到位、卫生条件差等问题，严重影响了其可持续发展，这些问题也正是我国同类型旅游地当前都面临的问题。这些问题严重影响了文化旅游的发展，浪费了遗产的价值。国内学者给出了较为一致的解决方案，如分清文化、旅游发展的主次，将艺术品出售作为附加产业；政府相关部门应在定价及开发上严格把关，规范市场秩序，防止过度商业化；加强艺术区内历史、文化的宣传，使参观者不但感受到视觉文化冲击，也感受文化魅力；景区内科学分区，增加旅游标识板，通过区域内风格的转化带给旅游者不同的感受；加强管理，做好卫生工作等，使艺术区得到可持续发展。

四 湖北省黄石——资源枯竭型城市工业遗产旅游开发

黄石市位于湖北省东南部，是重要的省辖工贸城市，全市总面积 4630 平方公里，是华夏青铜文化的发祥地之一。2017 年《中国工业旅游发展报告》发布，对中国城市工业旅游综合竞争力进行了排名，评选出前 100 强，黄石位列全国第九、全省第一。清光绪年间兴办的大冶铁矿是中国第一座用机器开采的大型露天铁矿山，也是亚洲最大最早的钢铁联合企业——汉

冶萍公司主要组成部分。在我国工业化发展进程中，黄石市曾做出巨大贡献，但伴随着矿石的开采，其生态环境破坏严重。随着矿石资源逐步枯竭，黄石市亟须寻求新的发展路径，挖掘工业遗存，如工业遗迹、废弃矿区、矿冶文化等中的旅游资源，以促进城市的转型与复兴。

（一）基本情况

黄石市工业历史文化悠久，有较丰富的地质遗迹与矿山遗址，这些遗存为发展工业遗产旅游提供了资源。据统计，黄石市有 2000 多处工业遗迹，182 个工业遗产旅游资源单体。

黄石市工业旅游资源见表 8-4。

表 8-4　黄石市工业旅游资源

区县（市）	工业旅游资源单体名称	数量（个）
黄石港区	华新水泥厂旧址、华新二村高级职员宿舍、黄石造船厂旧址、小红楼、黄石电厂二宿舍、大冶铁矿卸矿机、地质里、华新水泥厂毛主席雕像、华记水泥厂码头、华新水泥厂码头、大冶有色公司铜矿码头、黄石外贸码头、黄石电厂俱乐部、黄石电厂老厂房、黄石电厂煤仓、黄石电厂毛主席雕像、海观山艳江亭、名人楼	18
西塞山区	华记水泥厂旧址（包括办公楼、厂房、烟囱等）、袁仓煤矿旧址（包括井口、铁路、办公楼、厂房等）、大千石园界碑、黄荆山利华煤矿索道遗址、源华煤矿旧址（包括井口、铁路、办公楼、煤仓等）、源华煤矿毛主席雕像、黄石工矿集团毛主席雕像、汉冶萍煤铁厂旧址（包括汉冶萍苏式建筑、汉冶萍日式建筑、汉冶萍欧式建筑、汉冶萍高炉栈桥、汉冶萍瞭望塔、汉冶萍水塔、汉冶萍高炉遗址、张之洞塑像、汉冶萍界碑、汉冶萍西总门、汉冶萍广场、盛宣怀铜像、张之洞铜像、新冶钢宾馆、大冶钢厂电影院）、金家湾水文石刻、铁铺恼遗址、汉冶萍铁路、黄石老火车站、公安路立交桥、天桥、大冶钢厂职工医院住院部、十五冶办公楼及宿舍楼（原华中钢铁公司大冶技校办公楼及宿舍楼）、胡家湾煤矿旧址、华新4号窑、华新5号窑、红旗水泥厂俱乐部及宿舍楼、华新露天采场、新冶钢现代车间、矿博园、黄荆山华记煤矿索道、十三排街区	37
下陆区	艾家宇遗址、后里恼遗址、下陆火车站旧址、大冶铁矿下陆机修厂工人俱乐部旧址、大冶有色金属公司旧址、大冶有色拆解车间、东钢工业遗迹、黄石纺织机械厂旧址、湖北神牛拖拉机厂旧址、中铝华中铜业有限公司、湖北美尔雅纺织服装实业（集团）公司、大冶有色苏式建筑群（8栋）、新下陆火车站	13

区县（市）	工业旅游资源单体名称	数量（个）
铁山区	铁山口遗址、铁屎恼遗址、铁门坎摩崖石刻、炸药洞旧址、大冶铁矿旧址（包括露天采场、门楼、办公楼、医院、车间厂房、宿舍楼）、大冶铁矿硬岩复垦基地、张之洞广场、大冶铁矿博物馆、铁山火车站、秀山煤矿、大理石厂毛主席雕像	11
阳新县	鹦鹉山遗址、火烧场遗址、铁史恼遗址、港下采矿遗址、铜当山遗址、银山东遗址、银山西遗址、王英渡槽、蔡贤水库大坝、彭山恼渡槽、横山村渡槽、红卫渡槽、富池口泵站、富水大坝、汪家垅渡槽、大桥村渡槽、郭家垅渡槽、渡口骆渡槽、富池电排站、阳新县太子豆制品有限公司、劲牌枫林酒厂、阳新宝加鞋业有限公司、新冠食品公司、五夫农场、港下采矿遗址、李家湾铜矿采矿冶炼遗址、鸡笼山金铜矿遗址、封山洞铜矿采矿冶炼遗址、湖北鸡笼山黄金矿业有限公司、大冶有色丰山铜矿、大冶有色赤马山车间矿	31
大冶市	柯锡太遗址、和尚恼遗址、铜绿山露天开采厂遗址、铜绿山选矿厂旧址、铜绿山竖井开采场遗址、石头咀选矿厂旧址、铜绿山古铜矿遗址、泉塘遗址、铁屎墩遗址、狮子挂铜铃遗址、铜绿山铁屎包遗址、银屎背遗址、铁恼塘遗址、李家遗址、狮子山遗址、铜山口遗址、化牛山遗址、王祠遗址、李德贵遗址、跳水下遗址、当明山遗址、铜子包遗址、细屋山遗址、马兴嘴铁屎包遗址、大箕铺铁屎包遗址、石家晚遗址、土山遗址、葫芦山遗址、杨英庄遗址、矿山庙采矿遗址、刘华甫后背恼遗址、尹家山遗址、下首山遗址、邹界田遗址、老屋卡遗址、刘华甫遗址、对面山遗址、尹家嘴遗址、烟包山遗址、王家铺遗址、铁屎包遗址、彭家晚遗址、瓦雪地遗址、西边山遗址、王背里遗址、曹家嘴遗址、枫桥村遗址、石井山遗址、燕窝山遗址、解家贩遗址、国和遗址、余元恼遗址、山下王遗址、新屋遗址、靠背山遗址、张万山遗址、细金云遗址、夏林余遗址、罗家铺遗址、毛铺水渠、红旗泵站、先锋水闸、劲牌有限公司总厂、劲牌有限公司文化展览馆、毛铺一二分厂、大冶市石开工艺青铜铸造股份有限公司、大冶有色铜绿山铜矿、大冶有色新冶铜矿、大冶有色铜山口铜矿、武钢灵乡铁矿、武钢金山店铁矿、大冶市钢铁厂	72
	合计	182

资料来源：《黄石市工业旅游业发展规划（2017—2030 年）》。

　　黄石丰富的工业遗产为发展遗产旅游提供了资源保障。2006 年开始，黄石国家公园成立，并于 2010 年被评为国家 4A 级旅游景区。2012 年起，黄石与武汉、江西萍乡合作打造工业旅游精品线路，并于 2018 年入选第一批中国工业遗产保护名录。从黄石市工业遗产旅游的发展历程可以看出，

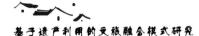

该市的旅游发展思路可以概括为"一心双翼"。"一心"指具有悠久历史的工业遗产资源，这是发展遗产旅游的核心，也是关键竞争要素；"双翼"指遗产旅游与农业节事旅游双向发展，互相补充，提高城市的旅游知名度。

黄石市工业遗产旅游发展历程及重要事件见表8-5。

表8-5 黄石市工业遗产旅游发展历程及重要事件一览

时间	发展历程及重要事件
2006 年	以大冶铁矿区、铜绿山古铜矿遗址区组成的"一园两区"，确认为黄石国家矿山公园，规划面积为30平方公里。这是中国首座国家矿山公园
2010 年	黄石国家矿山公园被评为国家4A级旅游景区
2011 年	全国两会上提出"关于设立黄石国家工业遗产保护片区的提案"；"湖北黄石工业遗产片区"正式获批；同年，利用灯光投影技术，以"亚洲第一天坑"为背景，打造一台灯光投影秀，反映人类矿冶史，包括"远古开采—近代大规模开发—现代生态修复"，中间穿插岳飞铸剑、铁拐李得道成仙等故事
2012 年	湖北武汉、黄石和江西萍乡三市签订"武汉—黄石—萍乡"三地旅游合作协议，打造"汉冶萍"工业旅游精品线；黄石获批"湖北省历史文化名城"；黄石矿冶工业遗产入选中国世界文化遗产预备名单
自 2012 年起	每年四、五月份开展槐花旅游节
2018 年	入选第一批中国工业遗产保护名录

资料来源：根据网络资料整理。

（二）发展现状

1. 铜绿山古铜矿遗址博物馆

博物馆原馆始建于20世纪80年代，是我国第一座反映古代矿冶科技史的专门性博物馆，再现了春秋时期采矿冶炼的情形，展示了当时的开采规模和冶炼技术。2016年，投资1.2亿元开工建设新馆；2017年，以PPP（Public-Private-Partnership）模式投资30亿元，在遗址博物馆周边开发建设特色青铜文化小镇，着力再现我国三千多年悠久的青铜文明。

2. 矿山公园

大冶铁矿露天采矿坑始于三国时期，历经千年不息，如今已形成"亚洲第一天坑"，黄石政府在此投资建成我国第一座国家矿山公园，并在周边几万亩开矿形成的废石山上种出了万亩槐树林，成为生态转型的成功典型。黄石国家矿山公园还成为湖北省第二家、全市第一家"全国工业旅游示范点"。

3. 汉冶萍旧址广场

由清末重臣张之洞创办的汉冶萍煤铁厂矿公司成立于 1908 年，是中国近代历史上第一家钢铁煤联合企业，至今仍然生机勃勃，生产的产品畅销海内外。可以说，汉冶萍煤铁厂矿公司见证了中国近代钢铁工业的发展。毛泽东曾两次来此视察，是毛泽东一生唯一视察过的矿山。如今，旧址上兴建了汉冶萍广场，包含晚清洋务派代表人物张之洞铜像、晚清首富盛宣怀铜像、冶炼高炉、炼钢浮雕等景观，重现了这一段振兴民族、富国强兵的历史。

4. 湖北省水泥博物馆

华新水泥厂始创于 1907 年，由张之洞申办、慈禧太后朱批，曾被毛泽东誉为"远东第一"，代表了当时我国乃至世界水泥工业的先进水平。2005年，地处市区中心的华新水泥老厂停产，旧址被完整保存。2016 年，黄石市启动华新水泥厂旧址文物修缮工作，并于次年对外开放。

（三）黄石市工业遗产旅游存在的问题

1. 工业遗产旅游特色未充分挖掘

作为国内知名的老牌工业城市，黄石市工业遗迹丰富，具有发展工业遗产旅游的资源优势，但开发的景点和景区蕴含的工业文化未被充分挖掘，资源优势与特色不突出，导致景点知名度不高。同时，由于缺少政策及资金支持，在资源开发过程中出现各自开发、相互竞争的现象。德国鲁尔区的世界文化遗产弗尔克林根炼铁厂和关税同盟煤矿、英国的铁桥峡谷，都通过景区极大提升了地区知名度，带动了整个工业遗产旅游的大发展，也成功实现了资源枯竭型城市的转型[1]。这些成功的案例为国内资源枯竭型城市未来的发展提供了有益的参考。

2. 服务质量不高，配套不完善

从全市看，与工业遗产旅游配套的交通、酒店、旅行社等设施和服务

---

[1] 纪振兴：《黄石市工业遗产旅游发展中政府作用研究》，华中科技大学硕士学位论文，2019，第 56 页。

还不够健全，无法满足工业遗产旅游发展的需要。从工业企业看，发展旅游的配套基础设施建设滞后。比如，有的工业遗产旅游景点，甚至是大型知名景点缺乏工业旅游景区规范的接待中心、导游解说服务、停车场、购物中心等基本配套设施。有的工业遗产景点还处于生产中，以生产为主，发展旅游只是附属产业，与旅游配套的相关设施更加不健全，甚至出现生产与旅游相冲突的情况，影响了发展工业遗产旅游。

3. 营销效果不佳

黄石市仅采用了媒体广告促销和利用节庆做宣传的固定营销方式，在营销内容和形式上缺乏创新。未有效地整合好传统媒体与新媒体，多渠道、多形式、多角度联合营销工业遗产旅游。没有建设工业遗产旅游官方网络，工业遗产网络宣传平台亟须搭建。开展工业遗产旅游论坛、工业遗产旅游讲座、工业遗产旅游推介会、工业遗产旅游等节事活动还不够多。

第四节　工业遗产文旅融合模式解析

模式是某种事物的标准性形式或固定格式，即从特定的理念出发，在实践过程中固化下来的一套操作系统（或运作形态）[1]。从收集到的资料看，李蕾蕾等将工业遗产旅游开发模式概括为：博物馆模式、公共游憩空间模式、与购物旅游相结合的综合开发模式、区域性一体化模式[2]。广州大学的杨宏烈教授总结出国外工业遗产保护利用的 7 种模式：主题博物馆模式、工业遗址公园模式、公共休憩空间模式、购物旅游中心模式、工业博览与商务旅游开发模式、出租转让定性使用模式、区域一体化治理模式[3]。之后，国内学者关于工业遗产以及开发的观点，基本与李蕾蕾教授提出的观点类似。本节在延续学者们以上观点的基础上，对工业遗产旅游模式进行总结，并结合新生代旅游消费者偏好的发展趋势，总结出如下模式。

---

① 吕建昌：《近现代工业遗产保护模式初探》，《东南文化》2011 年第 4 期。
② 李蕾蕾、Dietrich Soyez：《中国工业旅游发展评析：从西方的视角看中国》，《人文地理》2003 年第 6 期。
③ 杨宏烈：《广州工业遗产保护方略初探》，《城市发展研究》2008 年第 3 期。

一　"工业遗产+博物馆"模式

（一）基本内涵

工业遗产博物馆主要有"非遗址性"博物馆与"遗址性"博物馆两种，前者属于传统的科学技术与工业史类博物馆①，后者指由工业遗址地改造而来的产业类博物馆。前文提到的德国鲁尔工业区遗产博物馆就是利用旧产业建筑改造为馆舍的遗址性博物馆，这类博物馆通过收藏、展示等手段，实现了工业文化遗产的保护与旅游开发再利用。

（二）国内发展现状

近现代以来，"遗址性"工业遗产博物馆正走向发展的高峰，成为当前工业遗产博物馆发展的主流。全世界被联合国教科文组织列入世界文化遗产名录的 40 多处工业遗产中，有多处被整体性保护的近现代工业遗产地，已建设为大型露天工业遗址性博物馆。这些露天工业遗产博物馆建成后成为旅游景区，如前文提到的黄石市国家矿山公园，既满足了游客休闲和体验的需求，也起到了改善生态的作用。另一类遗址性博物馆坐落于旧址上，通过对收藏品的陈列展示，吸引游客来访参观。如上海杨树浦水厂陈列馆（又称上海自来水科技馆）、上海纺织博物馆、上海造币厂博物馆均属于在原址上兴建的博物馆，通过展品陈列，不但使游客了解到相关产业的发展历程，也反映出近代工业与上海城市格局及产业分布的历史特点。

（三）存在问题

1. 管理效率低

工业遗产博物馆是社会公益性事业单位，属于非营利性机构，大多延续原国有企业大厂管理的体制，管理效率低。滞后的发展现状无法满足民众日益旺盛的游览需求，甚至导致有些博物馆变成了政治接待场所。

2. 体验感差，游览兴趣有限

国内博物馆的运营以实物的静态收藏、展示为主要形式，互动环节普遍缺失。参观的主要群体为老年人和学生，游览博物馆主要是参观的形式，

---

①　吕建昌：《近现代工业遗产博物馆的特点与内涵》，《东南文化》2012 年第 1 期。

由于缺少足够的解说人员和设备，游客对于工业文化的感受不强烈，游览兴趣有限。

3.缺少旅游标识，存在安全隐患

游览路线混乱，标识不够清晰，是工业遗产博物馆普遍存在的问题。另外，在旅游高峰期存在接待能力不足的现象，也存在一定的安全隐患。

（四）工业遗产博物馆发展建议

1.拓展博物馆内体验性产品

工业遗产旅游的开发是对传统工业的产业升级，也是城市资源优势转化、提升经济效益、提高本地居民生活水平的有效方式，从政府、博物馆管理部门到居民和原厂工人，他们的目标是一致的。在挖掘博物馆特色和文化底蕴时，也需要调整管理体制，提升管理效率。一方面要完善基础设施，增加旅游标识，提升服务质量；另一方面要根据自身工业文化特点，打造体验项目和产品，以特色活化工业文化。可以参考国际成功经验，创新旅游产品。比如，鲁尔区内的亨利钢铁厂倒闭后，在废弃遗址上建成露天博物馆，其最大特色是设计了一个儿童可以参与的游戏故事，并且可以在其中废弃的工业设施中开展各种活动，从而大大吸引了亲子旅游群体。此外，导游人员由原厂工人志愿承担，再现了旅游区的真实感和历史感，同时也激发了社区参与感和认同感，使整个旅游区具有一种"生态博物馆"的氛围。

2.构建产业博物馆集群模式

现今城市内产业类博物馆地域分散、连通性差，参观人数少。由产业聚落理论可知，同一产业地理集中可以产生集聚溢出效应，而这一点同样适用于博物馆业。传统工业城市不同地理区域的产业布局通常有关联，可以利用产品上互补的特点，打造产业博物馆集群，基于原有产品之间的互补元素，挖掘工业文化，凸显博物馆互补效应。比如，洛阳市是国家重要的工业基地，在"一五"期间建设了如拖拉机厂、玻璃厂等重要工厂，拖拉机厂组建了以拖拉机为主题的博物馆，但参观者有限。如果对各厂矿的工业文化进行挖掘，形成博物馆集群，吸引游客前来参观，则有利于博馆文化的价值发现，也有助于洛阳本地旅游收益提升。尤其现在洛阳的发展定位为博物馆之都，在体现各博物馆的互补效应方面更需要充分论证。

二 "工业遗产+公共游憩空间"模式

（一）基本内涵

通常，由于长期从事工业活动，工业场所的土地在一定程度上遭到破坏，这部分被污染的土地被称为棕地。通过科学处理工业污染及绿化改造，可以将可再利用的工业设备设施和厂房遗址等改建为供娱乐休闲的公共空间。将棕地改造为居民公共空间的发展模式即"工业遗产+公共游憩空间"模式。此类模式中的工业遗产通常没有代表性的建筑物，且较为空旷，能够改善城市生态，为城市创造新景观，赋予工业遗产新的意义。

（二）国内发展现状

该模式是对保留价值低、重建成本高的工业遗产十分有效的改造方式，改造后对居民的生活环境有极大改善，将工业遗产文化与现代居民生活融合到一起。广东省中山市区的岐江公园就属于这种类型。岐江公园由粤中造船厂旧址改造，以原有树木、部分厂房等形成骨架，采用原有船厂的特有元素如铁轨、铁舫、灯塔等进行组织。同时采用新工艺、新材料、新技术构筑部分小品及雕塑如孤囱长影、裸钢水塔和杆柱阵列等，形成新与旧的对比、历史与现实的交织。湖北黄石国家矿山公园、江阴市船厂公园均属于此类模式。

（三）存在问题

此模式改造的工业遗产通常较为开阔，开发成本较高，且不以营利为主要目的，在改造过程中需要投入较高成本，个人或民营企业投资缺少主动性。大部分景区都是由政府部门投资并进行管理，因此，此类工业遗产得以保存和再利用的前提是需要地方政府的政策支持，将其纳入城市长期规划中，否则项目执行较为困难。

（四）发展建议

对于整体保护性小的工业遗产，适合通过发展成公共游憩空间的方式

保护与再利用工业遗产。在改造这些场所时，应以强调游客对遗产文化的感受与体验为理念。与博物馆模式的运营机制不同的是，经营者需要创新产品，游客进入景区后，通过先进的设施设备感受工业文化，这一过程为其带来全新的体验。同时，公共游憩空间在开发初期需要得到政府的政策支持，后期运营期间虽不以营利为目的，但运营期间所需资金如果仅依靠财政拨款，会降低运营效率。因此，可将文化价值低的区域改造为功能区域，满足游客的需求。如，鲁尔区的北杜伊斯堡景观公园是由德国著名的蒂森钢铁公司改造的以煤、铁工业景观为背景的大型景观公园。该园面积约2.3平方公里，原有的设施设备经过改造后，为游客提供了丰富多样的产品：废旧的贮气罐被改造成潜水俱乐部的训练池；堆放铁矿砂的混凝土料场被设计成青少年活动场地；墙体被改造成攀岩者乐园；一些仓库和厂房被改造成迪厅和音乐厅，这些场地亦可举办各种演出活动；投资上百万德国马克打造的艺术灯光工程，更使这个景观公园在夜晚充满了独特的吸引力。

三 "工业遗产+创意园区"模式

（一）基本内涵

创意园区模式是在保留工业遗产建筑原貌的基础上进行翻新，通过租赁的形式引入文化创意企业，是文化创意产业与工业遗产旅游的结合。游客在园区内可以购买文化创意产品，体验工业文化，以及进行其他消费。前文提到的北京798艺术区是国内建设最早、知名度最高的创意园，园区内既有展示、演出、艺术家工作室等文化行业，也有酒吧、餐饮等服务行业。

（二）国内发展现状

随着城镇化进程的推进，经济发展主导产业的迭代升级，老工业城市的工业园区转型升级是普遍被认可的趋势。在保护与再利用的理念下，大部分城市的工业园区被改造成创意园。这些创意园在经营模式上模仿或者复制了北京798艺术区，即通过房屋租赁的方式，将空间分别出租给不同的文化创意公司，同时配有生活服务型行业。

（三）存在问题

这种模式在一定程度上保护了工业遗址上的建筑设备，符合"废物利用"的初衷，但在发展中也存在忽视工业遗产原真性、模式雷同、过度商业化等问题。

1. 忽视工业遗产原真性

文化创意企业以及服务型业态以房屋租赁的方式进入创意园区，主要出于两个原因：其一，旧厂房空间较大，建筑外形和体量适合举办文化创意活动；其二，经过长期的城市发展，旧工厂所处地段基础设施比较完善，相对于同地段写字楼来说租金较为便宜。但是，部分园区负责人缺乏对园区发展的目标定位，以及工业遗产旅游的长期规划，出租房屋仅属于市场行为，导致整个园区中引入的文创企业价值取向仍以各自文化展示为主。如此，工业遗产文化没有得到很好的体现，游客进入创意园区游览不能很好地体验遗产的原真性。

2. 模式雷同

创意园区是由原废弃厂房改造而成，建筑内部空间布局千篇一律，红砖墙壁和交错的管道成了厂房内装饰的标配。运营过程中，由创意园管理者提供厂房、停车场等基础设施，企业向创意园区缴纳租金以及管理费，企业确定销售的产品，设计举办的活动。园区内或缺少能够反映工业遗产文化价值的参与项目，或项目缺乏特色，游客在园区内大多是消费，工业文化旅游体验一般。同时，设施设备老化，缺乏运营资金，如798艺术区已出现卫生条件差、管理混乱等问题。

3. 过度商业化

由于创意园区与企业都是基于市场行为的利益相关者，园区内缺少能够承载工业遗产文化内涵的创意产品，且大多数艺术品本身价值与定价不匹配，定价不合理，超出了旅游者的预期。

（四）发展建议

1. 保留工业文化原真性

游客前往创意园旅游的初衷是通过身临其境的方式怀念曾经工业的辉

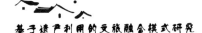

煌，回顾工业对国民经济做出的重大贡献。因此，创意园区首先应在开发过程中尽量维持老设备和厂房的原貌，以展厅或者博物馆的形式展现工业遗产的文化价值。同时，配备较为完善的导游服务及解说系统，帮助游客理解工业文化价值的魅力所在。

2. 科学管理，积极创新

严把入门关，制定企业入驻标准。科学规划，避免雷同，在创意园内进行分区，每个区域传承一部分工业文化，设置相应的体验项目，让游客在游览的过程中可以感受当时的工业生产文化片段，期间配套餐饮和娱乐服务，保证旅游活动顺利完成。可以参考多种融资模式，引入资金，通过科技设备打造体验项目。加强后勤服务管理，保持创意园环境和艺术形象。

3. 挖掘工业文创产品价值

加强对创意园内旅游纪念品价格的监管和调控，关注景区内商品的价格和质量，避免出现价高质次的文创艺术品。同时，鼓励企业设计与工业文化相关的活动，引导文化创意企业努力开发工业文化深厚、特色鲜明的旅游纪念品，避免生产雷同、无特色的产品。

四　区域性一体化模式

（一）基本内涵

政府出于区域综合整治与发展的需要，会统筹考虑和规划对一定区域内的工业结构进行转型，改造和重新利用旧工业建筑和废弃地，恢复当地的自然和生态环境，以及解决就业和住房等社会经济问题等。统筹规划与设计一个地区的工业遗产旅游路线、市场营销与推广方案等。

（二）国外发展现状：以鲁尔区为例

德国鲁尔区的埃姆舍地区工业遗产旅游的发展即属于这种模式。1989年，鲁尔地区管理协会（Ruhr Regional Association）实施的长达10年之久的区域性综合整治与复兴计划，对中部工业景观最密集、环境污染最严重、衰退程度最高的埃姆舍地区进行改造。从1998年开始，管理协会制定了一条区域性的工业遗产旅游路线，将全区主要的工业遗产旅游景点整合为著名的"工业遗产旅游之路"（Route Industriecultural，RI）。该路线包含 19 个工业遗产旅游景点、6 个国家级的工业技术和社会史博物馆、12 个典型的工业聚落，以及 9 座利用废弃的工业设施改造而成的瞭望塔，在 19 个主要的景点中，选出 3 个设立了可提供整个区域工业遗产旅游信息的游客中心。整个园区内有统一的旅游标识、宣传册和网站。

（三）国内展望

在区域性一体化模式下，对城市工业遗产旅游进行统筹规划、开发，有助于集聚效应的发挥，防止重复建设，减少资源浪费。

例如，广东中山市的岐江公园是在粤中造船厂旧址上改建而成的主题公园。粤中造船厂始建于 20 世纪 50 年代初，历经了中华人民共和国工业化进程，在 20 世纪 90 年代倒闭，旧厂房和机器设备成为弥足珍贵的城市记忆。岐江公园的设计引入了生态恢复及城市更新的设计理念，是工业旧址保护和再利用的一个成功典范，改造后成为城市居民生活、休闲的主要场所。该公园于 2001 年 10 月建成，综合考虑了中山市的地理位置、经济发展水平以及历史人文资源，最终打造出实现城市休闲功能、水资源净化、防洪、工厂废弃物再利用的综合体。

第九章
农业文化遗产文旅融合模式

我国农耕文化历史悠久，拥有众多农业文化遗产，这些农业文化遗产蕴含丰富的历史故事和传统文化资源。旅游以其强大的带动作用，在农业文化遗产的发展和传承中也发挥着重要作用。我国各具特色的农耕文化、农耕方式、民俗等农业文化遗产资源，都可与旅游进行深度融合，形成"农业文化遗产+旅游"的典型模式。截至 2023 年，我国共有 22 项全球重要农业文化遗产，188 项中国重要农业文化遗产。

第一节　农业文化遗产的概念与特点

全球重要农业文化遗产（Globally Important Agricultural Heritage Systems，GIAHS）是联合国粮食及农业组织（Food and Agriculture Organization of the United Nations，FAO）于 2002 年发起的项目，旨在实现全球优秀传统农业文化遗产的动态保护和可持续发展。不同于物质文化遗产对有形文物古迹的保护，GIAHS 保护的是农民赖以生存的生产生活方式和农业系统。我国是最早参与 GIAHS 保护工作的国家之一，并在长期的实践中取得了丰硕成果。截至 2023 年 11 月，我国有包括浙江青田"稻鱼共生"系统、云南普洱古茶园与茶文化系统、陕西佳县古枣园等在内的 22 项农业系统入选 GI-AHS 名录。农业部于 2012 年启动"中国重要农业文化遗产"保护计划，截至 2023 年底，已评选 7 批，188 个项目入选。

一　农业文化遗产的概念

（一）全球重要农业文化遗产

1. 全球重要农业文化遗产的概念演变

世界性遗产保护工作开始于 20 世纪中叶，联合国教科文组织在遗产保护工作中发挥了重要的作用，全球重要农业文化遗产的概念也在世界性遗产保护工作中应运而生（见表 9-1）。2002 年，FAO 启动全球重要农业文化遗产项目，并将"全球重要农业文化遗产"的概念界定为：农村与其所处环境长期协同进化和动态适应下所形成的独特的土地利用系统和农业景观，这种系统与景观具有丰富的生物多样性，而且可以满足当地社会经济与文化发展的需要，有利于促进区域可持续发展。该项目为全球环境基金中生物多样性框架下的项目，所以概念中更强调对生物多样性的保护，关注活态农业生态系统，旨在唤起人们对农业文化遗产当代价值和人类社会可持续发展的关注。该概念是狭义的农业文化遗产概念，是遴选项目的一个标准，不是完整的农业文化遗产的概念，许多静态的、产前、产后的农业文化遗产，以及非生产性农业文化遗产不在其关注之列①。

表 9-1　世界性遗产保护进程

时间	遗产保护重要历史事件
1972 年	联合国教科文组织制定的《保护世界文化和自然遗产公约》将世界遗产划分为自然遗产、文化遗产及自然与文化双遗产三种类型
1992 年	联合国教科文组织将"文化景观遗产"纳入世界遗产名录
1998 年	联合国教科文组织通过决议设立"非物质文化遗产"类型，并对其进行评选，将以前被人们忽视的民间技艺、经验、表演等非物质文化遗产内容纳入保护范围，作为与物质文化遗产并列的世界遗产名录； 奥地利赛默林铁路、印度大吉岭喜马拉雅铁路被列入世界遗产名录，又延伸出一个具有旅游开发价值的"线性文化遗产"类型

---

① 王思明：《农业文化遗产概念的演变及其学科体系的构建》，《中国农史》2019 年第 6 期。

时间	遗产保护重要历史事件
2009 年	湿地国际联盟设立"湿地遗产"项目，启动将湿地纳入世界遗产名录的战略
2002 年	FAO 启动"全球重要农业文化遗产"项目

资料来源：根据网络资料整理。

2. 全球重要农业文化遗产的概念争议

对全球重要农业文化遗产概念的争议点主要集中在该名称的译法上，相关文章中也出现过农业文化遗产、农业遗产、全球重要农业文化遗产和世界农业遗产等叫法，较为混乱。GIAHS，它在中文网站上译为"农业遗产系统"，但在它发布的中文版宣传材料中称为"全球重要农业文化遗产"，后来经过我国相关学者讨论，采用"全球重要农业文化遗产"这一译法，有时简写成"农业文化遗产"。

3. 全球重要农业文化遗产与世界遗产类型的区别

联合国教科文组织确定了自然遗产、文化遗产和自然与文化双遗产三种类型，随后世界遗产委员会又提出文化景观的概念，将文化景观的概念界定为：它是自然与人类的共同作品，是保证和维持生物多样性的特定土地利用技术。文化景观是区别于其他三种文化遗产类型的一种新型遗产，侧重强调人类在长期的生产生活中与大自然所达成的一种和谐与平衡。

全球重要农业文化遗产与文化景观既有相似之处，也有本质区别。相似之处在于：两者都强调对生物多样性的保护，以及人与自然的协同发展，文化景观遗产地与农业文化遗产地也有出现重合的情况。两者的本质区别在于：文化景观遗产强调地域性，农业文化遗产更强调对某种传统农业知识和农业技术的保护，对这些知识和技术的地域要求并不十分严格①。

（二）中国重要农业文化遗产的概念界定

长期以来，我国学术界对农业文化遗产内涵的界定存在争论。"农业文化遗产"这一概念并不是本土创造出来的，我国对农业文化遗产进行立法保护时基本沿用了 FAO 的定义。另外，根据我国国情，在保护好农业文化

---

① 闵庆文、孙业红：《农业文化遗产的概念、特点与保护要求》，《资源科学》2009 年第 6 期。

遗产，增进与国际组织的合作对话以造福人类的前提下，许多学者对中国国情语境下农业文化遗产的内涵进行了深入探讨，进而从不同的层面丰富了中国农业文化遗产的文化内涵。其中，王思明的探讨最具代表性，他提出"农业文化遗产是人类文化遗产的重要组成部分。它是历史时期人类农事活动发明创造、积累传承的，具有历史、科学及人文价值的物质与非物质文化的综合体系"[1]。

该概念是广义的农业文化遗产概念，王思明在对农业文化遗产概念界定的同时，又按照有形物质遗产、无形非物质遗产和农业物质与非物质遗产相互融合的形态，将中国的农业文化遗产扩展为十大类：农业种质资源、农业生产技术、农业工具与器械、农业工程、农业特产、农业聚落、农业遗址遗存、农业景观、农业文献档案、农业制度与民俗[2]。

二 农业文化遗产的特点

（一）复合性

农业文化遗产不仅包括一般意义上的农业文化和知识技术，还包括那些历史悠久、结构合理的传统农业景观和系统。它与一般意义上的自然或文化遗产不同，是一类典型的社会—经济—自然复合生态系统，更能体现出自然与文化的综合作用，也更能协调保护与发展的关系。它集自然遗产、文化遗产与文化景观的特点于一身，既包括物质部分，也包括非物质部分。物质部分的遗产要素包括各类农业景观、土地利用系统、农具、农业动植物等，非物质部分主要是农业文化遗产系统内部和衍生出的各类文化现象，如农业知识、农业技术以及地方农业民俗、歌舞、手工艺等。农业文化遗产的物质部分所对应的是其自然组成要素，而非物质部分则主要呼应其文化组成要素。从概念上来看，农业文化遗产更接近于文化景观，只是更强调文化景观中农业要素的重要性，是人与自然在农业地区协同进化的典型代表。因此，农业文化遗产从某种意义上体现了自然遗产、文化遗产和文

---

[1] 王思明：《农业文化遗产概念的演变及其学科体系的构建》，《中国农史》2019 年第 6 期。
[2] 王思明：《农业文化遗产概念的演变及其学科体系的构建》，《中国农史》2019 年第 6 期。

化景观的综合特点，是一类复合性遗产①。

（二）活态性

与其他遗产类型相比，农业文化遗产最大的不同在于它是一种活态遗产。世界遗产委员会对遗产保护的总体趋势是从"静态遗产"向"活态遗产"转变，文化景观的出现就是活态遗产的典型代表②。而农业文化遗产则比文化景观更具活态性，因为整个农业系统中必须有农民的参与才能构成农业文化遗产，而同时农业系统又是社会经济的一部分，是随历史的发展而不断变化的。农民是农业文化遗产的重要组成部分，他们不仅是农业文化遗产的重要保护者，同时也是农业文化遗产保护的主体之一。农民生活在农业文化遗产系统中，并不意味着他们的生活方式就要保持原始状态，不能随时代发展而改变。农业文化遗产保护传统农业系统，也保护这些系统的演化过程。农业文化遗产地居民的生活水平和生活质量需要随社会发展而不断提高。因此，农业文化遗产体现出一种动态变化性。

（三）战略性

农业文化遗产的战略性体现在它在应对全球气候变暖、保护生物多样性、生态安全、粮食安全以及促进农业可持续和农村生态文明建设等方面具有重要的战略意义。农业文化遗产强调对农业生物多样性、传统农业知识、技术和农业景观的综合保护，一旦这些农业文化遗产消失，其独特的、全球和地方层面上的农业系统以及相关的环境和文化利益也将随之永远消失。因此，保护农业文化遗产不仅仅是保护一种传统，更重要的是在保护未来人类生存和发展的一种机会。从这个意义上来看，保护农业文化遗产是一种战略行为，是全球和地方层面上可持续发展的重要组成部分。

（四）适应性

农业文化遗产是人类与其所处环境长期协同发展中，创造并传承至今的独特农业生产系统。农业文化遗产一般处于较为偏僻、地理条件多样的地区，人们会根据当地情况，因地制宜，探索发展相关农业，形成人与自

---

① 闵庆文、孙业红：《农业文化遗产的概念、特点与保护要求》，《资源科学》2009年第6期。
② 徐嵩龄：《第三国策论中国文化与自然遗产保护》，科学出版社，2005，第13页。

然和谐共生的农业系统。但农业系统不是一成不变的，而是会随着自然条件变化、社会经济发展与技术进步，为了满足人类不断增长的生产与发展需要，在系统稳定基础上因地、因时地进行结构与功能的调整，体现出人与自然和谐发展的生存智慧。

（五）多功能性

农业文化遗产的核心是遗产，它蕴含农业生产的知识、技能、经验等要素，是农业文化传承和科学研究的重要资源；它多处于自然环境优美的乡村地区，蕴含丰富的旅游资源，这为发展观光休闲旅游提供了条件；它与人们的生产生活密切相关，能够为人们提供食物、原材料，同时回笼劳动力资源，把农民留在土地上，通过延长产业链，发展第三产业，增加农民的收入。所以农业文化遗产系统兼具食品保障、原料供给、就业增收、生态保护、观光休闲、文化传承、科学研究等多种功能。

（六）濒危性

农业文化遗产一般处于偏远落后地区，生态环境较为脆弱，环境承载力低。随着文化遗产景观知名度的不断扩大，越来越多的人踏足该地区，导致该地区生态足迹大大增加，若不加以合理规范和管理，会破坏原有的生态平衡，使生态更加脆弱，农业生态环境退化。农业文化遗产地一般拥有独具特色的民族文化，随着社会经济的发展，越来越多的外来文化进入本地，会使原有的民族文化受到冲击，农业生物多样性减少，传统农业技术知识丧失。

第二节　农业文化遗产保护与旅游开发

一　农业文化遗产的保护与利用

随着经济全球化水平的提高，人们对文化的多元化、生物资源的多样化以及资源环境的可持续发展等方面愈加重视。当前，世界性遗产保护工作不断推进，联合国粮农组织于 2002 年发起全球重要农业文化遗产保护的倡议。中国作为农业大国以及世界农业文化遗产最为丰富的国家，组织开展

了相应的农业文化遗产调查和申报工作，成为世界范围内最早响应全球重要
文化遗产保护项目的国家之一。浙江的稻鱼共生系统成为第一个入选全球重
要农业文化遗产的项目。截至 2023 年，FAO 已认定了 24 个国家的 74 个系统
及遗产地，其中中国有 22 处，位居全球第一。

（一）农业文化遗产保护的国际进展

2013 年 4 月，全球重要农业文化遗产边会在罗马召开，FAO 相关负责
人介绍了全球重要农业文化遗产概念、5 项选择标准、11 个类型；GIAHS
对粮食安全、营养和健康、可持续农业、环境保护、气候变化、生物多样
性、食物多样性的贡献；全球重要农业文化遗产与粮食与农业遗传资源委
员会（CGRFA）的关系，以及对粮食与农业遗传资源委员会目标的贡献。

2016 年 2 月，FAO 全球重要农业文化遗产专家顾问组（Scientific Advi-
sory Group，SAG）第一次会议在罗马举行。会议研究讨论了 SAG 的工作规
则及目标和任务；进一步完善了全球重要农业文化遗产认定程序和标准；
讨论了全球重要农业文化遗产与联合国教科文组织的文化景观的关系等。

2017 年 6 月，全球重要农业文化遗产行动计划实施与监测研讨会在 FAO
总部举行。会议旨在分享绿洲农业系统国家、中国和日本在全球重要农业文
化遗产行动计划实施与监测的经验，讨论全球重要农业文化遗产动态保护中
的有效措施和工具、可行的监测系统和方法，加强绿洲农业系统国家的能力
建设，建立绿洲农业系统国家间伙伴关系[①]。

2018 年 7 月 5 日，韩国的传统人参种植方法和意大利翁布里亚区的橄
榄树林被列入全球重要农业遗产系统名录，该名录由联合国粮农组织负责
管理，这是韩国入选的第四个遗产，是意大利入选名录的首个遗产。

2020 年 3 月，巴西米纳斯吉拉斯州埃斯皮尼亚苏山脉南端的传统农业
系统被列入全球重要农业文化遗产系统名录，这是巴西首个获得全球重要
农业文化遗产认定的农业文化遗产系统，也是全球第 59 个。

---

① 《全球重要农业文化遗产系统（GIAHS）行动计划实施与监测研讨会在罗马召开》，中华人
民共和国常驻联合国粮农机构代表处，http://www.cnafun.moa.gov.cn/news/ldcxw/201707/
t20170710_5743099.html。

（二）农业文化遗产保护的国内进展

2012 年，农业部颁布了《关于开展中国重要农业文化遗产发掘工作的通知》，确定以挖掘、保护、传承和利用农业文化遗产为核心，遴选评审了第一批 19 个中国重要农业文化遗产项目，提出农业文化推进和强化的重要性，明确农业水平的发展对农民就业增收的重要意义。全国各地的农业文化遗产保护区域和乡村文化旅游产业不仅可以强化农业发展水平，还可以增加农村的社会影响力并提高经济收益和民间农业文化的保护水平[1]。

2014 年 1 月 16 日，农业部专门成立了全球重要农业文化遗产专家委员会。该委员会由农业、资源、生态等相关领域 25 位专家组成。全球重要农业文化遗产专家委员会的主要职责是对中国全球重要农业文化遗产的资源、文化和经济等方面开展研究，为中国全球重要农业文化遗产的发掘、保护和发展提供专家咨询，参与中国全球重要农业文化遗产评审及相关政策制定等工作，参与全球重要农业文化遗产国际科研合作和技术交流[2]。全球重要农业文化遗产专家委员会的成立，为我国农业文化遗产的保护奠定了坚实的基础。我国政府和一些学术机构及专家人士对这项工作给予高度重视，并在实际工作中不遗余力地构建保护机制，营造良好的发展环境。

为规范中国重要农业文化遗产的管理，促进中国重要农业文化遗产的动态保护、文化传承和生态环境保护，推动中国重要农业文化遗产地经济社会可持续发展，农业部办公厅于 2014 年 5 月印发《中国重要农业文化遗产管理办法（试行）》。该办法指出，中国重要农业文化遗产发掘工作应当遵循在发掘中保护、在利用中传承的方针，坚持动态保护、协调发展、多方参与、利益共享的管理原则。农业部主管中国重要农业文化遗产发掘工作，并对中国重要农业文化遗产管理工作进行宏观指导。省级农业行政管理部门负责组织、协调和监督本辖区内中国重要农业文化遗产的管理工作。遗产地人民政府是遗产保护与管理的主体，依照本办法和有关规定，负责

---

[1]　《农业部关于开展中国重要农业文化遗产发掘工作的通知》，中华人民共和国农业农村部，http://www.moa.gov.cn/nybgb/2012/dsiq/201805/t20180514_6141988.htm。

[2]　《农业部全球重要农业文化遗产专家委员会成立》，人民网，http://politics.people.com.cn/n/2014/0116/c70731-24143683.html。

制定管理制度、保护与发展规划，并组织落实，鼓励公民、法人和其他组织参与中国重要农业文化遗产保护工作①。

（三）我国农业文化遗产保护实践

1. 保护体制

农业文化遗产保护工作已经初步形成"政府主导、多方参与、分级管理"的体制，获得了联合国粮农组织的肯定与表彰②。国际机构致力于制订全球重要农业文化遗产保护计划，对已入选的农业文化遗产提供资金、技术等支持，对已实施的管理办法、保护措施等给予建议和实地指导。参与到农业经济活动中的企业和私人团体，可成为组织农户生产、农业文化遗产中发展经济的重要力量。国家及地方政府部门结合我国农业文化遗产现状，制定适合我国国情的农业文化遗产保护相关法律法规、保护规划、保护办法等，从政策和制度层面为农业文化遗产的保护提供支持和指导；同时构建农业文化遗产评价指标体系、名录、资料库等，为农业文化遗产的调查、保护和传承提供依据。社区居民是农业文化遗产保护的主体。随着政府对农业文化遗产保护工作的不断推进，以及居民在农业文化遗产保护工作中不断获益，社区居民主观上会对农业文化遗产价值有较为清晰的认识，从而将保护农业文化遗产工作体现在日常生活中。

2. 保护要求

（1）动态保护

由于农业文化遗产是一种活态遗产，是农业社区与其所处环境协调进化和适应的结果，因此不能像保护城市建筑遗产那样将其封闭起来进行保护，否则只能造成农业文化遗产的破坏和农业文化遗产地的持续贫穷。农业文化遗产要采用一种动态保护的方式，也就是说要在发展中进行保护。要保证遗产地的农民能够不断从农业文化遗产保护中获得经济、生态和社会效益，这样他们才愿意参与到农业文化遗产的保护工作中。也就是说，

① 《中国重要农业文化遗产管理办法》，搜狗百科，https://baike.sogou.com/v144867856.htm。
② 曹幸穗、张苏：《中国农业文化遗产保护与开发简论》，《湖南农业大学学报》2014年第1期。

多方参与，尤其是社区参与机制的建立在农业文化遗产的保护中占有重要地位。中国浙江青田稻鱼共生农业文化遗产的多方参与机制试点建设已经取得了很好的效果①。其在中国农业文化遗产动态保护中重点探索出三种途径（有机农业、生态旅游和生态补偿），试图通过这些措施来增加农业文化遗产地的保护资金来源，形成农业文化遗产长期自我维持的机制②。

（2）适应性管理

适应性管理是指因地制宜地保护和管理农业文化遗产，这也是农业文化遗产保护的重要要求。农业文化遗产大多存在于落后、偏远、自然条件比较差的地区，这些农业系统很好地适应了当地的特殊环境，规模小而分散。由于不同的农业文化遗产存在的环境不同，保护和管理的方式也不相同。在长期的历史发展中，农业文化遗产地的居民在资源贫乏的环境中坚持自力更生，不断尝试、适应和创新，积累了丰富的知识和经验，可以为农业文化遗产的适应性管理提供基础。另外，农业文化遗产的动态保护和适应性管理是密不可分的，不同的动态保护措施要根据当地的实际情况加以考虑，同时对这些系统进行适应性管理，才能更好地实现农业文化遗产的保护。

（3）可持续发展

从全球重要农业文化遗产的概念及内涵可以明确看出，这一遗产类型可以满足当地社会经济与文化发展的需要，有利于促进区域可持续发展。事实上，农业文化遗产和其他遗产类型的不同之处正在于它更加关注可持续发展的核心——人。FAO 之所以发起全球重要农业文化遗产保护项目，正是因为在现代化和工业化的冲击下，大量珍贵的传统农业系统正面临消失的威胁，已经影响到人类的生态和可持续发展。另外，对于农业文化遗产的保护也要遵循可持续发展的原则，通过动态保护和适应性管理，建立农业文化遗产地长期自我维持的机制。

---

① 闵庆文、钟秋毫：《农业文化遗产保护的多方参与机制——"稻鱼共生系统"全球重要农业文化遗产保护多方参与机制研讨会文集》，中国环境科学出版社，2006，第4页。

② Min Q., Sun Y., Frankvan S., et al., "The GIAHS-Rice-Fish Culture：China Project Framework", *Resource Sciences*, Vol. 31, No. 1, 2009.

3. 保护路径

（1）构建农业文化遗产评价体系

农民通常不能自我认知司空见惯的习俗器物的文化价值，不具备与其他国家的类似文化遗产做比较的能力。因此，应当由政府聘请相关专家来做专门的研究和调查，帮助农民确认他们日常生产生活中的优秀农业文化遗产的价值。

（2）建立农业文化遗产名录和资料库

中国地域广大，各地的农业生产习惯和农民生活方式差异很大，需要政府调动社会公共资源对各地农业遗产进行全面调查，并分门别类地建立农业文化遗产数据库，为农业文化遗产的保护和开发提供依据。

（3）合理规划和组织农业文化遗产的保护开发

要将农业文化遗产保护和开发纳入政府的日常工作议程，要有相应的政府部门来负责农业文化遗产保护和开发的监督指导工作，要为农业文化遗产保护提供政策支持和相应设施。在对农业文化遗产进行保护开发的过程中，要注意把农业文化资源转化为产业资源，特别是要以大中城市周边、名胜景区周边、依山傍水逐草的自然生态区、少数民族地区和传统特色农业区为重点，因地制宜，统筹规划，突出特色，重点推进。只有这样，才能真正启动农业文化遗产保护工作，实现农业文化遗产保护和开发的目标。

（4）突出农业遗产文化的地方特色

在上级政府制定农业文化遗产保护规划和提供相应基础设施后，所在乡镇或者村组要因地制宜选择最具地方特色的农业文化遗产种类作为保护和开发的对象，以突出地方特色、民族特色和项目特色。

（5）处理好保护、开发和传承的关系

农业文化遗产的保护和开发需要克服两个认识误区：既要反对过度强调保护，把开发利用与保护传承对立起来，不加区别地限制对文化遗产的开发利用；也要反对过度开发，以经济指标来衡量农业遗产保护的成绩，用资源消耗来换取遗产开发成果。这两种倾向都会对农业文化遗产保护产生负面影响。

二 农业文化遗产的旅游开发

(一)农业文化遗产旅游的概念

农业文化遗产旅游,从概念和特点来看,不同于乡村旅游、农业旅游等旅游形式,更不同于农家乐旅游。农业文化遗产旅游的核心是"遗产",是旅游者前往农业文化遗产地进行体验、学习和了解农业文化遗产的旅游活动,属于文化旅游的范畴,其重要功能是确立遗产地的文化身份。而乡村旅游、农业旅游等本质上来讲还是大众旅游,主要目的是休闲娱乐,二者存在本质区别。按照农业文化遗产保护的要求发展旅游,应该成为农业文化遗产保护的有效手段,从而充分发挥旅游在遗产保护、教育、文化传承、科研以及经济方面的功能。

对于农业文化遗产旅游来讲,农业生产、知识、经验、技艺和农业生物多样性等都是必不可少的旅游元素。农民不仅是旅游活动的主体,其本身也是旅游资源。学习、了解和尊重传统的农业生产和生活是对农业文化遗产感兴趣的旅游者所追求的目标。农业文化遗产地的旅游发展有两个着力点:一是要依托传统农业与文化;二是要强调可持续性,既包括资源环境的可持续,也包括旅游自身发展的可持续。

(二)开发农业文化遗产旅游的现实意义

首先,合理的旅游开发是农业文化遗产保护与传承的一种方式,能够为农业文化遗产的保护提供资金支持。不同于原封不动地保存农业文化遗产,旅游开发能使遗产得到活化利用,改变当地居民原有的遗产价值观念,使其意识到自身所拥有的农业文化遗产的宝贵价值和意义,从而促进农业文化遗产的保护和传承;游客的不断到来,可以带动当地餐饮、住宿、零售等产业的发展,旅游发展所带来的资金也能更好地用于遗产的保护。

其次,合理的旅游开发能吸引来自政府、企业、学术界等外部动力主体,拓展农业文化遗产的保护途径。政府是农业文化遗产调查、建档、申报、保护的责任主体,在农业文化遗产的旅游开发中,政府的指导、监督

有利于农业文化遗产的传承和保护；农业文化遗产是旅游企业赖以生存和发展的重要资源，合理的旅游开发能够为旅游企业带来经济效益和提升其社会形象；随着农业文化遗产旅游的发展，它会成为学者调查、研究的对象，经过实地考察调研的学者，能够洞察当地农业文化遗产旅游存在的问题，从而为其可持续发展提供有益建议。

再次，合理的旅游开发能促进农村劳动力就业，稳定和扩大农业文化遗产的传承主体规模。农业文化遗产一般处于经济较为落后、封闭的农村地区，当地劳动力大多前往经济发达地区谋生，这就导致了农村地区的空心化和人才流失。旅游属于劳动密集型产业，发展旅游会吸纳当地劳动力就近就业，增加其收入，当农户作为农业文化遗产保护主体，在获得经济效益后，会更好地传承和保护当地农业文化遗产，从而扩大农业文化遗产传承的主体规模。

最后，合理的旅游开发赋予农业文化遗产经济价值，可以改善其传承动力不足的问题，有助于提高农业文化遗产的自我生存能力。遗产的保护和传承需要投入一定的人力、物力和财力，农业文化遗产亦是如此。旅游开发前农业文化遗产的保护资金来源于政府提供的专项资金和补贴，政府投入资金有限，传承主体虽有一定的积极性，但动力不足。随着农业文化遗产的旅游开发，传承主体参与到旅游活动中，通过自身的劳动获得经济收益，遗产传承也由原来的"输血式"变为"造血式"，动力十足。

（三）农业文化遗产旅游开发的原则

农业文化遗产地发展农业文化遗产旅游应遵循一定的原则，具体包括因地制宜原则、目标市场原则、可进入性原则和与农村建设规划相结合的原则[①]。

1. 因地制宜原则

农业文化遗产仍在发挥其农业生产作用，而这些农业文化遗产具有很强的季节性和地域性，发展农业文化遗产旅游必须根据它们的交通、区位、资源特色，因地制宜，突出区域特色。同时，由于农业文化遗产地区或者

---

① 熊礼明：《农业文化遗产旅游开发与保护研究》，四川大学出版社，2017，第69页。

说农村地区资金投入有限，在做具体规划时更应该充分考虑到经济因素，力求最大限度地发挥资源的效用。

2. 目标市场原则

发展观光农业必须以目标市场客源为准绳做好市场细分工作及目标市场定位。应紧紧围绕目标客源的消费爱好、消费水平来设计旅游路线，还要针对不同游客的不同要求选择不同旅游项目，力求使每一位游客满意。

3. 可进入性原则

由于观光农业旅游多数位于农村地区，有些甚至是偏远山区，交通条件落后，服务设施缺乏，游客的可进入性较差，这会给游客带来诸多不便，使游客的旅游舒适程度大打折扣。因此要加强基础设施建设，同时也需要加强对当地群众的教育，加大社会治安工作力度，由政府和群众共同维护安定团结的环境。

4. 与农村建设规划相结合的原则

首先要搞好农村居民点和道路规划，合理开发和利用土地，改善农村环境，在保留历史民俗农舍的同时，兴建体现观光农业特色的农村新民舍，提升本地居住环境质量，改善旅游接待条件。

（四）农业文化遗产旅游开发策略

农业文化遗产是一种生产方式，更是一种特殊的景观资源。它所具有的系统性、生态性、敏感性、完整性特点能够对旅游者产生强烈的旅游吸引力，是一种高品位、有特色的旅游资源。具体表现在农业文化遗产地的景观体系具有聚落属性、社会属性、经济属性、文化属性和生态属性等方面的旅游价值。根据遗产旅游研究成果，保护性旅游开发是最能适应农业文化遗产地内在属性要求和外在发展需求的开发模式。保护性旅游开发不以经济利润的最大化为最终目标，而是强调资源的永续利用和可持续开发，追求社会、经济、生态三大效益的协调发展。农业文化遗产旅游的具体开发策略为：以保护为基础开展遗产地生态旅游、以社区参与确保文化遗产地资源得到保护、以体验性旅游开发实现遗产地旅游教育功能和以特色农产品的品牌化经营促进旅游营销宣传。

1. 以保护为基础开展遗产地生态旅游

农业文化的核心是延续百年的、农民正在使用并赖以生存的农业耕作系统和耕作方式。鉴于保护对象与保护目标的特殊性，农业文化遗产地所需要的实质上是强调以农业文化遗产保护为首要原则，发展生态旅游。生态旅游是国际自然保护联盟于1983年首次提出的区别于传统旅游方式的概念，是一种以负责任的旅游者为目标市场，在旅游目的地自然和人文环境可承载的范围内开展的友好型旅游发展模式。生态旅游能够促使文化遗产地处于一种可持续的、发展中的动态平衡状态，是实现农业文化遗产地经济发展与资源保护协调发展的有效路径。

2. 以社区参与确保文化遗产地资源得到保护

农业文化遗产旅游以农村为背景，以农民的生活和生产活动为核心对象。当居民的生产生活方式成为旅游吸引物，或成为必需的保护对象时，基于社区参与的旅游发展模式是最佳选择。鉴于我国居民保护遗产意识、技术水平、规划经验等方面的不足，构建以政府主导、社区积极参与的旅游发展模式是最符合遗产地开发需求的发展模式。社区参与旅游开发体现的是一种"自下而上"的发展思想。首先，在遗产地进行旅游开发之前，尽可能地听取当地居民关于旅游业发展的诉求和意愿，有利于制定符合地区特征和发展需求的旅游决策。其次，社区参与旅游开发的发展模式，可以尽可能地将当地居民纳入旅游业发展的各种经营活动中去，一方面可以兼顾政府、遗产保护区、开发商、社区利益，实现初次分配和二次分配相结合，保障居民的旅游权益，化解遗产保护与经济发展之间的潜在冲突；另一方面可以使农业文化遗产在产业发展过程中不断丰富自身内涵，强化其作为旅游资源的吸引力。

3. 以体验性旅游开发实现遗产地旅游教育功能

中国农业文化遗产是我国农耕经济时代所留下的宝贵财富。它除了具有生产和旅游功能之外，也是城市游客亲近自然、学习历史的天然课堂。农业文化遗产地的农业生产系统，蕴含着人类农业生产的种种智慧，可以通过开展农业生产技艺游戏、特色美食制作、建立农业历史博物馆等，加深游客对我国农耕文明的了解，教育民众，促进全民农业文化遗产保护意识的形成。

4. 以特色农产品的品牌化经营促进旅游营销宣传

农业文化遗产地自然生态环境良好，在现代社会仍然采用传统、生态的方式进行农业生产，在历史上往往也是特定的优质农产品的主产地。这些农产品生产系统中蕴含的健康生活理念，正是现代都市人群所推崇的。农产品的品牌化经营是农业现代化生产和经营的一种趋势，不论是我国所推行的农产品地理标志认证，还是在市场上大热的网红农产品，都反映了这一特点。品牌化经营不仅可以极大地提高农产品的销量，带来可观的经济收益，也能极大地扩大农产品产区的影响力，达到自我宣传和营销的目的。

（五）农业文化遗产地的旅游开发需注意的问题

农业文化遗产是珍贵的不可再生资源，开发不当会造成资源的破坏和生态系统的退化，进而影响遗产地旅游业的可持续发展。农业文化遗产地一般位于偏远的地区，区位条件差、经济不发达、设施落后等外部因素的影响使旅游的开发很难在短期内取得收益。因此，如何正确处理好长远利益与当前利益、旅游发展与遗产保护的关系，规范农业文化遗产资源的开发利用和管理，促进遗产地旅游业的可持续发展，已成为遗产地旅游开发利用中亟待解决的问题。

1. 农业文化遗产地旅游开发前

（1）基于环境承载力优化确定农业文化遗产地旅游开发规模

遗产地的环境承载力总是有一定限度的，尤其是在一些生态环境较为脆弱的地域，如果开发强度过大，超过旅游环境系统的承受阈值，必然会导致遗产受损、旅游设施破坏及游客体验差等问题。生态环境一旦遭到破坏就难以恢复，这就要求在进行旅游资源开发设计时对旅游开发强度及其可能引起的环境负荷慎重考虑，确定开发规模，确保农业文化遗产地旅游的健康发展。

（2）实行农业文化遗产地的整体规划和分区、分时段开发

农业文化遗产地除了是一个旅游区，更重要的还是一个生活场所，在

限制大规模开发的同时，不能忽视区内居民生活质量的改善，也不能忽略对其功能的完善。实际上包括遗产地周边的建筑，甚至整个区内居民的生活风貌都应涵盖在整个农业文化遗产地旅游开发的范围内。只有对整个区域进行有效保护，将遗产元素融入与之相应的周边环境中，才能真正体现出其应有的价值。这就必须处理好遗产地与周边地区以及遗产地与区内居民的关系。同时由于遗产地的开发是一项系统工程，可以采取分区、分时段开发的形式，力求遗产地受到完全有效的保护。

2. 农业文化遗产地旅游开发中

（1）农民参与旅游开发，保证开发过程的顺利进行

农民参与旅游开发能从根本上增加农民的收入，增加农村就业机会，有利于农村产业结构的调整；同时通过农业文化遗产地旅游的开发，农民能够增强环保意识，进而促进当地遗产旅游可持续发展。农民参与旅游开发的形式没有统一的标准，应根据当地社区的实际情况，因地制宜，结合农业生产和农村产业结构，探索符合当地情况的模式，实现当地农业文化遗产的保护和旅游的持续发展。可以采用"政府+公司+农村旅游协会+旅行社"模式、股份制模式等。

（2）建立严格的公众参与监督机制，确保开发过程的合理性

旅游开发过程的合理与否直接关系到农业文化遗产地的可持续发展，因此有必要在整个旅游开发过程中建立一套严格的公众参与监督机制，通过调动社会公众的积极性，实现对开发过程的有效指导和监督。参与监督机制可以包括多种形式，如参加旅游开发方案听证会、网络参与开发监督，以及实地考察监督等。

3. 农业文化遗产地旅游开发后

（1）建立专业化管理机构

由于农业文化遗产同其他世界遗产一样，具有特殊重要性、珍稀性和脆弱易损性的特点，是不可再生资源，有必要设立国家专职机构进行管理。例如，1872年，世界上第一座国家公园——黄石国家公园在美国西部建立，由于法制不全，游人敲打石块、偷猎动物等破坏性行为时有发生。为了保

护好自然遗产，联邦政府决定实行军管。1906 年美国建立国家公园管理局，直接管理全国国家公园系统。直到 1916 年制定国家公园法，才结束军管。国会中有国家公园委员会，总统有国家公园顾问。文化遗产方面有美国历史保护顾问委员会，直接对总统和国会负责。历任美国总统都把保护国家公园当作一项争取选民的政治任务，足见其特殊性和设立专职管理机构的必要性。

（2）提高遗产地的应急管理和服务水平

农业文化遗产地旅游开发后的正常运转也是衡量其可持续利用保护的重要指标。而要实现正常运转，除拥有一定的旅游客源外，最重要的是要提高遗产地本身的应急管理水平和服务水平。旅游场所是一个公共场所，安全问题不容小觑。要给旅游者提供一个安全、舒适的旅游环境，就要提高遗产地管理部门的应急管理水平和服务水平。对于农业文化遗产旅游来讲，一切都处于摸索阶段，只能在经营管理过程中慢慢积累相关经验。对于旅途中出现的各类突发事件要时刻保持警惕，并对旅游区的服务人员，包括管理者和景点导游员进行各类培训，以提高其管理服务水平和应急能力。

三　农业文化遗产保护与开发的矛盾及需要处理的关系

农业文化遗产要保护的是"活"的农业生产系统和耕作方式，因此，农业文化遗产的保护远比自然遗产和文化遗产的保护难得多，和世界自然遗产、文化遗产相比，农业文化遗产的最大不同在于它保护的是生产方式，农民仍在使用并且赖以生存的"活"的农业生产系统和耕作方式。在这类系统中，农民的参与是十分重要的，可以说，没有农民参与就没有农业遗产的存在[①]。

（一）农业文化遗产保护与开发的矛盾

以浙江青田稻鱼共生全球重要农业文化遗产为例，农业文化遗产保护与开发存在三个方面的矛盾，分别是：农业文化遗产保护与生产发展的矛盾、农业文化遗产保护与现代生活方式的矛盾，以及农业文化遗产保护与劳动力外流的矛盾。

---

① 袁俊、吴殿廷、肖敏：《生态旅游：农业文化遗产地保护与开发的制衡——以浙江青田"稻鱼共生"全球重要农业文化遗产为例》，《乡镇经济》2008 年第 2 期。

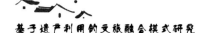
1. 农业文化遗产保护与生产发展的矛盾

青田的稻鱼共生系统经过上千年的发展，已经发生了很多变化，现代化的痕迹非常明显。不可否认，由于生产方式的现代化，水稻和田鱼的产量都较以前有了大幅提高，农民的生活因此有了很大的改善。在现代技术的应用下，很多乡镇的稻田养鱼由以前的泥制田埂变成了水泥田埂，节省了很多人力和物力。由于采用投放饲料喂养田鱼，田鱼产量大增。这种现代化生产方式受到农民的欢迎。但农业文化遗产保护对于这样的现代化是不提倡的，甚至是禁止的。因此，农业文化遗产保护与现代化生产方式的矛盾是显而易见的。怎样才能说服农民恢复并保护传统的稻鱼共生农业生产方式呢？如何才能协调好传统保护和现代化生产方式之间的矛盾？

2. 农业文化遗产保护与现代生活方式的矛盾

农业文化遗产保护，也包括当地农民的生活方式。但农民也向往现代生活方式，为了配合"世遗"保护工作，青田县龙现村农民建房已停批一年多时间，个别农户的住房紧张问题得不到解决，村民有一定想法。可见，整体保护虽然在一定程度上达到了保护传统的目的，但同时又产生了一个新的问题：为什么必须由农民来承受遗产保护过程中无法追求现代生活的代价？

3. 农业文化遗产保护与劳动力外流的矛盾

与世界文化遗产不同，农业文化遗产不只是一种文化形态，还是一种社会生产力，必须适应社会的发展。随着劳动力机会成本的不断增加，当地那些掌握农业遗产技术而又专心养鱼的人正在迅速减少，祖祖辈辈传下来的老传统正一点点地淡出他们的生活，农村劳动力特别是年轻劳动力向城市或是境外流动，以获得更大的经济收益。原来从事传统农作的人为了谋求更高的劳动力价值而改变先前的劳作模式，甚至放弃原有的劳动技术，这给稻田养鱼技术的传承带来很大的挑战。

（二）农业文化遗产保护与开发需要处理好的三个关系

1. 居民与游客的关系

农业文化遗产发展旅游面临的一个突出问题就是本地文化受到外来文化的冲击。在一些地方出现了两种错误倾向：一是遗产地居民为了迎合外来游客的需要，刻意或者不情愿地做出不符合遗产保护基本要求的改变，比如随意篡改地方民俗，没有任何科学依据地"编故事"，使得庄严的民俗庸俗化；二是一些游客以"强者"心理，看到遗产地农村居民也开始使用一些现代日常生活用品，而指责遗产地居民生活没有百分百保留"原生态"。

实际上，遗产地居民和旅游者围绕遗产文化"真实性"形成的表层张力背后，隐含着遗产保护的"客观真实性"、居民的商业利益诉求和旅游者对"建构主义真实性"的追求之间的关系。马·康纳（Mac Cannell）舞台真实理论中关于前台和后台的分析论述，提供了协调居民和游客感知之间的关系的框架[1]。

2. 企业与农户的关系

企业利用现代化管理方式和强大的资本投入，推动了旅游发展，但由于一些企业不重视长期投入只重视短期效益，只关注规范化的景区管理而忽视农业、农村、农民的特殊性。因此，企业要与农户建立合作机制，签订合作协议以及成立合作组织等，同时还要提供支持和服务，对农户进行技术培训、资金支持，促进共同发展。事实证明，农户通过自身或合作组织在农业生产基础上发展旅游，要比"企业+农户"的方式更有利于遗产保护与旅游发展的协调，更有利于农民文化自觉性和自信心的提升。

3. 不同从业者的关系

随着旅游业的发展，当地农民会出现分化，一些农民从事旅游接待，一些农民继续从事农业生产，这是自然现象。他们之间会有收入差距，在对社会的认可程度等方面也会产生差距，要想办法让经营农业的农民和经营旅游业的农民之间建立良性发展关系[2]。

四　农业文化遗产保护与旅游开发的融合之路

（一）政府主导

由于我国特殊的土地制度，土地经营权相对分散，技术层面的商业模

---

① 谢冰雪、胡旭艳：《"舞台真实"理论在民族旅游文化保护策略中的运用误区——基于对"前台、帷幕、后台"开发模式的反思》，《云南社会科学》，2019 年第 4 期。
② 闵庆文：《农业文化遗产旅游发展需要处理好六个关系》，《世界遗产》2018 年第 1 期。

式设计在相对落后的农业文化遗产地无法直接实现，必须通过一定的机制来进行土地资源的整合、产业链的构建和农民生产活动的组织①。政府作为顶层设计者，在农业文化遗产保护的政策制定、资金支持、规划设计等方面发挥着独特的作用，同时合理的旅游开发会提升农业文化遗产的经济价值，为其提供长足的传承动力。通过政府顶层设计打破农业文化遗产与旅游融合的制度壁垒，建立两者融合发展的长效协调机制和综合治理机制，实现两者深度融合。

（二）社会参与

农业文化遗产地开发旅游需要企业、社会组织、当地农民等的共同参与。企业和社会组织拥有雄厚的经济实力，能够为当地农业文化遗产的旅游开发提供资金、技术等支持。企业和社会组织在保护农业文化遗产的前提下，将农业资源与旅游有效结合，开发游客喜闻乐见的农业旅游形式和农业旅游产品，实现农业文化遗产文化效益与经济效益的有机融合。当地农民既是农业文化遗产保护和传承的关键主体，也是农业文化遗产和农业生产方式载体。农业文化遗产地在开发旅游的过程中，只有农民参与进来，才能真正实现农业文化遗产真实性保护和传承。

（三）创意农业旅游

创意农业旅游是以农业资源为基础，以文化为灵魂，以创意为手段，以产业融合为路径的现代农业旅游开发模式。在该模式下，延续农民正在使用并且赖以生存的"活"的农业生产系统和耕作方式，以保护和传承农业文化遗产；引入旅游产业，将旅游与农业文化遗产融合，延长原有的产业链，改变原有单一的农产品生产模式，对农产品进行进一步工业加工，增加其附加值，使其成为精致且富有特色的旅游产品；通过创意设计与合理规划，整合农业文化遗产地农产品、设施、服务、文化等农业旅游资源，将其打造成为一个富有吸引力的休闲度假旅游地，促进第三产业的兴盛和发展。

---

① 王德刚：《旅游化生存与产业化发展——农业文化遗产保护与利用模式研究》，《山东大学学报》（哲学社会科学版）2013 年第 2 期。

（四）保持原真性

农民在农业文化遗产的保护和传承中发挥着重要的作用。但随着现代化的发展，越来越多的年轻人走出大山，放弃掌握的农业生产技术，前往城市谋生，导致农业文化遗产传承主体快速减少。为提高农业生产效率，农业文化遗产也越来越多地与现代生产技术相结合，使得农业文化遗产越来越难以保持原真性。因此，在农业文化遗产的旅游开发中，要维持其原真性，将农业文化遗产的生产方式作为旅游最为核心的卖点，在不改变文化遗产原真性的前提下与旅游服务对接，将传统农业景观观光、传统农耕文化体验、传统绿色食品品尝、传统农事节庆参与、传统民俗娱乐等开发为最具现代意义的旅游产品，实现农业文化遗产保护与旅游的融合发展。

第三节　农业文化遗产文旅融合典型案例

农业文化遗产旅游是以农业文化遗产本身及其衍生物为旅游对象，强调对于整个农业系统的体验，提供与农业生产和农业系统相关的生态产品，是具有遗产精神和强调社区参与的一种"新旅游"①。本节总结出农业文化遗产文旅融合的四个典型案例，分别是：陕西佳县古枣园、广西龙胜龙脊梯田、云南红河哈尼梯田和浙江湖州桑基鱼塘。

一　陕西佳县古枣园（"农业文化遗产+采摘园+农特产品"）

（一）基本情况

陕西佳县古枣园是中国红枣名乡之一，枣树栽培有 3000 多年的历史，是以黄土高原景观及"铁杆庄稼"红枣栽培利用为特色的农业文化系统。该系统是人类与枣树种群互利共存的典型生态系统，包括枣林里种植农作物的枣粮间作复合生态系统模式，在房前屋后和庭院栽植枣树或与其他树种混合栽植，并在枣树下养鸡形成的庭院经济生态系统模式。该系统在

---

① 孙业红、闵庆文、钟林生等：《少数民族地区农业文化遗产旅游开发探析》，《中国人口·资源与环境》2009 年第 1 期。

2014 年被联合国粮农组织认定为全球重要农业文化遗产。

该系统具有重要的生态功能。枣树树干高大，树冠枝叶覆盖度大，成片栽植易成林，长势明显强于其他果树，可以起到良好的改土功效。枣树水平根系发达，向四面八方伸展力强，具有较强的抗旱、抗寒的特点，固持表层土壤肥力非常强。在植被稀疏的黄土高原区，黄河沿岸土石山区，枣树的这些生理特性在防风固沙、水土保持、涵养水源、改良土壤方面的功能意义重大。

该系统蕴含精湛的农耕技艺，劳动人民在长期生产实践中创造积累了丰富的经验和技术，这些经验和技术不仅对枣树的生产和发展有重要的推动作用，而且对当前枣树的科学管理具有重要的借鉴意义。农民探索出的枣树选育繁殖、枣粮立体栽培、枣树保护栽植、红枣采收、加工和储藏等生产技术被现代科技证明是一套行之有效的栽培技术。

佳县依托红枣和旅游两大优势资源，认真贯彻绿色发展理念，着力推进红枣产业和全域旅游发展，加快开发红枣精深加工及特色旅游商品，积极探索一、二、三产业融合现代产业发展新路，在现代农业、文化旅游、能源化工等方面都取得了新的突破。

陕西佳县古枣园发展历程及重要事件见表 9-2。

表 9-2　陕西佳县古枣园发展历程及重要事件一览

时间	发展历程及重要事件
北魏	栽培枣树，佳县泥河沟古枣园至今仍保留着 1300 多年前栽培的老枣树
明清	成为沿黄河一带乡民的主要产业
1994 年	当地政府发动群众，大规模栽植枣树
2001 年	被国家林业局命名为"红枣之乡"
2005 年	成为全国知名的产枣大县
2013 年 5 月	被农业部命名为全国首批、陕西第一个中国重要农业文化遗产
2014 年 4 月	被 FAO 认定为全球重要农业文化遗产，这是中国西北地区唯一入选全球重要农业文化遗产的农业系统

资料来源：根据网络资料整理。

（二）旅游项目开发

1. 节庆活动

佳县已成功举办多届红枣旅游文化节，每一届都有不同的主题。2020年以"庆丰收，促和美"为主题，通过举办红枣采摘体验、东方红大讲堂、消费扶贫推介会等活动，全面展示佳县丰富的农特产品、独特的旅游资源和厚重的文化底蕴。

2. 特色产品

佳县立足资源禀赋，重抓红枣产业振兴，大力推广红枣丰产技术，推动红枣矮化密植示范园、酸枣示范园、现代农业产业园区建设，累计培育红枣规上加工企业 12 家，生产出紫晶枣、冰酒、红枣酵素、速冻枣片等"红枣+"特色产品 16 种，不断推动红枣产业提档升级，推广印有全球重要农业文化遗产标志的礼品包装，着力打造县域千年红枣公共品牌①。

二　广西龙胜龙脊梯田（"农业文化遗产+景区+节事"）

（一）基本情况

广西龙胜龙脊梯田位于龙胜各族自治县境内，是"世界梯田原乡"龙胜众多梯田中的经典代表。因周围山脉的走向像一条长龙，这里的老百姓世世代代都居住在"神龙的脊背"上而得名"龙脊"。它是由居住在龙脊的壮、瑶、汉各族人民用人挖、肩扛、手垒的方式，将荒草丛生、乱木横斜的大山改造成万顷良田，他们至今仍保留着"偶耕"等原始的耕作方式。

龙脊梯田海拔在 300~1100 米，坡度大多在 26 度~35 度，最大坡度达 50 度，层级可达 1100 多级。龙脊梯田线条优美，从山脚盘绕到山顶，小山如螺，大山似塔，层层叠叠，高低错落；一年四季各有神韵，均是旅游观光的好时节。

龙脊梯田景区包括金坑（大寨）瑶族梯田观景区和平安壮族梯田观景区两部分，共有 13 个寨。各村寨的建筑、梯田和民族风情各有特点，民俗

① 刘强：《2020 年中国农民丰收节暨佳县第三届红枣旅游文化节开幕》，陕西网，https://www.ishaanxi.com/c/2020/0916/1832281.shtml。

节庆活动丰富多彩，民俗风情浓郁、民族文化灿烂多姿。

（二）发展历程

广西龙胜龙脊梯田发展历程及重要事件见表 9-3。

表 9-3　广西龙胜龙脊梯田发展历程及重要事件一览

时间	发展历程及重要事件
秦汉时期	梯田耕作方式在龙胜已经形成。龙脊梯田历史悠久，始建于秦朝，成形于唐朝，完工于明朝，距今已有 2300 多年的历史
唐宋~明清时期	唐宋时期龙胜梯田得到大规模开发，明清时期基本达到现有规模
1999 年	充分整合各方面资源，确立了发展旅游的道路，历经 20 余年的发展，为当地村寨在产业培育、生态保护、文化传播、乡风建设、社会治理、村民脱贫致富等方面带来了良好的效益，总体上实现了当地乡村的全面振兴
2018 年	景区接待游客 145.35 万人次，实现旅游收入 1.05 亿元。其中大寨村 271 户 1232 人领取了 670 万元的"年终奖"，旅游产业带动乡村经济发展的效果显著

资料来源：参考网络资料整理。

（三）旅游项目开发

1. 节庆活动

龙脊有众多传统节日，在当地发展旅游后，这些节日也成为重要的旅游项目。常见的节日有长发节、开耕节、梳秧节和晒衣节。每年农历六月六的晒衣节是龙脊红瑶除春节外最隆重的一个传统节日。在这一天，每家每户都把压箱底的花衣、饰衣、花裙拿出来晒，各家的晒排上、走廊上一串串红红绿绿的衣裳鲜艳夺目，"晒衣节"也因此而得名。晒衣节的活动内容丰富多彩，除了晒红衣外，村寨里的姑娘们还会手捧酒杯唱着欢快的敬酒歌，向远道而来的贵客敬上一杯龙脊水酒；她们身着艳丽的红瑶服饰，不约而同地来到河边梳理自己的长发，把自己最美的一面展现出来；当天还会为来自全国各地的 4 对新人，按红瑶的传统婚礼习俗，举行盛大的集体婚礼，红衣定终身；到了晚上，还能观看火把夜景和参加篝火晚会。

2. 梯田观光

龙脊梯田历史悠久，景观非常壮观，从水流湍急的河谷，到白云缭绕的山巅，从万木葱茏的林边，到石壁陡崖前，凡有泥土的地方，都开辟了梯田。其线条行云流水，潇洒柔畅，规模磅礴壮观，气势恢宏，如链似带。

三　云南红河哈尼梯田（"农业文化遗产+民宿+体验游"）

（一）基本情况

红河哈尼梯田位于云南省东南部的红河哈尼族彝族自治州，总面积 82 万亩，是红河南岸以哈尼族为主的各族人民利用"一山分四季，十里不同天""山有多高水多高"的特殊地理、气候等自然条件，发挥聪明才智创造的农业生态奇观，是人与自然高度协调、生物多样性保护和可持续发展的典型范例，是宝贵的自然与文化遗产。

红河哈尼梯田规模宏大，气势磅礴，绵延整个红河南岸的红河、元阳、绿春及金平等县，仅元阳县境内就有 17 万亩梯田，是红河哈尼梯田的核心区。元阳县境内全是崇山峻岭，所有的梯田都修筑在山坡上，梯田坡度在 15 度~75 度。以一座山坡而论，梯田最高级数达 3700 级，这在中外梯田景观中是罕见的。元阳哈尼梯田主要有三大景区：坝达景区（包括箐口、全福庄、麻栗寨、主鲁等连片 14000 多亩的梯田），老虎嘴景区（包括勐品、硐浦、阿勐控、保山寨等近 6000 亩梯田），多依树景区（包括多依树、爱春、大瓦遮等连片上万亩梯田）。如此众多的梯田，在茫茫森林的掩映中，在漫漫云海的覆盖下，构成了神奇壮丽的景观。

红河哈尼梯田以元阳为核心，依托"林、寨、田、水"生态景观要素以及地方少数民族文化，实现自然元阳与文化元阳的互融。红河以哈尼梯田文化入选世界文化遗产为契机，以重点发展梯田生态旅游产品为核心，建立以民俗文化体验、休闲度假、康体运动、科考探险为补充的旅游产品体系，将元阳县打造成为世界知名、国内一流、极富哈尼特色的梯田文化遗产生态旅游目的地。

（二）发展历程

云南哈尼梯田发展历程及重要事件见表 9-4。

表 9-4　云南哈尼梯田发展历程及重要事件一览

时间	发展历程及重要事件
20 世纪 90 年代	哈尼梯田通过摄影师的镜头走向世界，知名度日渐提高
1993 年	在第一次国际哈尼族文化研讨会上，元阳哈尼梯田以壮丽的景色和厚重的文化得到了较高的评价，品牌地位日趋凸显
2004 年 6 月	元阳县与北京云星宇交通工程有限公司签订了红河哈尼梯田元阳核心区旅游项目投资开发协议书。同时，红河州委、州政府出台《红河哈尼梯田元阳核心区保护管理办法》等文件，批准了《红河州旅游发展总体规划》，为红河哈尼梯田的发展作了明确的定位
2007 年	元阳哈尼梯田被国家林业局批准为国家湿地公园
2008 年	元阳县政府通过招商引资，在云南省人民政府帮助下引进云南世博旅游控股集团开发元阳梯田旅游。同年，双方共同出资组建云南世博元阳哈尼梯田旅游开发有限责任公司，具体负责元阳梯田景区基础设施建设和运营管理工作。自此，元阳梯田迈入旅游发展快车道
2010 年	FAO 将红河哈尼稻作梯田系统列为全球重要农业文化遗产保护试点
2013 年	哈尼梯田被国务院列入全国重点文物保护单位，申遗成功。元阳哈尼梯田被评定为国家级 4A 级旅游景区，为元阳旅游景区快速发展奠定了基础

资料来源：参考网络资料整理。

（三）旅游项目开发

1. 特色美食

随着当地旅游业的发展，不少人开始从事餐饮服务业。梯田遗产核心区建设了专门提供哈尼特色菜的餐馆，如哈尼火塘、多依树菜馆等，多数由当地人经营，景区内还有 200 多家酒店客栈，其中一些也提供特色餐饮服务。当地的特色美食有食蛹类、炸竹虫、粑粑、烤乳猪、牛肉、烧豆腐等。粑粑是哈尼人的一种主食，是将糯米蒸熟后压成薄饼再晾干，吃时支在火塘边烤成两面焦黄即可。因元阳的牛常年放养在梯田间，食用无化学肥料污染的草料，所以，饲养出来的牛肉质细腻，味道醇香，无论是煮、炒，还是腌制干巴都以香甜无腥味而闻名。

2. 旅游演艺

《哈尼古歌》是哈尼族社会生活中流传广泛、影响深远的民间歌谣，涉及哈尼族古代社会的生产劳动、宗教祭典、人文规范、伦理道德、婚嫁丧葬、吃穿用住、文学艺术等，是世世代代以梯田农耕生产生活为核心的哈尼人教化风俗、规范人生的"百科全书"，也是哈尼族乃至西南农耕少数民族口头与非物质文化遗产的经典代表，曾在米兰世博会驻场演出半年。

3. 节庆活动

哈尼族拥有众多的节日。随着游客的到来，这些节日与旅游融合，成为宣传当地文化的重要载体。当地的旅游节庆活动有昂玛突、"梯田红米文化节"、"稻花鱼"丰收节等。昂玛突节日最后的庆祝活动是"长桌宴"，具有祭神敬祖、祈祷丰收、欢庆新年等作用。随着当地旅游的发展，该习俗也被作为旅游产品进行了开发。

4. 特色农产品

元阳县的特色农产品有梯田红米和云雾茶。梯田红米是在云南省红河哈尼族彝族自治州红河县特定区域范围内，在独特的地理环境条件下，选用适宜的红米品种，在哈尼梯田中，用传统方式种植、采收、生产加工而成的大米，包括红糙米和红米。在该环境下生长出的红米矿物质丰富，富含抗癌的红色素。云雾茶茶叶外形条索紧结重实，色泽绿润银灰，汤色清绿明亮，味爽香气持久，含有蛋白质、维生素、氨基酸、茶多酚、咖啡碱等有效成分，具有清心提神、降火生津、消食化痰、抑菌降脂等独特的保健作用。

5. 民宿体验

蘑菇房是云南红河州元阳梯田哈尼族人民的传统住宅，共分为三层，下层圈养牲畜，中间住人，上层作仓库用，房顶用编织整齐的茅草覆盖，远远看上去就像蘑菇一样，所以被人们叫作"蘑菇房"。哈尼梯田景区中的民宿充满哈尼族风格，土黄色的墙壁，茅草搭的屋棚，搭配木质家具、各具特色且形态不一的陶器，以及当地手工制作的饰品。现代设计与传统村落特色元素的完美结合，使人眼前一亮。

四　浙江湖州桑基鱼塘（"农业文化遗产+博物馆+研学"）

（一）基本情况

湖州桑基鱼塘系统位于浙江省湖州市南浔区西部，现存有6万亩桑地和15万亩鱼塘，是中国传统桑基鱼塘系统最集中、最大、保留最完整的区域之一。千百年来，区域内劳动人民发明和发展了"塘基上种桑、桑叶喂蚕、蚕沙养鱼、鱼粪肥塘、塘泥壅桑"的桑基鱼塘生态模式，最终形成了种桑和养鱼相辅相成、桑地和池塘相连相倚的江南水乡典型的桑基鱼塘生态农业景观，并形成了丰富多彩的蚕桑文化。桑基鱼塘系统是我国乃至世界史上人们认识、利用、改造自然的一个伟大创举，是世界传统循环生态农业的典范，是一项重要、宝贵的农业文化遗产。

桑基鱼塘系统是一种具有独特创造性的洼地利用方式和生态循环经济模式。其独特的生态价值在于实现生态环境"零"污染。整个生态系统中，鱼塘肥厚的淤泥挖运到四周塘基上作为桑树肥料，由于塘基有一定坡度，桑地土壤中多余的营养元素随着雨水冲刷又流入鱼塘，养蚕过程中的蚕蛹和蚕沙作为鱼饲料和肥料，生态系统中的多余营养物质和废弃物周而复始地在系统内循环利用，没有给系统外的生态环境造成污染，对保护太湖及周边的生态环境及经济的可持续发展具有重要的作用。桑基鱼塘系统是人与自然和谐相处，儒家"天人合一"的"仁爱"生态伦理道德观的典范，也是体现我国道家生态哲学的样板[①]。

（二）发展历程

浙江湖州桑基鱼塘发展历程及重要事件见表9-5。

表9-5 浙江湖州桑基鱼塘发展历程及重要事件一览

时间	发展历程及重要事件
春秋战国时期	湖州桑基鱼塘系统形成
唐宋时期	湖州成为全国蚕桑与丝绸织造中心、主要淡水鱼生产基地
1992年	湖州桑基鱼塘系统被联合国教科文组织誉为"世间少有美景、良性循环典范"
2013年	湖州市委、市政府成立了桑基鱼塘保护领导小组，定期召开桑基鱼塘保护与发展专题研讨会，制定并颁布《湖州市桑基鱼塘保护区管理办法》，并将桑基鱼塘系统保护与发展纳入《湖州市生态文明先行示范区建设条例》，划定核心保护区、次保护区和一般保护区。市、区两级政府每年通过专项资金，以项目补助形式对核心保护区内桑树补植、鱼塘修复、河道疏浚等给予财政补助

---

① 《第二批中国重要农业文化遗产——浙江湖州桑基鱼塘系统》，中华人民共和国农业农村部，http://www.moa.gov.cn/ztzl/zywhycsl/depzgzywhyc/201406/t20140624_3948709.htm。

时间	发展历程及重要事件
2015 年 6 月	湖州开始向联合国粮农组织申报全球重要农业文化遗产，同时决定成立农业文化遗产保护与发展院士专家工作站，全面提升湖州农业文化遗产挖掘、保护、可持续利用和科学管理水平
2016 年 11 月	中国首个农业文化遗产院士专家工作站在荻港村正式挂牌。湖州市政府签约聘请联合国粮农组织全球重要农业文化遗产指导委员会主席、中国工程院院士李文华和他的团队在 2016~2018 年三年间正式驻站开展工作。同时市政府与浙江大学、中科院地理研究所联手共建中国全球重要农业文化遗产保护与发展研究中心，联合开展浙江湖州桑基鱼塘系统等农业文化遗产的保护与研究
2017 年 11 月	浙江湖州桑基鱼塘系统在罗马通过 FAO 评审，被正式认定为全球重要农业文化遗产

资料来源：根据网络资料整理。

（三）旅游项目开发

1. 研学旅行

湖州桑基鱼塘系统是重要的研学旅行基地，主要研学体验活动有鱼桑文化课堂、参观桑基鱼塘系统历史文化馆、制作蚕丝纸等。在鱼桑文化课堂体验活动中，研学导师向学生讲解湖州蚕桑历史，让他们直观了解湖州农耕文化，以及桑基鱼塘基地建设发展的情况，感受蚕桑文化；在桑基鱼塘系统历史文化馆中，展示相关的图片、影像、文献、170 多种淡水鱼的标本及模拟的微缩景观，向参观者介绍已有 2500 多年历史的桑基鱼塘生态农业系统及湖州淡水鱼养殖的起源和发展历史；学生在老师的示范和指导下，从纸浆的研磨到后期的晾干，体验蚕丝纸的制作过程，感受造纸的不易。

2. 农特产品

当地的农特产品主要有徐缘鱼桑茶、爆鱼干、手工蚕丝被、荻港乌金子等。鱼桑茶已有 4700 多年的食用历史，以桑基鱼塘原生态种植的桑树鲜嫩叶为原料，通过科学的工艺精制而成，口味纯正，清香甘醇，汤色绿澄，生津止渴，具有疏风散热、清肺润燥、降血压、降血脂、抗氧化、抗衰老、美容、清火、润肠、通便等功效。荻港一带水网交错，乌青鱼营养丰富，口感极佳，属淡水鱼中名贵品种，故被称为"乌金子"。

3. 节庆活动

荻港渔庄立足乡村，已连续举办了四届以传统鱼汤饭为特色的、以现代艺术为载体的"鱼文化节"。2019 年 12 月 8 日，湖州·南浔第十一届鱼文化节在荻港渔庄拉开序幕。渔庄组织了开塘捕鱼、水乡百鱼宴、渔火村晚、万人鱼汤饭等系列民俗活动，还有做蚕茧灯、制蚕丝纸、拓汉砖等传统文化研学项目。该届鱼文化节持续一个月，游客每天都能享有鱼汤饭和研学体验。2024 年 1 月 5 日至 7 日，渔庄举办湖州·南浔第十五届鱼文化节，主题为"鱼桑龘龘万物合和"。活动形式多样，有鱼乐、鱼歌、鱼舞、鱼火、鱼宴等传统节庆表演，还有桑基鱼塘生物多样性展交会、"百印鱼桑"篆刻艺术展、荻港蚕花猫手作展等现代文艺展览。现场游客众多，大家在此品民俗、游古村、吃鱼汤饭，感受鱼桑文化的魅力。

第四节　农业文化遗产文旅融合模式解析

农业文化遗产与旅游的结合为遗产的保护提供资金、技术等方面的支持，彰显遗产的珍贵价值，唤醒当代人保护遗产的意识。农业文化遗产具有地方特色，不同地区的遗产与旅游的结合会形成不同的模式。本章共总结出四种农业文化遗产文旅融合模式，分别为："农业文化遗产+采摘园+农特产品"模式、"农业文化遗产+景区+节事"模式、"农业文化遗产+民宿+体验游"模式和"农业文化遗产+博物馆+研学"模式。

一　"农业文化遗产+采摘园+农特产品"模式

（一）"农业文化遗产+采摘园+农特产品"模式概况

采摘作为近年来迅速兴起的新型休闲业态，以参与性、趣味性、娱乐性强而受到消费者的青睐，已成为现代休闲农业与乡村旅游的一大特色。农业文化遗产作为独特的土地利用系统和农业景观，在长期的历史演变过程中，形成了具有深厚文化底蕴和较大规模的采摘园。随着该类农业文化遗产知名度的扩大，以及旅游形式的不断丰富，形成了"农业文化遗产+采摘园+农特产品"的旅游模式。陕西佳县古枣园、河北宣化城市传统葡萄园和云南普洱古茶园与茶文化系统都是此类模式的典型代表。

（二）"农业文化遗产+采摘园+农特产品"模式特点

1. 栽培历史悠久，农特产品类型丰富

该类园区作物栽培历史悠久，规模较大，且已形成比较成熟的栽种技术。在长期的历史发展中，已形成以该产品为主的传统文化，这种文化已渗透到当地人的日常生活中，成为其不可或缺的一部分。陕西佳县古枣园有3000多年的枣树栽培历史，逢年过节，当地人都会做枣糕、枣馍等食物，而且红枣有生活甜蜜等美好寓意。佳县开发了紫晶枣、冰酒、红枣酵素、速冻枣片等"红枣+"特色产品16种，延长了红枣相关产品的产业链，增加了附加值，也带动了当地人脱贫致富。

2. 注重游客参与，体验性强

在该模式下，农特产品是当地最为重要的旅游资源，采摘是游客的重要体验项目。不同于以往的被动观赏类旅游项目，该项目下的游客不再是"局外人"，而是身体力行，参与其中，不仅能够品尝到新鲜的农特产品，体验采摘的过程，更能在参与的过程中了解农业文化遗产相关的文化与发展情况，意识到农业文化遗产保护的重要性。这种模式将游客纳入农业文化遗产保护体系中，更有利于农业文化遗产的保护和发展。

（三）"农业文化遗产+采摘园+农特产品"模式适用性

该模式适用于种植规模大，特色产品质量高、品质好的农业文化遗产，且该遗产具有地域性。以陕西佳县古枣园为例，该枣园是世界上保存最完好、面积最大的千年枣树群，这使得在旅游开发时能够设计较为丰富的旅游项目，容纳较大规模的游客。该枣园适宜开发采摘园，并建设特色果品生产基地。

（四）"农业文化遗产+采摘园+农特产品"模式局限性

依托农业文化遗产发展的采摘园规模较大，但地理位置较偏僻，相应的配套设施不足，所以园区除完善采摘园配套服务外，还需在园内或周边设置餐饮区、休憩区、游乐区、售卖区等功能区，满足游客除采摘之外的

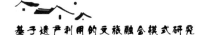

其他基本需求，带给游客更好的旅游体验。

二 "农业文化遗产+景区+节事"模式

（一）"农业文化遗产+景区+节事"模式解析

节事是节庆和特殊事件的总称，它以旅游地特有的传统民间习俗为依托，定期举办节事活动①。节事旅游是一种新型旅游形式，对于缓解旅游季节性矛盾，提高旅游地传统文化知名度，推动地方可持续发展具有重要作用。农业文化遗产一般处于封闭落后且交通不便的偏远地区，但正是因为其封闭性，当地的民俗文化才得以较好地保留和传承。节事作为民族地区重要活动，寓意丰富，体现人与自然和谐共生，也被作为富有当地特色的旅游景点供游客观赏，广西龙胜龙脊梯田就是典型的"农业文化遗产+景区+节事"模式。

（二）"农业文化遗产+景区+节事"模式特点

1. 规模庞大，节事活动丰富

农业文化遗产一般规模庞大，该地区的民众未被现代文明的大浪潮完全同化，保留着自己独特的生活习惯、民俗活动。龙脊梯田景区是一个规模庞大的梯田群，包括6个行政村，居民主要是壮族和瑶族。该区域节事活动众多，有晒衣节、长发节、开耕节、梳秧节等，这些都是龙脊的传统节日。随着旅游的发展，这些节日也成为外来游客了解当地民俗文化的重要载体。

2. 实现农耕文明与少数民族民俗的完美结合

农业文化遗产历史悠久，在长期的历史发展进程中，劳动人民创造出独具特色的农耕技术和相应的文化习俗活动，形成了系统的文化现象和独特的农业生产方式，使这一农业文化遗产长期以农业这一经济活动保持着生态、社会文化价值②。龙脊的壮族和瑶族至今仍保留着自己独特的民族文化，并与当地自然地理环境完美结合。如瑶族的打油茶主要为适应山区气

---

① 淦凌霞、张涛：《社区支持视角下民俗节事服务生态系统研究》，《西北民族大学学报》2021年第1期。

② 贺剑武：《桂林龙胜龙脊梯田农业文化遗产保护性旅游开发研究》，《农业考古》2010年第4期。

候，也是为让赤脚下田劳作的人们驱除寒气，避免风湿；壮族人民在干栏式建筑上层晒谷、存粮，中层住人，下层养牛、养猪，不仅可以达到防潮的效果，同时也能开发出一块较平的土地造田，人就住在半山上。

（三）"农业文化遗产+景区+节事"模式适用性

该模式下的农业文化遗产类型丰富，规模庞大。景区聚居着多个少数民族，他们保留着原生态文化，这些民族特色文化成为发展旅游的重要资源。在景区的统一管理下，由龙头企业开发运营，居民参与发展，可以实现发展成果的普惠共享。

（四）"农业文化遗产+景区+节事"模式局限性

1. 文化原真性受到冲击

少数民族地区因封闭的地理环境，较少受到现代文明的冲击，能够保留当地原汁原味的传统文化、民俗活动等，但随着旅游的不断开发，外地游客大量涌入，他们的价值观、消费方式等都会对文化遗产地产生一定的冲击；同时当地传统的民俗活动被作为旅游商品面向游客展演时，遗产地原有的文化会为迎合市场需求而发生一定的改变，使当地文化面临失真的风险。

2. 易忽视社区参与

社区居民是农业文化遗产的所有者和创造者，发展旅游应与社区居民参与相辅相成。发展旅游能够释放更多红利，有益于加深当地居民对农业文化遗产的价值认知，提高居民保护遗产的意识、当地经济的发展水平和居民的生活水平。社区居民参与旅游发展中能够为游客提供原汁原味的旅游体验，但在实际旅游发展中，景区管理者和社区之间常常存在一定的矛盾，景区易忽视社区的参与，从而导致景区发展不可持续。

三　"农业文化遗产+民宿+体验游"模式

（一）"农业文化遗产+民宿+体验游"模式解析

在农业文化遗产旅游地设立民宿是将农业文化遗产的相关景观、知识，尤其是文化元素融入民宿的设计之中，由当地村民加入乡村民宿行列，使民宿承担起文化传承、创新、传播与体验的任务，让游客"零门槛""无障

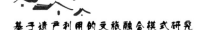

碍"地接触农业文化遗产，带给游客更好的文化体验。云南红河哈尼梯田中的民宿，在设计时汲取了很多当地的特色文化元素，充满哈尼气息，营造沉浸式文化遗产氛围。

（二）"农业文化遗产+民宿+体验游"模式特点

1. 拓展遗产功能，增强游客体验感

农业文化遗产地的民宿是以农业文化遗产系统要素为核心，结合遗产地的历史、文化和艺术等资源进行设计、建造的主题民宿经营模式。它在满足游客食宿需要的同时，提升了遗产资源的旅游吸引力价值和文化承载能力，同时深化游客对遗产的认知，带给游客不一样的遗产旅游体验[①]。

2. 丰富体验活动，促进经济发展

"农业文化遗产+民宿+体验游"模式吸引了大量游客，为民宿产业带来了发展机遇。游客在体验过程中，可以购买当地的农产品，如水果、蔬菜、土特产等，增加农民的收入；还可以参与农事活动，如插秧、收割、采摘等，体验农民的辛勤劳作，感受丰收的喜悦；也可以学习传统的农业技艺，如制作农产品、编织手工艺品等，增进对农业文化的了解和认识。民宿可以与当地农民合作，推广农产品，提高农产品的知名度和附加值。该模式可以促进农业文化遗产的保护和传承，让更多的人了解和认识农业文化的价值。同时，也可以推动乡村文化的创新和发展，为乡村经济的可持续发展提供动力。

（三）"农业文化遗产+民宿+体验游"模式适用性

该类模式的发展依托当地农业文化遗产资源。农业文化遗产地民宿是特定历史文化背景的产物，遗产地的资源是民宿发展的基础，资源的稀缺性决定了当地民宿的价值和吸引力。这些资源包括传统建筑、农业生态景观、本地传统特色美食等，通过合理利用遗产资源，凭借独特的自然风貌、深厚的历史文化和精巧的民宿设计，实现民宿的差异化经营和遗产的活态保护与传承。

---

① 闵庆文、王博杰：《守正创新——农业文化遗产地的乡舍民宿及其发展路径》，《世界建筑》2021年第8期。

（四）"农业文化遗产+民宿+体验游"模式局限性

1. 服务人员专业水平有限

农业文化遗产地不同于一般的旅游景点，它蕴含丰富的历史信息和文化知识，这就要求民宿服务人员有较高的文化素养、丰富的知识储备和较强的解说能力。但文化遗产地所处的地理位置较为偏远，服务人员多为本地居民，文化水平不高，缺乏旅游服务意识和专业的旅游服务技能，这在很大程度上限制了农业文化遗产地民宿的高质量发展。

2. 传统建筑保护难度大

农业文化遗产地的传统建筑是历史的见证者和守护者，融合了遗产地的生态思想和人文精神。但随着时间的流逝，它受到了自然灾害、人类不当活动的影响，正在逐渐丧失原貌；同时由于当地人遗产认知的缺乏，在对建筑进行翻新改造的大浪潮中，传统建筑易遭到现代建筑设计思想的冲击，对它的改动较大，传统建筑保护难度大。

四　"农业文化遗产+博物馆+研学"模式

（一）"农业文化遗产+博物馆+研学"模式解析

我国受独特的地理环境、自然资源等的影响，各地形成了各具特色的农业文化遗产系统。随着旅游需求升级和旅游创新驱动发展战略的推进，越来越多的地市依托当地农业发展优势，建立起具有地方特色的农业博物馆，讲述当地农业发展历史，展示相关的图片、影像、文献、标本等信息。除此之外，这些地区也成为研学旅行的重要基地，设置众多研学体验项目，让学生学习农业基本理论知识，在活动中了解当地农业发展历程，体验农产品种植的艰辛，感受中国的地大物博，激发爱国之情。

（二）"农业文化遗产+博物馆+研学"模式特点

1. 拓展博物馆功能，使农业文化遗产展示更具完整性和系统性

博物馆正在实现由传统博物馆到新型博物馆的转变，越来越注重功能的拓展和使命的担当。博物馆不仅是文化遗产的收藏陈列机构，同时也是展示和宣传文化遗产的重要阵地。以中国农业博物馆为例，2009年扩建后

的农业博物馆承担着抢救中国农业文化遗产、弘扬农业文明、展示农业科技发展成就、宣传农业基本国情、传播农业科普知识等社会责任①。陈列内容有基本陈列"中华农业文明"和专题陈列"中国传统农具""中国土壤标本""彩陶中的远古农业""青少年农业科普",还借用现代科技,打造网上展馆、三幕影院,使农业文化遗产的展示更具完整性和系统性。

2. 弥补农业文化教育的缺失,彰显中国特色研学形式

中国是一个农业大国,但学生极度缺乏基本的农业文化知识,甚至很多学生高中毕业了尚不能分清水稻和小麦。研学这一重要的课外学习形式能够弥补学生农业基本理论知识和体验教育的缺失,让学生来到田间地头,切身感受农业文化和农耕体验,感受劳作的艰辛,唤醒学生对劳作的敬仰之心,增强农耕意识,以此来弥补学生农业文化教育的缺失,推动中华优秀文化的传承。

(三)"农业文化遗产+博物馆+研学"模式适用性

该模式下的农业文化遗产得到了较好的保护与传承,当地深挖农业文化遗产资源,建立了具有地方特色的博物馆。该类博物馆能够清晰展示农业发展历程,保留珍贵的农业用具、资料等资源;同时研学旅行课程设计能够贴合当地农业文化,激发学生的兴趣。

(四)"农业文化遗产+博物馆+研学"模式局限性

研学作为一种新型的教育模式,之所以未形成统一的规范与标准,是因为研学的可实施性存在较大的难度。农业作为教育的薄弱环节,也存在这样的问题。首先,纵观学校基础教育阶段的教材和教学内容,有关农业的基本知识,既没有系统的教材,也没有专业的必修和选修课程,农学没有成为一门选修课程进入基础教育的课堂,学生缺乏最基本的农业文化知识。其次,部分家长过于注重学生的学业成绩,对让学生了解农业文化遗产的重要性认识不足,这就阻碍了学生参与一些农业文化遗产的研学旅行活动。最后,研学课程设计也存在一定的难度,主办方要结合各年龄段学生的身心发展特点,聘请专门团队开发课程、研学产品,故该模式可实施性难度较大。

---

① 张梦纳:《我国农业博物馆发展现状研究》,《河南农业》2021年第19期。

第十章
传统村落文旅融合模式

第一节　传统村落旅游开发与乡村情感

一　传统村落的概念与特征

（一）概念

为加强对具有典型性的古村落的认识和保护，2012 年 4 月 16 日，《关于开展传统村落调查的通知》印发，通知中明确界定：传统村落，指村落形成较早，拥有较丰富的文化与自然资源，具有一定历史、文化、科学、艺术、经济、社会价值，应予以保护的村落。

传统村落的概念是由古村落发展而来的。阮仪三认为，"古村落"是指民国以前建村，保留了较大的历史沿革，即建筑环境、建筑风貌、村落选址未有大的变动，具有独特民俗民风，虽经历久远年代，但至今仍为人们服务的村落[①]。2012 年 9 月，传统村落保护和发展专家委员会第一次会议召开，会上将"古村落"改为"传统村落"。朱夏芬把传统村落定义为：村落形成较早，在具备丰富的文化和自然资源的基础上，还有具有一定的历史性、文化性和艺术性的古村[②]。

根据相关成果，传统村落包含如下三个基本要素：传统建筑风貌完整、

[①]　阮仪三：《护城纪实》，中国建筑工业出版社，2003，第 65 页。
[②]　朱夏芬：《金华市俞源古村落旅游开发研究》，西北师范大学硕士学位论文，2019，第 44 页。

选址和格局保持传统特色、非物质遗产活态传承。由此可以看出，传统是强调文化、习俗、行为方式等从古至今的历史延续性，村落是强调以农业人口居住或从事农业生产为主，传统村落更能体现地域文化的典型性、历史文化的传承性、物质遗产和非物质遗产的丰富性。

（二）特征

通过对传统村落概念和内涵的解读，可以看出传统村落具备如下特征。

1. 历史的传承性和动态性

传统村落的选址、修筑、景观营造等具有悠久的历史性，有些村落可以上溯到几百年甚至上千年之前，这些村落随着居民生生不息，在这个过程中文化也得到传承和创新，表现出强大的生命力。

传统村落的存续方式以人为中心，动态地进行保护和延续。村民在繁衍生息中，主导和延续着村落的经济、社会、文化活动，并随着时代的不断发展，相应地改变、更新、融入新的元素，打上时代的烙印，使得传统村落在历史长河中不断传承与创新。

2. 村落的典型性和关联性

传统村落是从中国众多村落中遴选出来的某一地域或某一类型村落的典型代表，特色鲜明，可识别性强。这些村落在自然环境、建筑工艺、技能创造、宗教信仰方面反映了文化的差异性，是农耕历史文化的典型代表。

传统村落的构成具有关联性和整体性，不仅包括乡土建筑群，还包括村落布局、河道水系、道观寺庙等多种复杂要素。如村落选址深受风水学影响，利用自然环境，或沿江或靠山，来反映特定历史时期的居住文化和地域背景。传统村落是周边山、水、田园、阡陌、村落共同构成的体系，具有关联性和整体性。

3. 遗产的真实性和不可再生性

传统村落承载着数千年的传统文化和乡土情结，被誉为乡村民间文化的生态博物馆，是中华民族优秀传统文化遗产。传统村落的选址布局、街巷肌理、建筑形制、历史风貌等，是特定时期文化景观的真实代表，在保护和发展过程中要保持其原生态真实风貌。

传统村落遗产，作为农耕文明的历史见证，是一种不可再生的文化资源。传统村落中既有物质遗产又有非物质文化遗产，传统建筑及设施等物质遗产一旦遭到破坏，将很难修复甚至会永远消失；民间技艺、乡风民俗、宗族传衍等非物质文化遗产随着社会发展等不断萎靡甚至濒临消亡，体现了传统村落遗产的不可再生性。

二　我国传统村落保护发展历程

（一）萌芽阶段

中国对传统村落的保护工作是在文化遗产、历史文化名村等基础上开展的。我国自20世纪60年代就开始对文化遗产中的文物古迹进行保护。1961年国务院颁布了《文物保护管理暂行条例》；1982年颁布了《中华人民共和国文物保护法》，提出"历史文化名城"的概念；2002年新修订《中华人民共和国文物保护法》明确提出"历史文化村镇"概念，并于同年颁布《中国历史文化名镇（村）评价指标体系（试行）》；2003年开始进行历史文化名镇名村的评选工作。

2006年召开中国古村落保护（西塘）国际高峰论坛，探讨了村落保护的价值、意义、途径、方法、手段和目的，并通过了《西塘宣言》，标志着我国对传统村落的保护得到政府、学界的高度重视，传统村落保护工作迫在眉睫。2007年颁布的《中华人民共和国城乡规划法》进一步确立了历史文化名村保护制度，2008年颁布了《历史文化名城名镇名村保护条例》，2011年历史文化名村被纳入《中华人民共和国非物质文化遗产法》。文物保护界的泰斗罗哲文先生、建筑规划界的名家阮仪三先生和民间文化界的领军人物冯骥才先生，多次对毁坏传统村落的无知行为进行严厉批评，促成了传统村落保护力量、理念、方法的整合。2011年9月6日，冯骥才先生与时任国务院总理温家宝同志有一次关于古村落保护的对话，这次对话直接推动了中国政府全面启动多部委联合的传统村落保护工程①。

---

① 向云驹：《中国传统村落十年保护历程的观察与思考》，《中原文化研究》2016年第4期。

（二）普查申报阶段

2012 年，经传统村落保护和发展专家委员会第一次会议决定，将"古村落"改为"传统村落"。2012 年 12 月，住建部、文化部、财政部联合印发了《关于加强传统村落保护发展工作的指导意见》，要求加强对传统村落的保护、传承和利用。自 2012 年开始，住建部、文化部、财政部进行国家级传统村落的评选。经过持续多年的工作，到 2023 年，先后有 6 批 8156 个具有重要保护价值的村落被列入中国传统村落名录。除了国家层面以外，各省、市地方政府也响应政策，大部分地区陆续公布多批省级、市级、县级传统村落，至此我国已形成"国家＋省＋市＋县"共 4 级传统村落保护体系。

为加强对传统村落的保护，国家从规划、保护资金、宣传教育等多方面提出措施来保护和传承传统文化精神。2013 年 9 月，《传统村落保护发展规划编制基本要求（试行）》印发，要求各地抓紧编制传统村落保护发展规划。2014 年 4 月，《关于切实加强中国传统村落保护的指导意见》发布，并开始进行资金投入。自 2015 年开始，被列入中央财政支持范围的中国传统村落可获得 300 万的资金补贴；各省地方政府也相应进行补贴。2016 年 11 月初，住建部等七部门联合发布了关于印发《中国传统村落警示和退出暂行规定（试行）》的通知。加上传统媒体及新媒体的宣传，使得全民保护传统村落的自觉性增强，保护工作取得初步成效，大量濒危遗产得到抢救性保护，63％的传统村落公共建筑得到保护修缮，大批国家级非遗代表项目得到很好的传承。70％以上的村落人居环境明显改善，村民收入达 1 万元以上的村落由不足 5％增至 21％，社会保护意识和积极性空前高涨。通过中央财政支持和各级政府及民众的努力，实现了四个"基本"，即：传统村落的文化遗产得到基本保护，生产生活条件得到基本改善，保护管理机制基本建立，具备基本的安全防灾能力[①]。

---

① 《我国传统村落保护进入第二阶段 4153 个村成"保护对象"》，人民网，http://finance. people.com.cn/n1/2017/0731/c1004-29439953.html。

（三）攻坚复苏阶段

普查申报之后，我国传统村落保护迈入新的阶段，就是复苏传统村落阶段。这意味着要投入更大的努力，使广大危险、破损的文化遗产得到修缮和保护，使贫穷落后的传统村落焕发发展新活力，使优秀传统文化在现代化建设中发扬光大。2020 年 5 月 14 日，《住房和城乡建设部办公厅关于实施中国传统村落挂牌保护工作的通知》正式公布。住建部统一设置中国传统村落保护标志，实施挂牌保护。保护标志由中国传统村落徽志、主题词、村落名称、二维码、公布日期等部分组成。所有被列入中国传统村落名录的村落都要设置标志牌，并要求各地在 2020 年 12 月底前完成挂牌工作。专家指出，将二维码标识纳入传统村落保护标志，是保护工作的一大创新。

三　传统村落存续与保护困境

（一）存续的困境

1. 自然损毁、消亡

传统村落大多年代久远，村落民居建筑、桥梁等属于砖木、土木结构，抗风雨侵蚀和自然灾害能力差，不少民居破败严重，面临坍塌危险。传统村落中不少古渡口、古关隘、古祠堂、古书斋等由于缺乏实用功能，日渐凋敝，甚至消失不见。除此以外，传统村落中的非物质文化遗产，如民间文学、民间舞蹈、传统工艺技术等，由于传承人的逝世或后继乏人而濒临失传；民间传统生产知识、传统仪式、传统体育竞技等，随着生产生活方式的改变影响力逐渐变小甚至消失。

2. 农村人口流失、老龄化

由于城镇化、拆迁并村、教育、医疗等社会经济因素的影响，大量农村人口，特别是青壮年劳动力不断外流，许多村庄人走房空。数据显示，从 2000 年至 2010 年，中国自然村由 363 万个锐减至 271 万个。10 年间，90 多个自然村消失[1]。国家统计局的数据显示，自 2011 年到 2019 年，中国城镇化

---

[1] 《两会观察：10 年消失 90 万自然村 中国古村落亟待保护》，中国新闻网，http://www.chinanews.com/cul/2015/03-10/7117801.shtml。

率持续上升，2011 年为 51.27%，2019 年增长至 60.60%①（见图 10-1）。农村青壮人口涌向城市，传统村落老龄化现象严重。农村居民及从业人员大幅度减少，传统村落数量急剧下降，吸附在传统村落的农耕历史文化也面临土崩瓦解的威胁，对传统村落进行保护的必要性和紧迫性凸显。

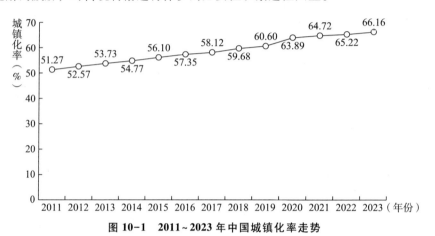

图 10-1　2011~2023 年中国城镇化率走势

资料来源：国家统计局。

3. 建筑、人居等物质环境被破坏

随着新农村建设的稳步推进，一方面，大量传统村落建筑被拆除、推平，传统村落格局改变；另一方面，受现代思潮的影响，不少传统村落民居被推倒，建成新潮的现代化建筑，传统民居风貌改变，导致村落特色消失。同时，由于规划治理与制度建设缺位，传统村落出现无序建房现象，破坏了原有的村落格局，加上垃圾处理不及时造成垃圾遍地，这些因素都使得传统村落建筑与人居等物质环境被破坏。

4. 宗族文化断裂，文化趋同

首先，随着现代社会的发展及人口的流失，不少北方传统村落原先由亲缘、地缘、宗族等组成的宗族文化逐渐瓦解，祖训家规、耕读传家等逐渐被遗忘，宗族文化面临断裂的危险。其次，受外来文化的影响，传统村

---

① 《陈银：2019 年中国人口总量及人口结构分析，城镇化率和老龄化程度实现"双增长"》，华经情报网，https://www.huaon.com/story/505161。

落群体的生活方式发生改变，民间习俗、传统仪式等在人们的观念中日益淡薄，文化的地域性和独特性逐渐消失，文化的趋同性明显。

总之，传统村落中蕴含着历史文化、民族、地域元素，是中华文明的根基，但是由于外部城市化进程的加快及外来文化的影响，加上自身的日渐凋敝，如果不加以保护，传统村落将逐渐灭绝，长此以往，必将对弘扬和传承中华文明带来危害，因此，传统村落的保护刻不容缓。

（二）保护的困境

1. 资金缺失

传统村落的保护和修缮是一项庞大的系统工程，不管是传统建筑的修缮、历史环境的修复，还是基础设施的建设、非物质文化遗产的传承等，都需要较多的资金支持。然而，只有获评的国家级传统村落，才能获得一年300万元的中央财政专项资金，其他国家、省级、县级传统村落获得的资金非常有限。总的来说，虽然国家与省市地方政府都有一定资金投入，但这些投入对于数量众多的保护对象而言，极为不足。

2. 专业人才匮乏

一方面，传统村落的保护离不开村民，村民的生产、生活、娱乐活动是传统村落保持烟火气和人情味的前提，而传统村落的人口流失及空心化，使依附其上的物质遗产和非物质文化遗产面临土崩瓦解的危险；另一方面，传统村落的保护需要大量的专业人才，如传统建筑的建造及修缮工匠、文物保护专家、非物质文化遗产传承人等，但由于投入资金有限，吸引不了专业人才，导致传统村落的保护工作无法有效开展。

3. 保护意识薄弱

不少传统村落村民意识不到自身村落的稀缺性和不可再生性，为了迎合现代潮流，有的拆旧建新，建成与传统村落风格格格不入的新式住宅；有的贱卖文物，为卖出雕刻门窗的构件而暗自高兴；有的渐渐淡忘了记忆中的乡村民俗文化和仪式；有的丢了一辈辈传下来的手工技艺……总之，由于各种原因，不少传统村落村民保护意识淡薄，使得传统村落损毁严重、岌岌可危。

4. 利用机制不畅

传统村落的特殊性，是导致其开发利用机制不畅的主要原因。首先，古建多为私产，政府很难管理、处置。其次，根据现行法律，村民宅基地只能一户一宅，许多居住在传统民居中的村民，既无力按照文物保护要求投入巨资对其进行保护和修缮，又不能再次安排宅基地建设新房外迁，直接导致老房倒塌或拆旧建新。最后，传统村落中的古宅受保护限制流转困难，在产权缺乏状况下，社会资本很难进入。

四　传统村落与乡愁

（一）乡愁的主体性认知

乡愁是什么？乡愁是人们对故乡的牵挂及眷恋。乡愁是离家远行、漂泊在外、客居海外的游子等部分人的乡愁，不是所有人的乡愁。乡愁记忆包括砖土盖的房子、羊肠小路、袅袅炊烟、记忆中的味道等。通过保留村落格局、修复传统建筑、发展农副产业、复兴传统习俗等保护措施，保留传统村落风貌，体现农村乡土特点，才能留住乡愁。

（二）传统村落的主体性认知

传统村落的保护与发展，既可以留住乡愁，也为乡愁的利用提供了可能。传统村落凝聚着先人的建造智慧，是地域特色资源的典型代表，能吸引游客来此参观旅游，让游客品味记忆中的乡愁味道；也能通过发展旅游来增加就业机会，实现村民增收，促进农业、服务业等产业的发展，实现传统村落的振兴。

（三）传统村落是乡愁的载体

乡愁中蕴含着怀旧、念家、思乡、爱国等元素，传统村落作为乡土聚落特色的重要载体，是离家远行、漂泊在外、客居海外的游子等中华儿女的情感寄托和精神家园。保护、利用、复兴传统村落，可以让乡土文化的根基牢固、代代相传，让乡愁成为海内外游子永远铭刻的记忆，同时激发人们的爱国情怀，增强中华民族的凝聚力。

第二节 传统村落保护与旅游开发

一 国外传统村落旅游发展

（一）法国旅游村落联合体

法国小型聚落为了保护遗产和开展旅游营销，许多村落联合起来成立协会，形成旅游村落联合体①，其中以"法国最美丽村庄"协会最有代表性。在法国政府的支持下，仅有 151 个村落被评为"法国最美丽村庄"，这个称号不仅是至高的荣誉，其称号和标识还具有专利，受到法律的严格保护。遍布全国的成员村落联合起来相互帮助，共同保护遗产、美化环境、发展旅游。村落加入协会时要签署规范章程，并接受政府监督和协会的约束、管理。若有严重违反法律章程行为，将被剥夺称号并追究法律责任。例如，获得"法国最美丽村庄"称号的高德村②，位于法国东南部的沃克吕兹省，是古罗马时期建成的军事防御要塞，依山而建，地势险要。村落里有文艺复兴时期的古城堡和古教堂，典型的山城风貌和中世纪的石头建筑是村落的主要特色。该村落建筑在重建、修缮时，严格遵守国家法律法规，使用石头和陶土砖瓦为材料，维护村落整体风貌。高德村获得了国家和协会在财政、技术、人才上的大力支持，以实现遗产保护和可持续发展。

（二）意大利村落生态博物馆

村落生态博物馆是一种对传统村落自然环境、人文环境、物质遗产、非物质遗产整体保护和展示的新的博物馆形式，强调包括对有形、无形遗产在内的整个传统村落的保护，当地居民也在保护范围内。意大利的法律体系完备，财政支持力度较大，培养了大量专业人才，使传统村落得到较好的保护。例如，意大利特伦托自治省的村落生态博物馆③，四周环山，村

---

① 沈世伟：《法国旅游村落联合体的经验与启示》，《资源开发与市场》2010 年第 9 期。
② 王觅：《"法国最美丽村庄"的评选启示》，《中国文化遗产》2012 年第 5 期。
③ 杨福泉：《意大利乡村"生态博物馆"对云南乡村文化产业的启示》，《中国文物报》2006 年 6 月 2 日，第 5 版。

民大多以游牧为生，每年 3~7 月，村民赶着牛、羊等牲畜，迁移到林场、牧场，逐草而居。村落中，居住的木楞房、日常生产生活所用的器具、传统的磨坊、酿酒坊、打铁作坊和烧炭的土窑等，都被保存下来，有局部破损就按"修旧如旧"原则修复。此外，有地方特色的节日庆典、传统歌舞、服饰美食等传统文化习俗也在生态博物馆中传承、展示，令人大饱眼福。对于村落生态博物馆在发展中遇到的问题，意大利政府也积极探索解决方法，如设立法律集中引导机制、邀请政府调解人缓解冲突、聘请专业机构审核评价等，推动村落生态博物馆持续发展①。

（三）德国"村落更新"

德国村落更新项目于 1977 年正式启动②，通过政府规划、提供财政资助，村民积极参与，既改善了村落的人居环境，满足了村民们的现代化生活需求，又保护了传统建筑等村落文化遗产，基本达到传统与现代的和谐共存。例如，德国巴伐利亚州在对村落进行更新时，要求必须有原居住村民的参与，重视专家的意见，规划设计中从宏观出发，建筑、整体风貌、文化等都不能割裂，实施中重视对历史文化遗存的保护，对村落中的教堂、名人故居、手工作坊、磨坊、酿酒坊、纪念碑、塑像等都加以保护和修缮。建筑更新时尽量与传统建筑民俗协调统一。

（四）日本"人间国宝"

日本在传统村落中对非物质文化遗产的保护，以"人间国宝"制度最为典型。日本将表演、音乐、工艺技术、民俗、祭祀等非物质文化遗产的传承人称为"人间国宝"，意思是"活的人类珍宝"。日本政府对"人间国宝"的认定程序较为简单，要求却极为严苛。从 1995 年到 2004 年，仅有145 人当选"人间国宝"③。在审核标准中，尤其注重传承性，如果不肯传

---

① 〔意〕毛里齐奥·马吉：《关于中国的报告——对中国生态博物馆的建议》，《中国博物馆》2007 年第 4 期。

② 黄一如、陆娴颖：《德国农村更新中的村落风貌保护策略——以巴伐利亚州农村为例》，《建筑学报》2011 年第 4 期。

③ 宋斌、赵行易：《"人间国宝"——日本非物质文化遗产保护》，《国际人才交流》2014 年第 7 期。

承或不收徒弟则不能当选。一旦当选，不仅日本政府会每年发放 200 万日元的补助金，而且其技艺会被全社会认可，传承者身价倍增，享有较高的社会地位。如日本传统民俗"花祭"，是对神的祭祀仪式，希望能够防治疾病灾害，驱除污秽邪恶，祈愿来年五谷丰登以及获得现世与来世的幸福，求得"神人和合"的境界①。为解决花祭传承人不足问题，日本对担任祭祀仪式重要角色的"花太夫""宫人"等继承者，赋予"人间国宝"的荣誉，促使他们将舞蹈和仪式的技艺传承下去。另外，政府提倡解除花祭中的世袭制和女性禁忌②，允许外部人员参加，缩短花祭日程、精简剧目，以吸引游人，并加强学校教育，推动非物质文化遗产的活态传承。

二　国内传统村落旅游发展

传统村落由于自身的独特性，成为重要旅游资源。国内不少传统村落依托旅游资源进行开发，从旅游产品及项目来看，国内传统村落旅游发展可分为以下类型。

（一）观光旅游

以农村田园风光、绿色景观、村落建筑、文化景观为主题，通过古建筑修复、村落布局风貌修复等活动，满足游客回归自然、游览传统村落的心理需求。例如，在安徽歙县传统村落中，木坑村竹海占地 6 平方公里，是电影《卧虎藏龙》竹林打斗的拍摄地，郁郁葱葱的竹林，让人心旷神怡；塔川村的古民居依山而建，因民居层层叠叠形如宝塔而闻名，塔川村秋景独特，漫山遍野的树木呈现出绿、黄、红的斑斓色彩，加上白墙黑瓦的建筑，景色如油画般优美，让人流连忘返。

（二）康体旅游

传统村落利用独特的资源，如中草药、温泉等，通过环境打造、医疗健身设施配置等，发展以康体疗养和健身娱乐为主题的旅游，满足人们的

---

① 周星：《日本爱知东荣町地方的花祭民俗》，《民俗研究》1998 年第 2 期。
② 樱井龙彦、甘靖超：《人口稀疏化乡村的民俗文化传承危机及其对策——以爱知县"花祭"为例研究》，《民俗研究》2012 年第 5 期。

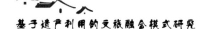

康体、健身、娱乐等需求。例如，中国传统村落陕西韩城清水村，村庄依地形而建，呈阶梯状布局，村内建筑为四合院，三水绕村而过，村内有古寨堡、大庙、南庙、殿场、华伦庙等景点，丰富的地热资源是清水村的一大优势，村上还有几家世代中医，被认为是一个适合康体旅游的温泉古村。

（三）研学旅游

传统村落具有较高的历史文化、艺术、美学、科学考察价值，吸引游客和学生前来考古、摄影、画画、进行科学研究等。例如，中国传统村落贵州清江苗寨，距今约有700年历史。苗寨里有近100栋吊脚楼，村民世代以农耕为主，以传承"苗族翻鼓节"而闻名。依托苗族风情、精品产业和特色文化，当地努力打造集观光、旅游、研学等于一体的"传统农耕文化+研学旅游"基地。在苗寨，学生可以通过观赏、体验刺绣、扎染、蜡染等，了解当地传统文化技艺，通过耕田育苗、栽秧放鱼、收割稻谷等日常劳动生产与大自然亲密接触，通过吃农家饭、住农家屋、抓稻田鱼，感受来自大山深处苗寨的无限魅力。

（四）生态旅游

生态旅游倡导人类的生产、生活与社会和谐共生，不仅包括自然区域，还包括社会文化区域。传统村落的文化和生态极具脆弱性，可采取建设生态博物馆的生态旅游模式，推动传统村落的持续、健康发展。中国传统村落贵州堂安侗寨，为实施整体性保护，建设了堂安侗族生态博物馆，使传统村落原状地保存在其所展示的社区和环境之中。堂安侗寨三面环山，峰峦起伏，一面是层层叠叠的梯田。村民依山就势建吊脚楼，井然有序。堂安侗族生态博物馆的范围包括整个村寨和周边环境，有鼓楼、戏台、吊脚楼、风雨桥、古瓢井等物质遗产；也有侗族服饰、传统发髻、长桌宴、侗族大歌、侗戏、侗族吃新节等非物质文化遗产，以及当地居民。以生态博物馆为主的生态旅游模式能避免传统村落的文化在时间流逝中断层。

（五）休闲度假

传统村落利用建筑、景观等乡土资源，将传统村落文化与餐饮、住宿、休闲、娱乐相结合，满足人们休闲度假的旅游需求。例如，杭州法云古村位于杭州灵隐禅寺、永福寺附近，始建于唐朝，曾为附近茶园村民所住。村内保留了大量建于民国早期的传统民居，灰墙黛瓦，周边景色宜人，特别是春天，江南龙井茶园的壮观景致让人一饱眼福。现在古村改成一个豪华度假酒店：安缦法云酒店。酒店采用传统工艺将古村修缮一新，黄土作墙，石砌房基，木窗木门，白墙黑瓦，酒店中的古木、菩萨像、竹林、茶园、小桥、溪水营造出恬淡飘逸、随遇而安的意境，让游客感受到明清隐士文化。

（六）文化体验

文化体验旅游以传统村落的民俗文化、风土人情、传统民族文化为主题，吸引游客前来体验。少数民族风情浓郁的地区多采取这种模式。例如，中国传统村落贵州从江高华村是瑶族聚居村庄，瑶族文化丰富多彩，民风民俗淳朴浓厚，有瑶族琵琶歌、长鼓舞、瑶族武术、瑶族药浴、嫁郎习俗、瑶族藤编手工艺、瑶族盘王节和瑶族传统造纸工艺等。其中，瑶族药浴、长鼓舞、瑶族传统造纸工艺被称为瑶族"三大文化宝典"。瑶族药浴是瑶族人民独有的一种沐浴方式和古老的保健方式，具有活血化瘀、舒筋活络、清热解毒、消除疲劳、易睡安眠等功效，可以防病治病、强身健体，被称为"世界三大沐浴文化之一"，2008 年被列入国家非物质文化遗产保护名录。这些独特的旅游资源吸引大批游客前来体验瑶族的传统文化、民俗风情。

三　传统村落保护与旅游发展的融合

保护传统村落，是为了使其得到更好的发展。保护是发展的前提，发展是保护的手段，利用是保护的途径。在对传统村落进行保护和利用过程中，旅游是重要的利用方向，其他途径如传统农耕、林牧经济、传统手工业、自然和历史研学、康养旅居等都与旅游相融合。在旅游发展过程中，既要挖掘、活化传统村落文化，又要防止过度商业化，促进保护与发展的良性互动。

挑选传统村落中旅游资源典型、开发环境优越的村落进行合理的旅游

开发，能带来更大的经济效益和社会效益。

（一）旅游发展为传统村落保护与发展提供资金

传统村落中独特的自然和文化旅游景观，能吸引游客前来参观旅游，可带来大量的经济收入，为民居、街巷、人居环境整治修缮提供资金扶持，使年久失修的民居建筑、古迹遗址得到修整和恢复，使道路、电力、网络等基础设施得到改善，周边农田、水域、村落环境卫生也得到维持与重视，使得传统村落的发展具有动力。

（二）旅游开发促进传统村落居民的回归

对传统村落进行旅游开发，可以创造和增加大量的就业岗位，吸引村民回乡就业，农村人口的回归，使得传统村落的农业生产、生活、娱乐活动有了存活的根基，也使得非物质文化遗产有了传承的可能，为传统村落的保护提供了活力；除此以外，对传统村落进行旅游开发，也会引进建筑、旅游、规划、营销等方面的专业人才，为传统村落的保护发展提供智力支持。

（三）旅游开发可增进村民文化自信

吸引游客前来的是传统村落独特的地域文化。为保持原真性和独特性，除了要保护老房子、祠堂、码头等古物，还要发掘和恢复传统手工艺技术、民族曲艺、传统习俗、节日活动等，促进传统村落当地人文历史文化的复苏与振兴，增进村民文化自信。

四 传统村落保护与旅游开发的矛盾

（一）过度的旅游开发使传统村落"变味"

传统村落旅游开发中，不合理的旅游开发，会导致破坏传统村落保护的行为，使得传统失去原有的文化韵味。一些传统村落在旅游开发中，商业化气息过重，古建筑被包装成统一的房屋样式，到处是商铺，并且商铺里出售的商品是全国各地都可买得到的纪念品，毫无地域特色。还有一些传统村落在旅游项目开发时，利用现代眼光对民俗信仰等进行改造、演绎，为赚钱而忽略了文化敬畏感，丢失了传统村落的文化风貌。

（二）旅游开发不当会引发矛盾

传统村落旅游发展中，若处理不好村民改善居住条件与传统村落保护之间的关系，也会给村民带来不利影响。一方面，很多老宅的陈旧格局及落后配套措施已无法适应现代生活的要求，当地村民倾向拆掉原有的传统建筑，代之以现代感的水泥楼房；另一方面，在旅游发展过程中，如果利益分配不均，也会引发矛盾。

第三节 传统村落文旅融合典型案例

传统村落作为农耕文明的历史载体，承载着珍贵的历史记忆、民族及地域文化信息，是宝贵的遗产，也是不可再生的、潜在的旅游资源。科学合理的旅游开发，既能带来大量的经济收入，又能带来社会效益，促进传统文化的传承和创新。

随着旅游业的蓬勃发展，依托传统村落开发的旅游景区日益增多。这类景区依托传统村落周边的山水、自然景观、历史建筑、文化遗存等进行开发，满足游客观光、游览、健身、研学、度假、文化体验等多种需求。

依托古村落开发的世界文化遗产、5A 级旅游景区，成为当地区域旅游的龙头，代表了国内传统村落旅游开发的最高水平，对其他传统村落旅游开发具有启示意义，其中的典型代表如下。

一 安徽西递、宏村景区

（一）概况

西递、宏村位于安徽省黄山市黟县，是安徽南部民居中最具有代表性的两座古村落，于 2000 年被评为世界文化遗产，2003 年被评为全国首批历史文化名村，2011 年被授予"国家 5A 级旅游景区"称号，2012 年被列入第一批中国传统村落。

西递始建于北宋皇祐年间，至今已有 960 余年历史。整个村落呈船形，四面环山，两条溪流穿村而过，村中街巷沿溪而设，街巷两旁的古建筑淡

雅朴素，错落有致。西递村现存明清古民居 124 幢，祠堂 3 幢，大多为三间与四合格局的砖木结构楼房，砖、木、石雕点缀其间，堪称徽派古民居建筑艺术之典范。

宏村始建于南宋绍熙年间，原为汪姓聚居之地，至今已有 800 余年。宏村村落布局独特，整个村落和人工水系布局为牛形，堪称"中华一绝"。全村现完好保存明清民居 140 余幢，古朴典雅，逸趣横生。既有山林野趣，又有水乡风貌，人、建筑、山水相融，素有"中国画里的乡村"之美誉。

（二）旅游发展历程

作为皖南传统村落的典型代表，西递、宏村自改革开放初期开始，就利用独特的传统村落文化旅游资源进行旅游开发。二者根据自身状况采取了不同的旅游发展模式，西递的旅游开发模式由社区主导型变成政府主导型，宏村的旅游开发模式为企业主导型。

西递于 1986 年开始发展旅游，1994 年成立了村办集体企业——西递旅游服务公司，后来随着旅游业的发展，专业管理水平差等问题逐渐凸显，2013 年，西递经营权改革。西递旅游服务公司收归县政府成立的徽黄旅游集团旗下，西递旅游发展模式转变为政府主导型。经过磨合和发展，西递门票收入大幅度提高，旅游业发展更上新台阶。

宏村旅游业开始于 1986 年[①]，但一直发展缓慢。1998 年与北京中坤集团合作，成立京黟旅游开发公司，中坤集团获得宏村等 3 个古村的租赁经营权，租期 30 年。后来由于宏村旅游业的高速发展，而村民收益有限，矛盾冲突不断。后经多方协调，自 2002 年起，宏村对旅游门票分配做了调整，宏村及村民旅游收益提成有所提高。

经过多年的发展，旅游已成为带动西递、宏村这类传统村落经济发展、带动农民致富的重要渠道。在 2000 年成为世界文化遗产之后，西递、宏村的旅游业更是蓬勃发展。2018 年，西递、宏村接待海内外游客 320 万人次，旅游直接收入近 1.9 亿元，70% 以上的村民从事旅游服务业，仅旅游业人均

---

① 马云飞：《"关键利益主体"视角下的企业租赁型古村落景区管理模式探讨——以世界文化遗产宏村为例》，《经济研究导刊》2011 年第 14 期。

分红就超过 4000 元①。

（三）遗产保护状况

1999 年，黟县决定将西递、宏村两个古村落打包申报世界文化遗产。2000 年 11 月，西递、宏村成功入选世界文化遗产名录。为了在保护中更好地发展，黟县通过保护遗产，探索传统村落活化利用新途径。首先，保护环境，划定西递、宏村、塔川、卢村、协里等田园风光保护核心区，西递村荣获"中国十大最美乡村"；筑牢绿色生态屏障，使全县森林覆盖率达 84.8%②。其次，保证资金，出台《西递、宏村世界文化遗产保护管理办法》，设立世界文化遗产保护管理委员会，创立西递宏村保护基金；黟县每年从门票收入中单列 20% 设立文化遗产保护基金（约 4000 万元），用于遗产地保护；近 10 年来，黟县累计筹集 10 亿多元资金，对西递、宏村等古村落实施重点保护，近 3 年先后对 100 多幢古民居进行修缮。最后，积极进行非遗的传承，徽州彩绘壁画、余香石笛、徽州三雕及腊八豆腐制作技艺等非遗项目与旅游业态结合，赋予非遗新的生命力。未来，安徽西递、宏村旅游景区将在传统村落遗产保护的前提下，实现旅游传承利用的高质量发展。

二 福建土楼（永定·南靖）景区

（一）概况

福建土楼是世界上独一无二的山区大型夯土民居建筑，以历史悠久、结构奇巧、功能齐全、内涵丰富著称。福建土楼产生于宋元，成熟于明末、清代和民国时期。福建土楼是以石为基、以土做墙而建造起来的集体建筑，可供几百人聚族而居。土楼规模宏大，形态丰富，现存圆楼、八角楼、纱帽楼等三十多种样式。土楼结构外高内低，楼内有楼，环内有环，具有通

---

① 《西递宏村 一扇领略徽州文化的窗口》，搜狐网，https://www.sohu.com/a/303550260_114967。

② 《领奏"古村落旅游"风华正茂再出发——写在中国黟县西递、宏村成功列入世界文化遗产 20 周年之际》，搜狐网，https://www.sohu.com/a/435221541_362042。

风、采光、抗震、隔音、保温、防卫等功能。

2008 年 7 月，福建土楼被正式列入世界遗产名录。成为世界文化遗产的"福建土楼"，由福建省永定、南靖、华安三县的"六群四楼"共 46 座土楼组成。2011 年 9 月，福建土楼（永定·南靖）景区获得国家 5A 级旅游景区称号。福建土楼（永定）景区包括高北土楼群、洪坑土楼群两景区；福建土楼（南靖）景区点多线长，核心景区包括田螺坑、裕昌楼、云水谣景区等。

世界遗产地所在传统村落，包括永定洪坑村、永定高北村、南靖田螺坑村、南靖河坑村等，分别被列入中国传统村落名录。例如洪坑村，13 世纪（宋末元初）林氏在此开基，现存明代建造规模较大的土楼有峰盛楼、永源楼等 13 座，清代建造规模较大的土楼有福裕楼、奎聚楼、阳临楼、中柱楼等 33 座。土楼造型主要有正方形、长方形、圆形、五凤形、半月形及其变异形式，其中振成楼因按八卦原理设计的建筑奇观和楼内富有客家特色的文化奇观而闻名，宫殿式建筑奎聚楼、袖珍圆楼升楼等，是福建土楼的典型代表，中国民居建筑的奇葩。

（二）旅游发展现状

1. 福建土楼（南靖）景区

土楼申遗成功十年来，南靖致力于对土楼进行保护性开发，旅游业发展有了质的飞跃。漳州市南靖县发布的数据显示，南靖景区接待游客从 2008 年的 35 万人次升至 2017 年的 450 万人次；景区实现旅游收入从 2008 年的 2000 多万元跃升至 2017 年的 25 亿元①。这些年来，由于可观的旅游收益，年轻人返乡创业，景区居民收入逐渐提高。除此以外，南靖还投资建设安置房，改造公共厕所、淋浴间、洗衣池，对土楼进行内外部线路表箱改造、厨房电器化改造和电缆入地等，以提高居民生活水平，促进土楼旅游的保护性发展。

---

① 《"福建土楼"申遗成功 10 年 旅游、经济均有质的飞跃》，搜狐网，https://www.sohu.com/a/237784749_411853。

2. 福建土楼（永定）景区

20世纪80年代，永定县土楼文化旅游兴起。1990年，以永定县洪坑村的土楼群为基础形成的"永定客家土楼民俗文化村"成立①，这里曾举办过土楼文化节，同时，建成永定客家土楼博物馆，加快基础设施建设。自2008年成为世界遗产之后，永定在保护土楼原有风貌的基础上，把"三群二楼"世界遗产地连成一片，通过提升交通便利性，整合旅游资源，引进旅游项目，来建设土楼大景区。

2016年8月，国家5A级旅游景点——福建永定土楼被国家旅游局严重警告、限期整改。针对"野导"扎堆、环境差、占道摆摊、安全隐患等问题，景区采取劝导、行政拘留"野导"，加强旅游公厕环境整治、24小时专人维护，拆除各类占道摊点、规范和建档明码标价经营户，拆除与古老土楼风格严重不相符的建筑等措施②进行整改，初见成效。

永定依托厚重的客家文化、土楼旅游资源优势，打造了一批客家文化艺术精品，如歌剧《土楼》等。2019年，福建土楼（永定）共接待游客216.2万人次，同比增长56.5%。其中接待境外游客9.4万人次，同比增长45.5%；旅游创汇1929.7万美元，同比增长53.4%；旅游收入9.8亿元，同比增长64.6%③。

三　云南红河元阳哈尼梯田景区

（一）概况

红河哈尼梯田是以哈尼族为主的各族人民利用当地地理气候条件创造的农耕文明奇观，据载已有1300多年的历史。哈尼梯田的分布从山脚延伸至海拔2000多米的山巅，级数可达3700多级，壮美秀丽、气势磅礴。哈尼梯田是人类千百年来在恶劣生存条件下构筑的"森林、村寨、梯田、水系"

---

① 黄建军：《福建永定土楼旅游开发研究》，《经济地理》2008年第1期。
② 林平：《福建永定土楼5A景区被警告后：整改见成效，村民安置是难题》，澎湃网，https://www.thepaper.cn/newsDetail_forward_1536701。
③ 《去年永定土楼旅游收入9.8亿元 同比增长64.6%》，欣欣旅游网，https://m.cncn.com/news/117152。

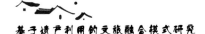
四素同构和谐生态环境，是农业文明鲜活的历史见证。2013 年 6 月，红河哈尼梯田文化景观被列入世界文化遗产名录。

红河哈尼梯田的核心区位于元阳县，包括红河哈尼梯田中规模最大最集中的 3 个水稻梯田片区，即老虎嘴、坝达、多依树片区。红河哈尼梯田遗产区内有许多哈尼族传统村落，其中最为典型的是被列入中国传统村落的阿者科村、箐口村、垭口村和大鱼塘村。

阿者科村坐落于哈尼梯田文化景观遗产核心保护区内，是保留最完整的哈尼族传统村落之一，是第三批国家级传统村落。阿者科村是元阳梯田半山深处一座六十多户人家的哈尼族小村寨，其历史可以追溯至两百多年前的清朝中期。村里保持着原始的哈尼特色民居蘑菇屋，这在我国民居文化中独树一帜。村子旁边，就是哈尼族人历代引以为豪的元阳梯田，为当地百姓提供了赖以生存的红米。蓝天、白云、树木、梯田、村落、人家，这是最原生态的自然与人文结合的传统村落。哈尼族灿烂的民族文化为阿者科留下了浓墨重彩的一笔，有《四季生产调》《哈尼哈吧》《祭寨神林》等国家级非物质文化遗产，哈尼扇子舞、长街宴等省级非物质文化遗产。长街宴是村民们为了庆丰收祭祀，在长街上摆设的"庆功宴"。宴会菜品由村民自带，游客在品尝美食的同时，还可以了解哈尼族的民间故事。阿者科村传统聚落的营建方式，体现了哈尼族敬畏自然、崇尚自然的传统生态文化理念，也体现出哈尼族的凝聚力、勤劳和顽强的精神。

（二）保护历程

红河哈尼梯田国家湿地公园位于红河南岸元阳、红河、绿春、金平四县境内，总面积 82 万亩，是历经上千年的垦殖创造的梯田农业生态奇观。作为千年大地粮仓，哈尼梯田不仅为当地百姓提供了赖以生存的稻米和水产品，在调节气候、保水保土、防止滑坡、维护动植物多样性等方面也发挥了重要的作用。2007 年 11 月 15 日，国家林业局批准云南红河哈尼梯田湿地公园为国家湿地公园。这是云南省第一个国家湿地公园。湿地公园的申报成功极大地提升了哈尼梯田的科学价值，也进一步推进了哈尼梯田的生态环境保护和世界文化遗产的申报工作。哈尼梯田相关地区全面实施退耕还林、荒山造林、封山育林，保证梯田灌溉水源长流不止，并不断推广沼气、太阳能等新型环保能源替代薪柴，以保护森林；对梯田种粮农户进行补贴，提高其保护和利用梯田的积极性。2010年，被联合国粮农组织正式列入全球重要农业文化遗产保护试点；2012年制定并颁布实施了《云南省红河哈尼族彝族自治州哈尼梯田保护管理条例》，以及《云南省红河哈尼族彝族自治州哈尼梯田保护管理条例实施办法》等。

申遗成功后，红河州以更严苛的标准和要求来规范哈尼梯田的保护和利用，编制《哈尼梯田遗产区传统村落保护方案》，实施挂牌保护，禁止拆除重建。哈尼梯田管理已形成省、州、县多级联动，多部门协作的治理机制。红河州和元阳县颁布多个法规与指导性文件，制定实施了生态旅游发展规划、稻鱼鸭绿色高产高效综合种养模式发展规划、红河哈尼梯田元阳核心区保护利用总体规划等一系列专项发展规划。元阳县政府与遗产地村民签订保护梯田责任书，建立县、镇、村委会、村民四级保护新格局，继续实施哈尼梯田森林保护恢复、传统村寨保护与管理、稻作梯田红线守护、哈尼梯田水系维护、人居环境综合整治等保护工程，坚决守护"绿水青山"。

（三）旅游现状

为对哈尼梯田合理保护利用，元阳县积极招商引资。2008年，云南世博元阳哈尼梯田旅游文化有限公司挂牌，投入资金对元阳哈尼梯田进行开发、运营、营销、管理。

元阳梯田景区以面积大、地势陡、级数多、海拔高而闻名，是哈尼族人世世代代留下的杰作，民族风情浓郁。例如，在长期的生产活动中，哈尼族形成了一系列仪式性民俗活动，重要的有：二月的"艾玛突"节，为祭祀村寨守护神"艾玛"；六月的"苦扎扎"节（六月年），为祭祀天神，届时邀神同庆，人神共乐；十月的"哑勒特"节（十月年），为丰收之后辞旧迎新的佳节，亦为祭祖认宗。这些活动对于保护山林、水源、土地和维护村寨的安全，团结当地民众，处理人与大自然、人与人的关系起到重要的作用。2014年7月，元阳哈尼梯田评定为国家4A级旅游景区；2018年，元阳哈尼梯田被生态环境部命名为第二批"绿水青山就是金山银山"实践

创新基地；2019 年，红河哈尼梯田与朗格罗埃洛和蒙菲拉托葡萄园缔结为友好遗产地。

为推动旅游产业的发展，元阳县成功探索了"稻渔鸭"综合种养模式，研发了 10 多种梯田红米产品，带动客栈、农家餐馆等行业发展，2013 年至 2017 年期间，全县共接待旅游人数 934.53 万人次，旅游收入 133.33 亿元①。元阳哈尼梯田在遗产保护的基础上，通过旅游开发来推动乡村扶贫和农业振兴。

四 江西婺源江湾景区

（一）概况

江西婺源古村落群，地处江西东北部，西距景德镇 80 公里。婺源古村落的建筑，是当今中国古建筑保存最多、最完好的地方之一，官宦府第、家族祠堂、商人住宅、乡民故居等明清建筑遍布全县。婺源被列入中国传统村落的有江湾村、理坑村、篁岭村、晓起村、汪口村、延村、思溪村、李坑村等，其中江湾景区是 5A 级旅游景区，篁岭村、汪口村、李坑村、思溪村、延村等景区是 4A 级旅游景区。

江湾位于江西省婺源县境内东北部，始建于隋末唐初，有一水湾，环村而过，村名云湾。后因江姓繁盛，遂改名江湾。江湾是一座具有丰厚的徽州文化底蕴的传统村落，山水环绕，风光旖旎，物产丰富，文凡鼎盛。村落北部后龙山郁郁葱葱，南侧梨园河呈"S"形由东向西蜿蜒流过，良田、粉墙、黛瓦与山水相映成趣，一派田园美景。江湾的建筑布局别具特色，一街六巷，纵横交错。村中至今还较完好地保存着三省堂、敦崇堂、培心堂等古老的徽派建筑，特别是那栋清代徽商建筑培心堂，具有徽州民居典型的三开多进制特征：前进店面，中间住宅，后进厨房。入选第一批国家级非物质文化遗产的婺源"三雕"技艺，在萧江宗祠、中宪第等宅屋都得到了较好的展现。尤其是木雕，细腻繁复，多用深浮雕和圆雕，提倡

---

① 《元阳哈尼梯田："绿水青山就是金山银山"实践创新基地》，搜狐网，https://www.sohu.com/a/283169268_120016834。

镂空效果，玲珑剔透，栩栩如生。自宋至清，这里养育了状元、进士与仕宦 38 人，又有文人学士 19 人，传世著作 92 部，其中 15 部 16 卷入选《四库全书》①。江湾的节庆、生老、婚丧、饮食习俗别具特色。2011 年，豆腐架被列入江西省第三批非物质文化遗产名录。江湾特产雪梨很有名气，今人把它与龙尾砚（黑色）、荷包红鲤鱼（红色）、婺源绿茶（绿色）称为婺源"四色"特产。

（二）旅游发展状况

江湾人民立足当地资源优势，大力发展乡村旅游业。2001 年 6 月 20 日，江湾景区正式对外开放，当年接待游客 4 万人次。2004 年 12 月，江湾景区被评为国家 4A 级旅游景区。2005 年，编制江湾景区二期总体规划。2006 年，编制《江湾历史文化名村保护规划》，2008 年，开发"七星园"景观。据统计，2023 年江湾景区接待游客突破 230 万人次，实现门票收入 3414.45 万元，综合收入 32364.64 万元。

为创建 5A 级旅游景区，婺源县制定了《婺源县古村落保护与利用》《婺源县乡村旅游景区开发管理规范》。在环境整治中，对乱搭乱建、有碍观瞻的建筑进行拆除、美化；修缮房屋时"修旧如旧"；对景区店牌统一设计、规范。在景区升级改造中，用专业手段实现房屋"改徽修旧"，构建一个徽派建筑的大观园，展示豆腐架、抬阁、板龙灯等民俗文化，打造的"百工坊"展示徽州"三雕"、砚雕、纸伞、篾匠等民间手工技艺，通过深挖婺源文化内涵对景区内游览线路进行精心设计和科学调整。同时，在景区服务方面，加快"数字婺源"旅游信息平台建设，通过岗前培训等推行标准化服务，体现人文关怀。2013 年 1 月，江湾景区被批准为国家 5A 级旅游景区。之后，江湾景区通过不断地推出精彩旅游活动，如秋收运动会、春节舞龙灯、日常民俗文化表演等来提升景区的吸引力。江湾美丽的景色、典型的徽派建筑、丰富的民俗大观、精彩纷呈的活动，给游客带来独特的精神享受。

---

① 陈晓珊：《试论北宋熙宁年间东南诸路的增设新县现象》，《中原文化研究》2024 年第 5 期。

五　山西皇城相府景区

（一）概况

中国传统村落山西阳城县北留镇皇城村原名郭峪中道庄，皇城村枕山临水，是清代名相、《康熙字典》的总阅官、文渊阁大学士、康熙皇帝的老师陈廷敬的故居，因康熙皇帝曾两次驾临而改名皇城村。陈廷敬晚号午亭，所以，"午亭山村"是它的别称。"皇城相府"之名则是旅游开发的产物。

皇城相府是一座集军事防御设施和官宅民居于一体的城堡式建筑群。皇城相府开城门 9 座，城墙总长 1700 米，城墙平均高 12 米，大型院落 16 座，各种房屋 640 间，总建筑面积近 4 万平方米①。皇城相府又分为内城和外城，分别建于明、清两个朝代。内城"斗筑居"始建于明崇祯五年（1632 年），以陈氏祠堂为中心，分别建树德居、世德居、容山公府、麒麟院和御史府等八座大型院落。标志性建筑河山楼，为抵御流寇侵扰而修建，是皇城相府中最高的建筑。楼高 23 米，共分七层，层间有墙内梯道或木梯相通，底层深入地下，备有水井、石磨等生活设施，一应俱全，并有暗道通往城外，是战乱时族人避敌藏身之处。外城完工于康熙四十二年（1703年），外城主要建筑为冢宰第、大学士第，配套建筑有书房、花园、小姐院及管家院。另外在皇城相府城墙以南还有南书院、花园、状元桥、飞鱼阁等建筑，占地 1 万余平方米。

皇城相府的文化底蕴深厚，陈氏家族在明、清两代，科甲鼎盛，人才辈出。从明孝宗到清乾隆间（1501~1760 年）的 260 年中，共出现了 41 位贡生，19 位举人，并有 9 人中进士，6 人入翰林，享有"德积一门九进士，恩荣三世六翰林"之美誉②。皇城村内文物荟萃，有皇帝御笔亲书的碑刻等古文物，保存完好，文物价值较高。如御书楼康熙帝御赐的"午亭山村"石刻匾额及对联"春归乔木浓荫茂，秋到黄花晚节香"，至今保存完好。皇城村

---

① 《中国传统村落山西晋城阳城县北留镇皇城村》，搜狐网，https://www.sohu.com/a/120429601_525464。
② 《皇城相府简介》，皇城相府网站，https://www.hcxfjq.com/。

重阳习俗，是流传在山西省阳城县以皇城村为核心区域的民众举行的传统敬老民俗活动，2011 年被列入第三批国家级非物质文化遗产名录。

（二）旅游发展状况

改革开放前，皇城村因为地处太行山深处，是一个贫穷落后、信息闭塞的地方。直到村里办起了煤矿，村民生活条件才有所改善。1998 年，皇城村开始调整产业结构，发展旅游业。通过拆迁、修复古建筑等措施来盘活已有的文物遗存，坚持文化强村的旅游战略，推动旅游产业化。2002 年被评为 4A 级旅游景区，后来通过文化挖掘、产品包装等加快景区建设步伐，加强停车场、旅游厕所、标识系统等基础设施建设，通过标准化管理提高服务管理水平等措施，2010 年，皇城相府成为国家 5A 级旅游景区，2013 年被国务院公布为第七批全国重点文物保护单位。

依托皇城村成立的皇城相府文化生态旅游区，包括皇城相府、九女仙湖、皇城小康新村和生态农业观光园四个景区。九女仙湖景区距皇城相府 8 公里，是传说中九仙女下凡之地，迤逦于青山峡谷中，湖面长 20 余里，如漓江，似三峡，是我国北方重要的自然风光旅游区之一，自古以来就是士绅大夫、文人墨客争相游览的胜地。生态农业观光园占地 1000 多亩，是一个集景观养生、休闲度假、生态抚育及会议中心于一体的大型现代高科技农业园区，园中有热带风情植物、奇花异果、空中花园，现代农业高科技的优秀成果在这里展示得淋漓尽致。皇城小康新村占地 2.5 平方公里，全村共 753 口人。皇城村坚持以经济建设为中心，与时俱进、科学发展，全面建设社会主义现代化新农村，先后荣获了"中国十佳小康村""中国历史文化名村""中国十大魅力乡村"等称号。皇城相府文化生态旅游区以人文巨宅、清代帝师陈廷敬故居皇城相府为龙头，融山水、田园为一体，吸引越来越多的游客前来参观、度假、进行科学考察等。2018 年，皇城村经济总收入 26 亿元，实现利税 2.87 亿元，村民人均纯收入 6 万元；游客年接待量突破 200 万人（次），旅游综合收入突破 5 亿元[1]。

---

[1]　《山西皇城村走出一条独具特色的乡村振兴之路》，搜狐网，https://www.sohu.com/a/331925600_120055490。

皇城相府周边旅游资源丰富,位于郭峪村的郭峪古城,是一个规模数倍于皇城相府的古城,还有华阳山森林公园、千年古刹海会书院等。为了带动周边村落的经济发展,2018 年 4 月,皇城村与周边郭峪、史山、大桥、沟底等四村签订了"五村一体化发展合作协议",郭峪古城定位高档民宿,沟底村定位"皇城后花园,幸福康养地",史山村定位生态康养,大桥村定位文化圣地探寻游,整合邻近的郭峪古城、海会书院两家 3A 级旅游景区,形成一个农林文旅康融合发展的大旅游格局①。

六 西藏林芝巴松措景区

(一)概况

巴松措又名措高湖,是西藏东部最大的堰塞湖之一,湖面海拔 3700 多米,湖面面积达 6000 多亩,位于巴河上游的高峡深谷里,是红教的一处著名神湖和圣地。巴松措景区集雪山、湖泊、森林、瀑布、牧场、文物古迹、名胜古刹于一体,景色殊异,四时不同,各类野生珍稀植物汇集,实为人间天堂,有"小瑞士"美誉。2017 年 9 月获评国家 5A 级旅游景区,是西藏唯一一个自然风景类国家 5A 级旅游景区。

巴松措自然风光秀丽,四周青山如黛,顶峰是终年不化的积雪,群山与雪峰环绕,湖水清澈见底,沙鸥、白鹤浮游湖面,湖水透明可见游鱼如织,情趣盎然。巴松措的扎西岛上,有始建于唐朝末年的措宗贡巴寺。措宗贡巴寺属木石结构,上下两层,供有许多佛像。寺内完整地保留着松赞干布(629~650 年在位)途经此地征服妖魔洛增时留下的马蹄石印和大喇嘛桑杰伦巴修复寺庙埋留在石块上的脚印。

中国传统村落——错高村、结巴村,是巴松措景区的核心村落。错高村位于巴松措风景区内部,背倚雪山,面临湖水,错高的藏语音译,就是"湖头"的意思。巴松措错高村是工布地区完整地保持了工布藏族传统村落布局、民居建筑风格、习俗、文化和信仰的村落。2012 年被列入第一批中

---

① 《山西皇城村走出一条独具特色的乡村振兴之路》,搜狐网,https://www.sohu.com/a/331925600_120055490。

国传统村落名录，2014 年入选第六批中国历史文化名村名录。

这里的民居沿用工布藏族的传统建造方式，因地制宜利用木、石构建，石砌的院墙上堆放着薪柴，宽敞的院落既可堆放草料又能圈养牲口。错高村中除了居民住宅，还有嘛呢拉康 1 座，佛塔 1 座。村里的许多房屋历经四五代，属祖辈自建，至今已有 100～300 年的历史。这里在几百年的历史长河中仍保存着原有的生活方式。居民住宅内仍使用原始灶炉，家具均为手工制作，建筑及生活生产用具等均保存着原始化特征。错高古村落民居建筑整体框架以石木为主，在样式、色彩、选材、用材、装饰等方面继承了工布建筑的传统，具有鲜明的地方特色。

错高村坐落在错高湖边上，错高湖又名巴松措，藏语中是"绿色的水"的意思。错高湖是西藏十大最美圣湖之一。巴松措是被郁郁葱葱的森林包围的，湖水清澈见底，可以看到水下两三米成群游动的鱼儿，四周环绕的雪山倒映其中，连绵不绝，很是壮观。错高村还出产虫草和松茸等药材，国家一级保护动物黑颈鹤也会季节性地来到错高村。

周边的雪山、神湖，以及村民们世代口口相传的古老神话，构成了工布藏胞充实的精神世界，而肥美的牧场和湿地又为他们提供了足以依赖的生存空间。通向散落全村的玛尼拉康、玛尼石堆和经幡柱，串起村民们祈福、转经、祭拜的脚印。错高村的梗舞极具特色，内容主要是祈求粮食丰收、保佑身体健康、祝愿家庭幸福等。2008 年，错高梗舞被列入西藏自治区级非物质文化遗产名录。错高传统村落是一座独特的将建筑艺术、生活艺术与自然环境相融合的古村落，是西藏规模较大、保护较完整的古村落之一，具有重要的艺术价值。

结巴村位于巴松措景区内，是景区的核心村落，是生态旅游示范村。背靠大山，面朝圣湖，这里环境优美，生态宜人。结巴村深藏在交通闭塞、远离城镇的深山峡谷里，以森林繁茂、雪山耸立、绿水碧波为外界所知，是不可多得的人间仙境。结巴村的房屋依旧保持着原始的藏式建筑，房屋大多是木质一层或二层小楼，配以藏族金黄色为主的长布用作装饰。这里还是藏香猪的养殖基地，从工布江达县开进巴松措，一路除了美丽的山水风景，

还能看到遍体漆黑的藏香猪。结巴村至今依然保持着一夫多妻或一妻多夫的传统习俗。村里男女都喜欢身着毛呢长袍，头戴黑白花裹毡帽，保留着最原始的着装习惯。结巴村与巴松措相依相伴，每年藏历的萨嘎达瓦节，会有很多藏族百姓和佛教信徒前来转湖，是一年之中巴松措结巴村最热闹的日子。

（二）旅游发展状况

巴松措在 1994 年被评为国家风景名胜区，同时被世界旅游组织列入世界旅游景区（点），2000 年被评为国家 4A 级旅游景区，2001 年被国家林业局授予"国家森林公园"称号，2017 年被批准为国家 5A 级旅游景区。

以前，结巴村半农半牧，村民种植青稞，养殖牦牛、藏猪。2004 年，西藏自治区政府开始扶植旅游业的发展，结巴村由此建设一批传统藏式家庭旅馆，村民收入大多来自旅游业。2005 年，结巴村实施住房改造工程，全村 120 多户都搬进了宽敞明亮的新居。发展生态旅游让结巴村的面貌焕然一新，昔日的伐木村，于 2017 年成为生态旅游示范村。游客多了，藏香猪肉供不应求。村里采用入股的方式顺势办起了藏香猪养殖基地，每年会给村民分红。2016 年初建档时全村贫困发生率为 17%，2018 年底就实现了整村脱贫①。

2017 年巴松措景区"创 5A"以来，进一步加大了对当地群众尤其是困难群众的就业帮扶力度，招聘贫困户，以旅游带就业促增收，帮助村民脱贫。

为保护古村落，利用错高村文化、自然资源等发展旅游业，实现群众增收致富，2018 年 3 月，国家投入 9200 余万元，实施错高村整村搬迁项目，建设了 57 户农村居民住宅，进行了道路硬化、给排水、亮化、绿化等，村民们在 2019 年初相继搬入新房，既保护了传统村落，同时改善了村民生活条件②。

---

① 《西藏林芝市结巴村：从家庭旅馆到精品民宿 发展生态旅游红火了一个村子》，中国西藏网，http://www.tibet.cn/cn/travel/201910/t20191010_6690539.html。

② 《西藏错高村：古村落焕发新生》，微林芝，https://mp.weixin.qq.com/s?__biz=MzA5ND A4NzY0NQ==&mid=2651097475&idx=2&sn=c84b57d5297c8240c1e8bab94633d5ce&chksm= 8ba3d931bcd450277825fcd9076997e4b22af5ade96acd45bb20f784740700ac560d3db5cff1&scene= 27。

巴松措景区已成为川藏南线（318 国道）的热门景区，仅 2023 年中秋、国庆双节期间，巴松措景区就累计接待游客 23762 人次[①]。

未来，巴松措景区依托优越的自然资源，打破"一湖一岛"的现状，由巴松措、新措、仲措三湖和扎拉沟、仲措沟、新措沟三沟以及木巴村、结巴村、错高村、扎拉村共同构建"大巴松措"旅游区，通过整合区域旅游资源、配套观光产品，实现旅游转型升级，将巴松措及周边区域打造成世界理想的生态旅游目的地。

除了以上景区，传统村落旅游景区还有依托龙川村开发的安徽绩溪龙川景区，依托棠樾村、唐模村开发的古徽州文化旅游区，依托中山市南朗镇翠亨村开发的孙中山故居景区，依托咸阳市礼泉县烟霞镇袁家村开发的关中印象旅游区，等等。

第四节　传统村落文旅融合模式解析

随着传统村落旅游的蓬勃发展，我国不同地域、不同经营主体、不同产品形态的传统村落旅游活动异彩纷呈，梳理传统村落文旅融合模式，可以直观有效地了解传统村落旅游开发的现状，并为其他传统村落的旅游开发提供参考。

一　按开发经营主体分类

（一）政府主导模式

这种模式的主要特点是由政府投入资金，进行规划、开发、管理，管理权和经营权统一。

优点：统一规划、整体性强、社会协调性好，强调保护，注重社会效益。

缺点：市场敏感度低，不能紧跟市场潮流，可能导致经营困难；由于产权关系不顺，村民利益难以保障；政府投入资金有限，压力大。

这种模式适用于保护要求很高的传统村落，通过政府主导来避免破坏；

---

① 《火爆！西藏破 14 亿》，西藏自治区应急管理厅，https://yjt.xizang.gov.cn/sylmzhbd/91827.jhtml。

基于遗产利用的文旅融合模式研究

或者适用于贫困地区传统村落旅游开发的初级阶段，由于经济基础差、村集体经济实力有限、企业不愿投入等原因，由政府进行前期投入。典型案例有湖北明清古建筑博物馆、安徽黄山呈坎村等。

（二）企业主导模式

这种模式的主要特点是由企业投资，政府监督，经营权和所有权分离。一般由企业租赁旅游资源，支付给村民租赁费用或利益分成，由企业开发、经营、管理。

优点：资金充足，经营、管理水平高，开发速度快，成效明显。

缺点：企业追求短期利益，可能造成过度商业化，忽略保护；地方村民受益有限，容易滋生矛盾，不利于长久发展。

这种模式适用于市场区位好、旅游资源独特的传统村落，但要求企业有较强的文化保护意识和长远的旅游眼光。典型案例如安徽黟县宏村、江西婺源理坑村、福建闽清宏琳厝、云南大理双廊村等。

安徽黟县宏村布局独特、景色优美，是徽派村落的典型代表。宏村旅游业正式开始于 1986 年[①]，但发展缓慢。1998 年，北京中坤集团以租赁经营的方式参与到宏村等三个传统村的开发，推动传统村旅游的快速发展。中坤集团主要负责宏村的古建保护、品牌运营管理和营销推广，京黟公司每年支付给镇政府、宏村租金和门票收益。专业的企业化运营与管理，使宏村门票收入大幅度增加，经济效益明显，并于 2000 年被列入世界文化遗产名录，2011 年被评为国家 5A 级旅游景区。但村民由于一直承受游客剧增带来的负面影响而收入并没有随之大幅提高，导致村民与中坤集团间的矛盾不断增加，后经多次协调调整了村民和中坤集团的权责关系，提升了村民的收益分配比例，缓解了村民与资本之间的矛盾。

（三）社区主导模式

这种模式的主要特点是村委牵头、村民入股，成立旅游有限公司，自筹资金，村民自主开发、经营、管理，经营权和所有权统一。

---

① 马云飞：《"关键利益主体"视角下的企业租赁型古村落景区管理模式探讨——以世界文化遗产宏村为例》，《经济研究导刊》2011 年第 14 期。

优点：村民自主性强，参与程度高，外部矛盾少，有利于长久发展。

缺点：资金有限，开发速度慢；管理经营专业化低，可能导致旅游发展成效较差。

这种模式适用于村民团结且有较强经济基础的传统村落，但要求村集体成立的旅游公司有较高的组织水平和管理水平，市场意识强。典型案例如安徽黟县西递村（前期）、贵州花溪镇山村、陕西韩城党家村、浙江兰溪诸葛村等。

安徽黟县西递村已由社区主导型变成政府主导型。西递2000年与宏村同时被列入世界文化遗产名录，以"古民居建筑的艺术宝库"著称。西递旅游起步于1986年，经历两个阶段。第一阶段，1994年成立村办集体企业，负责旅游经营、宣传、古屋修缮等工作，西递村所有村民参与旅游开发经营，按人口分配和房屋分配参与利润分红。村集体自主经营产生了村民私自带游客进入景区、非专业管理、村民与管理者互不信任、重视短期收益等问题，导致宏村发展速度慢，村民收入低，进而使矛盾加剧，制约了西递旅游的可持续发展。第二阶段，以2013年的经营权改革为起点，进入政府主导型发展阶段。黟县政府将西递经营权收归到由政府成立的徽黄旅游集团旗下，一定程度上解决了社区主导经营中的问题，将西递旅游业推向新的发展高度。

（四）混合开发模式

这种模式的主要特点是政府、企业、村集体、农户一起开发旅游，政府负责宏观调控，比如规划、制度设计、市场监督；企业负责投资、开发、管理；集体获得保底收入及提成；农户参与经营。

优点：有利于调动多方面的积极性，资金充裕，村民参与程度高，经济效益和社会效益兼顾，避免过度开发及商业化。

缺点：参与主体多，利益诉求不同；多头管理，经营、协调困难。

这种模式适用于旅游资源独特、村集体和企业等利益相关者实力匹配的传统村落，要求政府积极引导，企业资金充裕、经营管理能力强，村集体组织能力强，市场评估机制公平、公开、公正。典型案例有北京门头沟

斋堂镇 13 个古村、贵州安顺天龙村等。

北京西部山区保留了许多传统村落,门头沟区斋堂镇的爨底下村是国家级传统村落。在爨底下村周边,崇山峻岭之间还散落着柏峪、双石头、西胡林、杨家峪等 13 个留有明清时期风貌的村庄,形成古村落群。爨底下村自 1995 年开始接待游客,但发展缓慢。为了更好地促进旅游开发,2005年 6 月,门头沟政府与北京中坤集团签订合作协议,成立斋城旅游开发股份有限公司,斋堂镇 17 个村集体(含 13 个古村)以村落资源为不动产入股,持股 51%;中坤集团资金入股,占 49%①。根据协议,各村庄根据资源状况,分别享有每年 5 万~100 万元保底收入,门票收益 5%~15% 的分红提成。在村集体土地性质不变的基础上,农民利益通过保底分红得到保障。如今,爨底下村是景区的旅游核心,青龙洞是游客换乘、购物中心,双石头村聚集了景点和酒吧,柏峪台村被设计成商务酒店,黄草梁村是户外运动基地。在政府的规划、监管下,企业负责投资、运营、管理,村民利用资源获得经济收益,解决就业。

总之,这四种旅游开发模式各有优缺点,适用于不同的情况。在开发实践中,传统村落应该根据自身的资源、现实状况选择适当的开发经营模式。当然,传统村落的旅游开发模式并不是一成不变的,在经营过程中要根据形势及时调整、改变,只有这样,才能有效推动传统村落的旅游开发。

二 按聚落空间作用分类

(一)城市依托型开发模式

这种模式中,传统村落一般靠近大中城市,借助资源与交通优势,吸引城市居民作为目标群体,以周末客源为主。这种模式的旅游资源类型多样,可以是观光、度假、康乐、研学等。例如,中国传统村落——河南洛阳卫坡村,位于洛阳孟津县朝阳镇,始建于清代嘉庆、道光年间,现存建筑 5000多平方米,房屋 248 间,院落 16 所,窑洞 26 孔,有宗族祠堂、靠山窑洞、天井窑院、私塾院等,宅院青砖灰瓦,布局对称,各种木雕、砖雕、石雕

---

① 《北京门头沟的"联建乡村旅游"开发模式》,《村委主任》2013 年第 5 期。

等尤为精美。卫坡村是豫西地区罕见的保存完整的古建筑民俗村落，加之紧邻洛阳，交通便利，是发展传统村落旅游的一个绝好景观。

（二）资源依托型开发模式

该模式是指根据传统村落的资源优势进行旅游开发的模式，可分为自然生态、历史文化、民俗风情等三种资源类型。具体为借助自然资源发展观光、休闲、教育旅游，依托古建筑、人文遗迹等历史文化资源发展观光、研学旅游，依托民俗节庆、文化庙会等民俗文化资源开发观光、休闲旅游等。例如，中国传统村落——江西婺源理坑村，以田园山水优美和明清官邸建筑群而闻名。理坑村位于婺源县沱川乡，依山面水，村落布局面街、面水而建，由村中心向四周辐射扩展开去，展现出一种"出水莲花"的村落建筑布局。沿河的民居，飞檐错落，高低适宜，粉墙黛瓦，连同清清的溪水，构成了颇为优美的"水街"景观。除此以外，村中还保留着明代工部尚书余懋学的尚书第、吏部尚书余懋衡的天官上卿第、兵部主事余维枢的司马第、广州知府余自怡的驾睦堂，清代道光年间茶商余显辉的诒裕堂，以及花园式云溪别墅、园林式花厅等一大批官宅府第。这些古建筑飞檐戗角、雕刻艺术精湛，布局科学合理，被誉为"建筑艺术博览园"，吸引着越来越多的游客前来观赏、写生、游玩。

（三）产业依托型开发模式

传统村落将旅游业和第一产业、第二产业等相结合，通过开发农、林、渔、果业休闲产品，或生产特色食品、培育家庭工场、建设乡村手工业车间等，促进农业、制造业、手工业等特色产业发展，以农业为依托，带动农副产品加工、餐饮服务等相关产业发展，最终实现农业与旅游产业等融合发展。例如，因村庄分布在一条长长的黄土蛾眉大岭上而得名的山西昔阳长岭村，历史悠久，文化底蕴深厚，其中尤以古建筑为最。明清串珠式对称的四合院——陈家大院依地势而建，既独立又相通，高低错落。作为典型的太行山农耕村落，2014 年，长岭古村成功入选第三批中国传统村落。长岭古村烧锅酒文化浓厚。据传，长岭烧锅酒的酿造技艺源自清乾隆年间，北房院下院主人陈屏仪首开烧锅酒酿造，之后酒生意兴隆，是当地著名的

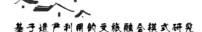

乡饮、宴饮品牌。为了传承传统酿酒技艺，实现传统村落振兴，2018 年恢复活化长岭村烧锅老酒，把长岭烧锅酒与开发传统村落结合起来，让游人在欣赏自然景观、传统建筑的同时尽享烧锅酒文化。

三 按居民与建筑保留方式分类

（一）整体保护型旅游模式

这种模式的主要特点是建筑和居民都保留，这是理想的保护方式。建筑和居民整体保护，仅对建筑进行内部改造和功能置换，往往实践起来比较困难。这种模式要求资源保护价值高、现状好，资金充足，相关利益群体保护意识强，典型案例如贵州堂安侗族生态博物馆、贵州隆里古城生态博物馆等。

（二）建新保旧型旅游模式

这种模式的主要特点是居民外迁，建筑保留，此举能保护建筑及环境，但村落文化无法传承，适用于建筑规模大且保护价值高，村落交通地形不利于居民生活改善的村落。典型案例如杭州法云古村，居民外迁，修建了杭州安缦法云酒店。

（三）建筑迁徙型旅游模式

这种模式的主要特点是建筑外迁，居民保留，仅保护建筑本身，环境和村落文化分离。适用于民居建筑分散或破坏严重、不利于保护或无法保护、村落文化价值相对不高的地方。典型案例如湖北明清古建筑博物馆，该博物馆将湖北省内分散于民间、具有重要价值、原生态及周边环境已遭破坏而缺乏保护手段的古民居文物，搬迁至武汉市黄陂区木兰湖景区内复建，有名人故宅、富商豪宅、百姓民居、宗祠戏楼等，实行永久保护。

第十一章
红色文化遗产文旅融合模式

第一节　红色文化遗产概述

一　红色文化遗产的概念

红色文化遗产是中华民族宝贵的精神财富。红色文化遗产是指从中国共产党成立至中华人民共和国成立前，这 28 年时间内重要的革命纪念地、纪念馆、纪念物及其所承载的革命精神。科学地保护与开发红色文化遗产，对于发挥红色文化遗产价值与功能，加强革命传统教育，增强全国人民特别是青少年的爱国情感，弘扬和培育民族精神，带动革命老区经济社会协调发展，具有重要的现实意义和深远的历史意义。

需要指出的是，红色文化遗产具有严格的时间限制。从狭义上讲，1949年中华人民共和国成立后所修建或产生的一切与革命纪念有关的物质和非物质的东西都不属于红色文化遗产的范畴。可见，红色文化遗产是在特殊年代和特殊背景下产生的特殊的物质、精神文化产品，是一种重要的历史文化遗产资源。

红色文化遗产是我国历史文化遗产的重要组成部分，蕴含着中华民族特有的精神价值和思维方式，凝聚着中华民族的想象力、创造力、生命力，是我国全面建设小康社会和构建社会主义和谐社会的重要资源，对促进我国经济发展和社会进步，具有不可替代的重要作用。

二 红色文化遗产的特点

红色文化遗产资源具有独特性、多样性、稀缺性、文化性等特点。

1. 独特性

红色文化遗产是中国革命战争年代特定的历史环境下形成的，是中华民族宝贵的精神财富和物质财富，是中华民族传统文化精神与时代精神的有机结合，打上了时代的记忆和烙印，是独特的旅游资源。

2. 多样性

从时代跨度分析，红色文化遗产是 20 世纪伟大的时代产物，包括土地革命时期、抗日战争时期、解放战争时期等时期重要的革命纪念地、标志物及其所承载的历史、革命事迹和革命精神；从内容层面分析，它是非物质文化遗产和物质文化遗产相结合的旅游资源，有革命战争年代形成的韶山精神、井冈山精神、长征精神、延安精神、西柏坡精神以及反映这些精神的遗迹、文物、博物馆、纪念馆、展览馆、烈士陵园等；从空间层面分析，红色文化遗产遍及我国的大江南北。因此，红色文化遗产具有多样性。

3. 稀缺性

战争年代遗留下来的珍贵历史文化遗存随着时间的流逝、自然及人为的破坏，变得越来越少，越来越珍贵。

4. 文化性

红色文化遗产可以使我们认识、了解它所产生并存在的那个历史年代及社会环境的各方面状况，遗产承载的信息涵盖诸多方面，有历史的、社会的、文化的、科学的、艺术的、政治的、经济的，等等。红色文化遗产的文化性是指红色文化遗产具有文化遗产价值，它既是物质文化遗产，也是非物质文化遗产；既有红色文化精神层面的东西，又有非物质文化的内容。红色文化遗产是精神文明建设的重要载体，是建设社会主义和谐社会的重要资源。红色文化是中华优秀传统文化的杰出代表和集中体现。把这些红色文化遗产保护好、管理好、利用好，对于建设和巩固社会主义思想文化阵地，大力发展先进文化，支持健康有益文化，努力改造落后文化，坚决抵制腐朽文化，具有重要而深远的意义。

三　红色文化遗产的分类

（一）按照时间划分

新民主主义革命时期。这一时期的遗产主要是反映中国共产党在领导不同时期革命留下的创造物，是我们通常所说的革命战争遗产，大多为反映革命战争及共产党发展的重大历史事件、革命运动或者著名人物有关的旧址、遗物、纪念建筑等物质遗产，例如故居、会议旧址、纪念碑、武器、通信器材、生产工具、红色货币、债券、邮票等。当然也包括这一时期内形成的革命文艺、革命精神、口号、习俗等非物质遗产。

社会主义革命和建设时期。受社会发展阶段的影响，这一时期的红色文物也表现出一定的阶段特征，与不同阶段的重要事件、人物和生产生活密切相关，与反映中华人民共和国成立初期政权建设、土地改革、工业发展、人民公社化运动、"大跃进"运动等历史事件密切相关。

（二）按照存在形态划分

红色遗址类。指已经废弃不用、成为废墟的革命旧址、战役遗址等，这些在使用后已经废弃不用，主要表现为不完整的残存物，有的甚至已经被部分掩埋在地表以下或在城乡建设过程中被建成区域覆盖、叠压。一些在革命或建设过程中专门修建的建筑，随着革命活动转移、战争破坏或者某项活动完成而被废弃，或者被后来的活动干扰破坏，形成了今天的红色遗址。

红色遗存类。由于红色文化遗产产生于近现代，时间相对较短，其保存状况要好于各个类型的古代遗产，很多虽然已经停止使用或转作他用，其整体和构成要素保持较好，很多经过适度维修可以基本保持原貌。这一类是现在很多红色文物保护单位展示的主体。要素和设施保存比较完整的名人故居、会议旧址、烈士陵园、纪念碑等都属于一类。

红色文化景观类。红色文化景观是还在使用的红色文化遗产，不仅物质性状态保存完好，而且其功能和用途保留和延续了下来，成为"活态"的红

色文化遗产。如创办于 1938 年的延安鲁迅艺术学院，以及革命或社会主义建设初期修建的一些至今还在使用的铁路、车站等设施。

（三）按分布结构形态划分

点状红色文化遗产。主要指呈点状分布的遗产，这一类是我们的文物点或文物保护单位的主体。就红色文化遗产而言，红色器物、民居宅第、旅店客栈、祠堂寺庙、学校书院、医院诊所、商贸店铺、道路桥梁、井泉渠堰、农田设施、工业建筑及设施、军事建筑及设施等都属于这一类型。

线状红色文化遗产。指呈线形或线性排列的红色文化遗产。有的发挥着沟通作用，例如抗战期间修建的滇缅公路、华北平原的地道，还有近代铁路、人工运河和灌溉渠道等。

面状红色文化遗产。点状或线状的遗产在一定空间内集中分布就形成了一定的遗产区域，例如土地革命期间的井冈山革命根据地、抗日战争期间和解放战争前期的延安革命根据地、解放战争后期的西柏坡区域等。

第二节　红色文化遗产传承与旅游

一　红色文化遗产的属性与现状

（一）红色文化遗产的属性

红色文化遗产作为我国独有的遗产类型，具有许多特殊属性，其价值重心与普通的文化遗产有很多不同之处。

首先，红色文化遗产的价值重心偏重于历史。其一大核心特质在于对特殊时期革命历史的见证，而并非代表其在一定时期或文化区域内对艺术创作或科技进步产生的重大影响，这决定了其在艺术性、科学性等价值方面天然比较薄弱。这一现实情况与传统文化遗产涵盖历史、科学和艺术三大价值的重心有一定的偏差。其次，红色文化遗产从其载体本身来讲是一种非独特性的价值显现。除个别文件资料外，红色文化遗产往往本身并不具有唯一性和排他性价值，经常是批量生产或常见的物质载体，即并非人类劳动创造的最高艺术结晶或天才性杰作。最后，红色文化遗产具有物质和精神层面双重结合的属性。红色文化遗产集中产生于革命年代的重大历史转折节点，其核心价值需要通过对其所经历的重大历史事件和宏大时代背景进行阐释才能得以呈现。因此，遗产本身需要进行历史性阐释才能发挥其功能，而阐释的真实可信性又依赖于遗产本身，两者缺一不可，紧密联系。总之，正是由于红色文化遗产价值重心侧重于历史性、非独特性和物质精神双重性，导致其在保护传承的路径选择中非常依赖博物馆、纪念馆、展览馆等传统展示讲解体系，易被固化为一种缺乏互动、单向传播的保护传承路径。

（二）红色文化遗产的现状

不同的群体从自身的利益出发，有着不同的视角，因此在很大程度上影响了当地政府对红色文化遗产的定位。从当地政府的角度来看，其陷入"三难"境地：一是要在宣传红色文化、传承红色基因与背负巨大财政压力之间寻找到一个平衡点；二是要兼顾文保部门和专家强调的文化遗产原真性和整体性，与当地居民对于社会经济发展和外地游客对于游憩、学习的诉求；三是要考虑顶层宏观规划中区域联动与兄弟县市的竞争关系。这一境地难免使得在确定红色文化遗产的定位与功能时存在偏旅游、重经济、各自为战的现象。

要解决这一问题，还是要回归问题的本源，回到保护传承红色文化遗产的初心。只有牢牢树立红色文化遗产爱党爱国的教育性定位，坚持惠及大众的公益属性，才能明确红色文化遗产的保护传承并非一本万利的商业买卖，而是关系人民福祉、关系民族未来的百年大计，从而最终调和各方的利益纠纷，实现红色文化遗产的有序传承。

当前红色文化遗产在开发、保护与发展方面取得了一些成果，但也在社会、经济、文化、心理等多方面暴露出问题，而不解决这些问题的重要推手是受众的文化需求与艺术需求，两大动力系统的内部矛盾反映出红色文化遗产的红色属性强而艺术独特性弱。一方面，在社会心理层面，民众对红色文化遗产的记忆衰变与红色文化需求增加形成矛盾。快节奏城市化生活和时间演进导致民众的红色记忆出现磨损，受时代影响和人口代际更

迭，红色记忆产生衰变，并呈现出被扭曲和遗忘的倾向，最终导致集体失忆与身份认同危机。红色文化遗产作为中国特有的文化基因，是政治意义、教育意义、纪念意义以及社会、经济、文化、历史价值的综合载体。但是，红色文化遗产开发与保护多聚焦于浅层转化与原生性开发，导致红色文化遗产的社会认同感不强。

二　红色文化遗产在旅游开发中存在的问题

（一）过度重视经济效益，商业氛围浓

对于红色文化遗址的旅游开发，不仅要关注经济效益，更要注重社会效益。但很多红色文化遗产地一味地追求经济效益，而不顾红色文化的挖掘与延续，对红色文化遗产造成了不可弥补的破坏。

（二）红色文化遗产沦为商品推销的噱头，红色精神被滥用

红色文化遗产的内涵主要为红色文化、红色精神，其原真性与完整性是其生命力所在。但在建成的部分红色文化旅游景点内，红色文化被设置成为商业推销的噱头及幌子，打着红色文化的招牌处处可见，许多红色文化遗产地的居民全部被搬迁，居民的生活空间变成了商业街，红色文化流失殆尽。

（三）对于红色文化遗产地的文化精神宣传不足

随着国家对红色文化宣传越加重视，大多数游客及学者通过历史记载、当地宣传产生对红色文化遗产地的第一印象。多数红色文化遗产地对于自身的宣传有意识地强调遗产的原真性、整体性，依据其红色文化制作宣传视频，制定口号等。但当实地游览时，红色文化遗产地常有外来人员经营的商铺，这种差距使游客及学者难免产生红色文化遗产过度商业化的认知。

三　红色文化遗产与旅游发展的融合路径

红色文化遗产地的保护与商业化的问题是相互依存的，把握好商业化的"度"，处理好文化与商业之间的关系，适度的商业化会促进红色文化遗产地的经济发展，并确保其物质文化资源得以存留，这是有积极意义的。

红色文化遗产地作为红色文化精神的载体，不仅承载了历史文化的讯息，也承载着当地居民的文化传统。对这个区域来说，保护与传承当地红色文化是其重要的责任与义务。对于规划工作者来说，在对红色文化遗产的保护工作进行规划时，要贯彻落实习近平总书记"要把红色资源利用好、把红色传统发扬好、把红色基因传承好"的重要指示。要深刻把握非物质文化资源的深刻内涵，不能只着眼于对物质文化资源的保护。把握好商业化的"度"，要切实平衡发展与保护的关系，使商业发展成为保护文化、传承历史的助推器，避免因过度追求利益而造成红色文化精神的中断。

四 红色文化遗产的保护

第一，要加强红色文化遗产的保护就要处理好保护与利用的关系。在红色景区开发建设过程中，要坚持"保护第一，开发第二"的原则，特别要及时、科学、合理发掘、保护、整理和研究散落在民间的相关红色遗产。在开发过程中，当部分红色文化遗产开发时机与利用条件不成熟时，须坚持保护为先的原则。比如修建主题公园、游客中心、纪念馆、纪念广场时必须坚持开发与保护并重的原则，保护好红色遗产的原址原貌，杜绝边破坏边修缮、做工粗糙等情况的发生，在必要时可通过整体搬迁等办法来进行保护。

第二，坚持全面发掘、分类整理、分级保护的原则。在对红色文化遗产进行发掘的过程中，要对不同革命时期现存的文化遗产进行全面细致的整理，在整理过程中要科学地分类与统计。前期工作完成之后，相关部门要按照分级保护的原则来细化保护措施，最终形成科学、合理、有效的红色文化遗产发掘与保护机制。

第三，完善执法程序，提升红色遗产依法保护水平。红色文化遗产肩负着传承革命精神与文化教育的历史使命。相关政府部门只有及时制定有关文化遗产保护法律法规，做到有法可依、违法必究，杜绝少数人员在经济利益驱动下的盲目开发或不作为行为，才能有效提升红色文化遗产依法保护水平。

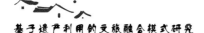

第四，坚持红色文化遗产保护过程中政府主导原则。红色文化遗产最基本的功能就是弘扬革命传统和革命精神，特别是对青少年进行爱国主义教育，这也是各级政府的职责所在。因此，各级政府部门要积极发挥主导作用，大力宣传，积极引导，使革命老区群众和参观者树立红色文化遗产保护意识。

第三节　红色文化遗产文旅融合典型案例

一　"红色文化遗产+红色教育+红色品牌"

（一）延安概况

延安是中国革命的摇篮，被誉为中国革命圣地。延安红色旅游是根据延安所独有的历史革命事件、人物旧址、特点鲜明的延安精神，结合黄土风情所塑造的旅游品牌。同时延安是我国发展红色教育的重要地方，是我国人民了解红色革命历史、缅怀先烈的重要地方，在国内和国外都有着较高的知名度。陕北延安是我国红色旅游资源丰富的地区，中共中央在陕北和延安度过了 13 年。延安的红色旅游资源十分丰富，有杨家岭、枣园、王家坪、凤凰山、宝塔山等。延安共有革命纪念地 445 处，革命旧居 140 多处，仅延安市区就有 130 处 168 个点，文物 7 万件，占陕西省红色资源总量的 72%，具有发展红色旅游业的基础和优势。延安红色文化发展历程见表 11-1。

表 11-1　延安红色文化发展历程

时间	事件
1935 年 10 月 19 日	红军长征到达延安
1935 年 2 月 17 日至 25 日	瓦窑堡会议召开
1936 年 6 月 1 日	抗日军政大学成立
1937 年 8 月 22 日至 25 日	中共中央洛川会议召开

续表

时间	事件
1937 年 9 月 6 日	陕甘宁边区政府成立
1938 年 4 月 10 日	鲁迅艺术学院成立
1941 年 8 月 28 日	延安大学成立
1941 年	大生产运动
1948 年 2 月 29 日	宜川战役

资料来源：根据网络资料整理。

（二）旅游项目

1. 实景演出及荧幕展示

为了推动旅游与文化、商贸、金融、体育、教育、物流、交通等融合发展，大力推动红色旅游的持续繁荣，延安市旅发委策划推出了全国首个红色旅游大型实景演出《延安保卫战》和大型红色历史歌舞剧《延安保育院》《红秀·延安延安》等红色文化品牌。

2. 建立度假村

利用红色旅游景区建设带动周围的乡村旅游发展，先后推出了洛川谷咀黄土风情度假村、宝塔花园屯民俗文化村、安塞候沟门农业旅游区、延安国家森林公园等"旅游+农林"的生态农业、森林度假等旅游特色产品；受延安红色旅游项目强大客源市场的影响，延安国际滑雪场、祥瑞冰雕世界等成为延安冬季旅游常态化产品，为传承延安红色文化注入新的活力。

3. 红色教育培训

不仅如此，延安的红色教育培训市场异常火爆。为了让延安红色文化资源活起来，并使之发挥新的更大的作用，延安市委市政府始终坚持努力将延安打造成为全国教育培训新高地，不断向全国人民输送"精神钙片"。其中延安干部培训学院坚持"传承基因、铸魂育人"的办学理念，不以营利为目的，例如为期 5 天的相同质量培训班，一般教育培训机构收费在2000 元左右，延安干部培训学院仅需 550 元，大大降低了学员所需承担的费用，扩大了红色旅游的影响力。延安红色教育培训学员涵盖全国 31 个省、

自治区、直辖市以及香港、澳门特别行政区和台湾地区。"十三五"期间，参加红色教育培训人数达 80 万人。延安旅游之所以能够创造出如此辉煌的成绩，不仅在于国家及当地政府的大力支持，各项配套设施的不断建设与完善，更在于延安拥有十分丰富的红色旅游资源，"延安"二字本身就在国内及国际上享有极高的品牌声誉。

（三）发展成就

延安红色旅游发展迅速，旅游收入屡创新高，越来越多的游客选择到革命老区进行观光旅游，红色旅游成为延安经济新的增长点。据统计，1997年延安市接待海内外游客仅为 79 万人次，旅游综合收入 1.74 亿元。从 2003年到 2013 年，年接待游客数量增长了 12 倍，总收入增长了 17 倍。到 2015年，接待游客人数达到 3500 万人次，旅游收入 193 亿元。2018 年旅游人数6343.98 万人次，旅游收入 410.7 亿元。2023 年延安市接待游客 4199 万人次，旅游综合收入 331 亿元，与 2022 年相比分别增长 1.7 倍、2.8 倍。

二 "红色文化遗产+非遗展示+休闲旅游"

（一）遵义概况

遵义市总面积 30762 平方公里，总人口 750 万，是贵州省第二大城市。行政区划包括 14 个区、县、市（县级），属于国家规划的长江中上游综合开发和黔中产业带建设的主要区域。因中国工农红军在此召开著名的"遵义会议"而被称为"转折之城"。遵义是 1982 年国务院首批公布的全国 24个历史文化名城之一，也因出产国酒茅台而誉满全球。遵义是大西南通江达海的重要通道，在泛珠三角、南贵昆和成渝经济区域中具有独特优势。黔渝高速公路、川黔铁路、210 国道纵贯南北，326 国道横跨东西。贵阳至广州高速公路和高速铁路、杭州至瑞丽高速公路、成都至贵阳高速铁路皆经过遵义，新舟机场于 2012 年正式通航。遵义旅游区是大西南旅游的重要组成部分，是川渝黔"金三角"旅游区的重点景区，也是长江三峡国际旅游热点中生态旅游的理想之地。遵义市共有自然生态、人文景观和社会资源 3 个大类、40 个品种、100 多个景区（点）。其中有赤水国家级风景名胜区、中国丹霞赤水世界自然遗产两个国家级景区，以及绥阳宽阔水、余庆大乌江、仁怀茅台、务川洪渡河等7个省级景区。除此之外，遵义拥有娄竹海、赤水丹霞、沙滩文化、海龙屯等自然与历史文化旅游资源。

（二）发展历程

1934年12月，中共中央在黎平召开了长征途中第一次政治局会议，采纳了毛泽东提出的正确主张，向以遵义为中心的黔北进军，为遵义会议的召开奠定了思想和组织基础，为中央红军的战略转移指明了正确方向。

1935年1月，中共中央在遵义召开政治局扩大会议，着重总结了第五次反"围剿"失败的经验教训，事实上确立了毛泽东在党和红军中的领导地位。遵义会议在中国革命的危急关头，挽救了党，挽救了红军，挽救了中国革命，是中国共产党历史上一个生死攸关的转折点，标志着中国共产党在政治上走向成熟。

1949年11月，遵义解放，"第五行政督察区"改为遵义专区，后称遵义地区，为省政府派出机构，并以原遵义县城区为基础新建遵义市。

1997年，国务院批准，撤销遵义地区，设地级遵义市。撤销县级遵义市，设红花岗区。

（三）旅游项目

1. 红色遗址

遵义地区红色旅游资源丰富，集聚效应较为明显。在狭长地带的黔北地区遍布着几大旅游资源：红军战斗遗址、红军主要领导人活动事迹和红军军事建筑及相应的遗址遗迹。遵义会议、强渡乌江、娄山关战役、四渡赤水等一系列重要的革命活动，都为贵州留下了丰富的红色文化资源。除此之外，重点保护和开发七大红色旅游经典景区（点）（即遵义会议纪念馆、红花岗红军烈士陵园、娄山关战斗遗址、四渡赤水纪念地、红一军团纪念馆、乌江景区、黄陂洞战斗遗址）以及红九军团司令部旧址、老鸦山战斗遗址等一批红色资源。

2. 休闲旅游区

遵义市重点打造了"四区一城三镇一村"红色旅游精品景区（点）。

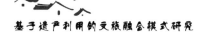

"四区"指打造遵义会议会址旅游区、娄山关战斗旅游区、四渡赤水旅游区、突破乌江旅游区；"一城"指把遵义老城打造成中国红色旅游休闲城；"三镇"指土城镇、茅台镇、丙安镇；"一村"指刀靶水村。

（四）发展成就

遵义红色旅游开发取得了优异的成绩。市委、市政府始终牢记习近平总书记"传承红色基因、讲好遵义故事"嘱托，与全市人民一道，共同努力，依托红色文化资源，大力发展红色文化旅游，已打造了遵义会议会址旅游景区、苟坝红色旅游景区、四渡赤水纪念馆景区等 4A 级旅游景区，重点开发 20 余处景区，位居全国红色旅游城市品牌影响力排行榜第四，初步把遵义建成全国著名红色文化传承基地。遵义市依托丰富的红色旅游资源，大力发展红色旅游，取得了一定的成绩。据遵义市文化与旅游局官网统计，2017 年遵义市共接待红色游客 3728.25 万人次，实现旅游综合收入 276.27 亿元，同比增长 37.24%，红色旅游市场得到进一步拓展。2018 年，遵义市红色旅游景区接待游客 4501 万人次，实现旅游综合收入 297.33 亿元，同比分别增长 28.04%、26.9%。2019 年全市累计接待游客 1.93 亿人次，同比增长 24.5%，实现旅游综合收入 2106.3 亿元，同比增长 35.3%，其中实现红色旅游综合收入 358.92 亿元，同比增长 33.8%，红色旅游市场得到进一步拓展，旅游"井喷式"增长成为现实。2023 年全市共接待游客 10661.53 万人次，同比增长 38%；实现旅游收入 1227.06 亿元，同比增长 49.3%。遵义旅游市场稳步复苏，文旅经济持续发展。遵义红色旅游总收入占遵义市旅游总收入的比重较大，红色旅游的总人数占旅游总人数的比重也较大。

三 "红色文化遗产+研学+文创"

（一）新县概况

新县位于河南省南部，地处鄂豫皖三省结合部。全县总面积 1612 平方公里，34.8 万人，是一个山区林业县。新县是全国著名的革命老区和将军县，被誉为"红军的故乡""将军的摇篮"。它是鄂豫皖苏区首府所在地，是刘邓大军千里跃进大别山的总部所在地，是许世友将军的故乡。这里有中共中央鄂豫皖分局旧址、红四方面军总部旧址等 4 处国家级重点革命文物保护单位，还有吴焕先故居、红二十五军司令部旧址等 12 处省级革命文物保护单位和 368 处革命历史纪念地。新县的旅游资源在全国红色旅游资源中具有较高的品位，被国家旅游局、国家发改委等八部委在《关于发展红色旅游实施纲要》中列入全国红色旅游重点推荐线路，是全国 12 个红色旅游区之一。这里既是大别山旅游区的核心景区，也是全国著名的 30 条黄金红色旅游线路中"武汉—麻城—红安—新县—信阳"线的中心节点。此外，新县还拥有丰富的绿色资源和人文景观。新县属植物南移北迁过渡带，是华东、华中、华北三大植物区系交会处。新县有着 4000 多年的文化积淀，是历代文人墨客的必游之地，被评为"河南历史文化名城"。丰厚的红色文化，淳朴的民风民俗与优美的自然美景、恬静的田园风光交相辉映，奠定了新县红色旅游目的地的资源优势。

河南省新县是著名的革命老区和将军县。这里先后诞生了红四方面军、红二十五军、红二十八军多支主力红军队伍，留下了刘伯承、邓小平、徐向前等老一辈革命家的战斗足迹，走出了许世友、李德生、郑维山等 100 多位共和国将军和省部级以上领导干部。新县立足红色资源优势，一方面加强对革命文物旧址的管理保护，另一方面加强对红色文化资源的开发利用，把红色文化作为特色产业发展培植，打造了红色文化品牌，促进了经济社会和谐发展。

（二）新县的旅游资源

新县是河南省唯一的将军县，红色文物资源得天独厚。为了传承红色文化，新县按照"保护为主、抢救第一、合理利用、加强管理"的文物工作方针，积极争取政策和资金扶持，先后投入资金 1.7 亿元，维修了首府路革命旧址群、许世友将军故里、刘邓大军司令部旧址等 80 多处革命文物旧址。在维修过程中根据"修旧如旧"的文物保护要求，尽量使用原来的材料和构件，保持旧址的真实性和完整性。同时建立健全革命旧址安全保护制度，配备专职安全保卫人员，落实物防技防措施，做好防火防盗工作。文物执法人员定期进行安全检查，发现漏雨、损毁、倒塌等情况及时处理，

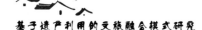

使文物保护工作落到实处，为传承红色文化夯实了基础。新县位于大别山脉景区的中心区域，现存有 7 处国家级重点文物保护单位、20 处省级文物保护单位和 365 处革命历史纪念地，主要包括红四方面军总部旧址、鄂豫皖特区苏维埃政府旧址、鄂豫皖军委航空局旧址等。革命歌曲《八月桂花遍地开》《送郎当红军》《三大纪律八项注意》等从这里唱遍中国。

（三）研学项目

首先是做好革命文物收集整理工作。结合文物普查，先后征集到 2000 多件珍贵的革命文物，包括中国工农红军第一架飞机——"列宁号"的轮毂，鄂豫皖革命根据地最早的《中华苏维埃土地法大纲》等，使游客对新县革命历史有了直观认识和全面了解。其次是发挥革命旧址的教育功能，构建社会主义核心价值体系，把红色旧址建设成为革命传统教育和爱国主义教育示范基地，建设成为青少年思想教育和德育教育的重要课堂。每逢"七一""十一"等重大节日，当地都组织党员干部到革命旧址举行入党宣誓活动，清明时节组织中小学生到英烈广场祭奠革命先烈，邀请老红军、老战士给游客讲解革命故事，并编辑出版《将星璀璨》《一代名将许世友》等革命书籍，编排演出《送郎当红军》《八月桂花遍地开》等红色歌舞，营造了浓厚的红色文化氛围。鄂豫皖苏区首府革命博物馆被中宣部认定为全国爱国主义教育示范基地，中国人民大学、河南省委宣传部等 80 多家机关团体把新县定为革命传统教育场所。

（四）旅游项目

新县的红色旅游是以大别山干部学院为龙头带动发展的，大别山干部学院被定位为全国四所党政干部培训基地，现在在"旅游+教育培训"方面做得非常成功，平均每天接待 10 多个从全国各地前来参加培训的单位，强势的培训客源也带动了新县酒店服务业的发展。新县红色旅游景点镶嵌在绿水青山之中，星级酒店业也快速发展，"旅游+酒店服务业"的模式成为推动新县文旅快速发展的重要动力。县城西部的金兰山景区围绕红色故事修筑登山步道，2016~2017 年在这里举办了十几次不同级别的登山健身比赛，推动"旅游+体育"融合发展；县城东南部的田铺乡将军墓走文化品牌路线，成功开发出了田铺大湾"旅游+创业文化"的发展模式；县城东部的西河景区、丁李湾景区有效整合乡村民俗文化，保留了原生态的旅游标识物，主打"旅游+民俗特色"的风情路线；县城近郊的露营公园依靠香山湖秀美的水源，促进了"旅游+养生"的发展。新县红色旅游与很多产业实现了融合发展，新县成为国家全域旅游示范县。

（五）文创产品

在田铺乡许世友将军故里、泗店乡将军石、郭家河乡红莲文化苑等红色景区，很难买到能代表景区特色的红色纪念品。纪念品是最能够诠释红色景区文化内涵的象征物，能给游客带来体验和回忆，但是新县的红色旅游景区缺乏融合景区特色的旅游纪念品，因此很难吸引游客。

四　"红色文化遗产+自然风光+演艺"

（一）沂蒙山概况

沂蒙山区所处的山东省临沂市，下辖3区9县，分别是河东区、兰山区、罗庄区、沂南县、蒙阴县、平邑县、莒南县、郯城县、沂水县、费县、兰山区及临沭县。从地理地形上来讲，沂蒙山主要由孟良崮、鲁山、蒙山以及沂山等诸多山脉组成，是典型的高山丘陵，同时也是东夷文化的发源地。临沂古城已有2400多年的历史，涌现出书圣王羲之、宗圣曾子、算圣刘洪等名人。在沂蒙山区，传颂着沂蒙六姐妹、沂蒙红嫂等许多英雄事迹，感人至深。正是这些普通人中的英雄形成了"沂蒙精神"这一党和国家最宝贵的精神财富，同时也是革命老区的文化资源。沂蒙山区存在的红色旅游资源包含51处爱国主义教育基地，其中国家级有2处，省级有13处，市级有36处。

（二）重大事件概况

沂蒙山区革命根据地是我国著名的红色根据地，持续时间非常长，革命遗址遍布整个沂蒙山区。特别是在抗日战争期间，沂蒙山区作为抗日根据地，发生了近3万次对日作战，打击和挫伤了日本侵略者的嚣张气焰，消灭日伪军人数高达50多万。在解放战争期间，陈毅和粟裕在沂蒙山区"坚

壁清野"，反抗国民党部队的进攻，并指挥了著名的孟良崮战役，全歼了国民党的整编 74 师，使得全国解放战争局面发生好转。不管是抗日战争还是解放战争，沂蒙山区作为革命老区从未变色，一直以来都站在红色革命的前沿，这在我国历史上是罕见的。在抗日战争和解放战争期间，沂蒙山区作为革命的阵地，是党的指挥中心和办公地点，这里发生过许多著名事件，党政机关非常多，有丰富的红色旅游资源。其中，在抗日战争期间，八路军 115 师司令部就设置在沂蒙山区，抗日战争结束后，新四军又搬到这里。一些党政机关，如山东省人民政府、华东军区、中共中央华东局等均在临沂设有办公部门。另外，日军"铁壁合围"扫荡和孟良崮战役都发生在沂蒙山区。长久的革命战争为沂蒙山区种下了红色基因，并且为沂蒙山区留下了宝贵的革命遗产和精神遗产。沂蒙山区红色革命遗迹之多，在全国很难找到第二个类似的地方。沂蒙山区是"沂蒙精神"的主要传承地，是人民群众支援红色革命的典型地区。在多年的革命斗争中，沂蒙山区人民心怀党和国家，以血肉之躯投入战斗，万众一心，为我国革命胜利奠定了基础。据统计，沂蒙山区革命时期人口大约有 430 万人，其中参加革命的约为 20 万人，还有 100 多万人在前线支援部队。在整个抗战期间，当地牺牲人数超过了 10 万，沂蒙山区几乎村村有英雄、乡乡有烈士。

（三）自然旅游资源

云蒙景区位于山东省临沂市西北部蒙阴县城南 18 公里，大致呈东西雄列绵延百里，最高峰海拔 1156 米，为山东省内的第二高峰，有"亚岱"的美誉，现有"七十二峰、三十六洞"等 180 余个景点，是国家森林公园、国家 5A 级旅游景区、世界地质公园。景区集山岳、森林、生物、水域风光、遗址遗迹、节庆赛事等多种资源于一体，丰富的自然及人文景观使得云蒙景区具有极高的游憩价值，良好的生态环境和多样的地质遗迹使得云蒙景区具有丰富的科研价值，完备的综合旅游服务设施体系使得云蒙景区旅游市场的发展更具优势。

（四）演艺文化丰富

作为 2019 年全国优秀舞台艺术剧目暨优秀民族歌剧展演剧目之一，由山东省委宣传部、山东省文化和旅游厅、临沂市委联合出品,山东歌舞剧院创排的大型民族歌剧《沂蒙山》亮相北京天桥艺术中心。在时长约150分钟的剧目里,山东传统音乐元素与现代舞美设计浑然一体,6幕40个唱段层层递进,生动地勾勒出千回百转的情感波澜和深沉厚重的史诗意蕴。《沂蒙山小调》与《茉莉花》被联合国教科文组织认定为中国最具代表性的两首民歌,蜚声海内外;"沂蒙好风光"也逐渐深入人心,成为沂蒙大地的主题形象。

第四节　红色文化遗产文旅融合模式解析

一　"红色文化遗产+红色教育+红色品牌"模式:以延安红色旅游项目为例

延安红色旅游项目自开发并进入市场以来,受到慕名而来的中外游客的热烈关注。延安红色旅游的发展为延安市乃至整个红色旅游产业做出的贡献和成绩都是有目共睹的。延安之所以能够将红色旅游搞得有声有色,是因为在这方面延安本身具有得天独厚的优势,以及多年来当地政府与相关单位、部门的积极配合与整体规划建设。然而我们在看到成绩的同时也不能忽略延安红色旅游本身存在的一些问题。

延安发展红色旅游的优势,可以从以下几个方面来进行论述。

第一,得天独厚的资源优势。不同于拥有丰富人造景观或者自然景观的旅游产品,红色旅游必须依托自身特有的在革命年代保存的文物、文献以及人文历史。这些是后天无法创造与生产的,而延安有着这些得天独厚的资源优势。延安作为孕育了中国共产党以及中华人民共和国的革命圣地,见证了中国从落后的封建社会转型为先进的社会主义社会的全过程,历史地位举足轻重。延安在中国革命历程中保留了数量庞大、涵盖面极广的各类革命文物、史料、文献等革命财富。延安还有丰富的革命纪念地及革命史料馆,如宝塔山、枣园、杨家岭、革命历史纪念馆等,可以为慕名而来的游客提供无比丰富的游览及学习资源。

第二，十分突出的地缘优势。延安拥有良好的旅游交通条件，交通区位优势十分明显。延安积极拓展与完善已有的交通网络，如黄延高速公路第二通道、延志吴高速公路等。在航空运输方面，延安已开通多条国内航线，且去北上广等重要城市都有航班直达，大大减少了游客的出行成本。此外，延安红色旅游受到了延安社会各界、政府、市民的广泛关注，大家为延安红色旅游发展积极建言献策，贡献着自己的一份心力，这也让延安红色旅游产业的发展拥有了良好的外部环境。

第三，延安红色旅游不仅依托丰富的革命文献文物等资源，还有延安革命纪念馆、延安大学等平台，助推延安红色旅游产业持续发展。延安革命纪念馆承载了革命时期延安丰富的革命历史文化，能够让游客亲眼回顾那段可歌可泣的革命岁月。延安大学，作为承前启后的重要一环，肩负着将延安精神、中国共产党革命理想与革命精神发扬光大的历史使命，多年来不断向全社会输出优秀人才、传播革命精神，而这也正是我党代代传承的理念与精神。

针对案例中延安发展红色旅游过程中存在的问题，本书提出以下解决办法。

第一，加强景区基础设施建设，优化整体环境。我们不仅要重视对文物、遗址等本身的保护，同时也需要积极满足游客的具体需要，尽可能做好基础设施的建设及相关服务工作，让游客在游览的同时能够感受到舒心与愉悦。同时，加大力度整治景区内部及周边的脏乱差现象，从改善延安市的整体环境入手，让各个景区焕然一新。加强旅游产业配套设施的建设，才能切实提高延安红色旅游景区的接待能力，从而使延安红色旅游持续健康发展。

第二，积极创新旅游产品及路线。在旅游产品及路线创新上，应明确互动性在现代旅游产业及产品服务中的重要性，改变延安红色旅游一贯的以参观为主的游览形式，通过建设互动体验厅、4D影院等高科技场馆，让游客能够身临其境，沉浸其中，一方面加强游客对延安红色精神的感受，另一方面也可以增加游览的趣味性，并以此强化延安自有特色。加大创意产品开发力度，避免商品同质化。商品同质化在国内旅游市场上十分普遍，我们应该大力开发延安特有的创意产品，塑造真正的红色旅游特色地，开发具有吸引力的、结合黄土高原文化特色的红色旅游产品。让延安景区的商品能够充分体现延安精神与延安特色，如制作缩微景点摆件、当地名人影像产品等。延安红色旅游产品开发，应侧重红色文化创意，打造红色文化品牌，用红色文化的力量带动旅游产业发展，促进红色旅游和区域整体经济的发展，进而形成具有鲜明地域特点的文化产业集群。创意开发应依据大数据锁定游客兴趣点，结合红色旅游文化价值，建设数字红色文化博物馆，动态演示红色文化知识，结合陕北乡土风情设置创意主题，增强旅游项目的趣味性。延安是革命根据地，其红色革命文化与厚重的黄土文化有着重要关系。黄土文化具有非常丰富的内容，且形式多样，如陕北民歌、安塞腰鼓、红色文学、戏曲、刺绣、剪纸、特色节日等。通过黄土文化特色地域饮食吸引广大游客，是红色民俗旅游建设的关键。创建特色的民俗博物馆、民俗影视、民俗体验等，打造全新的民俗旅游特色地标，再通过大型文化演出、民间节庆、比赛和会展等形式，让游客更加深入地感受到红色文化的魅力，从而提升游客的参与性和体验感。打造全新的具有文化创意的旅游地纪念品，提高游客购买意愿，提升纪念品的品质。

第三，政府应该加强旅游市场监管，提升旅游服务水平。旅游服务质量是发展旅游业的关键。规范管理现有的宾馆、酒店并提升其服务质量，继续打击红色旅游景区及周边旅游商品假冒伪劣、不明码标价行为，清理游商游贩、尾追兜售、乞讨卖艺现象，维护红色旅游景区的市场秩序；在重要事件纪念日和节假日适时发布市区内的客流和交通信息，在高速路口树立指示牌以引导自驾游旅客，从而缓解交通拥堵状况。整顿汽车站、火车站、机场等地非法营运的黑车，坚决治理出租车随意拒载、拼座、不打计价器、不出发票等违规行为，营造良好的红色旅游交通环境；加强红色旅游导游人员教育培训，杜绝出现损害国家利益、伤害民族情感、损毁领袖和革命前辈形象的言行和活动。

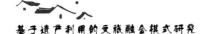

第四，做好宣传推介，丰富营销策略。一是创塑城市品牌。坚持以打造"民族圣地，红色延安"为引领，围绕全域旅游定位，整合延安核心旅游资源，精心策划引人入胜的旅游形象宣传片，通过中央电视台等国内外广泛关注的媒体平台宣传营销，全面提升延安旅游影响力和美誉度。二是实施精准营销。依照"区域推介，精准营销"的思路，围绕长三角地区、珠三角地区、新通航线城市、直达高铁沿线城市、延安周边城市的交通和区位优势开展精准营销。三是大力开展红色教育。持续放大《魅力中国城》"十佳魅力城市"品牌效应，深入开展"红色旅游进校园"活动，面向全国重点高等院校宣传红色旅游资源，吸引大学生走进陕西红色旅游景区，接受红色教育和精神洗礼。四是推进媒体融合发展。借助线上新媒体与线下活动相结合的宣传途径，利用媒体达人和网络大V等名人效应互动营销，传播旅游热点，形成全媒宣传、全网覆盖的良好效应。

第五，景区应该加强人员培训，要有"全员培训"的理念，提升服务意识。一是实施旅游从业人员"准入"制度。不仅应该增加与游客直接接触的导游、出租车司机、宾馆和景点工作人员的培训，还应该通过志愿服务等提高延安普通民众的文明素养。二是开展"走出去"实践活动。定期举办导游比赛、酒店技能比赛、美食比赛、宣传作品比赛等，选拔优秀人员参加国际、全国的比赛，宣传延安。三是采取"引进来"的方式，引进一批国际或国内旅游管理团队，提升延安旅游管理和服务水平。四是"赶出去"。将一些影响延安红色旅游形象的导游、讲解员、酒店服务人员等列入"黑名单"，以规范旅游行业秩序。

延安红色旅游应注重宣传，更新红色旅游产品营销渠道，拓宽红色旅游市场。通过各种营销方式将延安红色旅游产品推送给潜在游客，提升延安红色旅游的形象，引导消费者进行预订或者选购。红色旅游产业的发展应与其他文化产业相结合，基于红色文化的厚重历史和丰富的精神内涵，将红色旅游和红色文化结合起来，促进延安红色旅游业健康持续发展。在新常态下，红色旅游应顺应市场发展趋势，优化产业结构，实现旅游业向全域旅游的转型。

二 "红色文化遗产+非遗展示+休闲旅游"模式：以遵义红色旅游项目为例

（一）遵义发展红色旅游的优势

1. 资源优势

遵义是著名的革命老区，红色资源十分丰富，主要包括遵义会议会址、娄山关战斗遗址、四渡赤水纪念馆等遗址遗迹和红军长征时期遗留在遵义的大量革命文物，以及大量革命歌谣、革命标语、革命故事等，这些资源垄断性强，吸引力大，为发展红色旅游提供了良好条件。除此以外，遵义还有丰富的生态旅游资源、历史文化旅游资源、乡村旅游资源等，资源组合状况较好。

2. 气候优势

遵义是中国优秀旅游城市、全国绿化模范城市、全国卫生先进城市、全国园林绿化先进城市，环境质量良好，气候条件优越，属于中亚热带温暖湿润季风气候，冬无严寒，夏无酷暑，年平均气温在 14～18℃、冬暖夏凉、四季分明、雨热同期，适宜旅游，这在全国是少见的。因此遵义具有发展红色旅游的气候优势。

3. 区位优势

遵义位于贵州省北部，南临贵阳，西接四川，北抵重庆，是川黔、黔渝交通的重要通道，与重庆、成都、贵阳等大市场连接较好，区位条件优越。

4. 政策优势

由于红色旅游特殊的政治功能和教育功能，国家一直重视红色旅游的发展，并先后制定相关政策确保红色旅游的发展。遵义市抓住国家大力发展红色旅游的良好机遇，不断加大对红色旅游的政策和资金扶持力度，采取一系列措施重点打造红色旅游景区，为红色旅游的发展提供了优越条件。

（二）遵义发展红色旅游的劣势

1. 基础设施不完善

由于整个西南地区地势起伏较大，地貌复杂，多喀斯特熔岩地貌，不

利于公路、铁路等交通设施的建设，再加上经济水平较低，发展缓慢，配套设施、设备跟不上旅游发展的步伐，技术条件落后，不利于与周边及其他发达地区的信息交流，不具备资源共享的条件。随着经济的发展，该状况虽有所改观，但交通仍然落后，这是制约经济、旅游业及其相关产业发展的重要因素。

2. 规划不合理

在长期的开发过程中，其旅游资源及项目没有形成一个完善的规划和开发体系，呈现出布局分散、引力不足等特点，不具备由中心向外围的扩散优势，开发秩序较为混乱，没有形成有序开发的综合体系，综合效益不明显。

3. 红色旅游整体氛围不浓，主题不够突出

由于本地区旅游资源较为分散，文化特色较为单一，往往跟风其他省区的发展模式，重复建设。主题不具有自己的特色，不具有市场竞争力，比较效益低，缺乏对红色文化的充分挖掘和潜力的发挥，同时还缺乏对其他文化与红色文化的链接与创新。红军长征时在遵义活动的时间较长，形成了丰富的红色旅游资源，遵义的红色旅游业迅速发展。但整体而言，遵义红色旅游的氛围不浓，很难给游客展现"红色遵义"的整体形象。例如位于老城的遵义会议会址，在建筑风格上与周边的现代建筑明显不协调；景区从业人员的服装没有统一，仍然是现代服饰，与景区的氛围格格不入；位于遵义会议会址旁的主题广场，给人的感觉就是一般的休闲娱乐的地方，红色雕塑、红色旅游标识等红色文化元素不够丰富。

4. 宣传力度不够，品牌不突出

红色旅游产品宣传不力，方式单一，网页更新慢，设计质量低，视觉效果差，信息资源不丰富，不能让旅游者充分了解所需要的相关信息。红色旅游品牌效应较低，缺乏整体包装。产品同质性竞争严重，整体策划乏力，红色旅游纪念品品牌主题不鲜明。同时，其他较多的红军长征遗址、战斗旧址，因资金原因而未得到开发；没有深入挖掘遵义会议精神内涵，其历史转折意义不突出；展示红色旅游标志性、导向性的硬件建设需要进

一步加强。

5. 没有协调好开发与保护的关系

旅游业是一个综合性产业，具有经济、社会、环境等多方面的综合效益，但综合效益的实现依赖于高水平的游客管理。例如，遵义会议会址的免费开放，吸引了大众游客的到来，更大程度上发挥了遵义会议会址红色文化的爱国教育价值。但面对大规模游客，特别是节假日期间游客的蜂拥而至，运营管理主体没有做好充分准备，未能对游客进行科学管理，给遵义会议会址红色文化的保护带来极大冲击，也影响了游客对红色文化的体验，形成旅游开发和文化遗产保护的冲突。

（三）促进遵义红色旅游发展的建议

1. 恰当处理开发与保护的关系，加强保护意识

红色资源是发展红色旅游的根本，只有保护好地区的红色文化资源才能为该地区的红色旅游发展提供最基本的保障。由于缺乏足够的保护意识等多方面原因，许多红色资源遭到了不同程度的破坏，非物质文化资源也没有得到很好的传承，阻碍了遵义红色文化旅游的发展。因此针对还没有开发的资源，管理部门与开发商要处理好开发与保护之间的关系，对已开发的景点做好后期保护工作。同时应加强对当地居民与旅游者的相关教育，形成保护资源的良好氛围，促进遵义红色旅游的可持续发展。要合理开发、有效保护。旅游资源是有限的，人们在开发的同时不能只追求眼前的经济利益而忽视长远利益。另外，旅游资源具有稀缺性，如果开发不合理，将会对旅游资源造成巨大的浪费，所以，在开发的同时，应坚持合理开发、适可而止的原则，正确认识和处理好旅游与经济、社会、资源、人口的关系，实现旅游与人类社会的可持续发展。要加大对原生态文化的保护，防止红色旅游文化的庸俗化。红色旅游资源相对于其他旅游资源来说，具有严肃性。一些景区工作人员在规划与设计时，忽视了对红色旅游资源原生态文化的保护，忽视了红色旅游资源的文化内涵，一些讲解人员并未对长征期间的衣物、布鞋、草帽等遗留物进行正确的宣传和讲解，从而淡化了红色旅游资源的文化内涵。

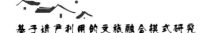

基于遗产利用的文旅融合模式研究

2. 加快经济发展，完善基础设施

贵州位于西部地区，整个经济状况相对落后。遵义作为贵州的第二大城市，虽然在各方面都取得了巨大的进步，但红色旅游的总体发展不容乐观，与其他地区还存在较大差距。一个地区的经济状况将直接决定该地区的旅游发展进程和发展水平，例如大部分投资商都比较偏向于对经济、环境等各方面条件比较好的地方进行投资，从吸引投资角度来说，经济水平的落后也削弱了外界对该地区的投资力度。

3. 规划引领，全景域打造

按照发展全景域旅游的思路，抓紧完善遵义红色旅游发展规划，以"一点、一环、一线"为重点，以"以点连线，以线成片，相互拉动"为目的。具体来说，是以遵义会议会址体系为核心点，以娄山关、苟坝会议会址、红九军团司令部、乌江战斗遗址为一环，以红军"四渡赤水"纵横驰骋的仁怀市、习水县和赤水市等为一线。同时把发展红色旅游同弘扬革命传统和培育民族精神相结合，同加强和改进未成年人思想道德建设相结合，同有效保护和利用革命文物相结合；此外，还应构建全景域、全方位的大旅游格局。把分散布局的旅游资源整合起来，推动整体布局，将红色旅游资源与其他自然、人文旅游资源进行有效的组合。除了加快地区内资源整合，还可以与江西井冈山、陕西延安等地的红色旅游部门联合推广宣传，共同促进红色旅游的发展。

4. 开发体验性强的红色旅游产品和项目

红色旅游若仍然固守传统的参观展示的发展模式，必然会失去其生命力，很难实现可持续发展。遵义红色旅游要实现可持续发展，必须开发体验型旅游产品，利用现有的旅游资源为游客打造沉浸式展厅，增加红色旅游的体验性和趣味性。以遵义会议会址为例，可模拟当时遵义会议召开的情景，还原物品摆设，让游客扮演参加遵义会议的人物，体验当时革命、战斗的紧迫性，领略一代革命伟人毛泽东、周恩来、王稼祥、朱德、陈云等的领导艺术和智慧，切身感受遵义会议的精神。也可以融入时尚元素，通过举办大型的篝火晚会、"红色时装"表演秀等活动刺激旅游者感官，使其能在轻松愉悦的氛围中饱享红色文化大餐。还可以在赤水的各个渡口处，模拟当年红军渡河的画面，让游客亲身体验伴随着硝烟滚滚、枪炮声轰鸣渡河的经历。在有条件的红色景区，以当时红军生活的环境为参照物，修建一些朴素的客栈，让游客体验当时生活的艰辛。也可以在景区举办红歌比赛、制作红军草鞋、布鞋比赛，背诵或者书写红色诗文比赛等。遵义地区的红色旅游发展不理想原因是多方面的，其中产品结构单一、体验项目少、观光类产品多是最主要的因素。增加遵义地区红色旅游的吸引力，必须在保护资源的同时加强体验型旅游产品的开发。

5. 加强营销意识、加强宣传，提升品牌效应

首先，遵义政府可以通过积极参加旅游推介会，举办红色旅游文化节等各种活动对遵义红色旅游进行宣传。同时，还可以运用各种媒介如微信、微博、电视广告、旅游杂志等来宣传。通过参加旅游发展产业博览大会等一系列会议来扩大宣传，推动红色旅游的发展。在遵义地区发展红色旅游的过程当中，可以加强对当地文物的收集工作，深入挖掘主要国家领导人关于当地的一些名篇名句和诗词歌赋来提升遵义地区红色旅游发展的知名度。采用一系列方案提升红色旅游的营销价值，从而增强遵义红色旅游的品牌效应。宣传是提高公众对红色旅游认知度，成功推销红色旅游产品最直接、有效的手段。要加大对遵义红色旅游的营销力度，为遵义红色旅游造声势、造气势。遵义红色旅游应该采取各种手段和技术进行宣传。应由政府牵头，加大宣传营销的资金投入，提升遵义旅游的整体形象，营造浓厚的文化氛围。如聘请专业的导演与摄影师，将遵义的红色旅游资源拍摄成宣传短片，再利用新闻媒体、自媒体等展播，并与电影制片厂进行合作，以红军长征在遵义期间的活动为题材，拍摄专题电影等。创建专门的红色旅游网站，不仅可以销售红色旅游产品，还能宣传红色文化、红色资源，加强营销效果。开设专门的广播频道，介绍遵义红色旅游文化，解答游客的疑问。在国庆节、建军节、建党节等节日举办唱红歌、跳红舞、写红诗等活动，为遵义市红色旅游做好宣传。

三 "红色文化遗产+研学+文创"模式

(一)新县发展红色旅游的优势

1.红色旅游资源独具特色

新县是鄂豫皖苏区首府所在地，地处河南、安徽、湖北交界处，是红色革命的摇篮。全县共有 7 处国家级重点文物保护单位和 365 处革命历史纪念地。新县在土地革命和抗日战争时期有超过一半的人民投身革命，诞生了多支红军主力部队，见证了千里跃进大别山的光荣事迹；第二次国内革命战争时期，这里是黄麻起义的策源地、鄂豫皖苏区首府所在地、坚持大别山红旗不倒的中心地、刘邓大军千里跃进大别山的落脚地，先后诞生了红四方面军、红二十五军、红二十八军等主力红军，培育了 43 位叱咤风云的共和国将军和 50 位省部级以上领导干部，献出了吴焕先、高敬亭等 5.5 万名优秀儿女的宝贵生命，是全国著名的革命老区和将军县。革命时期的艰苦斗争精神，为新县留下了感人的红色文化，成为老区和全国人民的精神支柱。

2.良好的地域组合条件

新县地处大别山腹地，拥有丰富的绿色资源，地跨江淮分水，位于亚热带向暖温带过渡带上。这里四季分明，水清峰秀，环境优美，气候宜人。新县物产丰富，其中板栗和银杏在国内享有盛誉，有"板栗之乡"和"银杏之乡"的美称。新县生态资源十分丰富，旅游资源的地域组合好，这样丰富的绿色资源和红色旅游人文景观，是观赏自然风光、学习革命思想的理想胜地。新县境内的将军山、金兰山系兼具了北方的雄伟和南方的秀丽，海拔 700 米以上的山峰 47 座。新县是国家卫生县城和著名的"美丽乡村"生态示范县，河水清澈，山峰绿妆，境内有国家级新县林场，整个县城的森林覆盖率超过 76%，植被覆盖率超过 95%，负氧离子含量每立方厘米 2.2 万个，可以和海南五指山的空气质量相媲美。杨高山村的古银杏、八里畈镇和陈店乡的茶叶、西河村附近的板栗、香山水库的鲤鱼……除了地方特色美食以外，新县这些年来致力于保护和利用古村落建筑、举行民俗文化展览、打造美丽乡村生态游等，传统的观光旅游正转变为休闲养生度假体验游，吸引着大批外来游客前来休闲度假。

3. 交通网络日趋完善

新县是中原地区的南大门、鄂豫皖三省的交会地带。当地政府非常重视老区交通运输业发展，精准投资修建公路，现在已经实现了公路村村通，县城到 17 个乡镇的路况非常好。值得一提的是，新县镇内大洋至江口县道全长 17 公里，穿越新县的广大区域。这条道路的建设实现了村村通公路的目标，使得镇内的各个村落都能享受到良好的交通条件。如今，新县还开通了县城到大别山干部学院、田铺许世友将军墓、郭家河红莲文化苑的旅游专线公交车。从涵江区出发，可以直接到达新县，并通过大洋乡三角埕快速连接到福州，为居民出行提供了重要的通道。

此外，新县镇的公路建设尤为注重实用性，县道和村道均已完成硬化，无论是主干道还是支线，都能提供平整舒适的行车体验。这种四通八达、纵横交错的交通网络，极大地促进了新县镇的经济发展和居民生活便利性，也充分保证了客源的可进入性。新县正向立体化交通发展，新县境内还拥有京九铁路 34 公里，设有浒湾、新县、泗店三个车站，进一步提升了区域的交通便利性。此外，围绕主县城，搭建了公路、铁路、航空、航运的大交通格局，合肥、武汉、信阳、郑州都纳入了新县旅游发展的辐射区域，方便快捷的交通，充分解决了客源的可进入性问题，促进了红色旅游业的发展。

（二）新县发展红色旅游的劣势

1. 红色景点产品开发单一、体验性低

新县红色景点大都是平面的陈列展览并以静态方式呈现给游客，游客主要通过聆听现场导游的讲解或者观看展厅文字、图片和橱窗物品等方式进行游览。多数游客对陈列的战争物品仅是随便看看，太多的图片展示加上停留时间过于短暂，使得游客无法深入了解景点的历史文化，加上导游的讲解较少能够做到声情并茂，这些都限制了游客的参与程度，使游客无法深刻体验革命历史情怀，导致红色旅游的政治教育意义大大减弱。深入

挖掘革命历史精神的内涵是发展红色旅游最基本的要求，但旅游本身的参与性也至关重要。因此，提高红色旅游的趣味性，满足游客在参与性方面的需求，成为当前新县发展红色旅游迫切需要解决的问题。

2. 配套基础设施不完善

新县拥有全国著名的四所干部培养学院之一大别山干部学院。在开展"不忘初心、牢记使命"主题教育的背景下，清明节、七一建党节、八一建军节和五一、十一长假等节假日成为旅游旺季。新县为人熟知的许世友将军墓、鄂豫皖苏区革命纪念馆、鄂豫皖苏区烈士陵园等红色景点，每到旅游旺季时接待游客较多。但是，红色景点有些交通工具不发达，道路上缺少引导指示牌；景点内公共厕所及停车位数量有限；旅游服务平台的导览、安全和医疗急救等信息与服务跟不上；移动互联网的建设不完善，景区内缺乏能够使用手机客户端提供红色景点展览内容等现代化的智能化服务设施。另外，景区附近的宾馆房间数量少、分布不合理、服务水平有待提高，提供餐饮、购物的休闲场所太少等，这些旅游配套服务设施不完善直接导致景区无法高质量地提供服务，使红色景区不能得到更好的发展。

3. 旅游管理不够完善，旅游从业人员综合素质较低

每一个红色旅游景点都有一段感人至深的英雄事迹，如果宣传好了，完全可以调动游客的兴趣。这要求红色景点的导游能提供专业的讲解，具有较强的综合素质。但新县红色旅游从业人员素质参差不齐，部分景区工作者的收入没有保障，景区管理没有科学的规划，很多导游讲解员讲解的内容千篇一律、枯燥无味，没能讲出景点的红色文化内涵和独特的革命精神，自然就无法给游客带来深刻的体验，红色旅游的教育意义便无从谈起。

4. 市场营销滞后

一是投入经费不足，直接影响到旅游营销工作的推进和健康发展；二是市场营销工作滞后，营销方式需要创新。缺乏有效的营销手段，新县在红色旅游产品宣传、质量、服务等方面的营销活动极为有限，主要采取横幅纸质宣传册、地方电视台等传统媒介传播其红色旅游形象，在网络新媒体上运用较少，而新县各个景区的渠道推广单一，直接渠道是该地红色景

区的主要销售方式之一，同时新县的红色旅游市场缺乏良好的营销环境。

（三）新县旅游发展促进策略

1. 发展全域旅游，着力推进红色旅游和乡村旅游融合发展

2019年9月16日，习近平总书记在新县田铺大塆考察调研时指出，依托丰富的红色文化资源和绿色生态资源发展乡村旅游，搞活了农村经济是振兴乡村的好做法①。总书记的指示，提振了新县人民发展的信心，也为新县文旅发展和乡村振兴指明了方向。

乡村旅游是依托乡村地域环境及其原生环境，以具有乡村性的生产形态、生活习俗、乡村聚落及文化等自然和人文资源为吸引物，吸引旅游者前往休息、观光、体验及学习等旅游活动。政府应制定科学的乡村旅游发展规划，以振兴新县乡村经济，促进社会主义新农村建设，同时通过联合促销开发新县红色景区客源市场，增加客源量。新县具有丰富的红色旅游资源和优质的生态旅游资源，有多处传统景观村落，推进红色旅游和乡村旅游融合发展，打造复合型旅游产品，能够增强地区旅游业的整体优势。在红色旅游和乡村旅游融合的过程中，还要突出红色旅游政治教育功能。乡村旅游要从当地农村实际情况出发，坚持"生态优先、以农为本、因地制宜、特色发展、共建共享"，着力整顿乡村旅游环境，开发具有本地特色的旅游产品，加强乡村基础设施建设，大力发展具有乡村特色的民宿，为乡村旅游的发展提供良好的环境。要依靠红色旅游资源、绿色生态旅游资源及独特的民俗文化推进特色民宿的发展，民宿不仅是给外来游客提供住宿的场所，也是展示乡风民俗等乡村文化的载体。游客来参观学习的同时，还可以品尝农家特色美食，欣赏农村田园风光，呼吸本土清新空气，体验当地风俗习惯：将乡村旅游与衣食住行物质享受、精神熏陶整合起来。

2. 发挥红色文创产品的价值

深入挖掘红色旅游资源、传统村落、民俗文化、非遗文化等旅游体验功能，在旅游区进行剧场表演、播放红色经典歌曲，加强文化产业与红色

---

① 《焦点访谈：缅怀·前行 不忘来时路 奋进新征程》，新华网，https://www.xinhuanet.com/politics/2022-04-06/c_1128535401.htm。

旅游资源的融合，加大旅游文创产品开发力度，提升旅游产品设计水平；同时还要深刻领悟总结红色精神的内涵，在习近平新时代中国特色社会主义思想指导下，创新设计红色文创产品，讲好红色故事，传承红色精神。红色文创产品可以弥补参观后的遗憾，让红色精神真正得以传承和发扬。新县在依托其深厚的红色资源的基础上，可以通过文创设计、红军村墙绘等红色主题教育宣传活动，探索出一条适合新县红色旅游资源发展的"文创+红色旅游"的新路子，创作出承载着革命纪念地、纪念物的革命精神的红色文创产品。

3. 加强政府职能部门的分工合作，保障旅游业迅速发展

新县政府要高度重视，加强领导，在旅游相关部门的统筹协调下，明确各部门的职责权限，建立各部门联网共享的大数据库和旅游应急反应处理机制，利用互联网技术，实现对旅游景区实时数据的动态监控，科学核定红色旅游景区的最大承载量，狠抓旅游服务质量，在顶层设计上将红色旅游业定位为战略性支柱产业，营造良好的旅游环境，联合各部门力量推动旅游业快速发展。

4. 完善和提升旅游公共服务设施和服务水平

发展红色旅游，必须提供高质量的公共服务设施和服务。一是推进服务智能化。红色旅游区要推进移动互联网基础设施建设和物联网建设，实现无线信号和视频监控在景区全覆盖，在人流集中区、危险设施和地带实现全方位监控，推进服务方式平台化，全方位推介红色旅游信息，推进电子讲解、手机App扫描语音讲解等导游智能化，建设智能化的旅游服务系统。二是建立志愿者服务工作站，在景区关键位置安排一名志愿服务者进行文明引导，为旅游者提供信息咨询服务；与此同时要构建旅游集散咨询服务体系，为游客提供景区的各景点位置线路及交通信息和医疗安全急救等。三是大量引进高质量人才，对导游进行全面培训，对导游的服务实行旅游者评价制度，并实施定期考核和竞争上岗，制定严格的绩效考核标准，以提高红色景区导游的服务水平和质量；另外可邀请当地老红军、红军后代、革命烈士家属作为讲解员或嘉宾来宣传红军战争故事，增强革命精神

的说服力和感染力。四是积极运用智慧旅游服务平台、开发手机软件、利用微信公众号和互动交流平台等多种现代化手段，高效规范地处理红色旅游景区的投诉举报问题，保证游客游得顺心、游得安心。

5. 加强宣传促销，打响新县旅游品牌

利用新县红色文化旅游平台，借助电视、报纸杂志、微信公众号等宣传工具，开发手机 App 或在各大旅游网站以及社交网站等投放宣传片，对新县旅游进行全方位、多角度报道，使新县红色旅游的形象日益提升，让更多的人知道新县，了解新县，来新县旅游。新县要抓住作为爱国主义教育基地这一优势，借助宣传、文化、新闻等部门的力量，依据客源市场定位，在电视、报刊、网络等新闻媒介上推出新县旅游资源及产品，树立自己的形象。同时，要抓住每年的七一、八一、国庆纪念日，提前通过邀请记者采访、媒体宣传、举办文艺活动等推销自己的产品。此外，还要注重网络营销，建立自己的专业旅游网站，整合各类资源，加大网络营销力度。

四　"红色文化遗产+自然风光+演艺"模式

（一）沂蒙山发展红色旅游的优势

1. 自然旅游资源优势

沂蒙山风景区是国家 5A 级旅游景区，位于山东省中南地区，自然资源十分丰富，有很多荣誉称号。沂蒙山旅游区主要有沂山、蒙山和龟蒙三个景区。蒙山风景区是沂蒙山的核心景区，聚集了沂蒙山的资源精华，是休闲度假、养生和健身的旅游胜地。

2. 历史文化旅游资源优势

沂蒙山是泰沂山脉的分支，在历史上属于东夷文明，该区有自己的独特文化，文化圈域相对独立，和泰山一起构成山东两大山岳文化。沂蒙山地区是个人杰地灵的地方，有着非常厚重的历史文化底蕴。这里有很多有名的历史典故，历代帝王多次前来，使该地区久负盛名，文人墨客也喜居于此，留下许多佳话。这里养育出了许多历史名人，有蜀国名相诸葛亮，还有书圣王羲之和书法家颜真卿等；有以道家鬼谷子、紫阳真人周义山等

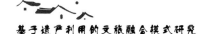
为代表的宗教文化；有以孔子、康熙等圣人君主为代表的名人文化；有以诗词歌赋、摩崖石刻、音乐绘画等为代表的文学艺术，这些都是沂蒙山旅游资源的精华所在。

3. 红色文化旅游资源

沂蒙山革命根据地是全国著名的革命根据地之一，在战争时期一直是中国共产党华东地区领导机关和军队最高指挥机构的驻地，被赞誉为"华东小延安"。沂蒙山旅游区的红色旅游资源可分为三大类：革命历史遗迹、红色文化和红色人物。第一，革命历史遗迹。革命历史遗迹一共有 7 个红色文化区域，是沂水红色文化区域，这里有八路军山东纵队的指挥部、《大众日报》创刊地、王庄烈士陵园等；有莒南文化区域，以大店镇为中心，有中华抗日第一村渊子崖、八路军 115 师师部旧址、刘少奇办公地等；还有沂南红色文化区域，以马牧池乡为中心，主要有抗大一分校旧址、徐向前故居等；此外，还有以蒙山红色旅游区为主体的费县红色旅游区。第二，红色文化。以"爱党爱军、开拓进取、艰苦创业、无私奉献"为主线的沂蒙精神，是革命老区人民在革命战争时期形成的，是中华民族宝贵的文化遗产。它不仅包括以《沂蒙山小调》为代表的红色歌曲，还有许多红色文学作品，《南征北战》《红日》等电视剧将这里作为拍摄地。随着电视剧的热播，沂蒙精神逐渐家喻户晓，得到弘扬。第三，红色人物。沂蒙山的红色人物不仅包括刘少奇、陈毅等老一辈无产阶级革命家，而且包括沂蒙六姐妹、沂蒙红嫂、沂蒙母亲等一大批平民英雄。这些发生在沂蒙土地上的英雄事迹正是沂蒙红色形象的最好名片。

（二）沂蒙山发展红色旅游存在的问题

1. 宣传力度弱

沂蒙山区具有丰富的红色旅游资源，各类英雄事迹不绝于耳，红色遗址众多，但是这些资源并没有较好地展现在大众面前。作为全国重点的红色旅游景区，沂蒙山区之所以在国内名气不够，是因为当地政府对红色旅游资源不够重视，没有系统和全面地对红色资源进行宣传与开发。

2. 旅游业发展模式落后

沂蒙山区自然风光优美，山河秀丽，拥有大量人文历史文化资源。其中，蒙山作为我国 4A 级旅游景区，同时也是山东省第二高峰，是一座天然的氧吧。但这些地区存在交通不便、山路崎岖以及经济发展水平落后等问题，导致当地旅游业发展受阻。当地采用的还是传统发展模式，进一步导致经济发展放缓，使得丰富的旅游资源无法得到较好的开发利用。

3. 内涵挖掘不深入

沂蒙红色文化是具有中国特色的先进文化，它是在中国革命战争时期由党领导人民群众在沂蒙地区共同创造的文化，不仅有着丰富的革命精神内涵，而且文化内涵非常丰富。但是沂蒙精神的挖掘更多地体现在革命时期，改革开放以来革命老区人民新的精神风貌并没有过多的展示，而且内容显得较为空洞。在革命老区，游客在进行游览观光时更多的是走马观花式的粗略观赏，能让游客深入其中亲身体验的项目不多。而且，游览项目单一，景区讲解没有新意，平淡无奇，不能引起游客的兴趣。红色文艺作品质量不高，而且反映社会主义新时期精神风貌的红色作品较少，没有为沂蒙精神注入新的时代内涵。

（三）对沂蒙山区红色资源开发利用的建议

1. 提升认识水平，加强开发管理

发展红色旅游是沂蒙山革命老区发展现代经济的重要着力点，是开展爱国主义教育的重要途径。通过加强开发管理，抓住发展机遇，深度挖掘沂蒙山区红色旅游资源，实现经济效益、社会效益和生态效益丰收，提高各级领导干部的认识水平和重视程度，将红色资源旅游开发作为规划重点，打造具有沂蒙山区特色的红色旅游形象。

2. 加强宣传工作，激发潜力

尽管沂蒙山区红色旅游资源丰富，但是分布散落，没有连成一片。沂蒙山区拥有革命先烈的重大战役纪念馆、工作战斗历史遗址、纪念碑、纪念亭，英雄人物事迹、可歌可泣的典型人物精神，以及中华民族历史上的著名人物资源等，但由于年代久远、资料残缺不全、文物保护匮乏等多方面原因，宣传力度不够，尤其是红色旅游资源被人们所认识、重视的程度远远不够。因此要对这些革命战争年代的历史文化遗址进行大规模宣传，

通过开发、保护和修复历史文化遗址来挖掘红色旅游资源的发展潜力。

3. 科学整合规划，提高旅游开发质量

沂蒙山除了要借鉴其他红色旅游景区开发模式，还要结合自身特点，突出沂蒙山区特色，进一步开发特色鲜明的旅游产品和开创新的发展模式，以提高红色旅游景点的吸引力。要尊重历史，尊重自然，在保护各种革命遗址的基础上，加强科学规划，将沂蒙山区自然风光与革命遗迹有机结合，合理利用红色旅游资源。同时，建设一支具有较高专业水平的旅游服务人员队伍，通过旅游服务，让游客对革命事迹有深入了解，并受到革命精神的洗礼。

4. 发挥政府作用，提供全面支持

旅游景区品牌是一个旅游景区整体形象的代表，所以在一定程度上具有较大的外部性，而且公共产品的特征很明显，但缺乏直接的产出效益，因此需要公共部门和政府的参与。沂蒙山革命老区贫困落后，其文化品牌建设的资金投入需要政府的支持，借助政府的影响力，激发社会资本参与投资的积极性。在文化品牌建设中，也需要政府提供完善的法律体系和经济制度保障。在政策引导、形象推广等方面也需要政府的支持，为其发展提供宽松的环境，营造良好的品牌建设氛围，优化文化建设需要的软环境。沂蒙山地区政府要善于利用国家对革命老区的政策和资金支持的有利条件，逐步完善和提高当地的基础设施建设和接待能力，提升整个地区的品牌竞争力。

5. 创新宣传方式，借助新媒体提高品牌知名度

宣传和营销是红色文化品牌塑造的重要手段。对沂蒙红色文化的营销宣传是新经济形势下的不二选择。除了举办各种红色展览会、旅游推介会以及在各大报社、杂志等平面媒体上刊登广告之外，还要加强红色文化的软植入。红色影视作品的价值不仅仅在于其作品本身，更在于其传播的精神价值，应借助影视文化传播，以电影、电视剧等艺术方式宣传沂蒙文化，借助沂蒙红色影视文化增强沂蒙山红色文化品牌在人们心中的印象。除此之外，还应重视网络营销。21 世纪是网络媒体时代，网络自媒体作为新兴

媒体，具有传播速度快、宣传成本低、覆盖面广且见效快的优点，完善且成熟的网络营销体系是在激烈的品牌竞争中赢得胜利的关键。应积极实施"互联网+"战略，通过与微博、微信等各种社交平台，以及携程、途牛等旅游网站合作进行宣传。借助新媒体，发展电子商务营销模式，线上线下相结合，拓展营销渠道；开发手机应用程序，制定线路、地图、餐厅等内容丰富的 App；以沂蒙山红色文化、山水风光以及风土人情为背景，借助短视频平台，进行微视频传播，鼓励游客进行视频传播，进行沂蒙山红色文化品牌推广，拓展网络宣传空间。

第十二章
历史文化城镇文旅融合模式

第一节 历史文化城镇的概念与特点

中国五千年的历史孕育出了一些因深厚的文化底蕴和发生过重大历史事件而青史留名的城镇。这些城镇，有的曾是王朝都城，有的曾是当时的政治、经济重镇，有的曾是重大历史事件的发生地，有的因为拥有珍贵的文物遗迹而享有盛名，有的则因为出产精美的工艺品而著称于世。它们的留存，为人们回顾中国历史打开了一个窗口。

一 历史文化城镇概述

党和国家历来高度重视历史文化名城、名镇、名村的保护工作，《中华人民共和国文物保护法》《中华人民共和国城乡规划法》确立了历史文化名城、名镇、名村保护制度，并明确规定由国务院制定保护办法。

国家历史文化名城是 1982 年根据北京大学侯仁之、建设部郑孝燮和故宫博物院单士元三位先生提议而建立的一种文物保护机制，旨在保护那些曾经是古代政治、经济、文化中心或近代革命运动和重大历史事件发生地的重要城市及其文物古迹。根据《中华人民共和国文物保护法》（1982，2015，2017），保存文物特别丰富并且具有重大历史价值或者革命纪念意义的城市，由国务院核定公布为历史文化名城。从行政区划看，历史文化名城并不一定是"市"，也可能是"县"或"区"。截至 2023 年 10 月 25 日，全国共有 142 座国家历史文化名城。

根据《中华人民共和国文物保护法》（1982，2015，2017），保存文物特别丰富并且具有重大历史价值或者革命纪念意义的城镇、街道、村庄，由省、自治区、直辖市人民政府核定公布为历史文化街区、村镇，并报国务院备案。中国历史文化名镇是由住房和城乡建设部、国家文物局共同组织评选的，保存文物特别丰富，且具有重大历史价值或纪念意义的，能较完整地反映一些历史时期传统风貌和地方民族特色的镇。2008 年，《历史文化名城名镇名村保护条例》出台，正式确立了从历史文化名城—名镇名村、历史街区—文物保护单位的三级文化遗产保护体系。

关于城和镇的关系，一般来说，在都市层级中，村比镇小，镇比市小。我国《城市规划法》第三条规定："本法所称城市，是指国家按行政建制设立的直辖市、市、镇。"设市城市，也称建制市，在我国指人口数量达到一定规模，人口、劳动力结构与产业结构达到一定要求，基础设施达到一定水平，或有军事、经济、民族、文化等特殊要求，并经国务院批准设置的具有一定行政级别的行政单元。除了建制市以外的城市聚落都称为镇。其中具有一定人口规模，人口、劳动力结构与产业结构达到一定要求，基础设施达到一定水平，并被省（自治区、直辖市）人民政府批准设置的镇为建制镇，其余为集镇。城关镇，是县人民政府所在地的镇，其他镇是县级建制以下的一级行政单元，其中不包含集镇。镇和乡一般是同级行政单元。传统意义上的乡是属于农村范畴，乡政府驻地一般是乡域的中心村或集镇。集镇不是一级行政单元。镇的含义：其一，镇的建制中存在镇区，可属于小城镇；其二，镇与农村的关系密切，是农村的中心社区；其三，镇具有乡村商业服务中心的作用。

从作为人类历史文化载体的角度而言，城和镇并没有严格的区别。因此，有时将城和镇分开表述，有时混合称为城镇。如联合国教科文组织对江南古镇的定义，强调古镇是一种介于城市与乡村之间的人类集聚地，并在一定的地域形成完善的、以水为中心的网络体系。欧洲对历史性城镇的界定为："一般规模较小，完整地保留着某一时期的历史风貌，或者在中心地区保存

有完整的历史地区，不管是作为建筑学意义上城市设计优秀遗产而保护，还是作为城市设计中的积极因素而保护，都以保持城镇的历史风貌，改善内部生活设施，适应现代化生活作为出发点。"[1] 阮仪三等在关于历史城镇的论述中，强调"历史城镇不同于一般城镇，它拥有物质文化、精神文化和制度文化等深厚的历史文化积淀，是人类的历史见证和文明结晶，主要用于生产精神产品，丰富人类精神文化生活，并且在历史上，历史城镇是区域性经济或政治、文化中心"[2]。《历史文化名城名镇名村街区保护规划编制审批办法》也将名城名镇名村街区作为统一的系列进行保护规划。世界遗产名录中以城镇（Town）为单位入选或者以城镇重要标志性建筑入选的古镇型世界遗产累计达46项，该46项世界遗产均属于世界文化遗产，它们是现存且尚有人类居住的古镇遗产的代表。

本章延续关于历史城镇的论述，不对城和镇做明确区分，而是使用中华人民共和国住房和城乡建设部《历史文化名城名镇名村街区保护规划编制审批办法》和世界遗产名录的界定方法，将两者看作具有一致属性的历史文化空间，综合考察旅游开发对历史文化城镇保护的影响、历史文化城镇特色文化遗产资源旅游化路径等，并结合具体案例深度解析历史文化城镇文化和旅游融合的过程和具体模式。

二　历史文化城镇的分类

根据《历史文化名城名镇名村保护条例》与住房和城乡建设部、国家文物局发布的《关于加强国家历史文化名城保护专项评估工作的通知》，国家历史文化名城按照特点主要分为以下七类。历史古都型：都城时代的历史遗存物、古都的风貌为特点的城市。传统风貌型：保留了一个或几个历史时期积淀的完整建筑群的城市。一般史迹型：以分散在全城各处的文物古迹为历史传统主要体现方式的城市。风景名胜型：建筑与山水环境的叠

---

① 《欧洲城市保护及遗产认知过程的历史分析》，中国城市规划网，https://www.planning.org.cn/news/view? id＝16062。

② 阮仪三、袁菲：《江南水乡古镇的保护与合理发展》，《城市规划学刊》2008年第5期。

加而显示出鲜明个性特征的城市。地域特色型：地域特色或独自的个性特征、民族风情、地方文化构成城市风貌主体的城市。近代史迹型：以反映历史上某一事件或某个阶段的建筑物或建筑群为其显著特色的城市。特殊职能型：某种职能在历史上占有极突出的地位的城市。历史文化名城的类型也在客观上反映了历史城镇的类型特征。

三　历史文化城镇的特征

历史文化城镇作为一定区域经济、政治、文化和生活服务中心，仍完整地保留着具有历史特色的古建筑群、古民居、传统习俗和生活方式。作为承载着世代精神文明、承担现代物质和文化生产的空间形态，古镇必须具备以下特征。①具有历史意义和时代价值。古镇在时间上表现出一定的历史距离感，现存丰富的历史传统和深厚的人文、建筑积淀与整个区域的发展密切相关，是区域历史的见证。②完整的特色复合体。古镇内部不仅包含独具风格的古建筑、民居、街区，还要有一定特色的传统习俗和生活方式，并且这些必须在现代生活中依旧继续，仍是保存完整的。③明确的行政区划建制。在我国现存的行政体系中，镇作为介于城市和乡村之间的行政体，也有其重要的法律地位。④物质文化生产的功能。古镇作为人类的聚居地，过去和现在都应满足居住在这片土地上人们的经济、政治、社会的需求。

国务院于2017年10月修订的《历史文化名城名镇名村保护条例》中提出了申报国家历史文化名城的五项条件，也呈现出历史文化城镇的基本功能特征：第一，保存文物特别丰富；第二，历史建筑集中成片；第三，保留着传统格局和历史风貌；第四，历史上曾经作为政治、经济、文化、交通中心或军事要地，或发生过重要历史事件，或其传统产业、历史上建设的重大工程对本地区的发展产生过重要影响，或能够集中反映本地区建筑的文化特色、民族特色；第五，在所申报的历史文化名城保护范围内还应当有两个以上的历史文化街区。

第二节 历史文化城镇保护与旅游开发的关系

为了加强历史文化名城、名镇、名村的保护与管理，继承中华民族优秀历史文化遗产，2008 年 4 月 2 日，国务院第 3 次常务会议通过了《历史文化名城名镇名村保护条例》，对历史文化城镇的保护和利用提出了系统的规定。旅游开发是历史文化城镇利用和保护的重要方式，本部分主要从历史文化城镇保护与旅游开发的关系、存在问题及出路等方面进行系统论述。

一 旅游开发对历史文化城镇保护的影响

（一）旅游开发与历史文化城镇保护

旅游开发是众多历史文化城镇保护方式中的一种，但并非所有的历史文化城镇都适合发展常规性的旅游，应进行分类控制。第一类是不适合发展大众旅游的，如以考古、科研价值为主的遗址类历史文化城镇，或者是濒危的文化遗产，应该进行绝对保护。第二类是不具备条件发展大众旅游的，这类历史文化城镇由于缺乏旅游核心竞争力，无法吸引大量的旅游者，如果盲目进行旅游开发，不仅会破坏原有的生活模式，还可能对地方经济造成负担。第三类是适宜发展大众旅游的历史城镇，此类城镇旅游资源丰富，特色鲜明，历史价值、艺术价值相对较高，能对旅游者产生吸引力，在旅游开发中要对其进行遗产保护的常规性控制。

1. 绝对保护

绝对保护是将保护对象原封不动地保护起来，允许必要的修缮和加固，但必须以不改变原貌为前提。对于那些现代社会不再使用，但能提供关于人类过去的考古学意义的历史遗存，例如周口店、河姆渡、三星堆等遗址所在地，要严格控制、冻结保存，保证其原真状态的延续，防止濒危文化遗产的消亡。

此类历史城镇适宜采用建立博物馆的方式进行保存，建立博物馆可以相对完整地保存具有特殊价值的空间格局和历史片段，再现千年前的真实面貌，是现代人了解历史、认知文化、体验生活的重要方式。此类历史遗存由于保护力度大，资金投入大，因此一般由国家进行专项拨款。如果列入世界文化遗产名录，还可以利用从世界各国募捐来的资金对其进行保护。虽然从经济利益上看投入产出比小，但其作为遗存的社会影响深远，对于研究我国古代文化，弘扬传统精神，提高我国在世界上文明古国的地位有着特殊的意义。

2. 自然保护

任何事物的生长、发展、消亡，都有其自身的规律和轨迹，历史城镇也一样，现在的状态就是未来的历史。我们应当正确认识并尊重事物发展的客观规律，不能随心所欲地对任何历史城镇进行旅游开发。对于部分历史城镇而言，维持原生环境让其自然发展就是最好的保护方式。这类城镇缺乏进行旅游开发的必要条件，包括旅游资源的地理位置和交通条件、旅游资源的类型和地域组合条件、旅游资源的容量条件、旅游资源的客源市场条件、旅游开发投资条件和施工难易条件①。如果没有旅游开发时机不成熟而盲目开发，可能会对当地的社会、经济、文化产生不良的影响。

不具备成熟的开发条件时，如果对历史城镇进行开发，会对其造成破坏，这种破坏有时甚至比历史城镇自然消亡的速度快得多。一般来讲，每个城镇在其几百年甚至上千年的发展历程中大部分时间里都是稳定发展的，城镇在此进程中得到不断更新。提高公众保护意识，加强民众对文化遗产保护知识的普及和健全管理监督体制是此类城镇发展的关键。从某种意义上讲，不破坏就是保护，在不具备开发条件时让历史城镇自然发展也具有积极的意义。

3. 合理开发与保护并重

在历史城镇的开发利用中，以旅游为核心的相关产业的发展是一个不容忽视的重要课题，其与历史城镇提升形象、吸引力和竞争力相辅相成。对于民族风情、地域特色突出的历史城镇，发展旅游是其经济振兴的极佳选择。合理适度的旅游开发可以对历史城镇保护起到积极的作用。所谓合

---

① 马勇、李玺：《旅游规划与开发》，高等教育出版社，2002，第65页。

理开发，一方面是以保护为前提做到有约束、有限制地开发，尊重历史的原貌，不能为追求短暂的经济利益而牺牲整个古镇的历史文化价值，杜绝缺乏科学规划的盲目开发和乱搞重复建设的粗放型开发模式；另一方面，要在充分考虑古镇的环境容量和可承载力等因素的基础上，严格控制旅游者数量，杜绝由于旅游者周期性超载带来的城镇生态环境污染，以及由此造成的对整个环境的破坏。

（二）旅游业对历史城镇保护的积极作用

1. 为文化遗产的保护和利用提供资金来源

历史城镇的保护和维护需要持续的大量资金投入。这些资金大部分来自政府财政，但高额的维护成本往往成为财政负担；国家设立的历史城镇保护的专项资金对于数量众多的历史城镇而言也是杯水车薪。例如，西递、宏村所在地黟县，2000 年可用资金为 2900 万元，然而，缓解老村压力、另辟新区等所需资金尚且不论，仅两村古民居亟须修缮及白蚁防治的费用测算就有 2620 万元。这种情况下，通过对文化遗产的利用（主要是旅游开发），增强历史城镇自身造血功能来解决保护资金的短缺问题是必要而且可行的，旅游发展能为文化遗产保护提供资金来源，形成"保护—旅游发展—更好地保护"的良性循环模式。

2. 旅游促进地方文化的传播和延续

了解和体验不同的文化是旅游者的主要出游动机之一。旅游地文化既包括旅游地的建筑形式、吃穿住行、手工艺术等物质文化，又包括礼仪风俗、生活方式等行为文化，还包括旅游地居民的思维方式、价值观念、审美趣味、道德情操、宗教信仰等精神文化或观念文化，表现出极强的地域个性。在这一背景下，一度被人们忽视的非物质遗存、传统习俗和文化活动得到开发和恢复，民间的工艺、音乐、舞蹈被重新挖掘和弘扬，使其成为一个开放的文化生态系统，该系统与外界文化进行信息与能量的交换，可以丰富本土文化的内涵。旅游是一种很好的文化遗产传播载体，旅游者通过游览活动，不仅能对遗产的文化内涵有所认识，还可以通过交流，传播这种文化。在世界遗产中，既有北京故宫这样传统的著名旅游景点，更有丽江、平遥这些新兴的旅游目的地,曾经陌生的地名如今家喻户晓,这在很大程度上要归功于旅游传播所带来的综合效益。随着旅游业的进一步发展,历史城镇知名度的提升,以及基础设施等条件的改善,许多历史城镇的经济和社会发展得到持续推动,人们充分认识到旅游业是传播文明的重要途径,也是当地发展文化经济的重要途径。首先,与其他文化传播方式相比,旅游活动传播的范围广、速度快、成本低,优势十分明显。其次,旅游体现着各种社会文化现象的交叉和渗透,不同文化主体间的沟通内容涉及面甚广,几乎无所不包。例如,元朝的马可·波罗,把在中国游历的所见所闻写成《马可·波罗游记》,将中国文化传播到西方,大大影响了西方世界对东方的看法。旅游是一种求知审美的活动,将今天的生活与历史、未来联系在一起,使人们在探索的过程中理解、传播、弘扬优秀的地方文化。

3. 促进与发展当地社会经济

保护历史城镇不能无视当地社会经济发展的强烈要求,更不能无视当地居民生存发展的正当权利,利用文化遗产发展旅游业,一方面可以促使当地政府自觉地保护历史城镇;另一方面,发展旅游业产生的经济效益可以为文化遗产的保护提供物质基础,从经济方面给予支持和保障。从现实角度看,历史城镇经济发展相对滞后,基础设施、环境面貌、居住条件大都无法满足现代生活的需求。依托丰富的文化资源发展旅游业成为历史城镇改善当前状况、促进地方经济发展的重要途径,加快城镇基础设施如供水、供电、排污、道路修整等方面的建设,改善生态环境等,促使城镇各方面更加协调发展。旅游业是依赖多部门多行业的劳动密集型服务行业,它不仅可以吸收闲置劳动力,带动多个相关行业的共同发展,还可以促进当地人民生活水平得到切实提高、社会安定、经济繁荣。

(三)旅游业对历史城镇保护的负面影响

1. 历史遗存的建设性破坏

旅游开发对历史城镇而言是一把双刃剑,如果一味追求眼前的经济利益,盲目地对文化遗产进行开发利用,往往会造成许多"建设性"破坏。

例如，以保护历史遗存和发展旅游为名拆旧建新，将历史遗迹或其周边的历史遗存拆除重建，或者整修一新，用仿古建筑取代原有的历史遗存，甚至在重要的保护区拆除那些尚可保存的历史建筑物，改为建造仿古建筑，会给历史遗产带来毁灭性破坏。文化是需要积累的，历史文化城镇不是人为打造的，真正的文化遗产在历史环境中保存着深厚的底蕴。它不仅能在今天为我们提供直观的外表和建筑形式的信息，更重要的是，它是文化内涵的物化载体，能向我们传递至今尚未完全认知的历史和科学信息。文化遗产不是现代人可以花巨资建设出来的，任何所谓的"文化标志"都代表不了博大精深的中华文化。

2. 历史城镇的过度商业化

历史城镇原有的商业点主要是为本镇和周围地区居民服务的，其经济地域小，商业规模也不大，而随着开发旅游对服务设施需求的急剧增加，餐饮和住宿设施的数量大量增加，还出现了大量出售工艺品、旅游纪念品的店铺。在经济发展和保护传统之间，很多城镇往往选择前者。历史城镇所承载的文化遗产是全人类的共同财富，对其进行保护使之代代相传、永续利用是现代人不可回避的责任；但与此同时，由于历史城镇拥有高品质的文化资源，其在世界各地都成为旅游吸引物甚至是主要的旅游目的地。因此，要杜绝短期商业炒作和单一强调旅游功能的畸形引导，用更具前瞻性、长效性的眼光，树立新时代文化遗产保护工作与时代同步的观念。

3. 历史城镇环境的退失

任何一个历史城镇都不可能脱离它的背景而单独存在，山脉、水系、植被和生物等自然环境是历史城镇产生和发展的生命依托，它所呈现的自然景观也是古镇不可分割的组成部分。旅游设施的增设及旅游者的增加导致了新的污染——废水、废气、噪声、垃圾等，从而造成对环境的破坏。

保护历史城镇环境，不仅是延续文化遗产价值的需要，也是维持历史城镇个性的需要。然而，旅游业的发展造成建成环境被大量破坏：超大规模建设旅游基础设施、观光索道和大体量的景观建筑、豪华宾馆、饭店等，使得这些历史城镇逐渐失去原生状态所具有的景观价值，对历史城镇环境造成巨大的破坏。旅游发展到一定程度后，旅游者和旅游经营的活动过分干扰了本地居民的生活，原有的社会结构受外来因素的影响也有所改变，导致人文环境受到破坏。从某种意义上说，传统生活方式的消失与传统建筑的消失同样可怕①。历史城镇的"整体性保护"不只保护历史建筑和城镇空间，更重要的是保护居住于其中的社会阶层，使他们连同他们所创造的精神文化一起，融入现代社会的生活秩序。

（四）历史城镇保护对旅游业的推动作用

历史城镇的旅游发展必须以保护为前提，首先要严格遵循相关法律法规，其次，以保护为前提并不是对历史城镇进行冻结式保存，而是在发展中求保护，在保护中求发展。《华盛顿宪章》指出，"保护历史城镇意味着这种城镇的保护、保存和修复及其发展能和谐地适应现代生活所需的各种步骤"。② 历史城镇发展旅游强调的是旅游者对旅游目的地文化内涵的体验和感受，其中文化是需求的主体，历史城镇文化遗产的特异性、稀缺性和不可再生性使其受到广大旅游者的青睐。特异性表现在文化遗产的不可替代性上，无论是江南水乡或川西羌寨，都有其异于常态的特征，这种差异性恰恰是促成旅游活动的原动力；物以稀为贵，文化遗产的文化内涵使其无法被复制或仿造，历史上不会重复出现贞观之治或康乾盛世，任何文化遗产都具有稀缺性；文化遗产虽是前人创造的物质或精神产品，但经过漫长岁月的历练，蕴含其中的历史、文化、宗教内涵是现代文明无法取代的，是不可再生的资源，需要全人类共同关注和保护。

文化遗产作为特殊的旅游资源，一方面成为历史城镇的主要吸引点，带动地方旅游经济的飞速发展；但另一方面应强调在提炼遗产文化内涵的基础上实现可持续发展，使遗产在开发中展示的文化价值为人们所认识和接受，并得以永续利用。在历史城镇的旅游发展之初，是以经济为基础，经济带动文化的发展；随着文化的日益昌盛，文化促进旅游的发展。因此，

---

① 马菁：《以文化旅游为导向的历史城镇保护与利用研究》，重庆大学硕士学位论文，2008，第8页。

② 《世界遗产保护机制的发展与成长》，光明网，https://epaper.gmw.cn/gmrb/html/2017−11/15/nw.D110000gmrb_20171115_1−14.htm。

历史城镇的文化遗产保护是开展旅游活动的基础，这些文化资源是推动旅游业规模不断扩大和质量不断提高的原动力。例如丽江古城的有效保护使旅游业的发展有了坚实的基础，因旅游业直接和间接的关联，带动了60多个部门的投入和产出，旅游业成为区域经济发展的支柱产业。显然，丽江古城的保护利用对地方经济的发展起着极其重要的作用①。随着时间的流逝，未来文化遗产的价值会越来越高，只有对其进行科学合理的保护，才能保持对旅游者的持久吸引力，旅游的可持续发展才有依托和保障。

二 历史文化城镇特色文化遗产资源旅游化路径

（一）物质文化遗产资源的保护与旅游化利用

历史文化城镇是由地方居民经过不同的时代，利用当地的建筑材料，适应当地的自然条件，逐渐建造出来、发展起来的。这种发展和变化集中体现在历史文化城镇的历史遗存中。因此，任何一个历史文化城镇都拥有一定数量的物质文化遗产，包括古城墙、古道、古桥、古码头、古民居、古戏台、传统市场、传统作坊、寺庙、宗祠、园林、广场等各种古建筑（群）和设施，其中不乏具有极高历史文化价值的遗产资源。如潮州古城区就拥有全国重点文物保护单位7处，涉及寺庙、桥梁、民居、生产地遗址、宗祠、宅院等。历史文化城镇里的这些文物古迹和古建筑物，需要就地保护起来，有的可以建设成为有教育功能的景点，有的可以开发成特别的文化旅游体验场所，成为外来游客和本地居民了解、学习城市或地方发展演变历史的主要场所。传统民居经过改造，可以成为特色旅游客栈，或其他旅游接待场所，如民居体验馆；传统作坊和传统市场可以开发为制作和销售特色旅游商品的场所；古道、古桥、古码头、传统园林、广场等地方也可以被重新利用，成为本地居民和外来游客共同使用、休闲或娱乐的场所，焕发新的活力。

---

① 马菁：《以文化旅游为导向的历史城镇保护与利用研究》，重庆大学硕士学位论文，2008，第25页。

（二）非物质文化遗产资源的传承与游客体验活动的开展

除了物质文化遗产之外，每一个历史文化城镇都拥有一定数量的非物质文化遗产，包括以地方方言为载体的各种传说、传统口头文学、传统戏剧、民间音乐、歌谣，与艺术相关的各种民间美术、书法、舞蹈、体育、传统手工技艺等，与生活相关的各种传统礼仪、民俗、医药、特色饮食等①。其中，有很多已经被列入国家级非物质文化遗产名录，如潮州古城区就拥有潮州音乐、潮剧、潮州铁枝木偶戏、潮州歌册、潮州木雕、潮绣、潮州剪纸、大吴泥塑、潮州花灯、枫溪陶瓷烧制技艺、潮州嵌瓷艺术、潮州彩瓷技艺、潮州抽纱艺术、潮州工夫茶艺 14 个国家级非物质文化遗产项目。这些数量众多的非物质遗产项目，很难开发成景区景点，却是开发游客体验活动的最佳载体。从美食、音乐、戏曲、民俗到工艺、艺术、旅游商品等，类型多样，大多分散于历史文化城镇的各个角落。其中，传统老字号、地方美食、特色小吃等可以直接开发成为旅游餐饮产品，发展美食旅游；地方传统手工技艺、民间艺术等可以开发成为各类旅游商品，包括旅游者在本地使用的日用品，以及可带走、赠送亲友的礼品和可成为唤起旅游者对古城镇回忆的特色纪念品；民俗活动、节庆活动、传统体育项目等虽不能直接开发成具体的商品，却可以通过社区活动再现、在节假日重点开展等方式，不仅能在整体上提升历史文化城镇的文化魅力，还可以有效传承地方非物质文化遗产。

（三）地方特色产业资源的融合与产能提升

历史文化城镇能够延续百年以上，成为城市或地方的生活、消费或贸易中心，必定拥有自己的地方优势产业，可能是农业、制造业、手工业、商业等，这些地方特色产业大多能够与旅游业融合发展。例如，潮州古城区就拥有众多可与旅游相融合的特色产业，如陶瓷生产、茶叶生产与消费、婚纱晚礼服制作、工艺美术制作、食品加工等，这些特色产业与潮州文化的传承和发展有着紧密的联系，与旅游产业有着天然的联系，可与旅游产业互补互促，形成全产业联动发展的格局。其中，特色农业和食品加工业，

---

① 廖春花：《旅游融合发展的古城镇特色保护》，《旅游研究》2016 年第 2 期。

如蔬菜、花卉种植、茶叶种植及加工、养殖等不仅可以为本地居民和游客提供丰富的原生态食品，还可开发农家乐、打造多样化旅游体验和开发各种旅游商品；地方特色制造业可以开发特色旅游商品、开展工业旅游，还可以借助旅游业提高其知名度；地方手工业可以开发特色旅游纪念品，开发地方特色旅游体验活动，开展教育旅游、研学旅游等旅游项目。

第三节　历史文化城镇文旅融合典型案例

一　周村古商城

（一）周村古商城概况

周村古商城也叫大街，位于山东省淄博市周村区，山东主干道济青高速设有周村出口，309 国道绕城而过，素有"旱码头""金周村""丝绸之乡""天下第一村"的美誉。现为省级重点文物保护单位，国家 4A 级旅游景区，并作为山东省"文化历史与民俗"旅游区的开发重点，被列入"山东省旅游发展总体规划"。

景区总占地面积为 60.5 公顷，主要由大街、丝市街、银子市街等古街组成，现有保存完好的明清古建筑 5 万余平方米。景区内古迹众多，街区纵横，店铺林立，建筑风格迥异，中西文化合璧，为山东仅有、江北罕见古商城，且仍在发挥其商业功能。

（二）周村古商城保护发展历程

2001～2007 年周村古商城保护发展历程见表 12-1。

表 12-1　2001～2007 年周村古商城保护发展历程

时间	保护发展历程及重要事件
2001 年	周村大街开发保护办公室成立
2002 年	大街、丝市街、银子市街沿街房屋维修开始进行，魁星阁维修工程开工建设
2003 年	民俗展馆建成并对外开放，千佛阁维修工程开工建设，大街、丝市街、银子市街维修工程基本完工

续表

时间	保护发展历程及重要事件
2004 年	大染坊开工建设，新民俗展馆、淄博艺术博物馆开工建设，举办第一届中国（周村）"旱码头"旅游文化节
2005 年	丝绸博物馆开工建设，谦祥益老字号开工建设，重立"今日无税"碑，举办第二届中国（周村）"旱码头"旅游文化节，由齐鲁晚报主办的"畅游山东——自驾游首选目的地"评选中被评为历史人文类自驾游最佳目的地之一
2007 年	被评为国家 4A 级旅游景区
2009 年	有"百年商埠"之称的淄博周村被认定为儒商发源地
2021 年	入选山东省文化和旅游厅第一批省级文明旅游示范单位，被评为第一批山东省级夜间文化和旅游消费集聚区
2022 年	被确定为第二批国家级夜间文化和旅游消费集聚区

资料来源：根据网络资料整理。

（三）周村古商城旅游开发历程

1. 历史上的古商城

早在秦汉时期，位于周村南边的於陵邑就形成了较大规模的集市。到唐宋时期，随着宗教文化的发展，市场的布局也进一步规范，由此，古商城初具雏形。在明清时期，古商城达到鼎盛状态，周村也因而发展成为举国闻名的商业街。唐朝著名诗人李商隐就曾对其有过这样的描述："嫩锋香苞初出林，於陵论价重如金。"据历史记载，1775 年，乾隆皇帝南巡途中经过周村，曾为其题写"天下第一村"。1904 年，周村被清政府批准为自开商埠之一，它也因而成为全国著名的商品集散地，其影响力上可辐射齐鲁大地、下可跨越长江与黄河，因此被誉为"金周村""旱码头"。在当时，还流传着"济南日进斗金，不如周村一个时辰"的说法，足以证明在那个年代里古商城巨大的商业价值。

2. 旅游发展初级阶段

20 世纪 90 年代初，全国开始了"拆旧建新"的风潮，周村也不例外。因为当时并没有足够的拆迁经费，长达 1300 多米的古街上，有 300 多米幸运地被保留下来。古街得以保留的另一个原因是，张艺谋在这里拍摄了电影《活着》。当时为拍片而寻找古商业街外景的张艺谋来到淄博，看到周村

古商城后,他感慨地说:"这样的街市,全国恐怕只有这一处了。"于是他决定在此拍戏。这部由张艺谋导演,葛优、巩俐主演的《活着》一举夺得戛纳国际电影节评审团大奖。借此影响,古商城也渐渐成为"周村名片"。

2000年,山东省邀请了一批专家前来考察,以制定全省的旅游规划。专家们在周村参观完古商城后,一致认为周村古大街是非常好的旅游资源,拥有非常高的保护价值。在听取专家等多方面的意见后,周村区政府决定对其进行保护与开发。从2001年10月开始,有关部门正式展开清理恢复工作,古大街在2002年3月终于露出了自己的本来面貌。2004年,古商城刚好"开埠百年"。周村区政府也借此机会,实现景区的对外开放。

3. 筑巢引"智"体制变革规范景区发展

2006年12月,周村区政府转化政府职能,转变管理机制,引进了巅峰旅游投资管理有限公司。双方签订了托管合同,并一起组建了周村古镇旅游开发管理有限公司,全面接管景区的经营与管理工作。

2007年1月,巅峰旅游投资管理有限公司特意派遣了北京公司的优秀管理人员进驻古商城。景区的经营与管理工作也开始由管理团队正式接管。

开始公司化管理后,管理团队从营销策划开始,结合周村景区的特色,打出"千年古商埠、天下第一村""周村过大年、民俗全体验"等切合市场的口号,并积极策划相关宣传活动。除此以外,还重点加强区域合作,把分散在周边一小时车程的景区整合在一起,进行联合营销、串线促销,例如周村三小时、陶瓷馆一小时,基本满足了周边市民周末一日游的需要。在沿309国道到淄博周村80千米的"东部旅游走廊"上,开通了近10条公共交通线路及旅游直通车等,游客沿线既可以欣赏泉城特色的百脉泉、济南最大的植物园、道教文化的吕祖泉、拍摄《闯关东》的朱家峪、"大染坊"故里的周村等,也可以串线南部山区的九顶塔、红叶谷、水帘峡等景区。

2013年,景区的综合收益从2006年的60万元跃升到1400多万元。另外,景区还在不断收获着各种荣誉:"国家级文化产业示范基地""中国人居环境范例奖""鲁商发源地""全国旅游系统先进集体""山东省最具竞争力景区""山东省服务标准化示范单位""山东省旅游服务名牌"等。景区还打造出了"千年商埠旱码头、北方民俗第一村"的卓越品牌。

（四）周村古商城旅游项目

1. 主题研学

周村古商城景区深入挖掘景区文化内涵，积极开发并推广研学游项目。围绕"问道鲁商研学周村"这一主题，开发出适合学生校本教育外的文化教育辅助体系的产品线路。推出"大染坊小掌柜""票号小账房""我是武状元""我来做烧饼""我来学印刷"等形式多样的文化体验活动。以弘扬优秀传统文化为目标，努力构建游学兼顾的鲁商研学游示范基地。在开发研学课程的基础上，周村古商城不断拓宽研学游市场，先后到省内各地市及外省进行推介，并积极利用各媒体平台进行宣传，不断提升古商城研学游的知名度和吸引力，吸引了全国各地的研学游团队前来参观研学。

2. 非遗文创产品开发

淄博陶瓷烧制技艺历史悠久，有约8000年的历史，淄博陶瓷从实用品到成为中国传统文化元素的重要构成，经历漫长的岁月，融入了大量文化元素，集语言、文学、艺术、历史于一身，成为中华民族重要的历史记忆和民族符号，是中华优秀传统文化的重要组成部分。2011年，淄博陶瓷烧制技艺经中华人民共和国国务院批准列入第三批国家级非物质文化遗产名录。以淄博陶瓷烧制技术为依托，进行系列衍生品创作，开发了从软陶作品《齐风娃娃》《周村芯子》到手办、小挂件等几百件文创产品，每件都浓缩了泥塑的特点和传统元素，生动形象、技艺考究。为适应游客个性化需求，还推出了定制人像类软陶，只需客户提供一张图片，就可以按其要求制作出立体的人物形象，广泛用于婚礼、聚会等"私人定制"场合。

古商城内的周村烧饼博物馆每天都吸引了大量游客参观。展馆以"沉浸式"体验方式向人们展示国家级非遗项目周村烧饼制作技艺的工序流程、发展变化。游览过程中，游客还能近距离观看烧饼师傅的制作表演，自己也能上手一试，体验揉剂、延展、着麻、贴饼等步骤，除现场制作体验外，品尝刚出炉的烧饼，购买烧饼及周边衍生品等都能"一站式"完成。

周村铜响乐器、馍馍酱、王村醋……游走于大街，各类商品令人目不暇接。景区内有 200 多家商户，其所销售商品的 1/5 与非遗相关。

3. 景点游览

周村古商城内有历史遗迹景点及各种非遗展馆可供游客游览，如状元府、大染坊、无税碑等历史遗迹，以及周村烧饼博物馆、周村民俗展览馆、电影展览馆等非遗展馆，还有魁星阁、三星庙、千佛寺、文昌阁等建筑。

不同于很多地方仿造的古城或者古村落，周村古商城是保留下来的原汁原味的古商城，所以被中国古建筑保护委员会的专家誉为"中国活着的古商业街市建筑博物馆群"。

二 平遥古城

（一）平遥古城概况

平遥古城位于山西省晋中市平遥县内，是平遥县的中心区域。平遥古城始建于周宣王时期，明洪武三年（1370 年）扩建，距今已有 2700 多年的历史。平遥古城还较为完好地保留着明清时期县城的基本风貌，是中国汉民族地区现存最为完整的古城。城内主要包括以日升昌、蔚泰厚为首的景点 20 余处。1997 年 12 月，平遥古城成功入选世界文化遗产；2015 年 7 月 13 日，平遥古城成为国家 5A 级旅游景点。这些荣誉诠释了平遥古城在全国乃至世界上的特殊地位，城内的一砖一瓦都是 2000 多年来中华文明发展的见证。

（二）平遥古城保护发展历程

平遥古城保护发展历程见表 12-2。

表 12-2　平遥古城保护发展历程

时间	保护发展历程及重要事件
1986 年	国务院公布平遥古城为第二批国家历史文化名城之一
1997 年	成功申报世界文化遗产
2000 年	"我在平遥过大年"活动和晋商社火节逐步发展为平遥中国年大型喜迎春节系列活动，每年腊月二十三至正月十六在平遥古城举行

续表

时间	保护发展历程及重要事件
2007 年	获得由中国旅游论坛组委会授予的"中国最佳休闲旅游县""中国十大古城"的荣誉称号
2013 年	我国第一部大型情境体验演出项目《又见平遥》推出
2014 年	山西平遥县城乡规划局 2012 年启动的首批上百年古民居修缮工程已进入收尾阶段。政府斥资对首批 48 处私家传统民居进行修缮，使百年老宅恢复了古色古香的传统风貌。2014 年城乡规划局启动了 39 户第二批修缮工程，修缮方案敲定后，正式开展维修工作
2015 年	平遥古城被评为国家 5A 级旅游景点
2017 年	平遥古城被教育部评定为第一批全国中小学生研学实践教育基地

资料来源：根据网络资料整理。

（三）平遥古城旅游项目

1. 旅游展演

《又见平遥》将平遥古城的特色文化与沉浸式演出巧妙结合，创造了旅游演出的教科书式范本。该表演主要讲述了同兴公镖局东家赵易硕抵尽家产，从沙俄保回了分号王掌柜的幼子，而全镖局的镖师都在途中不幸丧生的悲壮故事。在观众刚刚进入演出场地时，就有演员亲切地招呼着观众，让观众更快地融入所设定的时代背景中。平遥古城内流传千年的民俗文化贯穿在整个表演过程中，导演王潮歌将其以一种更容易让人们感受到的方式表现出来，给平遥古城内清冷的砖与木增添了温度，赋予了灵魂，让平遥古城活了起来。《又见平遥》突破了传统的演员在台上表演、观众在台下观看的演绎形式，增强观众的互动体验，与演员在同一空间活动，让观众仿佛真的穿越百年，回到了那个时代繁荣昌盛的平遥古城。

《又见平遥》演出不同于一般的演出形式，观众并不是一直坐在观众席观看，而是随着人流转换场景边走边看，真正融入演出中。场景更逼真，体验更震撼，演员和观众互动更直接。《又见平遥》共有四个场景转换，前三个场景为边走边看的形式，入场分为 A、B 入口，当观演人数多的时候便分为两个口入场，有负责引导游客的工作人员，两部分游客分前后观演前三个场景，最后到第四个场景便融为一个大的演播厅，落座观看。

2. 游览古迹

平遥古城墙始建于西周宣王时期，经过各个朝代的修葺加固，形成如今 6.4 公里的雄伟城池。平遥古城墙是平遥古城最重要的景点。平遥日升昌票号，是全国银行业鼻祖，创建了汇票制度。日升昌票号前身为"西裕成"颜料庄，财东李大全和掌柜雷履泰于清道光四年（1824 年）出资 30 万两白银改营，是中国第一家专营存款、放款、汇兑业务的私人金融机构，以"汇通天下"著称于世。在这里游览，最重要的是了解晋商票号历史文化。

如果我们把平遥古城看作一个完整而丰富的生命体，那么，平遥文庙就是她的灵魂；如果我们把平遥文庙看作一个有血有肉的生命体，那么，大成殿无疑是她的心脏。明伦堂，又称彝伦堂，在大成殿后，是强化孔子儒教中的君臣、父子、尊卑等人伦关系的殿堂，是向人们灌输儒教伦理道德的讲堂。平遥县衙是国内保存非常完整的明县衙之一，规模庞大，最早的建筑距今已有 600 年之久。

3. 科技文旅

平遥 3D 灯光秀活动是山西文旅集团、平遥县政府、北京当红齐天集团共同打造的平遥古城大型科技文旅融合示范项目（"SoReal 焕真·平遥"科技文旅系列）之一。平遥持续打造"青春修炼计划"，"SoReal 焕真·平遥"科技文旅系列项目是当红齐天集团为平遥量身定做的重大文旅创新项目，是古城"青春修炼计划"的重要一环，旨在打造出独具古城特色的文旅拳头产品，为平遥逐步形成文旅融合旅游品牌铺垫出一条创新之路。

平遥艺术博物馆项目位于古城内棉织厂，通过当代艺术馆、国际青年公社、专家公寓、主题会馆、创意街区、艺术工作室等载体，以"现实+虚拟现实+虚拟"的展览框架，融入曹俊等名家名作，加入科技秀成果，使艺术家的想象力在理性的基础上得到充分的展示，让观者得到多维度的体验。

三 凤凰古城

（一）凤凰古城概况

凤凰古城位于湖南省湘西土家族苗族自治州的西南部，始建于明嘉靖三十五年（1556 年），已有 400 多年历史，虽历经沧桑，但保存完好。古城有明清时期特色民居 120 多栋，各种庙祠馆阁 30 多座，是中国西南文物建筑最多的县城。城内还有古色古香的石板街道 200 多条。凤凰古城总面积约 10 平方千米，2010 年底约 5 万人口，由苗族、汉族、土家族等 28 个民族组成，为典型的少数民族聚居区。此景区是湘西州委宣传部主导的"神秘湘西爽一夏"活动的主要景区之一。

（二）凤凰古城保护发展历程

凤凰古城保护发展历程见表 12-3。

表 12-3　凤凰古城保护发展历程

时间	保护发展历程及重要事件
2001 年	凤凰古城被批准为国家历史文化名城
2007 年	凤凰古城堡及沈从文故居被列为全国重点文物保护单位
2009 年	凤凰古城被评为国家 4A 级旅游景区
2012 年	晋升为国家级风景名胜区，被誉为"中国最美丽的小城"
2014 年	7 月 15 日，湖南凤凰古城遭遇暴雨袭击，境内沱江河水位暴涨，导致临江两岸客栈和商铺底层被淹，古城内大部分区域进水，景区关闭。洪峰将一座横跨于沱江上的石桥淹没。凤凰古城知名景点——虹桥的桥身亦被洪峰冲击。一座木质结构的"风雨桥"也被冲垮。 暴雨过后，凤凰古城风景名胜区开展了灾后垃圾清理、灾后消毒防疫等恢复建设工作。7 月 26 日，凤凰古城风景名胜区实行过渡性开放。 8 月 16 日，凤凰古城风景名胜区灾后恢复建设基本完成，正式对外开放

资料来源：根据网络资料整理。

（三）凤凰古城旅游项目

1. 民俗演出

曾经，沈从文经典名著《边城》中傩送和翠翠的爱情因为说不出口而错过，使多少人心中意难平。如今，"傩送"归来，凤凰古城的人们为他和"翠翠"准备了一个浪漫的水上婚礼。据了解，除特殊情况外，凤凰古城每天晚上都会演出《翠翠的水上婚礼》的节目。这一场浪漫的水上婚礼秀表达的是对纯真而美好爱情的向往，并以此向沈从文先生及其经典名著《边

城》致敬。

当地的民俗演出有天下凤凰篝火晚会、魅力凤凰篝火晚会、桃花岛风雨苗疆篝火晚会、梦幻沱江篝火晚会、洞天江篝火晚会。演出独具当地民族特色，为到访的游客带来了充满浓郁湘西特色的文化盛宴和梦幻般的奇妙体验。

2. 民族特色美食

凤凰人的饮食习惯应当归于湘派大系之中，具有典型的湘西风格和地方民族特色。主食以大米为主杂粮为辅，菜肴以酸辣闻名。在此基础上又分为若干花样。

当地最具特色的美食之一是社饭。社饭在凤凰随处可见，类似于炒饭，不同的是混入了糯米、野香蒿、腊肉、花生米、沱江小虾等寻常炒饭不太可能放的食材。用这种方法煮的社饭具有饭香、肉香、菜香的特点。社饭吃起来黏糯适中，味美爽口，香而不腻，堪称美食一绝。除此之外还有苗家酸汤、苗家菜豆腐、苗家酸萝卜、凤凰腊肉、湘西板栗桐叶粑、桐叶粑粑、酸鱼、土家香酥条等。当地特色小吃及地域特色水果也数不胜数，如凤凰凉粉、血粑鸭、凤凰姜糖、湘西椪柑、凤凰猕猴桃等。

四　杨桥古镇

（一）杨桥古镇概况

杨桥古镇位于常州市武进区前黄镇境内，地处太湖、西太湖、武进、宜兴的中心地带，是北上常州府城、南下宜兴县城及浙江湖州府城的必经之地。古镇因杨桥街南有一座单孔石拱桥"南杨桥"而得名，是典型的江南水乡，是江南一带唯一未被完全商业化开发的千年古镇，古镇的原生态保存得十分完好。百年前的杨桥古镇商贾云集、贸易发达，集聚着多家戏院、茶馆、酒店、当铺、寺庙和富商宅院，有着丰厚的历史文化底蕴。

杨桥古镇三面环水的古街老房子面积约有 3 万平方米，占地 360 余亩。现存杨桥北街、南街、东街、桥南西街、桥北西街等 5 条长约 730 米，是极具中国古典韵味的老街。南杨桥、庄基桥、谢桥、五洞桥、东西虹桥等 6 座历史悠久的古桥坐落其中。其内另有 6 座保存完好的寺庙古建筑，更有 600

多亩渔区水产基地。悠长的青砖路、深不见底的小巷、傍水而建的古屋、形式各异的古桥，处处都透着水光韵浓的江南特色。

据有关专家考证，明末清初的红莲教根据地红莲寺即坐落于此。由于历史上受战乱影响比较小，太平庵、保丁寺、白虎堂、关房阁等大部分古迹以及唐代古刹万福禅寺都保存完好，历经沧桑的整个南杨桥古街基本保持了古色古香的原貌。

（二）杨桥古镇保护发展历程

杨桥古镇保护发展历程见表12-4。

表 12-4　杨桥古镇保护发展历程

时间	保护发展历程及重要事件
2008～2013 年	集中修缮再建杨桥老街的五条老街、四巷门、关房阁、百岁庄、江南风情院等建筑
2009～2010 年	修复再建红莲寺、万福禅院、保丁寺、太平庵及朱氏祠堂、刘家祠堂等，其中把红莲寺建成中国皇家第一丛林寺院；建立形象生动的纪念馆，如唐荆川纪念馆、民俗馆、神州钟王许家宝钟表馆、美术馆及多功能展馆等
2008～2015 年	修复再造古镇老街古屋 80 间，再现古时市井风貌。恢复杨桥老街民俗民间传统文化、恢复杨桥名店名菜，利用杨桥现有的水域和待开垦土地，打出"亲水休闲""农耕乐"的农家牌，建设多个休闲文化旅游区域

资料来源：根据网络资料整理。

（三）杨桥古镇旅游项目

1. 自然风光

杨桥有明清建筑 200 余间。作为中国历史文化名村，杨桥自然少不了有特色的非遗文化。杨桥古镇依河成街、桥街相连，不需要刻意寻找某一处景点，只要沿着石板路慢慢走，也许在下一个转角就有惊喜。即便没有惊喜，也能享受一份宁静。作为一个保存完好的古镇，杨桥有着自己的特色，它是那么的古色古香，那么的朴实无华。

2. 非物质文化遗产

有着 800 多年历史的杨桥民俗文化，是常武地区宝贵的文化遗产，其传统庙会被列入省级非遗项目。作为庙会表演项目之一，"调犟牛"不仅被列

为常州市非物质文化遗产，更是在 2015 年底上了中央电视台录制的《中国民间春晚》节目，获得了一等奖。

杨桥古镇还有一门古艺术，这门艺术就是杨桥捻纸。杨桥捻纸艺术的生成、发展源于我国历史上的捻军，捻军起源于明朝天启年间。捻军初时主要从事劫富济贫等活动，为了反对剥削和欺凌，他们不断积聚力量并打击地方豪绅。在行动前一般都要举行仪式，捻军把打击对象捻成各种人物造型，并付之一炬。在鼓舞斗志的同时表现出决战到底、誓不言败的决心。朱氏捻纸先祖曾是捻军分支，后来在武进杨桥定居，便把捻纸制作技艺、工艺及一整套独特的祭祀仪式都传承了下来。杨桥捻纸早先在丧葬习俗中广泛应用，后来在庆典、上梁、乔迁等喜庆活动中也被广泛应用。制作一件捻纸的作品需要经过设计、选材、裁剪、上浆、压制、折叠、捻制等 10 余道工序。

杨桥捻纸的作品具有题材丰富、造型多样的特点，使得世间万物都可入捻，如生产习俗类的"三十六行""打鱼人""调财神"，也有民间故事类的"西厢记""红楼梦""水浒传"，还有生活习俗类的"十二生肖""福寿"。杨桥捻纸洋溢着浓郁的乡土气息和地方特色，其夸张的造型、鲜明的色彩、饱满的构图都具有较高的艺术审美价值和历史研究价值。

第四节　历史文化城镇文旅融合模式解析

开发模式是一种制度安排，是一种作为政府、市场与社会的互动关系模式与权力结构模式[①]。学者们普遍认为，开发模式不是一成不变的，其不断地变迁反映了开发者对不同时期经济发展水平、市场化程度和社会风俗文化的认识和把握。

一　国内主要古镇旅游开发模式

我国古镇分布较广，以南方居多，但由于古镇所处地理位置、保护程

---

① 陈钢华、保继刚：《旅游度假区开发模式变迁的路径依赖及其生成机制——三亚亚龙湾案例》，《旅游学刊》2013 年第 8 期。

度及特点等诸多方面的差异，在开发方式上也有所不同。根据开发主体不同，国内古镇旅游开发模式有政府主导模式、政府主导的项目公司模式、外来企业开发模式和社区自主开发模式（见表12-5）。

表 12-5　国内古镇旅游开发的主要模式

开发模式	开发方式	优点	缺点	典型代表
政府主导模式	由政府投资开发建设，对旅游开发进行宏观管理，并掌管着城镇规划审批权，但是对于具体的旅游开发项目不干预	（1）旅游发展规划着眼长远、科学、有宏观意识，能保障本地区旅游业健康有序发展，有效地避免了旅游开发中重复建设、盲目建设，有效遏制了急功近利的短期开发和破坏性的开发。 （2）旅游景区开发经营利润直接归当地政府，避免了国有资产的外流	（1）权力集中的管理模式不利于快速地对市场作出反应。 （2）政府的财力有限，丧失了抢占市场的先机。 （3）脱离了市场机制，使得旅游建设不符合市场需求	丽江大研古镇 合肥三河古镇
政府主导的项目公司模式	由政府组建相应的旅游开发公司，并投资入股，旅游开发公司以政府组织注入的资产为抵押，向银行借款，获得的资金用于开发古镇旅游项目，旅游开发所获得的收益用于偿还银行借款	（1）政策法规的束缚降低，可以大大提高市场化程度。 （2）解决了旅游开发的资金短缺问题，具有较强的融资能力。 （3）市场化运作可以带来先进的管理机制和经营机制	这种开发模式对当地的旅游环境要求较高，要求经济比较发达，市场机制比较完善，旅游业发展比较好	浙江乌镇
外来企业开发模式	当地政府将辖区内的旅游景点先开发出来，然后出让旅游开发经营权，让投资商开发。政府只在宏观层面上对投资商进行管理	（1）开发资金由投资商负责，解决了旅游开发的资金短缺问题。 （2）避免了市场机制不完善、旅游业发展不佳带来的相关问题	（1）政府的管理权限减弱，对投资商的约束力不大。 （2）投资商为了尽快收回投资，可能重视短期利益，造成对自然旅游资源的破坏。 （3）投资商往往要求有较长的经营年限（一般为50~70年），旅游开发的收益大部分被投资商赚得，当地政府获得收益不大	湖南凤凰古镇 南浔古镇

开发模式	开发方式	优点	缺点	典型代表
社区自主开发模式	社区自主开发模式是由社区居民自动发起的,以社区建设完善为出发点,通过整合优化旅游资源,打造适应市场需求的古镇旅游目的地,谋求当地旅游业发展,并带动地方经济增收,居民就业与生活水平提升,实现经济、环境、社会效益的优化统一。此模式下的资金主要由社区居民自发筹集,居民委员会组建企业负责古镇日常运营管理及营销推广等工作,旅游收入以人口分配、房屋分配等形式对居民的休息权、劳动权、居住权等进行补偿	(1) 当地社区居民最大的诉求是以古镇旅游业的发展拓宽收入来源,促进就业,提高生活质量,通过改善基础设施及公共服务设施来完善社区环境。(2) 社区自主开发模式的主体和参与者更多的是当地居民,开发的好坏直接关系到他们的个人利益和社区的经济发展,其开发出发点是将旅游资源开发与社区建设结合起来,最终实现社区结构的优化。当地居民是旅游开发的最大受益者,参与的积极性也较高	这种开发模式受到社区整合能力、治理能力和运营能力的约束。良好的社区动员能力是基础,完整的治理能力能维持开发的稳定,良好的运营能力能保障开发工作持续成功	皖南宏村镇

资料来源:笔者自制。

二 古镇旅游盈利模式

从我国古镇旅游发展实践、旅游投资开发的态势出发,古镇旅游经营主体对于整个古镇的运营主要由其从政府与居民手中所能拿到的资源、经营范围以及自身的资金、管理等方面的实力决定,据此总结归纳我国古镇旅游盈利模式有以下三种[1]。

(一) 门票型盈利模式

1. 模式特征

门票型盈利模式是指古镇的所有权与经营权分离,通过整体租赁或承包经营的方式,以一定的议价将古镇的经营权转让给投资公司,并按照协

---

① 张利平:《古村镇旅游盈利模式研究》,华东师范大学硕士学位论文,2014,第22页。

议约定的比例合理分配旅游经营收入（主要是门票收入）到古村镇资源所有者（政府、社区居民）与投资公司手中，是一种"他经营、他收费、我分红"的盈利模式。我国属于这种类型的有皖南宏村、浙江同里古镇、湘西凤凰古城、苏州明月湾等古村。

2. 模式的局限

从盈利模式的利润点来看，古镇门票型盈利模式中，经营主体通过招商将古镇资源以整体租赁或者承包经营的方式，获得资源本身价值收入，包括转让资源经营权所得收入和古镇旅游门票收入分红。这种旅游盈利模式拓宽了居民增收的渠道，增加了居民的就业机会，受委托承担经营的投资公司一般管理人员素质较高、管理经营较规范、服务培训较专业、营销手段较科学，能够推动古镇旅游往高标准方向发展。然而毕竟其盈利主要来源是门票收入，易将旅游经济演变成"门票经济"，不利于古镇旅游业的长远发展。

对于等级不算高、产品特色不足的古镇，通过门票涨价来增收无疑是"杀鸡取卵"。从盈利模式的利润源来看，古镇门票型盈利模式中经营主体主要是收旅游者的钱，包括门票以及住宿、餐饮、游船、纪念品等其他方面消费，其主要目标市场是观光团队游客，而古镇邻近城市的周末或小长假自驾旅游者也是重要的客源。从盈利模式的利润稳定性来看，古镇资源吸引力及投资开发潜力的大小，决定了转让古镇经营权所得收入的多少，这部分价值在转让协议中有明确规定，一般是固定的，保障了古镇经营主体的稳定利润；而古镇旅游门票收入分红的多少，则受多方面因素的影响，游客主观性较强，旅游经营存在不稳定性，应对消费市场多变复杂的环境时不够灵活。此种盈利模式适用于那些本身资源等级较高但商业价值并不高、投资公司资金实力较雄厚而经营主体自身经营管理能力有限的古镇。

（二）收费型盈利模式

1. 模式特征及典型代表

收费型盈利模式是指古镇政府下设企业或者通过招商引资组建股份制企业作为古镇的经营主体，企业与社区居民签订合作协议，居民转让房屋

产权给企业，企业再将所有商业地产项目出租给商户以收取租金和管理费用，是一种"我开发、他经营、我收费"的盈利模式。我国上海七宝古镇、丽江古城等属于这种类型。

2. 模式的局限

从盈利模式的利润点来看，古镇收费型盈利模式中，古镇政府下设企业或者招商引资组建股份制企业通过与居民签订协议将古镇中公共资源及部分居民私有资源都揽入手中，再将所有休闲地产、商业地产项目出租给商户经营，以收取年租金和管理费用的形式盈利。

该模式下古镇经营的业态有电影、戏曲、演绎、文化展示馆、会议中心等休闲、商业地产项目，更多的则是小、散、弱的个体商铺，商业氛围较浓。商业带来人气，人气促进商业发展，古镇土地也逐渐增值，随着商街租金收入、休闲住宅地产收入不断增加，商业地产租金收入和物业管理收入占主导地位。从盈利模式的利润源来看，古镇收费型盈利模式中经营主体主要是收外来商户的钱，包括租用古镇各种大小商铺的租金以及管理商业，其主要目标市场是周边城市居民和外来休闲度假旅游者，满足他们的餐饮、住宿、休闲、度假、购物、娱乐、运动、学习、会展等综合需求。

从盈利模式的利润稳定性来看，古镇延伸发展的休闲商业地产业、现代服务业、泛旅游产业集聚了大量人气，进而吸引商户投资促进土地增值，为古镇经营主体带来了源源不断的利润，而商户缴纳租金和管理费用的周期一般以年为单位，保证了盈利的稳定，也摆脱了对门票收入的依赖。比如，取消门票后，七宝老街门面房基本上稳定在年租金4万元，管理费5000元。

古镇收费型盈利模式下容易出现过度商业化的现象，要避免大量同质化、低水平的旅游商品充斥市场，古镇原有的古朴典雅的气息被破坏，传统民俗文化被扭曲，本地特色文化被冲淡，需要注意古镇商业项目的适度开发。此种盈利模式适用于那些本身资源等级不高但商业价值较高、经营主体自身经营管理能力有限的古镇。

（三）自主经营型盈利模式

1. 模式特征及典型代表

自主经营型盈利模式是指古镇政府或社区居民下设企业或者通过招商引资组建股份制企业，自主经营古镇内游乐项目，以及吃、住、行、游、购、娱等外延服务项目，还有商务、会议、会展、节庆等相关联的服务项目，从而获取利润，是一种"我开发、我经营、我收费"的盈利模式。皖南西递、浙江乌镇、浙江西塘、江苏周庄等古镇属于这种类型。

2. 模式的局限

从盈利模式的利润点来看，古镇自主经营型盈利模式中，古镇政府下设企业或者招商引资组建股份制企业自主经营景区内游乐项目及其他综合服务类项目，以获取包括门票收入，吃、住、行、购、娱等外延服务收入，以及商务、会议、会展、节庆活动等相关联的服务收入。此种模式下旅游综合服务收入对古村镇总体盈利的贡献较大，对于门票收入的依赖较小，更加注重旅游者逗留天数与实际消费水平，而不仅是来访游客的数量。

从盈利模式的利润源来看，古镇自主经营型盈利模式中经营主体主要靠自己赚钱，包括收取门票，经营景区内客栈、饭馆、纪念品商铺，策划会议会展、节庆活动等获得收入，其目标市场以休闲度假、商务会议旅游者为主，以观光旅游者为辅；以旅行社带来的商务团队游客、观光团队游客为主，但同时自驾游、自由行等散客，以及中高档的休闲度假型游客也是重要的目标客源。此种模式下旅游接待服务逐渐趋向综合型，游客类型、游客结构、人均消费都相应地发生变化并持续保持动态发展。

从盈利模式的利润稳定性来看，该模式的盈利主要来自经营主体经营所得的旅游综合服务收入（包括餐饮收入、客栈酒店收入、交通收入、商业销售收入等）和门票收入，盈利方式多元，各种业务收入可以削峰填谷，盈利结构趋于平衡，降低投资风险。比如乌镇是集东栅景区观光和西栅景区休闲度假、会议接待于一体的古镇，本来预计2010年世博会效应退去旅游收入会减少，结果实际情况是东栅景区门票收入下降，而西栅景区旅游

收入并未减少。但旅游经营本身存在不稳定性，受到产业外部环境如地理环境、社会环境、经济环境、文化环境和政治环境影响较大，对于资源约束和环境突变基本不可控，而对于旅游消费市场多变复杂的环境也需要灵活应对，其利润稳定性不如收费型盈利模式中每年必有的年租金和管理费用来得有保障。

古镇自营型盈利模式对于综合服务类盈利领域依赖性较高，故而要不断提升服务质量和服务人员素质，为游客提供高品质的服务以提升其美誉度，树立良好的旅游服务品牌，从而保证长久的旅游服务综合收益。此种盈利模式适用于那些本身资源等级不低、有一定的商业价值潜力、经营主体自身经营管理能力较强的古镇。

三 古镇旅游开发存在的问题

古镇发展模式各不相同，也都积累了很多经验，取得了一定的成功。但是古镇旅游的开发仍然存在很多问题，除上述知名古镇以外，我国多数古镇的旅游开发还处于初级阶段，一些新兴的古镇缺乏科学的旅游规划，对于古镇旅游的本质内容和核心认识不清，只是在原有的基础上简单地加以改造就开始接待游客，有些改造就是一种对古镇的破坏，一些古色古香的建筑被钢筋水泥代替，极大地破坏了古镇的风韵和历史感，即使是一些著名的古镇也存在同质化、商业化等问题①。

1. 商业化气息过于浓厚、古镇的文化和原真性受到破坏

随着古镇的不断开发，一些古镇过于追求经济效益，进行"空心化"的旅游开发，即把原住居民整体搬迁，然后把古民居改造成商铺，进驻规范的商业体系。这样一来，经济效益是有了，但是当地居民搬迁，他们为古镇营造的那份传统意境也随之流失，使古镇的文化和原真性遭到了破坏。

2. 古镇开发的同质化过于明显

由于我国古镇旅游开发的时间并不长，很多地方并没有开发的经验，

---

① 张博、王婷婷：《我国古镇旅游开发模式及问题分析》，《忻州师范学院学报》2013年第4期。

因此最早开发的一些古镇就成了被模仿的对象，出现"千镇一面"的现象。以江南古镇为例，其在建筑风格上相近，在江南诸多古镇走上一圈，就会发现旅游建筑风格基本相同，旅游模式更是基本雷同，走几条老街，看几座古宅，坐一艘小船，吃一餐农家饭，使人很快就会审美疲劳。

3. 古镇破坏现象严重

著名的同济大学教授阮仪三为周庄制定的保护规划中提出了十六字方针，其中第一句就是保护古镇。然而今天很多古镇在开发的过程中却借着保护古镇、改造古镇、建设古镇的名义大肆地破坏古镇，有些改造就是粗制滥造，原有的记载着历史的古色古香的建筑不见了，取而代之的是全新的现代"古建筑"，与古色古香的环境氛围极不协调，极大地影响了古镇的"古韵"。

4. 古镇存在超越环境承载力的问题

随着古镇旅游的发展，大量游客量前来，超越了环境承载力。以周庄为例，周庄每年最佳旅游人数为 60 万，可 2002 年就达到了 263 万人次，2007 年达到 350 万人次，大量游客的到来使得古镇的交通拥挤、住宿紧张、吃饭困难、景点爆满、垃圾遍地、服务质量下降，等等，这样不仅降低了旅游的质量，使古镇不再古朴静谧，而且会给环境带来巨大的压力。

四　新发展格局下古镇旅游模式的创新

面对中国经济、社会高质量发展需求，2020 年中共中央政治局会议提出构建以国内大循环为主体、国内国际双循环相互促进的新发展格局，这是党中央基于国际环境"大变局"之下所作出的重大战略部署。作为一种外向型产业，旅游业具有很强的双循环特征，将成为中国构建新发展格局的重要载体之一。而作为区域性和地方性民俗文化的缩影，古镇旅游业则面临较为严峻的问题，主要表现为缺少科技手段支撑、农产品产业链效能低、特色文化定位不清晰、消费潜力不足及内外资源未能协调发展等①。

---

① 王丹丹：《"双循环"新发展格局下的古镇旅游开发模式——以杨柳青古镇为例》，《社会科学家》2023 年第 6 期。

（一）上海朱家角古镇

借力科技赋能，构建"智慧古镇"。在促进科技内循环的总体战略定位上，上海朱家角古镇从科技赋能文化、人才、生态三个维度出发，以"新城增长极，湖区新支点"为发展理念，以人才、资金、创新为发展核心，把朱家角古镇建设成为产、城、人、文相融合的"智慧古镇"。

在镇内，采用图文版面、实物陈列、"人物微缩场景+模型"、大型全景影像互动等多种形式，力求达到布局新、内容新、形式新的"三新"效果，迎合了各年龄层游客的审美需求。

在镇外，为加快形成便捷的智慧交通网络，朱家角古镇打造了15分钟古镇水乡生活圈，建设了一站式集成化的社区服务综合体，打造智慧网联等面向未来的新城建设样板区。同时，为了增加智慧古镇的曝光度，朱家角借力数字化平台，将都市资源转化为文化和旅游资源，将文化和旅游资源转化为国际宣推资源和内容，并针对不同海内外平台、人群的特点，精准画像、精心设计、精确投放，持续输出"建筑可阅读""海派城市考古"等特有的城市文旅 IP。

（二）广东中山古镇

壮大产业集群，打造"旅游+产业"古镇。在促进产业链内循环的总体战略定位上，中山古镇从传统产业链转型升级、依托核心产业链创新等方面进行产业链内循环结构调整，以"旅游+产业"为新的突破口，成为产城融合的有效载体，推动文化产业规模化、集约化发展。重点发展本地最具产业优势、成长空间最大的细分产业，将古镇业态从传统消费领域逐渐向"旅游+产业"转型升级。

中山 760 文化创意产业园等相继建成，有力推动了古镇以及创意设计等产业集群的发展壮大，也给游客带来了旅游新体验，深度感受到"旅游+产业"融合衍生出的工业游、乡村游等多种旅游形态。依托核心产业进行发散性创新，依托本地特色产业——灯饰产业，以"璀璨灯都，畅享古镇"为主题，创新性地规划了一系列古镇灯饰研学旅行线路，不但形成了覆盖周边三市数十个镇区、年销售超千亿元的灯饰产业集群，还加速了古镇灯博会进入大众视野的步伐。通过整合优势资源，围绕"全域化"文化古镇的建设，中山古镇成功将"旅游+产业"变成产业链内循环新的突破口。

（三）重庆丰盛古镇

以消费体验感为核心，推出农文旅融合古镇。在促进消费内循环的总体战略定位上，丰盛古镇以得天独厚的农业自然资源为优势，推出特色农业品牌，并以其消费作为最大动力源，带动消费内循环发展，打造重庆主城内的活态古镇，协调推进农业、文化融合发展，形成农文旅融合助推乡村振兴的新局面。巴南区全力打造古镇品牌"丰盛产"，提高游客的关注度和购买力，并以蔬菜、粮油、茶叶、水果四大产业为支柱，将其与旅游业相融合，推出"五彩丰盛"等10余个农旅项目、70余家乡村旅游企业，开设"五彩丰盛"之旅、农文旅融合之旅的特色文化旅游。丰盛古镇鼓励彩色森林引入智慧农林管理系统，大力发展体验型文旅产业，保证游客的满意度和消费水平。

古镇的涌泉书院开展"研学+农业"体验活动，打造精品研学游，拓展了农旅融合的深度和广度。在连接道、丰羊路、丰黄路三条精品旅游路线周围发展观光、采摘、度假等乡村休闲游业态，打造特色旅游品牌。将以休闲观光为主要目标的农业、以特色体验为主要活动的乡村旅游业以及以"养生、养老、养心"为主要目的的生态产业紧密结合。在农业观光的基础之上，将三种产业形态融合发展，进而帮助农民增加收入。丰盛古镇持续立足资源禀赋优势，以农业为底色，以特色消费为核心，不断丰富"农文旅"协同发展的新业态，继而打造出具有发展潜力的消费内循环特色旅游新名片。

（四）四川街子古镇

以"康养+"为主题，呈现"四态"文化特色古镇。在促进文化内循环的总体战略定位上，街子古镇凭借丰富的历史积淀，集古蜀文化、佛禅文化、诗歌文化、多民族文化于一体，最大限度地保护多元文化的核心价值，把文化内循环与康养生活方式有效融合。

街子古镇的发展定位为"四态"。在文态方面，将历史文化与现代文

化、街子文化与成都文化、诗词文化与禅宗文化相融合，打造了四川唯一一座以"诗歌文化、佛禅文化"为主题的康养旅居古镇；在业态方面，主推高端康养和个性化设计，打造了休养、度假、家庭游三合一的成都康养旅居首选地、国际康养度假的古镇；在形态方面，以多样的建筑布局、环境营造等手段在不同的功能区块直观地传达某种文化主题，打造古代文化与现代文明相得益彰的古镇；在生态方面，营造蜀韵诗产的诗画意境，还原山水田园的自然生态，传递藏龙栖凤的深层寓意，将街子古镇打造成四川乃至全国唯一具有完备生态标准体系的古镇。

（五）新发展格局下四大古镇旅游开发特色与共性分析

比较新发展格局下四大古镇旅游开发过程中的具体实践，在实践中提炼特色，在特色中把握共性和规律，并探索出古镇旅游开发生态系统中的不同维度及其所发挥的职能和活动内容（见表12-6）。

表 12-6 新发展格局下古镇旅游开发特色与开发共性

典型案例	开发特色	开发共性		
		战略定位	特色文化传承	商业化表达
上海朱家角古镇	借力科技赋能，构建"智慧古镇"	当地政府、旅游局等在古镇战略定位上的大局观，既保留了当地特色文化的原汁原味，又将这种特色文化融入商业化发展的思路和设计之中，做到了古镇特色文化和商业化协调发展	致力于打造"丰盛产""研学游"等特色古镇文化品牌；汇集具有底蕴和内涵的历史文化，形成多元文化格局下的优秀文化形态	借助数字化技术为古镇农产品销售、古镇微缩场景布置及云端资源共享等赋能；文旅与特色产业发展相融合，形成工业游等新业态
广东中山古镇	壮大产业集群，打造"旅游+产业"古镇			
重庆丰盛古镇	以消费体验感为核心，推出农文旅融合古镇			
四川街子古镇	以"康养+"为主题，呈现"四态"文化特色古镇			

资料来源：根据网络资源整理。

余　论

　　文化和自然遗产承载着中华民族的基因和血脉，使中华文明绵延不断地传承，这是坚定文化自信、建设文化强国的深厚根基。党的十八大以来，我国文化与自然遗产保护传承利用工作取得了重大成就。随着人民群众文化需求的日益增长、大众旅游的逐步兴起和文旅融合的持续深化，旅游已成为文化和自然遗产保护传承利用、最为有效的方式之一。但遗产地文旅融合的过程也暴露出遗产保护不力、遗产过度商业化等问题，给遗产保护和遗产可持续利用带来了挑战，人们也日益认识到遗产地文旅融合的过程需要进行审慎管理。

一　遗产地文旅融合认知的深化

　　遗产地文旅融合发展已成为普遍现实，越来越多的文化遗产以各种方式融入旅游活动、旅游消费、旅游体验、旅游运营和旅游场景之中。通过游览丰富多样的传统文物古迹和新兴文化遗产，体验多姿多彩的非物质文化遗产活动，人们得以更直接、更生动、更深入地了解中国文化、理解中华文明；通过旅游，文化遗产中所蕴含的中华优秀传统文化得以生动展示和充分表达，在系统性保护的前提下，实现创造性转化和创新性发展。遗产地文旅融合就是将遗产资源转化为旅游产品而又不影响其保护传承，从而达到活态传承的目的。在实践中，这一活化过程经历了从点（建筑）到面（街区、城镇），从有形到无形再到二者兼具的演变，目前已涉及历史建筑、工业遗产、历史街区、古城古镇、无形文化遗产等所有文化遗产类型。从具体路径来看，可将遗产地文旅融合模式概括为客观主义的融合模式

（静态博物馆模式）、建构主义的融合模式（实景再现）和述行主义的融合模式（舞台化表现）等不同类型。不管是将文化遗产直接作为旅游产品表演出来（即以遗产本身为产品），还是在文化遗产地进行旅游产品展演（即以遗产地为背景），或者利用文化遗产进行展演（即将遗产作为工具），其实质都是对文化遗产进行"可参观性生产"，即将无形的、静态的、深层的文化转化为游客可见、可感、可知的旅游产品。这在很大程度上克服了传统文化遗产保护与传承方式的局限性——后者主要依赖实物遗产的展示和传统的口头传承方式，其受众面、吸引力、互动性等自然会受到一定限制。

二 遗产地文旅融合发展的多元目标

促进文化传播与传承。在文化展示与传播层面，遗产和旅游融合能够将静态的文化遗产以生动、直观的方式展示给公众。通过多媒体技术和解说系统，讲述遗产背后的故事，包括其历史变迁、文化内涵和相关人物轶事。在文化传承与延续层面。遗产和旅游融合能激发当地社区对本土文化的自豪感和保护意识。遗产和旅游融合使文化遗产得以活化创新，当地居民看到自己身边的文化遗产受到游客的欣赏和重视，会更加积极主动地参与到文化传承中来。遗产和旅游融合也能为青少年提供教育场景，通过寓教于乐的方式，使得传统文化代代相传。

推动经济发展，创造就业机会。遗产旅游可以吸引更多的游客前来参观游览，直接带动门票收入的增长。通过促进相关产业（包括住宿、餐饮、购物、交通等）的协同发展，增加游客在遗产旅游地的消费，从而增加周边酒店、餐馆、纪念品商店等的经济收益。此外，遗产地文旅融合需要大量的人力资源，从遗产地的管理、维护人员，到旅游服务人员如导游、酒店员工、景区保安等，都能够为社区居民创造大量就业机会。

促进社区参与。鼓励当地社区参与遗产旅游的规划、开发和运营，这可以增强社区居民的归属感和认同感。例如，在一些乡村遗产旅游项目中，当地村民可以参与农家乐的经营、传统手工艺品的制作和销售，并且能够对旅游项目的发展提出自己的意见和建议，与游客进行良好的互动，促进社区与外界的融合。另外，要促进不同文化背景的游客与当地居民交流，这样，游客可以深入了解当地的风俗习惯，居民也能接触到外来文化，拓宽视野。

提升基础设施水平。为了适应遗产旅游的发展，当地政府和相关部门通常会加大对基础设施的投入，包括改善交通条件（如修建通往遗产地的公路、停车场等）和完善公共服务设施等。这些基础设施的改善不仅有利于旅游活动的开展，也会提升当地居民的生活质量。

三 遗产地文旅融合的基本要求

旅游者为寻求体验而旅行，目的地社区则希望从旅游者那里获得经济收益，满足这两者的不同需求，是一般意义上的旅游业，也是特殊意义上的文化旅游部门所面临的一个最大挑战。遗产地文旅融合要同时满足旅游业发展和文化遗产管理的需要。

1. 将遗产生态保护管理作为根本性要求

遗产旅游开发必须首先明确，遗产保护是第一位的，是根本性的；遗产旅游是遗产保护、利用和遗产文化传播继承的方式，经济利益不是第一位的。为了确保遗产的完整性和真实性保护，必须随时监控遗产状况，监控旅游给遗产带来的影响，并及时纠正危害遗产生态的错误行为。

2. 关注遗产旅游者旅游体验的变化

遗产旅游的目标是传承遗产文化，因此，一方面，要重视旅游者对遗产价值内涵的感知和体验；另一方面，旅游者的旅游体验质量也是影响旅游活动能否顺利、持续开展的重要市场因素。

遗产旅游者旅游体验的不断深化，是通过真实遗产文化内涵的多样化展示来实现的。因此，遗产旅游开发要深入细致地研究旅游体验，不但研究个体的旅游审美心理体验，还要研究动态过程的旅游体验变化，不但研究心理体验，还要研究活动的参与体验。遗产旅游要在旅游体验调查研究的基础上，创新性地打造高质量的旅游体验活动，通过多样化的展示手段和参与活动，综合刺激多种感官，提升旅游体验满意度，拓展体验的深度

和广度。

遗产旅游者的旅游体验是随着市场需求不断变化的。在旅游产品消费过程中，动态地观测旅游体验变化，预测发展趋势，及时调整景观和产品，以适应发展变化的需求，才能促进旅游体验的不断深化。

3. 遗产保护与旅游开发相互促进

遗产生态的保护要求代表了旅游资源对遗产旅游开发的要求，而旅游体验的提高要求代表了旅游市场对遗产旅游开发的要求。遗产保护状况直接影响了遗产旅游体验，遗产旅游体验活动又会对遗产保护产生影响。良好的遗产保护状况不仅为遗产旅游体验提供优质的资源和优美的环境，而且是遗产旅游可持续发展的保障；遗产旅游者对遗产价值及内涵的高质量的感知和体验，不仅实现了遗产的文化传播和继承，同时为遗产生态保护提供了教育普及和行动支持，很大程度上也支持了遗产旅游的发展。因此，遗产旅游的开发必须将遗产生态保护和遗产旅游体验提高这两大要求，纳入开发体系的重心，并且辩证发展地融入开发模式和开发各个环节中，体现出遗产旅游开发的特色。

4. 尊重文化多样性和文化可持续的人文发展理念

联合国开发计划署每年从人类发展的全局出发，发布《人类发展报告》，其报告重点关注除经济发展外的人类生活，这与基于关照人类生活主体的非物质文化遗产项目认定的初衷相呼应。所以，学者十分关切非物质文化遗产作为文化资产进入市场环节可能会面临的文化移植或改造的威胁。但也必须承认的是，国家进行文化建设的意图都是显而易见的，它是国家和社会目的性建构或者改造的文化，文化也会随着时代的发展产生适应时代需求的变迁。正是意识到这一点，所以有学者指出，文化作为人的实践创造活动也是一种具有目的论含义的理想建构和先验设定，即文化也应该体现人文理想和人性价值，并且以人的自我实现为理性目的[①]。文化产业化的过程需要秉持人文发展理念，才能谈得上文化建构服务于人性价值，也才能更有效地做好兼顾文化可持续性发展和保护文化多样性的意义引领。

---

① 张再林：《中国文化中的"工具理性"》，《人文杂志》2017年第12期。

国家积极引导文化遗产旅游高质量发展，但文化遗产进入产业化需要把握适当的时机。其中，坚持文化多样性是文化遗产得以保护和延续的根本。有资本支持并获得有效保存的文化遗产，为维护整个文化生态系统，实现文化遗产地多元并可持续传承提供了更为坚实的内容支撑。因此，要想实现全人类保存文化多样性与可持续发展，势必要求资本进入文化遗产活化传承道路时始终保持"初心"，以全人类发展的视角来看待文化遗产、利用文化遗产，保持文化遗产与地方生活形态的紧密联系，以促进人文发展的姿态营造文化产业发展"以文养人""以文化人"的格局，这个格局不是建立在短暂的经济利益攫取架构上。

5. 尊重遗产从地方文化转向公共文化建设的道路抉择

遗产成为文化资产，学理上面临的是地方文化向公共文化转移的问题。非物质文化遗产从地方文化转向公共文化，需要两个重要条件：一是文化拥有主体自愿让渡出文化的内涵阐释和形式表现，成为公共平台的文化生产内容；二是要获得公共文化享有者即大众的认可，这就要求文化的现实呈现要符合社会的共有价值理念，并对人们的实际生活产生意义。如若满足这两个条件，它便会随着社会的发展自然形成。无论是出于经济资本还是国家权力的加持，都是社会的自然选择，我们应该对这样的可能性持包容态度并坚定支持，让公共文化成为展现社会和谐、开放共享的现代国家的标志。

6. 把握好遗产旅游开发的"原真"与"创新"

人类社会每一次跃进，人类文明每一次升华，无不伴随着文化的历史性进步。文化遗产是人类文明生生不息的见证者，深度挖掘其文化内涵，细品其时代韵味既是对遗产文物的崇高敬意，更是使之得以永续传承的必要举措。

旅游作为一种文化习得、文化生产和交流方式，旅游客源地与目的地之间的人口和信息的空间流动伴随其中。鉴于遗产旅游目的地文化地域性和民族性突出，在外来旅游者持续涌入带来文化冲击、本土文化适应转变、居住者生计方式转型、外部环境变迁等因素交织的作用下，遗产旅游目的

地面临过度商业化等风险，甚至可能出现文化根本性重构等现象。所谓"万物有所生，而独知守其根"，文化始终为遗产旅游的灵魂所在，如有承载浓厚乡土文化的西递—宏村传统村落、福建土楼，更有北京中轴线、殷墟遗址、丝绸之路等历史文化瑰宝，因此永葆文化原真性、整体性是遗产旅游实现可持续发展的重要举措。

在多元文化交织的时代，如何更好地实现旧有文化遗产与新时代精神、传统物质载体与新生文化价值融合是推进文化遗产可持续发展、遗产旅游高质量转型的重点议题。因此，融入时代流行元素对拉近主客关系、时空距离，激活遗产资源时代活力尤为重要。

四　遗产地文旅融合面临的主要问题

1. 部分旅游地文旅融合中遗产保护不力

旅游开发过程中的建设活动可能直接对文化遗产造成损害。例如，在一些历史建筑周边修建旅游设施时，可能会因为挖掘地基、运输建筑材料等操作对古建筑的地基产生影响，导致建筑出现裂缝甚至结构变形。大量游客的涌入也会造成物理磨损。另外，为了吸引游客眼球，部分旅游开发会对文化遗产的内涵进行不恰当的改编。比如一些古老的传说或仪式在旅游展示中被夸张、虚构，脱离了其原本的文化语境。过度商业化的包装也会掩盖文化遗产的真正价值。例如，一些古镇被改造成充满现代商业气息的购物街，古街两旁原本具有地方特色的传统手工艺品店被全国连锁的纪念品店所取代，古镇的文化特色被削弱。

2. 部分旅游地文旅融合的创新不足

部分旅游地文旅融合缺乏系统性规划，对文化遗产旅游资源的开发可能存在碎片化的问题。在一些历史文化名城，各个景点的开发相互独立，没有形成一个有机的整体。游客在参观过程中，无法很好地理解城市的历史脉络和文化演变过程，因为不同景点之间缺乏有效的串联和协同展示。此外，在文化遗产周边建设了与文化氛围不相符的现代化建筑，如在古寺庙旁边建造高楼层酒店，破坏了文化遗产的景观完整性和视觉协调性。

部分旅游地存在开发过度或不足问题。一方面，过度开发会导致文化遗产地失去原真性。一些地方为了追求旅游经济利益，过度建设旅游设施，提高游客接待量，使得文化遗产地变得拥挤和商业化。另一方面，开发不足则会使文化遗产的旅游价值无法充分发挥。许多偏远地区的小型文化遗产，由于资金、交通等因素的限制，难以进行有效的旅游开发，导致这些珍贵的文化资源长期被埋没，无法让更多的人欣赏和了解。

3. 部分旅游地文旅融合中的遗产内涵挖掘不够深入

部分旅游地文旅融合项目对文化遗产相关的历史研究不够深入。例如，对于一些古老的遗址，仅关注了主要的历史发展阶段，而忽略了一些过渡时期或鲜为人知的小王朝时期对该遗址的影响，从而导致对其文化内涵理解的断层。此外，文化遗产内涵的综合性，要求多学科学者联合进行交叉研究，探索文化遗产的丰富内涵，但目前这种融合程度不足。考古学、历史学、民族学、宗教学、艺术学等学科往往各自为战。比如，在研究一座古代寺庙建筑时，考古人员可能侧重于建筑结构和出土文物研究，历史学家则关注其修建背景，民族学研究人员对当时周边民族的文化影响、宗教学研究人员对寺庙所供奉神祇及宗教仪式的解读、艺术学研究人员对寺庙壁画和雕塑艺术风格的剖析未能充分整合，使得对文化内涵的解读碎片化。

五　遗产地文旅融合的主要趋势

遗产地文旅融合的背后也隐藏着一些问题，如对文化和自然遗产资源蕴含的文化内涵挖掘不够深入、文旅融合的过程中文化特色弱化、产品供给的大众化与满足消费者的个性需求之间产生矛盾等。新时期要激发文化和自然遗产保护传承利用与旅游高质量发展的"乘数效应"，推动"双向奔赴"，可以从以下几个方面着力。

1. 原真性保存与生活化创新

文化遗产是历史的见证，保持其原真性是旅游活化的基础。未来应更加注重对文化遗产的历史信息、文化内涵、传统技艺等方面的保护和传承，避免过度商业化和不恰当的改造对遗产原真性的破坏。对历史建筑的修缮

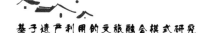
应遵循"修旧如旧"的原则，保留其原有风貌和结构；对于传统民俗文化的展示，应尽可能还原其原始的表演形式和场景。在保留原真性的同时，融入创新元素是吸引游客、提升文化遗产旅游体验的关键。

文化遗产原真性是遗产旅游发展的基础，要立足资源禀赋，聚焦文化内核，彰显文化特色，在现代文化语境下尽可能地挖掘与社会主义核心价值观相呼应、符合时代审美的遗产元素。通过创新创意，推动遗产资源见人见物见生活。要加大对文化和自然遗产资源的系统梳理和内涵挖掘，发掘其背后的历史根源、发展脉络、人文精神、艺术价值，并根据其属性、特征、价值、知名度和影响力等因素进行分类整理和提炼，明确差异化的传承利用类型和方向，推动特色化、IP 化发展。

2. 旅游服务的个性化与定制化

游客需求日趋个性化，特别是随着大众旅游市场的不断扩大，游客对旅游体验的要求越来越高，他们更希望获得个性化的旅游服务。文化遗产旅游需要根据游客的兴趣爱好、时间安排和特殊需求定制旅游行程。需求的个性化促进了多样化定制化服务市场的兴起，如私人导游服务、专属的旅游体验活动（如夜间古迹参观、文物修复体验工坊）等。

3. 文旅融合的场景化和数字化

随着高新科技在文旅领域的加速应用，数字文旅、智慧文旅等从概念变为现实，不断赋能文化和自然遗产实现创造性转化、创新性发展。未来，要进一步推进文化和自然遗产资源的数字化采集和应用，依托云计算、人工智能、虚拟现实等数智技术，融合文化创意元素，打造更多集文化性、参与性、趣味性于一体的文旅消费场景。此外，数字藏品是元宇宙的重要切入场景，区块链技术、NFT 技术打造的数字藏品在数字文旅产业中引领文博产品的数字化。文物类和非遗类文旅数字藏品高度契合了 Z 世代和元宇宙场景的价值审美与数字消费习惯，既让游客体会到收藏数字艺术品的乐趣，又通过线上线下联动激发人们走进文博场馆的热情，不断形成更多数字文旅产业的新场景、新业态。

4. 文旅融合的深度化和无边界化

文化遗产与旅游的深度融合将是未来的重要趋势。一方面，文化遗产将成为旅游的核心吸引物，通过旅游活动让更多人了解和认识文化遗产的价值；另一方面，旅游的发展也将为文化遗产的保护和传承提供资金、技术和人才支持。例如，打造以文化遗产为主题的旅游景区、文化旅游线路等，将文化体验与休闲度假、观光游览等相结合。与此同时，文化遗产将更多地与其他领域如教育、科技、农业等进行更广泛的融合。与教育领域结合，开展文化遗产研学旅游，让学生在实践中学习文化遗产知识；与科技领域合作，利用科技手段提升文化遗产的保护和展示水平；与农业结合，发展乡村文化遗产旅游，推动乡村振兴。

文旅融合是文化遗产利用的重要方式，一方面，文化遗产内涵的深入挖掘将推动文旅融合深化，丰富文旅的内涵和样式；另一方面，文旅融合也为遗产的保护和传承提供了路径和动力。因此，遗产利用的文旅融合模式，要遵循遗产保护、旅游体验、文旅互促的基本发展要求，探索遗产保护和旅游的耦合协调发展。对于部分旅游地在遗产利用的文旅融合过程中存在保护不力、创新不足、遗产内涵挖掘不深入等问题，需要立足原真性保存与生活化创新、旅游服务的个性化与定制化、文旅融合的场景化和数字化、文旅融合的深度化和无边界化等趋势性路径，推进遗产利用的文旅融合高质量发展。

图书在版编目(CIP)数据

基于遗产利用的文旅融合模式研究 / 苏小燕,余汝
艺著.--北京:社会科学文献出版社,2024.12.
ISBN 978-7-5228-4437-4

Ⅰ.G122;F592.3

中国国家版本馆 CIP 数据核字第 2024TT3677 号

基于遗产利用的文旅融合模式研究

著　　者 / 苏小燕　余汝艺

出 版 人 / 冀祥德
组稿编辑 / 仇　扬
责任编辑 / 张　萍
责任印制 / 王京美

出　　版 / 社会科学文献出版社·文化传媒分社 (010)59367004
　　　　　地址:北京市北三环中路甲 29 号院华龙大厦　邮编:100029
　　　　　网址:www.ssap.com.cn
发　　行 / 社会科学文献出版社 (010)59367028
印　　装 / 三河市龙林印务有限公司

规　　格 / 开本:787mm×1092mm　1/16
　　　　　印 张:26　字 数:386 千字
版　　次 / 2024 年 12 月第 1 版　2024 年 12 月第 1 次印刷
书　　号 / ISBN 978-7-5228-4437-4
定　　价 / 188.00 元

读者服务电话:4008918866